锦天城法律实务丛书

ALLBRIGHT
LAW OFFICES
锦天城

消费与零售行业合规指引

XIAOFEI YU LINGSHOU
HANGYE
HEGUI ZHIYIN

全开明 / 著

法律出版社 LAW PRESS · CHINA | 北京

图书在版编目(CIP)数据

消费与零售行业合规指引 / 全开明著. -- 北京:
法律出版社,2023
(锦天城法律实务丛书)
ISBN 978-7-5197-7518-6

Ⅰ. ①消… Ⅱ. ①全… Ⅲ. ①零售企业-企业法-研
究-中国 Ⅳ. ①D922.291.914

中国国家版本馆 CIP 数据核字(2023)第015396号

锦天城法律实务丛书	消费与零售行业合规指引 XIAOFEI YU LINGSHOU HANGYE HEGUI ZHIYIN	全开明 著	策划编辑 张 珺 田 浩 责任编辑 张 珺 田 浩 装帧设计 汪奇峰

出版发行 法律出版社
编辑统筹 法商出版分社
责任校对 王晓萍
责任印制 胡晓雅
经　　销 新华书店

开本 710毫米×1000毫米 1/16
印张 23.5　　字数 384千
版本 2023年3月第1版
印次 2023年3月第1次印刷
印刷 固安华明印业有限公司

地址:北京市丰台区莲花池西里7号(100073)
网址:www.lawpress.com.cn
投稿邮箱:info@lawpress.com.cn
举报盗版邮箱:jbwq@lawpress.com.cn
销售电话:010-83938349
客服电话:010-83938350
咨询电话:010-63939796

书号:ISBN 978-7-5197-7518-6
定价:96.00元
凡购买本社图书,如有印装错误,我社负责退换。电话:010-83938349

序·言

近年来，法律实务中出现了越来越多的新问题，迫切需要我们展开深入的研究。企业合规是一个涵盖多个法学学科的实务课题，它涉及公司治理、行政监管、刑法、刑事诉讼法、国际经济法等不同学科领域，需要法律人士提供专业的法律服务。从企业合规的本来意义上看，这种强调企业依法依规经营的管理机制，属于一种崭新的公司治理方式，它会对原来由董事会与执行部门构成的二元治理结构造成影响，逐步发展出以合规管理委员会、首席合规官、合规部门为组织架构的合规风险防控体系。

随着国家对企业合规管理问题的高度重视，一些政府监管部门先后发布了企业合规管理指引，有的甚至初步形成了企业合规管理体系的中国标准。消费与零售行业作为市场经济的主导引擎，行业形势变化多端，市场监管要求纷繁复杂，相关的合规指引规则却凤毛麟角。《消费与零售行业合规指引》的面世，将为广大消费与零售行业企业提供贴心、全面、专业的法律指导，帮助企业规避法律风险，实现合规自查、系统规制和全员管理。

《消费与零售行业合规指引》侧重于对实务中的企业合规风险点进行分析与阐述，为公司治理提供建立合规风险防控体系的法律建议。该书是顺时之作，它通过对行业税务、刑事以及行政等方面的合规研究，搭建起行业合规体系，提出了合规路径、合规策略，做到了全面性与针对性并重，具有现实指导意义与学术价值。相信本书的出版将会大大激发消费与零售行业发展的活力，助力企业合规操作，让人民群众得到满意的服务、放心消费。

顾功耘

2023 年 1 月 18 日

前·言

消费与零售行业一直是我国的支柱产业，在促进经济发展、解决居民就业以及创造社会财富方面都做出了重大贡献。但是消费与零售行业因为涉及范围广、人员多、从业人员参差不齐等原因，各类合规问题层出不穷。

2019 年 8 月，国务院发布《关于加快发展流通促进商业消费的意见》，提出 20 条稳定消费预期、提振消费信心的政策措施，但也对企业合规提出了更高的要求。2022 年 4 月 10 日，《中共中央国务院关于加快建设全国统一大市场的意见》（以下简称《指导意见》）发布，明确提出要加快建立全国统一的市场制度规则，打破地方保护和市场分割，打通制约经济循环的关键堵点，加快建设高效规范、公平竞争、充分开放的全国统一大市场。消费与零售企业合规建设将迎来建设全国统一大市场带来的挑战，对企业而言，合规工作已经不能局限于一个经营行为的问题，而应该着眼于全国统一大市场带来的执法挑战与影响，做到“看一处，谋全局”，才能实现“销售可观、风险可控”。

企业想要健康、持续、稳定地发展，合规管理对企业的经营管理来说尤为重要。如果企业拥有健全的合规管理制度和合规管理文化，便可进一步得到社会的认可，并且能快速发展。当前学界关于企业合规领域的研究，绝大多数都是站在规则制定者的角度，对企业合规制度进行系统化构建。而站在企业角度探讨企业应该如何让自己合规经营的研究则相对较少，且没有对企业合规经营形成系统的指引。

本书通过独特的分析结构，从市场监管、税务监管、刑事处罚以及行政救济等四大角度为企业提供有价值的合规思路和判断，有效衔接政府与企业的信息不对称，尤其是消费与零售行业面临更多的外部挑战，本书用客观事实和科学方法，就消费与零售企业在经营中违法违规行为的动因、概率、频率与我国现行监管体制的相关性等进行实证研究。在此基础上，提出对消费与零售行业违法违规现象的理论解释和针对性的监管应对指引，对企业提供非常有价值的探索和实务指引，既可以帮助企业避免遭受重大的经济损失，又能够让企业实现健康快速发展。

本书站在企业的角度，直击企业在经营中面临的“信息不对称”的痛点，通过揭示消费和零售行业中的常见违法违规行为，对企业合规经营的困境进行分析，展示潜在的违法违规风险，并结合监管部门发现、稽查、监管路径，为消费与零售行业合规经营进行指引。本书尝试通过建立合规管理体系，对企业生产经营的过程中出现的不当行为进行预防、监督和应对，从而实现企业自我监督与自我管理的目的；以动态视角分析企业违法违规行为及其监管处罚的变化规律；依托市场数据，深入剖析违法违规行为动机的差异性，以掌握其中规律。

本书在写作过程中，得到了团队成员的大力支持。其中袁苇、谢美山和全永杰为本书提出了宝贵的建议和重要贡献，周洲等其他专业人士给予了专业支持，我所同事姚黎黎以及法律出版社的田浩老师对本书撰写也提供了大量帮助。特别是全永杰为第四章（消费与零售行业企业刑事合规体系及风险点）的撰写作出了重要贡献。此外，徐娟、刘美煦、何秋霞、王子彤、陈富成、熊海涛、魏安瑶等对本书撰写亦有贡献。

本书主要撰写的时间是在 2022 年 3 月至 6 月，正值上海疫情封控的 3 个月，面对外部环境的不确定以及撰写中遇到的些许困惑，略感迷茫，但是看到 2023 年的鸟语花香，从心理上也是充满希望的，也希望 2023 年中国的消费与零售行业能够涅槃重生，重现辉煌。

全开明

2023 年 1 月 8 日

目·录

一、消费与零售行业合规现状与困境

2022 年我国政府工作报告就当前经济领域作出综合研判，指出自疫情以来，中国经济正面临消费需求缩减、冲击影响较大和趋势下滑明显的困境。因此该政府工作报告把稳增长列为发展重点，并且将拉动内需作为 2022 年政府的核心工作任务。该政府工作报告指出目前仍需要积极主动拉动消费，促进经济发展，通过完善现有的分配制度、增加居民收入等方式提升大众消费能力，保障人民群众的安居乐业。除此之外，该政府工作报告还强调，各政府部门要为线上各电商平台与线下门店实体消费的进一步合作做好工作，促进生活服务类消费水平尽快恢复，促进新业态消费形式和模式的推出。

虽然经济形势复杂严峻，但是总体上，我国的居民消费依然保持着稳中向好的基本面，也依然保持着充足的市场韧性，即消费规模大、结构升级快。数字化技术的深度应用成为企业发展的强力助推器。同时，中国的市场环境本身具有消费者变化频繁、技术迭代更新、消费行为迥异的特点。消费者和销售企业将共同推动消费市场升级、提质增效。

（一）消费与零售行业合规现状

1. 消费与零售行业特征

（1）消费市场活力逐渐恢复，发挥主导引擎作用。2021 年，全年社会消费品的零售总额同比增长 12.5%，两年平均增长 3.9%，限额以上单位消费品零售总额增长 13.4%，两年平均增长 5.8%，快于 2019 年社会消费品零售总额的增速。我国国内消费市场需求结构发生巨大变化，在对经济增长的贡献中，消费内需始终是经济增长的一大利器，2021 年内需对经济增长贡献率为 79.1%，其中最终消费支出贡献率为 65.4%，比资本形成总额高 51.7 个百分点。①

（2）消费者偏好呈现多元化趋势，创新拉动消费现象显著。作为消费群体的“后浪”“Z 世代”逐渐成为消费主力军，并用他们的消费偏好影响和引领着市场。在“Z 世代”的理念中，消费不仅可以满足日常生活需求，而且可以追求个性的生活方式。在追求商品实用、实惠之外，“Z 世代”消费者更加注重产品的品质、科技感、颜值等消费体验。此外，随着消费市场中新技术、新理念的不断革新，消费形式也变得多样化，即从单纯的消费者购买、使用商品的消费场景向体验式、沉浸式的消费场景转变。相较于传统的消费形式而言，体验式的消费形式可以和消费者产生更多互动，满足消费者的更多需求。消费模式也在原有的线上消费模式的基础上得到进一步升级。

（3）高品质国货崛起，消费需求不断升级。一方面，近几年，高品质新老国货凭借新品研发以及精细化运营强势崛起，成为中国消费市场的新亮点；另一方面，通过商家、社会的宣传，更多的消费者会更倾向于购买健康、绿色、品质高的商品。

（4）消费环境持续改善，商业生态体系改革。2021 年以来，中国政府逐渐完善消费与零售行业的监管制度，同时也逐渐加大监管力度。我国为了改善消费环境，正在逐步加强消费者信用体系和质量标准体系的构建和监督，支持平台反垄断，提高平台的数据安全意识，严厉打击不正当竞争行为、垄断行为和侵权知识产权行为等。在此背景下，消费与零售行业的企业、商家以消费者需求为第一位动力，在生产、创新、定价、营销、配送、售后、仓储等多个步骤为消费者打造更佳的消费体验，同时刺激消费者产生新需求，从而提升整个行业中各企业、商家的经营能力和品牌价值。

2. 行业主管部门及现有法律法规和产业政策

消费与零售行业主要由政府部门对行业发展进行政策指导与监督管理，由行业协会进行行业内的自律管理。

---

① 国家统计局：http://www.stats.gov.cn/tjsj/sjjd/202202/t20220227_1827958.html。

主管的政府部门主要有国家发展和改革委员会（以下简称国家发改委）及其各地分支机构，工业和信息化部及生态环境部等。其中国家发改委及其各地分支机构负责产业政策制定及监督、执行情况检查，行业发展计划统筹安排，帮助行业调整结构，管理行业，参与行业体制改革、技术进步和技术改造、质量管理等工作；工业和信息化部主要负责制定与组织实施行业发展规划、监测分析行业运行动态、统计发布行业相关信息等工作；生态环境部对拟定、执行保护环境政策、规划和标准负责，集中处理生态环境监测和环境执法范围事务，针对污染防治、核与辐射安全采取密切关注与措施，并且进行中央生态环境保护督察等执法活动。此外，卫生巾、棉尿裤等卫生用品还涉及国家卫生健康委员会的监管，由国家卫生健康委员会制定相关法律规范并明确卫生用品在生产、消毒、贮存、运输过程中的卫生要求及产品标识要求。

行业自律管理机构的主要职能包括对行业发展和市场动态开展研究，协调研究、制订行业发展计划，监督行业实施自律管理，代表机构会员企业向政府部门提出产业发展的相关建议及意见等。

外部的法律环境同样也在影响着消费与零售行业的生态系统的构建，影响着生态系统内不同公司的发展规模和速度，各个公司应积极探寻“企业内部生态系统”（如平台经营者）和“外部生态系统”（如与平台经营者发生利益交互的其他生态成员）的边界，以及其在生态系统中的地位和作用，构建创新、包容竞争的生态治理机构，在满足最大化消费者价值的同时，创造更多的企业价值。

（1）法律法规

国家相继出台了一系列法律法规以推进消费与零售行业的健康有序发展，主要法律法规见表1：

表1　国家推进消费与零售行业有序发展相关法律法规

法律法规	生效时间	发布部门	主要内容
《消费者权益保护法》（2013年修订）（中华人民共和国主席令第7号）	2014年3月15日	全国人民代表大会常务委员会	保护消费者的合法权益，保持社会主义市场经济秩序稳定，使社会主义市场经济健康发展。

续表

法律法规	生效时间	发布部门	主要内容
《环境保护法》（2014年修订）（中华人民共和国主席令第9号）	2015年1月1日	全国人民代表大会常务委员会	保护和改善环境，防治各种环境污染和其他公害，重视公众健康，促进生态文明建设，协调经济社会可持续发展。
《产品质量法》（2018年修正）（中华人民共和国主席令第22号）	2018年12月29日	全国人民代表大会常务委员会	加强对产品质量的监督管理，提高产品质量水平，明确产品质量责任，保护消费者的合法权益，维护社会经济秩序。
《电子商务法》（中华人民共和国主席令第7号）	2019年1月1日	全国人民代表大会常务委员会	保障电子商务各方主体的合法权益，规范电子商务行为，维护市场秩序，促进电子商务持续健康发展。
《反不正当竞争法》（2019年修正）（中华人民共和国主席令第29号）	2019年4月23日	全国人民代表大会常务委员会	促进社会主义市场经济健康发展，鼓励和保护公平竞争，制止不正当竞争行为，保护经营者和消费者的合法权益。
《商标法》（2019年修正）（中华人民共和国主席令第29号）	2019年11月1日	全国人民代表大会常务委员会	加强商标管理，保护商标专用权，促使生产、经营者保证商品和服务质量，维护商标信誉，以保障消费者和生产、经营者的利益，促进社会主义市场经济的发展。
《食品安全法》（2021年修正）（中华人民共和国主席令第81号）	2021年4月29日	全国人民代表大会常务委员会	保证食品安全，保障公众身体健康和生命安全。
《广告法》（2021年修正）（中华人民共和国主席令第81号）	2021年4月29日	全国人民代表大会常务委员会	规范广告活动，保护消费者的合法权益，促进广告业的健康发展，维护社会经济秩序。

续表

法律法规	生效时间	发布部门	主要内容
《数据安全法》（中华人民共和国主席令第84号）	2021年9月1日	全国人民代表大会常务委员会	规范数据处理活动，保障数据安全，促进数据开发利用，保护个人、组织的合法权益，维护国家主权、安全和发展利益。
《网络交易管理办法》（国家工商行政管理总局令第60号，已失效）	2014年3月15日	国家工商行政管理总局	规范网络商品交易及有关服务，保护消费者和经营者的合法权益，促进网络经济持续健康发展。

（2）产业政策

消费与零售行业涉及主要产业政策见表2：

表2　消费与零售行业主要产业政策规定

产业政策	实施时间	发布部门	主要内容
《零售商促销行为管理办法》（中华人民共和国商务部、国家发展和改革委员会、中华人民共和国公安部、国家税务总局、国家工商行政管理总局2006年第18号令）	2006年10月15日	商务部、国家发改委、公安部、国家税务总局、国家工商行政管理总局	规范零售商的促销行为，维护消费者的合法权利，维护市场公平的竞争秩序和经济社会的公共利益，推进零售行业的健康有序发展。
《零售商供应商公平交易管理办法》（商务部、国家发展和改革委员会、公安部、国家税务总局、国家工商行政管理总局2006年第17号令）	2006年11月15日	商务部、国家发改委、公安部、国家税务总局、国家工商行政管理总局	规范零售商与供应商的交易行为，维护公平交易秩序，保障消费者的合法权益。
《超市食品安全操作规范（试行）》（商运字〔2006〕122号）	2006年12月8日	商务部	推动连锁超市的规范化运营，提高超市食品安全管理水平，增强消费者购物信心，提升整个行业的食品安全管理水平。

续表

产业政策	实施时间	发布部门	主要内容
《公共场所卫生管理条例实施细则》（中华人民共和国卫生部令第80号）	2011年5月1日	卫生部（已撤销）	创造良好的公共场所卫生条件，预防疾病，保障人体健康。
《中国制造2025》（国发〔2015〕28号）	2015年5月8日	国务院	加强统筹规划和前瞻部署，力争通过3个10年的努力，到新中国成立100年时，把我国建设成为引领世界制造业发展的制造强国。
《国民经济和社会发展第十三个五年规划纲要》	2016年3月16日	全国人民代表大会	阐明国家战略意图，明确经济社会发展宏伟目标、主要任务和重大举措，是市场主体的行为导向，是政府履行职责的重要依据。
《关于开展消费品工业“三品”专项行动营造良好市场环境的若干意见》（国办发〔2016〕40号）	2016年5月26日	国务院办公厅	以实施增品种、提品质、创品牌的“三品”战略为抓手，改善营商环境，从供给侧和需求侧两端发力，着力提高消费品有效供给能力和水平，更好满足人民群众消费升级的需要，实现消费品工业更加稳定、更有效益、更可持续的发展。
《国务院关于在市场体系建设中建立公平竞争审查制度的意见》（国发〔2016〕34号）	2016年6月1日	国务院	规范政府有关行为，防止出台排除、限制竞争的政策措施，逐步清理废除妨碍全国统一市场和公平竞争的规定和做法。

续表

产业政策	实施时间	发布部门	主要内容
《消费品标准和质量提升规划（2016—2020 年）》（国办发〔2016〕68 号）	2016 年 9 月 6 日	国务院办公厅	深化消费品供给侧结构性改革，提升消费品标准和质量水平，确保消费品质量安全，扩大有效需求，提高人民生活品质，夯实消费品工业发展根基，推动“中国制造”迈向中高端，有力推动“中国制造 2025”顺利实施，为经济社会发展增添新动力。
《消毒管理办法》（2017 年修订）（国家卫生和计划生育委员会令第 18 号）	2017 年 12 月 26 日	国家卫生和计划生育委员会（已撤销）	规定了消毒的卫生要求、消毒产品的生产经营、消毒服务机构、监管及罚则等内容。
《公平竞争审查制度实施细则》（国市监反垄规〔2021〕2 号）	2021 年 6 月 29 日	国家市场监督管理总局、国家发改委、财政部、商务部、司法部	按照“强化程序约束、加强实体指导、严格监督问责”的总体思路，从审查机制和程序、审查标准、例外规定、社会监督、责任追究等方面对《国务院关于在市场体系建设中建立公平竞争审查制度的意见》的规定进行了解释和细化，并绘制了审查基本流程图和审查表，供政策制定机关参考适用。
《关于平台经济领域的反垄断指南》（国反垄发〔2021〕1 号）	2021 年 2 月 7 日	国家反垄断委员会	强调《反垄断法》及配套法规规章适用于所有行业，对各类市场主体一视同仁、公平公正对待，旨在预防和制止平台经济领域垄断行为，促进平台经济规范有序创新健康发展。

续表

产业政策	实施时间	发布部门	主要内容
《网络直播营销行为规范》	2020年7月1日	中国广告协会	打造优质的市场消费环境，指导规范网络直播营销活动，协调网络直播营销业态发展。
《网络直播营销选品规范》	2021年3月18日	中国广告协会	推动网络直播营销业态的健康发展，助力良好的市场消费环境。
《关于规范“双十一”网络促销经营活动的工作提示》	2021年11月6日	市场监管总局	规范促销经营行为，协助建立“双十一”期间网络交易市场秩序，维护消费者合法权益。

3. 消费与零售行业的税务合规现状

笔者以表形式展现近5年来消费与零售行业税务合规现状（见表3）：

表3　2016—2021年各类税务违法行为数量　　单位：件

类别＼年份	2016	2017	2018	2019	2020	2021
税务登记	2763	9746	12, 803	6498	12, 130	3972
账簿、凭证管理	307	422	1076	413	285	451
纳税申报	3244	2758	3892	1542	4316	3597
税款缴纳	5437	5590	5878	3721	4518	2915
发票管理	3672	5539	12, 861	9100	33, 478	13, 376
违反税务检查	0	8	48	8	970	711

根据大数据初步统计，在2016年至2021年最容易被税务部门处罚的几类违法行为中，发票管理类违法行为增长较快。与税务登记类常规违法行为相比，发票管理类行为往往会引发刑事责任，企业风险相对较大。究其原因，进销项发票合规管理的缺失是其中的重中之重（见表4）。

表 4　2016—2021 年主要涉税刑事案件　　单位：件

类别＼年份	2016	2017	2018	2019	2020	2021
逃避缴纳税款罪	1006	1346	1351	1486	6	13
抗税罪	16	20	16	21	2	1
逃避追缴欠税罪	20	18	26	25	62	1
骗取出口退税罪	4516	5039	6225	6398	1884	378
虚开增值税专用发票、用于骗取出口退税、抵扣税款发票罪	4745	5559	6861	6805	6630	1199
虚开发票罪	642	598	694	899	1315	381
伪造、出售伪造的增值税专用发票罪	378	306	313	246	19	1
非法出售增值税专用发票罪	41	47	43	156	106	36
非法购买增值税专用发票、购买伪造的增值税专用发票罪	448	502	552	491	58	8
非法制造、出售非法制造的用于骗取出口退税、抵扣税款发票罪	10	2	7	9	2	1
非法制造、出售非法制造的发票罪	654	467	400	319	244	47
非法出售用于骗取出口退税、抵扣税款发票罪	4	3	6	10	18	6
非法出售发票罪	79	115	121	140	109	33
持有伪造的发票罪	365	205	17	149	84	31

根据大数据初步统计，2016 年至 2021 年涉税刑事案件主要包括以下几类：骗取出口退税罪，虚开增值税专用发票、用于骗取出口退税、抵扣税款发票罪，

逃税罪。其他涉税犯罪行为所占比例相对较低。

虚开发票行为，伪造、出售伪造的增值税专用发票行为一直是常发的违法犯罪行为，当前专票电子化的全面推进正在进行中，该类违法行为更加趋于隐蔽性（分析与全电发票的关联性），危害性更大，这使企业往往无所适从，又无所凭借。

4. 消费与零售行业的市场监管行政处罚现状

（1）常见高频违法事项

以上海市为例，2019—2020 年行政处罚的高发领域仍然集中在广告、产品质量、商标、价格等方面。虽然 2020 年受到新冠肺炎疫情影响，但以上领域的行政处罚数量仍然有所提升。

（2）广告违法处罚略有下降

自 2016 年以来，以广告违法为内容的行政处罚始终保持高增长态势，但 2020 年却首次出现下降，从 2019 年的 4387 件降至 2020 年的 3934 件，降幅达 10.33%，其主要原因是 2020 年新冠肺炎疫情严重，政府为了支持企业尤其是中小企业发展，对其采取了轻微违法免责的监管，监管相对审慎。上海市及其各区政府公布了轻微违法免责清单，可以看出在广告领域尤为明显，一些不甚严重的违法广告情节往往会免于处罚。但是，对于利用新冠肺炎疫情为宣传卖点进行宣传的虚假广告往往给予非常严厉的处罚。

最近几年，行政违法领域中违法广告一直是高频违法行为。2020 年，在这一年时间内，虽然行政处罚的数量有所下降，但是上海市市场监管局全年仍共监测到广告种类高达 280 万条次，出具监测情况告知书 6461 份，查处违法广告案件 5674 件，现金处罚总额达 8788 万元。因此，在广告发布形式与内容审查方面，企业需要寻求专业机构的帮助，最大化降低此类法律风险。

（3）价格违法案件数量显著上升

2020 年以来，价格违法案件的数量上升较多。从数据可以看出，价格违法案件从 2019 年的 600 件上升至 2020 年的 885 件，增幅可达 47.5%。此外，2016 年至 2020 年案件数量均处于一直上升的趋势。由此可见，政府非常重视价格违法案件。电商平台网红带货直播数量的急剧增长，亦将价格违法行为推到了众目睽睽之下，诸如虚构原价、与其他店铺/平台的“价格比较”、价格欺诈等价格违法处罚案例显著增多。

2021 年 4 月 25 日，北京市场监管局披露了针对学而思等多家校外教育培训机构的行政处罚，处罚内容包括警告与 50 万元的顶格罚款。这几家教育机构在线上开展了“价格￥799，促销价￥20”之类的虚假促销活动，但￥799 的原价在促销活动前从未实际成交过，该行为已经构成价格违法和虚假宣传。由此可见，企业在经营过程中需要避免虚假宣传、以画线价等形式对商品或服务的原价进行虚构、价格欺诈、低价倾销、价格歧视、串通操纵市场价格等违法违规行为，维护市场价格秩序的稳定，做到合法合规经营。

（4）清理 6 个月未经营企业

在 2020 年，市场监管部门清理了一批超过 6 个月未实际经营的公司和个人独资企业。因而 2020 年因为违反《个人独资企业法》第 36 条①或《公司法》第 211 条第 1 款②之有关规定从而被有关行政机关吊销营业执照的企业数量飞速增长。

其中，上海市因 6 个月未实际经营被吊销营业执照的公司数量从 2019 年的 1087 家增长到 2020 年的 26,683 家；因 6 个月未实际经营被吊销营业执照的个人独资企业数量从 2019 年的 59 家增长到 2020 年的 869 家。

由此，这给企业带来了供应商审核的巨大风险。此后，企业在与供应商进行往来、收受和抵扣的供应商发票上应当特别注意，不仅要核验对方的营业执照，还要通过国家信用信息公示系统查询，避免与此类已经被吊销营业执照的公司开展业务的风险。

（5）后疫情时代下的信息化监管

新冠肺炎疫情使大数据等互联网科技的运用加速了，随之市场监管体系逐步完善，执法部门从存量中找增量，在各种互联网大数据中寻找违法点，市场监管之网不得不铺开。以广告监管为例，互联网广告监测系统的大数据平台采用了一些世界领先的大数据技术。之所以采用智能语义分析系统，是为了后续对于广告内容进行自动化的分析，这将十分节省人力资源，提高监管效率。

---

① 《个人独资企业法》第 36 条规定：“个人独资企业成立后无正当理由超过六个月未开业的，或者开业后自行停业连续六个月以上，吊销营业执照。”

② 《公司法》第 211 条规定：“公司成立后无正当理由超过六个月未开业，或者开业后自行停业连续六个月以上，可以由公司登记机关吊销营业执照……”

后疫情下的信息化监管时代，企业必须全方位地落实构筑企业合规体系，把握企业合规体系构建的全流程。流程包括税务合规体系、内部法人治理机构的风险控制制度、公司知识产权保护的风险控制制度等。

（二）消费与零售行业企业合规面临的困境

1. 税控困境

我国税务监管系统已迭代至金税四期，较之前版本，其功能更为强大，监管力度得到大幅提升。而企业缺乏信息化、系统化、体系化的税务风险防范机制及管理模型，企业与政府之间的信息不对称现象不断显现，从而导致企业容易陷入税控困境，使其发展受限。

（1）金税四期为信息共享“云化”打通提供基础

A. 金税四期相较于金税三期等的特殊之处

金税四期利用互联网将公安、税务、工商、社保、质监、国家统计局和银行等所有行政管理部门全部打通，行政监管，一号连控，再加上金税四期的全面业务及信息共享“云化”打通，进而为智慧监管、智能办税提供条件和基础。

B. 金税四期实现全面业务及信息共享“云化”打通

金税四期的主体功能有“视频指挥台”、“重大事项”和“重要日程”3大项。多人音频视频沟通功能、会议室预定功能都是配套功能，并且保留了接口的提供功能扩展项目的能力。金税四期打通了全面业务及信息共享“云化”，这也为智慧监管、智能办税提供了条件和基础。

（2）智慧案件办理系统，实现大数据下多部门涉税信息共享

深圳市稽查局于2020年完成智慧稽查系统升级。相比于之前的税务稽查系统，智慧稽查功能升级，从5个方面进行项目建设：A. 违法企业发现，即基于内外部数据，结合业务专家办案经验，主动扫描发现潜在违法风险企业，从而主动出击打击企业违法犯罪；B. 疑点线索分析，即能针对不同来源的线索信息，梳理线索分析的差异性，提炼线索分析的重点，制作线索分析报告；C. 手法感知预警，即对各类涉税违法行为进行监控，对涉税违法行为的新风险、新手法及时感知预警；D. 业务数据互动，即建立互联网采集模块，汇集与公安、海关、人民银行交换的业务数据，为稽查选案分析提供多源数据支撑；E. 违法态势研

判，即针对不同涉税违法行为，从行业分布、区域分布、犯罪趋势等维度对税收违法走势进行分析预测。深圳市稽查局另新建虚开增值税发票智能分析、骗取出口退税智能分析、偷逃税智能分析、重点行业涉税违法智能分析、主要税种涉税违法智能分析共5大分析系统。

在大数据分析监测和多部门涉税信息共享下，税务机关既能整合税务方面掌握的信息，又能打破信息壁垒，通过其他部门的数据来掌握纳税人的经济数据信息，使得稽查范围更广，打击更精准，企业的违法成本大幅增加。

2. 法罚困境

首先，我国实行“宽进严管”的市场监管策略，强调事中事后监管。党的十九届三中全会作出深化党和国家机构改革的重大决定，其中将完善市场监管和执法体制作为改革的重要内容。通过对诸多监管部门的架构进行调整，质检、食品、药品、工商、物价、商标、专利等方面的行政执法力量得到充分整合。市场监管力量得到整合后，政府可利用“宽进严管”的管理体制来管理企业经营行为。“宽进”主要针对市场主体准入条件、登记服务方式和行政审批制度几个方面进行改革，从体制层面最大限度为主体松绑，释放创业活力。“严管”注重对部门间信息实时传递和对接，注重信息公示，强化信用约束，形成“一处违法、处处受限”的理想局面。在“宽进严管”监管体制下，企业的违法行为无所遁形，且违法后果沉重。企业的潜在对手，可以仅仅通过一张截图、一个电子文档让企业承受较大损失。

其次，企业自身“发育不良”，导致违法事件频繁出现。究其原因主要有3点：第一，企业（尤其是小微企业）大多由个人或几个人合伙创办，因此可能导致企业成为老板的“一言堂”，老板不会主动学习国家法律法规，并依此制定、遵守企业规章制度，出现人治替代法治的局面。而随着企业的扩张，企业老板若还不改变此局面，就会使企业“发育不良”，为后续发展埋下较大的隐患。第二，部分企业的管理较为落后。很多企业是家族式企业，企业老板的亲友负责管理企业。但是，部分管理者未受过科学的管理培训，缺乏现代企业管理知识与能力，容易导致企业“发育不良”。第三，企业过于重视节约成本，而忽视企业合规的重要性。虽然控制成本是企业的生存之道，但亦要关注投入与产出比，前期以较低的成本投入合规建设，将换来健康、可持续的企业运行架构。反之，若长期忽视企业合规建设，将使企业与市场监管制度脱节，容易被列入违法违规的黑名单，这需要企业付出更多财力、物力减轻黑名单带来的影响。

最后，企业与政府信息不对称，使企业易处于被动境况。目前，国家对企业监管越发严格，监管手段也越发先进，这进一步地加大政府监管与企业之间的信息差。企业出于各种各样的原因看不到“红线”，但是踩到了“红线”就会被处罚。这导致企业缺乏安全感，担心陷入法罚困境，发展战略不清晰，无法实现长远发展。

3. 信用围栏

《重大税收违法失信主体信息公布管理办法》（以下简称《税收管理办法》），已于2022年2月1日起施行。此《税收管理办法》与国家税务总局此前发布的16个文件一同构成了信用监管围栏。在“宽进严管”的监管策略下，“联合惩戒”被反复提及，其目的就是要做到使不合规企业在各方面受到限制，38个部委联合签署的《失信企业协同监管和联合惩戒合作备忘录》也对失信企业协同监管和联合惩戒，实现“一处违法、处处受限”的理想局面。

失信企业信息的公布会对受牵连企业产生严重影响。被列入税务黑名单的企业意味着会受到税收方面的严格监管与限制，与其合作的上下游企业也受到税务部门严查，给企业经营、客户合作、发票开具、财务管理等诸多方面带来巨大的不利影响，尤其体现在生产、销售领域，供应商、客户的选择方面。在与竞争对手竞品竞争处于白热化阶段时，企业的失信信息将成为竞争对手攻击的重要武器。企业失信也会引发负面舆论、销量下滑、声誉受损等连锁反应。在市场监管方面，企业若因涉嫌违法犯罪被吊销营业执照、列入经营异常名录或严重违法失信企业名单，其融资也将因此受阻。银行等金融机构甚至也将会不受理被列入经营异常名录的企业的银行开户、贷款等业务。此时，信用修复作为宽严相济的调节剂，意义重大。

（1）《税收管理办法》亮点解读——税务黑名单详解

A. 逃避追缴欠税金额由10万元提高至100万元以上——实施严格监管到实施监管的转变

在《税收管理办法》中第6条关于失信主体确定标准规定中，把逃避追缴欠税金额由10万元提高至100万元以上，把虚开增值税普通发票金额提高至400万元以上。此次修改是为了保障失信主体确定的一致性、合理性。

《刑法》第205条之一①规定了虚开发票罪。《最高人民检察院、公安部关于公安机关管辖的刑事案件立案追诉标准的规定（二）》（以下简称《立案追诉标准（二）》）中，将此违法行为达到刑事立案的标准的虚开份数以及金额规定为虚开发票100份以上且票面金额在30万元以上或者虚开金额累计在50万元以上的。由此可见，《税收管理办法》比原办法失信主体（重大税收违法失信案件）的确定规定的“（六）虚开普通发票100份或者金额40万元以上的”提高了10倍，也比虚开普通发票罪立案追诉金额标准提高10倍。且《税收管理办法》第2条规定“将信息通报相关部门实施监管和联合惩戒”。相较于《重大税收违法失信案件信息公布办法》（2018年第54号，已失效）删除了“严格”一词，此修改体现了与时俱进、优化营商环境的整体思路。

B. 中介机构责任加强——增加违法扣缴义务人、非法提供便利人员的监管与惩戒

此次修改将不缴或少缴已扣、已收税款且数额在100万元以上的扣缴义务人，为纳税人、扣缴义务人非法提供便利导致未缴、少缴税款100万元以上或者骗取国家出口退税款的涉税当事人，以及造成纳税人未缴或者少缴税款100万元以上的税务代理人等4类税收违法主体纳入失信主体范围。

此条增加的目的是规制为纳税人、扣缴义务人非法提供便利从而使其未缴、少缴税款100万元以上的税务代理人。头部主播黄某爆雷，亦使大众关注到中介机构的涉税违法行为。对中介机构的监管加强亦成趋势。此类税务中介往往在全国诸多省份大量注册企业，以从事劳务外包、宣传合作等名义，在没有发生实际经营业务的情况下，虚开发票，并帮助有关人员（尤其是高收入人群）设立“空壳”企业，变个人所得为经营所得以逃避缴纳税款，或者不合规地利用税收政策洼地偷逃税款，中介机构亦从中牟取非法利益。中介机构以所谓税收筹划的名义帮助相关人员偷逃税款。但随着税收监管力度的不断加大和税收大数据应用的日益深化，任何铤而走险的偷逃税行为，都将被依法严惩。

① 《刑法》第205条之一规定：“虚开本法第二百零五条规定以外的其他发票，情节严重的，处二年以下有期徒刑、拘役或者管制，并处罚金；情节特别严重的，处二年以上七年以下有期徒刑，并处罚金……”

C. 宽严相济，过惩相当——提前停止公布与不予提前停止公布情形

一方面，《税收管理办法》第 18 条明确规定申请提前停止公布的条件，即符合 3 类条件的失信主体，可以向税务机关申请提前停止公布失信信息。与之配套的是增加了信用培训的规定，即在第 24 条规定税务机关对申请提前停止公布的失信主体，可以组织其法定代表人、财务负责人等参加信用培训，以强化对失信主体的正面引导。

另一方面，为体现宽严相济，过惩相当，《税收管理办法》在第 22 条增加不予提前停止公布的情形，即明确对 5 年内被确定为失信主体 2 次以上和被确定为失信主体后因发生偷逃骗抗、虚开发票等税收违法行为受到处罚的，不予提前停止公布。

（2）市场监管领域严重违法失信名单——工商黑名单详解

除了税务领域重大税收违法失信主体信息公布名单（以下简称税务黑名单）外，市场监管领域也设有严重违法失信名单（以下简称工商黑名单），2021 年 9 月 1 日《市场监督管理严重违法失信名单管理办法》（以下简称《失信名单管理办法》）、《市场监督管理行政处罚信息公示规定》（以下简称《行政处罚信息公示规定》）和《市场监督管理信用修复管理办法》（以下简称《修复管理办法》）实施，工商黑名单主要有如下类型（见表 5）。市场监督管理部门对被列入严重违法失信名单的当事人列为重点监管对象，提高检查频次，依法严格监管，不适用告知承诺制，且此类当事人在承担政府采购项目、工程招投标等均可能收到不同程度的限制。

表 5　工商黑名单主要类型

总体要求	当事人违反法律、行政法规，性质恶劣、情节严重、社会危害较大，受到市场监督管理部门较重行政处罚的，由市场监督管理部门依照《失信名单管理办法》规定列入严重违法失信名单，通过国家企业信用信息公示系统公示，并实施相应管理措施。 较重行政处罚包括： （1）依照行政处罚裁量基准，按照从重处罚原则处以罚款； （2）降低资质等级，吊销许可证件、营业执照； （3）限制开展生产经营活动、责令停产停业、责令关闭、限制从业； （4）法律、行政法规和部门规章规定的其他较重行政处罚。 市场监督管理部门判断违法行为是否属于性质恶劣、情节严重、社会危害较大的情形，应当综合考虑主观恶意、违法频次、持续时间、处罚类型、罚没款数额、产品货值金额、对人民群众生命健康的危害、财产损失和社会影响等因素。当事人有证据足以证明没有主观故意的，不列入严重违法失信名单。

续表

细分领域		
序号	领域类型	具体描述
1	食品安全领域（食品安全严重违法生产经营者黑名单）	(1) 未依法取得食品生产经营许可从事食品生产经营活动。 (2) 用非食品原料生产食品；在食品中添加食品添加剂以外的化学物质和其他可能危害人体健康的物质；生产经营营养成分不符合食品安全标准的专供婴幼儿和其他特定人群的主辅食品；生产经营添加药品的食品；生产经营病死、毒死或者死因不明的禽、畜、兽、水产动物肉类及其制品；生产经营未按规定进行检疫或者检疫不合格的肉类；生产经营国家为防病等特殊需要明令禁止生产经营的食品。 (3) 生产经营致病性微生物，农药残留、兽药残留、生物毒素、重金属等污染物质以及其他危害人体健康的物质含量超过食品安全标准限量的食品、食品添加剂；生产经营用超过保质期的食品原料、食品添加剂生产的食品、食品添加剂；生产经营未按规定注册的保健食品、特殊医学用途配方食品、婴幼儿配方乳粉，或者未按注册的产品配方、生产工艺等技术要求组织生产；生产经营的食品标签、说明书含有虚假内容，涉及疾病预防、治疗功能，或者生产经营保健食品之外的食品的标签、说明书声称具有保健功能。 (4) 其他违反食品安全法律、行政法规规定，严重危害人民群众身体健康和生命安全的违法行为。
2	药品、医疗器械、化妆品领域	(1) 生产销售假药、劣药；违法生产、销售国家有特殊管理要求的药品（含疫苗）；生产、进口、销售未取得药品批准证明文件的药品（含疫苗）。 (2) 生产、销售未经注册的第二、三类医疗器械。 (3) 生产、销售非法添加可能危害人体健康物质的化妆品。 (4) 其他违反药品、医疗器械、化妆品法律、行政法规规定，严重危害人民群众身体健康和生命安全的违法行为。
3	质量安全领域	(1) 生产、销售、出租、使用未取得生产许可、国家明令淘汰、已经报废、未经检验或者检验不合格的特种设备；对不符合安全技术规范要求的移动式压力容器和气瓶进行充装。 (2) 生产销售不符合保障身体健康和生命安全的国家标准的产品，在产品中掺杂、掺假，以假充真、以次充好，或者以不合格产品冒充合格产品，生产销售国家明令淘汰的产品。

续表

细分领域		
序号	领域类型	具体描述
		（3）产品质量监督抽查不合格，受到省级以上人民政府市场监督管理部门公告，经公告后复查仍不合格。 （4）出具虚假或者严重失实的检验、检测、认证、认可结论，严重危害质量安全。 （5）伪造、冒用、买卖认证标志或者认证证书；未经认证擅自出厂、销售、进口或者在其他经营性活动中使用被列入强制性产品认证目录内的产品。 （6）其他违反质量安全领域法律、行政法规规定，严重危害人民群众身体健康和生命安全的违法行为。
4	侵害消费者权益	（1）侵害消费者人格尊严、个人信息依法得到保护等权利。 （2）预收费用后为逃避或者拒绝履行义务，关门停业或者迁移服务场所，未按照约定提供商品或者服务，且被市场监督管理部门确认为无法取得联系。 （3）制造、销售、使用以欺骗消费者为目的的计量器具；抄袭、串通、篡改计量比对数据，伪造数据、出具虚假计量校准证书或者报告，侵害消费者权益。 （4）经责令召回仍拒绝或者拖延实施缺陷产品召回。 （5）其他违反法律、行政法规规定，严重侵害消费者权益的违法行为。
5	破坏公平竞争秩序和扰乱市场秩序	（1）侵犯商业秘密、商业诋毁、组织虚假交易等严重破坏公平竞争秩序的不正当竞争行为。 （2）故意侵犯知识产权；提交非正常专利申请、恶意商标注册申请损害社会公共利益；从事严重违法专利、商标代理行为。 （3）价格串通、低价倾销、哄抬价格；对关系国计民生的商品或者服务不执行政府定价、政府指导价，不执行为应对突发事件采取的价格干预措施、紧急措施。 （4）组织、策划传销或者为传销提供便利条件。 （5）发布关系消费者生命健康的商品或者服务的虚假广告。 （6）其他违反法律、行政法规规定，严重破坏公平竞争秩序和扰乱市场秩序的违法行为。

续表

细分领域		
序号	领域类型	具体描述
6	其他情形	(1) 未依法取得其他许可从事经营活动。 (2) 提交虚假材料或者采取其他手段隐瞒重要事实，取得行政许可，取得、变更或者注销市场主体登记，或者涂改、倒卖、出租、出售许可证件、营业执照。 (3) 拒绝、阻碍、干扰市场监督管理部门依法开展监督检查和事故调查。 (4) 当事人在市场监督管理部门作出行政处罚、行政裁决等行政决定后，有履行能力但拒不履行、逃避执行等，严重影响市场监督管理部门公信力。

(3) 联合惩戒、经营受限、融资困境、信誉受损“一处违法，处处受限”——监管信用围栏体系下的监管和联合惩戒

除了《税收管理办法》规定的对于重大税收违法失信主体信息的相关惩戒以及《失信名单管理办法》规定的工商黑名单外，国务院及国务院部委、国家发改委、中国人民银行等发布的其他相关文件（见附录1）构成了监管信用围栏。

根据《国务院关于建立完善守信联合激励和失信联合惩戒制度加快推进社会诚信建设的指导意见》（国发〔2016〕33号）①，监管部门通过将严重失信主体列明为重点监管对象、严格审核行政许可审批项目、严格限制申请财政性资金项目以及对严重失信主体及其主要负责人市场和行业禁入措施等路径，加强对失信行为的行政性约束和惩戒。

① 《国务院关于建立完善守信联合激励和失信联合惩戒制度加快推进社会诚信建设的指导意见》（国发〔2016〕33号）规定：“（十）依法依规加强对失信行为的行政性约束和惩戒。对严重失信主体，各地区、各有关部门应将其列为重点监管对象，依法依规采取行政性约束和惩戒措施。从严审核行政许可审批项目，从严控制生产许可证发放，限制新增项目审批、核准，限制股票发行上市融资或发行债券，限制在全国股份转让系统挂牌、融资，限制发起设立或参股金融机构以及小额贷款公司、融资担保公司、创业投资公司、互联网融资平台等机构，限制从事互联网信息服务等。严格限制申请财政性资金项目，限制参与有关公共资源交易活动，限制参与基础设施和公用事业特许经营。对严重失信企业及其法定代表人、主要负责人和对失信行为负有直接责任的注册执业人员等实施市场和行业禁入措施。及时撤销严重失信企业及其法定代表人、负责人、高级管理人员和对失信行为负有直接责任的董事、股东等人员的荣誉称号，取消参加评先评优资格。”

（4）“宽严相济，过惩相当”监管下信用修复指引

A. 税务黑名单信用修复

根据《税收管理办法》相关规定，为鼓励失信主体主动纠正违法行为、积极承担社会责任、重塑良好信用，其第 18 条明确规定符合 3 类条件的失信主体，可以向税务机关申请提前停止进行失信信息的公开。①按照税务处理决定书，税务行政处罚决定书缴清（退）税款、滞纳金、罚款，且失信主体失信信息公布满 6 个月的；②失信主体破产，法院出具批准重整计划或认可和解协议的裁定书，税务机关依法受偿的；③在发生重大自然灾害、公共卫生、社会安全等突发事件期间，因参与应急抢险救灾、疫情防控、重大项目建设或者履行社会责任作出突出贡献的。除上述 3 项规定外，失信主体信息若自公布之日起满 3 年，税务机关亦将停止公布信息。

B. 市场监管黑名单信用修复

《市场监督管理严重违法失信名单管理办法》第 16 条、第 17 条等明确了申请提前移出（信用修复）严重违法失信名单的条件和程序，是为了给予违法失信当事人以主动纠错机会帮助其重塑信用。《行政处罚信息公示规定》和《修复管理办法》的出台是为了解决市场监管部门信用修复机制欠缺、行政处罚信息公示期限较长等问题。健全完善信用修复制度，缩短信息公示期限，规范信用修复程序等，可以鼓励违法失信当事人重塑信用，激发市场主体活力，构建放管结合、宽严相济、进退有序的市场监管部门信用监管新格局。信用修复的本质是对失信者的信用度进行恢复与重塑，对其惩罚力度降低，或免予对其进行惩罚①。

C. 行政处罚信息信用修复——一般失信行为

一般失信行为的最短公示期间为 3 个月，主要通过 2 种方式进行修复。

第一，通过信用部门。

需要准备的材料有：

• 信用修复承诺书（原件照片、扫描件，须加盖申请单位公章）；

• 行政相对人（申请单位）主要登记证照（原件照片、扫描件或加盖申请单位公章的复印件）；

① 参见《广东省公共信用信息管理系统信用修复工作指引》，载广东省企业诚信建设促进会 http://www.cxgd.org.cn/xyzc/xyzs/1884.html。

• 已履行行政处罚的相关证明材料（原件照片、扫描件或加盖申请单位公章的复印件）等材料。

第二，通过原行政处罚机关。

需要准备的材料有：

• 信用修复承诺书（原件照片、扫描件，须加盖申请单位公章）；

• 由行政处罚机关出具的原件照片、扫描件，须加盖申请单位和处罚机关公章。

D. 行政处罚信息信用修复——严重失信行为

严重失信行为一般包含 6 种：a. 因严重损害自然身体健康生命安全的行为被处以行政处罚的信息；b. 因严重破坏市场公平竞争秩序和社会正常秩序的行为被处以行政处罚的信息；c. 在司法机关、行政机关作出裁判或者决定后，因有履行能力但拒不履行、逃避执行，且情节严重的行为被处以行政处罚的信息；d. 因拒不履行国防义务、危害国防利益、破坏国防设施的行为被处以行政处罚的信息；e. 法律规范明确规定违法内容构成情节严重的行政处罚信息；f. 经处罚决定部门认定的涉及严重失信行为的行政处罚信息。

严重失信行为最短公示期间为 6 个月，并且对其唯一的修复途径是通过信用部门。需要准备的材料有：

• 信用修复承诺书（原件照片、扫描件，须加盖申请单位公章）；

• 行政相对人（申请单位）主要登记证照（原件照片、扫描件或加盖申请单位公章的复印件）；

• 已履行行政处罚的相关证明材料（原件照片、扫描件或加盖申请单位公章的复印件）；

• 主动参加信用修复培训的证明材料（原件照片、扫描件或加盖申请单位公章的复印件）；

• 信用报告（原件照片、扫描件或加盖申请单位公章的复印件）。

E. 不予信用修复的情况——特定严重失信行为

• 在食品药品、生态环境、工程质量等领域被处以责令停产停业，或吊销许可证、吊销执照的行政处罚信息；

• 因贿赂、逃税骗税、恶意逃废债务、恶意拖欠货款或服务费、恶意欠薪、非法集资、合同欺诈、传销、无证照经营、制售假冒伪劣产品和故意侵犯知识产权、出借和借用资质投标、围标串标、虚假广告、侵害消费者或证券期货投资者合法权益、严重破坏网络空间传播秩序、聚众扰乱社会秩序等行为被处以责令停产停业，或吊销许可证、吊销执照的行政处罚信息；

• 法律法规另有规定不可修复的行政处罚信息，均按最长公示期限予以公示，公示期间不予修复。

F. 充分利用必要且合理的信用修复裁量空间优化信用修复

第一，进行自主解释。允许纳税人针对公布信息系统中的不良信用记录进行解释。迄今为止，我国关于信用修复的法律制度中没有涉及自主解释说明机制的规范。但随着合规不起诉试点的进行，企业或许可以尝试主动与行政部门积极沟通，积极提供合规材料以及企业为后续经营所起草的合规方案，换取信用修复。

第二，政府部门事中监督与事后监督的应对。企业在信用修复完成后，仍需遵纪守法，依法从事生产经营活动，不要重蹈覆辙，否则除了恢复最长公示期对外公示失信信息之外，还需要承担其他法律责任。因此企业信用修复后的合规尤其重要。

第三，充分利用修复激励机制。与信用中国的公示修复不同，信用修复机制往往是由各地的法院进行落实，且逐步成为一种趋势。就拿杭州市中级人民法院发布的《关于失信被执行人信用修复的实施细则（试行)》为例，其针对的主要是失信被执行人相关信息的修复问题。企业可以与法院进行沟通，进而充分利用修复激励机制，解除联合惩戒措施。

第四，当事人被列入严重违法失信名单最短公示期间的合理运用。根据国家发改委办公厅《关于进一步完善“信用中国”网站及地方信用门户网站行政处罚信息信用修复机制的通知》（发改办财金〔2019〕527 号)[①] 规定企业可以利用最短的公示期间，努力争取在最短公示期间结束及撤下相关信息。

① 《关于进一步完善“信用中国”网站及地方信用门户网站行政处罚信息信用修复机制的通知》(发改办财金〔2019〕527 号)“二、严格执行行政处罚信息公示期限”规定：“涉及一般失信行为的行政处罚信息自行政处罚决定之日起，在信用网站最短公示期限为三个月，最长公示期限为一年。涉及严重失信行为的行政处罚信息自行政处罚决定之日起，在信用网站最短公示期限为六个月，最长公示期限为三年。最长公示期限届满的，信用网站将撤下相关信息，不再对外公示。法律、法规、规章另有规定的从其规定。”

（三）数字时代下消费与零售行业未来发展趋势

1. 数字化驱动零售行业转型

德勤会计师事务所最近发布的《数字化和消费形态引领零售行业发展新趋势》报告表明，移动网络数据使用量、第三方移动支付、物流在近几年均呈现急速上涨态势，网络零售在零售行业总体中的占有比例也已经达到了全球最高的水平。我国零售市场中过半的零售销售业均被数字化所驱动，在此态势下，零售行业企业的数字化能力将成为其未来是否能成功的决定性因素之一。基于产业变化以及中国特有的数字化环境，德勤会计师事务所总结出企业要想在全新市场环境中取胜必须关注 3 个核心要素——数字化全渠道、数字化供应链网络以及零售分析。这 3 个要素主要通过刺激与消费者的连接点，数字化方法整合优化供应链，并结合系统性的零售分析方法最终实现价值链的协同、升级。

2. 新兴业态对零售行业的影响

新业态、新物种的出现是线上线下融合不断推进的结果，而传统零售企业的转型升级，在新的消费零售生态系统下，多渠道、多服务的结合，以需求和体验为中心，以技术为驱动力的新业态将继续影响零售行业，这也有望成为引领零售行业转型的重要尝试。随着数字化渠道的日益成熟，传统零售企业的门店要从“销售平台”向“体验传播”转型。传统零售门店可通过跨屏互动、技术创新、打造生活体验店等方式，促进无缝式体验，实现长远发展。门店通过店内传感器、无线网络、电子价签等，将移动销售点（POS）与电子商务、社交型客户关系管理及库存管理系统相结合。为消费者提供实时购物信息，让他们能更清楚地了解库存、价格变动、促销活动等情况。同时通过记录顾客的停留目标、停留时间、游走路线，客流量大小以及最终消费情况，帮助企业更加精准了解客户需求。同时，门店交易完成后，客户可选择送货上门。这样消费者既得到了实体店的购物体验，又享受了线上送货上门的便利性。

目前消费与零售企业对于消费者的认知和信息的捕捉，仍旧存在一定的局限性和滞后性。一些创新型企业以消费者信息捕捉和数据采集为切入点，通过视觉处理技术、物联网技术、支付聚合等技术手段，实现对不同场景及消费环节的消费者数据采集和聚合，并通过整理分析应用到企业的日常业务决策中。

二、消费与零售企业市场监管合规体系及风险点

（一）消费与零售行业十一大合规风险点

1. 公平竞争领域重点风险点

随着互联网经济规模的不断扩大，各种新型网络不正当竞争行为层出不穷，对市场秩序的稳定性产生不利影响。近年来，虽然市场监管部门已经开始对于此类不正当竞争行为进行打击，但网络不正当竞争纠纷数量多、类型新、案情较为复杂，消费与零售行业中亦滋生出许多新的合规风险点。且现行《反不正当竞争法》缺乏关于新型网络不正当竞争行为的类型化条款，使市场监管受到很大制约。

《全国人民代表大会常务委员会执法检查组关于检查〈中华人民共和国反不正当竞争法〉实施情况的报告》提到，不同部门不同地区对法律规定的概念和原则存在理解上较为悬殊的差异，由于缺乏明确的解释规则，实践中同样标准不一。传统商业贿赂、侵犯商业秘密、商业标识混淆等，大数据、人工智能、区块链、物联网等新业态新模式下的不正当竞争行为，也存在认定标准不清的问题，亟待配套法规制度的出台完善加以明确。

《禁止网络不正当竞争行为规定（公开征求意见稿）》（以下简称《禁止网络不正当竞争征求意见稿》）应运出台，旨在基于《电子商务法》和《反不正当竞争法》进一步细化和落实，对新型网络不正当竞争行为进行明确规范，规范市场秩序。

（1）加强对技术干预及互联网巨头企业的监管——《禁止网络不正当竞争征求意见稿》的五大亮点

《禁止网络不正当竞争征求意见稿》将诸多互联网经济领域违法行为进行罗列与细化，有利于市场监管部门在执法时统一执法尺度、规范执法行为，完善我国反垄断和反不正当竞争法律法规框架。

亮点一：刷单、刷榜等虚构流量行为的规制——经营者为虚构数据如评价、点击量等流量、互动数据可能构成违法。

《禁止网络不正当竞争征求意见稿》第9条，[①] 明确规定之前常见的诸如刷单、刷榜等行为将被认定为违法。此条款系对《反不正当竞争法》第8条第2款的细化与补充。在《禁止网络不正当竞争征求意见稿》之前监管部门往往将《反不正当竞争法》第8条第2款作为处罚依据。

如在上海沐璨信息科技有限公司涉嫌不正当竞争一案（沪市监长处〔2021〕052020000427号）中，当事人刷单开展商业宣传。刷单人员在指定的商户门店消费后于大众点评上按照要求撰写好评内容、给予五星评价。被认定违反了《反不正当竞争法》第8条第2款“经营者不得通过组织虚假交易等方式，帮助其他经营者进行虚假或者引人误解的商业宣传”之规定，并依据第20条第1款罚款20万元。

亮点二：竞价排名乱象的遏制——不允许在搜索引擎上购买或出售竞品词进行推广。

竞价排名乱象屡见不鲜，《禁止网络不正当竞争征求意见稿》第9条规定“经营者不得采取下列方式……（二）虚假排名或者组织虚假排名……”在深圳市精英商标事务所与重庆猪八戒网络有限公司、北京百度网讯科技有限公司侵害商标权纠纷案［（2017）粤03民初890号］中，猪八戒公司在百度公司推广时，使用“精英商标”关键词，侵害了精英商标事务所的“精英”商标。法院认为，被告猪八戒公司将“深圳精英商标”“精英商标”“精英商标事务所”在百度推广中设置为搜索关键词的行为，构成不正当竞争行为。本案中，如何规制百度公司的非法竞价排名行为成为难点，法院只能通过《反不正当竞争法》的一般条款

---

① 《禁止网络不正当竞争行为规定（公开征求意见稿）》第9条规定：“经营者不得采取下列方式……（四）虚构用户评价、收藏量、点赞量、投票量、关注量、订阅量、转发量等流量数据……”

及《侵权责任法》对这一行为进行规制。《禁止网络不正当竞争征求意见稿》明确非法竞价排名行为中的购买方和出售方均为不正当竞争行为，对竞价排名乱象整治将起到指导作用。

亮点三：对互联网巨头企业的监管——完善对互联网企业的跨界经营现象规制体系。

《禁止网络不正当竞争征求意见稿》第38条明确规定了“经营者滥用市场支配地位，实施网络竞争行为排除、限制竞争的，依据《中华人民共和国反垄断法》处理”，通过明确法律规制的对象，使《反垄断法》与《反不正当竞争法》成为可互相联动的互联网经济领域规制体系。

近年来，监管部门加大对互联网巨头企业垄断案件的执法力度，在市场监管总局对腾讯控股收购中国音乐集团的行政处罚案件（国市监处〔2021〕67号）中，腾讯入股中国音乐集团61.64%的股权，取得对中国音乐集团的单独控制权。本案被认定为构成违法实施的经营者集中，存在或者可能存在排除、限制竞争的效果。市场监管总局适用《反垄断法》对腾讯作出了处罚，并责令其恢复市场竞争正常秩序。近年来国家市场监督部门对互联网巨头的监管开始出现“强监管”趋势。企业服务、云服务、物联网、人工智能领域内互联网巨头的野蛮扩张等都是当下反垄断、反不正当竞争的要点。

亮点四：回应热点——近年来兴起的自媒体营销、直播带货中存在的乱象规制。

自媒体营销和直播带货是近年来电商的新兴营销模式，在广泛应用过程中乱象频出，急需配套细则进行规制。《禁止网络不正当竞争征求意见稿》第8条对经营者行为作出了禁止性规定，经营者不得以平台推荐、网络文案、直播营销、话题营销等方式从事商业营销活动。

在美腕（上海）网络科技有限公司（网红主播李某琦关联公司）涉嫌虚假宣传案（沪市监长处〔2021〕052021000013号）中，公司主播在直播过程中使用“全脸激活胶原蛋白、提拉紧致、提拉淡纹，效果巨明显……坚持用了一个月，就相当于打了一次热玛吉，效果真的很可怕很神奇”等描述性内容对上述产品进行商业宣传，构成《反不正当竞争法》中引人误解的宣传。

市场监管部门只能根据《反不正当竞争法》第8条规定，认定上述行为属于经营者对其商品的性能、功能、质量、销售状况、用户评价、曾获荣誉等作虚假或者引人误解的商业宣传，欺骗、误导消费者的违法行为，直播带货属于近几年的新兴模式，野蛮生长下缺乏必要规制。本次《禁止网络不正当竞争征求意见稿》通过第三章对直播带货行为予以具体规范，并明确归属为《反不正当竞争法》规制范围。

亮点五：互联网恶意攻击规制——利用网络损害他人商业信誉、商品声誉有望得到处罚。

《禁止网络不正当竞争征求意见稿》第 11 条第 1 款、第 4 款①对互联网恶意攻击予以规制，即此条对如何定性界定损害商誉的不正当竞争纠纷提供了可以量化的具体指标。

在北京搜狗信息服务有限公司等与北京奇虎科技有限公司等不正当竞争纠纷案［（2014）二中民初字第 01670 号］中，搜狗公司在其浏览器官网和新浪官方微博上发布了《360 安全卫士抹黑搜狗 - 炮制史上最恶劣造谣事件》为题的文章。法院援引《反不正当竞争法》（1993 年）第 14 条“经营者不得捏造、散布虚伪事实，损害竞争对手的商业信誉、商品声誉”判处搜狗赔偿并道歉，但当时对于此类警告性声明达到何种程度才可定义为损害商业信誉、商品声誉并无规定。

《禁止网络不正当竞争征求意见稿》对《反不正当竞争法》在假冒伪劣、虚假宣传、商业诋毁等类型化条款的问题上作了具体细化。在我国司法实践中，对此 3 类条款的使用存在很大问题，如经营者在互联网上擅自使用与他人有一定影响的应用软件、网店名称、图标、擅自使用与他人网站近似的域名和擅自将其他企业、个人设置为自己产品的搜索关键词等，实践中对此类情况应认定为虚假宣传还是仿冒存在很大争议；经营者在网络上将他人产品与自己产品作不真实的对比，实践中也很难确认该行为属虚假宣传还是商业诋毁。《禁止网络不正当竞争征求意见稿》通过第二章的内容，将互联网经济领域中需要规制的问题分门别类，如将擅自使用与他人网站近似的域名定义为实施混淆行为，为类型化条款的适用提供了明确边界。

---

① 《禁止网络不正当竞争行为规定（公开征求意见稿）》第 11 条第 1 款规定：“经营者不得利用网络编造、传播虚假信息或者误导性信息，损害竞争对手的商业信誉、商品声誉。”第 4 款规定：“前款所称‘损害竞争对手的商业信誉、商品声誉’，是指使其他经营者的网络流量、商业广告收益、融资能力等显著减少或者下降，以及交易机会、可预期商业收益、议价能力、品牌价值等潜在竞争力受到损害。”

《禁止网络不正当竞争征求意见稿》进一步对《反不正当竞争法》中不同类型化条款的构成要件中的交叉重叠现象进行了规制。在司法实践中，条款构成要件交叉重叠最严重的存在于竞价排名案件，经营者用与其他企业、个人相关的企业名称、产品名称、姓名设为搜索关键词并进行竞价排名，此行为一方面可通过其购置关键词，使他人可能在搜索时误以为其与知名企业、个人相关构成仿冒，另一方面又因其购买关键词是用于宣传，可认定为虚假宣传，这二类条款要件均可适用，使得对竞价排名的处罚方式和尺度长期不明。《禁止网络不正当竞争征求意见稿》通过将实施虚假排名行为明确定义为虚假宣传，以及对其他许多常见网络不正当竞争行为的定义，为构成要件作了明确区分，明晰了执法框架和尺度。

（2）以诉讼解决不正当竞争行为模式的改变——从典型案例看执法趋势

网络不正当竞争行为作为新型不正当竞争行为，在法律法规规制和司法实践上都存在大量空白，现有的行政处罚案例也限制于《反不正当竞争法》的限制而难以规制，因此许多本应由行政部门进行规制的问题只能由被侵害的企业自身向法院起诉，以诉讼解决不正当竞争行为，相关诉讼中的违法行为均可按照《禁止网络不正当竞争征求意见稿》由市场监管部门进行规制，市场监管部门亦存在参考司法机关判断不正当竞争行为的方式进行审查和处罚的可能。

第一，互联网企业之间的竞争关系认定不再局限于经营范围，更多考虑其实施的交易行为之间是否存在竞争。

北京百度网讯科技有限公司与上海汉涛信息咨询有限公司、上海杰图软件技术有限公司不正当竞争纠纷案［（2016）沪73民终242号］中上海知识产权法院在判决中提到，百度公司通过百度地图和百度知道与大众点评网争夺网络用户，可以认定百度公司与汉涛公司存在竞争关系。

在互联网经济迅猛发展的大背景下，很多互联网企业为谋求进一步发展，拓展出大量跨界业务。因此，对于两个互联网企业之间的竞争关系，不应再局限于从其自称或其登记的经营范围进行评价，而要考虑其实施的交易行为之间是否存在竞争。同时，在当下互联网业态下，网络用户的流量十分重要，即便这些用户没有与网络服务提供者进行任何实质交易，但网络用户流量的增加也意味着交易机会和可能交易对象的增加，对交易对象和机会的争夺显然也应当属于竞争关系，执法中也将更多结合交易机会的争夺来判断竞争关系的存在与否。

第二，相关公众对公司的商业信誉和产品声誉质疑甚至贬损评价——是判断竞争对手商业信誉和商品信誉的重要参考。

在武汉斗鱼网络科技有限公司与广州虎牙信息科技有限公司、暨南大学不正当竞争纠纷案［（2020）粤73民终733号］中，广州知识产权法院在判决中指出，“本案中，斗鱼公司与虎牙公司作为中国国内网络直播领域最主要的两家竞争对手，斗鱼公司在其微信公众号及微博上发布上述虚假信息或误导性信息，基于其自身的影响力以及与虎牙公司之间的激烈竞争关系，必然会对虎牙公司的商业信誉产生负面的影响，极有可能会使相关公众对虎牙公司的商业信誉及商品声誉产生怀疑甚至是贬损性的评价。从涉案微博的分享、评论、点赞数量可以看出获取该微博内容的人数众多，从涉案相关微博文章的评论区的内容亦可看出，斗鱼公司发布的被控侵权信息已造成相关公众对虎牙公司的负面评价”。

判断一篇文章是警告性声明还是对竞争对手商誉、商品品牌价值的损害，在司法实践中存在争议，难以判断其是属于正当权益范围内的行为，还是对其他经营者构成商业诋毁。从对于新媒体的审查方式来看，司法机关主要结合的是经营者之间的关系，以及其他互联网用户对此事的评价被其所发布的文章所误导。如果经营者之间存在明显的竞争关系，且都在网络上有很大的影响力，在互联网上发布的文章足以影响到竞争对手的交易机会和商业信誉、商品声誉，且相关互联网受众都受到了误导，司法机关就将认定此类行为属于商业诋毁。从《禁止网络不正当竞争征求意见稿》的内容来看，《禁止网络不正当竞争征求意见稿》将“损害竞争对手的商业信誉、商品声誉”定义为“使其他经营者的网络流量、商业广告收益、融资能力等显著减少或者下降，以及交易机会、可预期商业收益、议价能力、品牌价值等潜在竞争力受到损害”，与司法机关运用自由裁量定义商业诋毁的定义方式基本一致。

（3）《禁止网络不正当竞争征求意见稿》下的企业网络经营竞争合规策略

第一，转变刷单、刷红包、雇水军、不当竞价排名获取流量的思路，通过加强内容和多平台宣传销售，吸引互联网受众。

在互联网经济领域管控不明晰的阶段，刷单、刷红包、雇水军和不当竞价排名确是许多企业为在各类点评类网站上获得更好评价的一种通用方式，但这种行为显然会导致评价失真，同时使竞争对手的交易机会受损，不利于市场秩序的维护，从长远来看会导致各企业竞相刷单争榜，对企业自身的发展也十分不利。从目前的互联网环境来看，互联网平台呈现多元化，新型平台如短视频平台快速崛起，企业不应执着于在某个平台上取得很高流量，而应顺应执法趋势，转为多平台宣传，通过在多平台内吸引不同受众群体，从而吸引更多流量，达到甚至超过过去刷单、竞价排名所能取得的成果。在销售问题上，基于当前对于许多平台“二选一”行为的打击力度增强，企业也完全可以考虑通过多个电商平台宣传和销售自家商品，拓宽产品受众面。

在成都腾木科技有限公司（成高市场质监警戒字〔2019〕01003 号）一案中，腾木公司购买了其他企业名称作为百度推广的关键词，通过自持的百度推广账户添加“每屏秀秀”为百度推广关键词进行竞价排名，致使百度搜索“每屏秀秀”，位列搜索结果首位的是微喵的网页链接。被以违反《反不正当竞争法》第 6 条第 4 项的规定为由进行处罚。

根据《禁止网络不正当竞争征求意见稿》的规定，擅自将他人有一定影响的商品名称设置为搜索关键词，属于实施混淆行为，应该按照《反不正当竞争法》第 18 条进行处罚。根据处罚决定书也可看出，市场监管部门对于不当竞价排名如今已有完善的查处办法，对此类行为的规制已有实质保障。目前，各大信息门户网站均拥有自己的大数据搜索工具，企业应考虑在各大信息门户网站多创作优质内容吸引用户观看，并多设置与自己相关、不影响竞争对手的搜索关键词，以广撒网的方式拓宽受众面。

第二，合理利用自媒体营销、直播营销，给予直播者合规的台本并对合作自媒体提高要求。

在目前市场监管总局加大力度整顿直播带货乱象以及《禁止网络不正当竞争征求意见稿》出台的背景下，自媒体营销、直播营销将被进一步规制，企业在进行直播营销时应注意将合规的台本交给直播者，同时提高对合作自媒体的要求，让其严格按照台本要求进行宣传，避免因不符合要求宣传遭到处罚。

在上海绿地优鲜超市有限公司浦东金桥分公司广告违法案（沪市监青处〔2021〕292021002802 号）中，当事人通过平台开展直播。本次直播中发布了以下关于南非 JerryEnjoy 牛肉 4 件套的内容，发布的直播中称“价格也是非常非常美丽，还是那句话，价格我们原价是 290，现在的价格是 215 块钱”。经查明，当事人实际未以上述直播活动中所称的“原价”价格在淘宝网店中销售过该南非 JerryEnjoy 牛肉 4 件套商品。

新西兰 1839 麦卢卡百花蜜，发布的直播中称“这是根据它的一个抗菌活性的成分来看的，就是它的数值越高，抗菌成分越高”“蜂蜜它本身是有一种抗菌、抗消炎的作用在里面”“所以说很多胃不好的，消化不好的，有胃病的，甚至是有些人在什么胃溃疡或怎样的，喝这个蜂蜜会特别特别好，因为它会在胃部形成一层保护膜，那么你就是会抗菌、杀菌，有这个作用在里面”。经查明，当事人实际未以上述直播活动中所称的“原价”价格在淘宝网店中销售过该新西兰1839麦卢卡百花蜜商品且在食品广告中暗示疾病诊断和治疗的内容。

可以从本案中看到，直播带货中的言辞具有明显的口语化色彩，相比于书面反复审核的广告词，直播者讲述的内容未经审核且易因口语而带有夸张色彩，很可能对消费者产生误导，商家极易因之遭受市场监管部门的查处。因此，如果想要采取直播带货的方式，必须对合作自媒体加以严格要求，包括但不仅限于限定合作方仅可在台本限定范围内进行宣传等，以此规避监管风险。

第三，随意发文可构成商业诋毁，建议保存相应事实证据。

《禁止网络不正当竞争征求意见稿》对构成商业诋毁的行为进行了明确，即通过虚假信息和误导性信息，使其他运营商的网络流量、商业广告收入、融资能力显著降低或下降，损害交易机会、预期商业收入、议价能力、品牌价值等潜在竞争力。因此，经营者如需发布与其他经营者相关的文章，应尽量减少对其他经营者的影响，包括在文章中注意核实、对评论对象匿名处理，以及不在文章中出现其他如配图等与竞争对手相关的元素。如果确实需要对其他经营者在网络上予以回应或发文，必须做到严谨审核，对每一个论点都有充分的证据支持，以免因被认定为虚假信息而遭受处罚。

在牛匠人八号仓库烤肉店商业诋毁违法行为一案（长朝市监行处字〔2020〕1095号）中，当事人朝阳区牛匠人八号仓库烤肉店经营者朴某龙以商家身份在大众点评网上回复顾客“本店名：牛匠人8号仓库烤肉（有注册商标，版权）隔壁是（阳地杩8号仓库）刚开业不久，没有相关证件”。当事人朝阳区牛匠人八号仓库烤肉店经营者朴某龙在举报人提供的视频中说“啥啥没有，‘挂羊头卖狗肉’……”。当事人朝阳区牛匠人8号仓库烤肉店经营者朴某龙的妻子罗某姬在举报人提供的视频中说“大家快来看啊，阳地杩8号仓库老板把假的营业执照拿出来了啊……阳地杩8号仓库老板出来丢人现眼了啊，把假的营业执照拿出来了，连商标都没有啊”。其行为违反《反不正当竞争法》第11条，构成商业诋毁行为。

企业要在宣传时避免对竞争对手进行毫无根据的负面评价，不因一时之快而损经营之基；同时，如果发现了竞争对手如违反法律法规经营的现象，可向行政部门依法举报。

从各章综合来看，《禁止网络不正当竞争征求意见稿》系将《电子商务法》中未涉及的当下互联网主要不正当竞争行为纳入规制，明确法律责任，并将为《反不正当竞争法》的类型化条款提供支持，使市场监管部门得以对网络不正当竞争行为分门别类，明确规范执法尺度和执法依据。企业如能及时在当下监管制度下及时适应和调整合规网络行为思路，将可以掌握依法反击对手商业诋毁的“剑”和合理合规利用多平台营销、新媒体营销的“盾”，推动自身与互联网经济领域的持续高质量发展。

2. 反垄断领域重点风险点

在经营者集中反垄断审查中，共有 1 部行政法规、5 部部门规章、8 件规范性文件、10 件内部工作规则和 28 件专用文书对经营者集中反垄断审查各个流程进行规范。通过对经营者集中各个环节分散的规章和文件进行整合，并结合处理经营者集中申报的众多经验，国家市场监督管理总局发布《经营者集中审查暂行规定（征求意见稿）》（以下简称《审查规定》）。

依据现有法律法规以及实践中涉及经营者集中的违法案件查处情况，《审查规定》对经营者集中申报、审查、限制性条件的监督和实施、违法实施经营者集中调查等全流程内容通过不同章节分别作了规定，亮点集中在对经营者集中审查在集中审查制度可操作性、可预期性、透明性要求的满足，营造各类市场主体公平竞争的法治环境，强化制度威慑性 3 个方面。

（1）便捷——体现制度的可预期、可计算和可操作

A. 可预期——判断控制权考虑因素的明确列举

截至 2020 年 8 月底，国家市场监督管理总局附条件地批准了经营者集中案件 48 起，并根据不同情况规定了不同期限的限制条件和解除办法。《审查规定》在总结监管实施经验的基础上，对原有规定进行了优化整合，明确了附加限制条件的期限、解除附加限制条件的各种情形、不同解除方式的区别等相关内容。《审查规定》第 4 条列举了控制权判断中通常需要考虑的因素，主要是由《关于经营者集中申报的指导意见》第 3 条演变而来。控制权的判断主要包括交易目的

和未来计划，交易前后其他经营者等 7 项，包括股权结构等，并以兜底条款进行列举，在综合考虑上述因素的基础上，如果一个经营者能够否决其他经营者的生产经营活动或者重大经营决策，一般可以认为该经营者对其他经营者具有控制权。

B. 可计算——计算营业额方式多样可协商

《审查规定》第 26 条至第 30 条对上述考虑因素进行了逐项细化。主要考虑的因素包括：市场控制力、对市场进入的影响、对消费者的影响、对国民经济发展的影响、集中竞争影响。在审查实践中，市场监管总局评估上述每项考虑因素时，根据个案情况，对其中部分或全部具体内容进行评估。

在实践中，对于是否将申报时已失去控制关系的经营者的营业额，或申报前已产生新的控制关系的经营者的营业额纳入参与集中经营者的营业额，存在很多疑问。《审查规定》中营业额的计算主要参照《关于经营者集中申报的指导意见》第 6 条。参与集中的经营者营业额的计算，以申报前与其有控制关系的经营者范围为准。公司在申报时丧失控制权的，其营业额不计入参与集中经营者的营业额；申报前新取得的控制权的营业额，计入参与集中经营者的营业额。

但在社会经济活动中，经营者的组织结构和经营模式各不相同，在计算营业额时可能会遇到各种特殊情况和细节问题，《审查规定》难以穷尽所有特殊情况。经营者在计算营业额方面有困难的，可以通过事先协商程序与反垄断执法机构就细节问题进行沟通和讨论。

C. 可操作——有明确的制作和审核申报流程

《审查规定》在《关于经营者集中附加限制性条件的规定（试行）》的基础上，进一步明确监督执行过程中相关主体的义务、职责、法律责任，加强法规的逻辑性和可操作性，确保限制性条件得以有效执行，其中包括义务人的各项要求、受托人工作制度及相应的法律责任。

《审查规定》第 12 条明确了申报文件和数据应包括的内容，并进一步明确了申报人保证申报材料的可靠性、法律义务和责任，《审查规定》依据上位法的规定在第 12 条第 2 款规定申报人应负责备案、数据的真实性，并在第 58 条已经明确了相关的法律责任。对于经营者在集中审查过程中不属于《审查规定》第 58 条，而是属于《反垄断法》第 52 条的情况，由于法律已经明确规定，《审查规定》不再重复，应根据《反垄断法》的规定予以处罚。

（2）优化营商环境——营造各类市场主体公平竞争的法治环境

A. 强调平等对待所有经营者

《审查规定》明确表明“应当平等对待所有经营者”意味着内资外资、国有民营、大公司中小企业一视同仁的执法原则，目的在于消除外界误解，完善各类市场主体公平竞争的环境。

B. 明确简易案件适用情形

《反垄断法》实施以来，禁止和附加限制性条件的审批案件只占极少数案件，绝大多数集中申报案件不会影响相关市场排除、限制竞争影响，从而获得无条件审批。《关于经营者集中简易案件适用标准的暂行规定》建立了经营者集中的简单案件报告制度。《审查规定》在原有规定的基础上，明确了可以参与集中的经营者的市场份额较低、参与集中的经营者在境外设立合资企业或收购境外企业、减少集中或联合控制改为单独控制前后的联控方数量可以申报为简易案例的情形。

C. 委托开展经营者集中审查

根据《反垄断法》的规定，经营者的集中审查属于中央权限，由国家市场监督管理总局负责执法，不能像《禁止垄断协议暂行规定》《禁止滥用市场支配地位行为暂行规定》那样授权地方市场监管部门对经营者实施集中审查。近年来，企业经营者申报案件数量逐年增加，2019 年结案 465 件，较 2015 年增长 40%，根据《行政许可法》《审查规定》的明确规定，国家工商行政管理总局可委托省级监管部门对企业经营者实施集中审查，相关法律责任由市场监管总局承担。《审查规定》颁布后，国家工商行政管理总局将在有条件的地区开展试点，进一步优化经营者集中审查执行机制。

D. 大幅缩短违法实施的集中调查时间

2018 年以来查处的集中违法执行案件中，经营者主动举报的有 22 起，占比高达 55%。《审查规定》将调查违法实施经营者集中案件的初步调查时间从 60 日缩短到 30 日，进一步调查时间从 180 日缩短到 120 日，大大缩短了调查时间。

（3）威慑违法行为——审查结果与违法集中责任

A. 申报人隐瞒事实、提交虚假材料的法律责任

在目前的执法实践中，经营者集中申报材料的质量参差不齐，执法人员往往需要花费大量的时间和精力与申请人进行沟通，核实数据。为提高申报材料水平

和审查质量，节约执法资源，《审查规定》规定了申报人要负责备案、数据真实性，同时明确申报人隐瞒信息或提供虚假材料的，市场监管总局对市场监督管理集中申报的经营者不予备案或注销登记，并可按照《反垄断法》第52条的规定予以处罚。

B. 受托人法律责任

受托人承担的监督工作专业性强、复杂性高，在制约条件的监督和执行中起着非常重要的作用。一方面，受托人的监督情况是反垄断执法机构判断债务人是否按照审查决定要求履行义务的依据；另一方面，受托人由义务人支付报酬，其监督需要义务人的配合，这将对债务人的生产经营活动产生很大的影响。因此，受托人是否认真、尽职地开展监督工作，所提供的信息是否真实、准确、全面，将直接影响限制性条件的有效实施。对于违反义务的受托人，原规定仅规定了责令改正的法律责任，国家市场监督管理总局在对受托人进行管理的过程中面临威慑力不足的问题。《审查规定》增加了对受托人的罚款，规定受托人受处罚后5年内不得担任受托人，有利于进一步严肃要求受托人履行职责，维护审查决定的权威，充分保障监督执行的效果。

C. 剥离业务买方的法律责任

虽然剥离业务的买方不是审查和决定的义务人，但剥离的完成离不开买方的积极配合。在买受人资格审查、买卖协议签订、剥离、转让等阶段，不仅剥离义务人要承担相应的法律义务，买受人也要积极配合，确保剥离的及时有效完成。此前，《反垄断法》及相关配套规定都未对剥离买方的法律责任进行规定，无法对剥离买方的业务进行约束。《审查规定》明确剥离业务的买方未按照规定履行义务，影响限制性条件实施的，由国家市场监督管理总局责令改正，并可以处以3万元以下的罚款，有利于确保剥离业务按时完成。

《审查规定》是在整合多部门规章和规范性文件的基础上，总结经营者集中审查和执行经验，合理借鉴其他司法辖区先进做法的基础上制定的，以期达到对诸多的法律法规规范性文件进行统一，使集中审查制度具有可操作性、可预期性、透明性的目的。《反垄断法》亦在修订过程中，预计后续经营者集中审查制度也将进一步优化和完善。

3. 直销传销领域重点风险点

近年来，社交电商、新零售、私域领域营销领域兴起，团队计酬作为较多社交电商、新零售的营销手段，如何避免被认定为传销是消费与零售企业广泛关注的话题。

（1）传销的行政处罚认定的基本要件和主要特征

一般而言传销活动分为两类：第一类传销活动是将商品作为底层支撑的所谓“原始型传销”，其传销计酬返利依据是销售商品的数量。第二类传销活动是被重点打击的对象“诈骗型传销”或“纯资本运作传销”，此类传销活动并无商品销售或者以商品销售为幌子，计酬返利的主要依据是发展人员（或下线）的数量。

A. 市场监督管理局答复看传销的行政认定的2个基本要件和3个主要特征

根据《禁止传销条例》与国家市场监督管理总局公众留言板块的回复，传销的认定主要有如下2个基本要件和3个基本特征：

组织要件：发展人员，组成网络。传销组织者承诺，只要参加者交钱加入后，再发展他人加入，就可获得高额的回报或报酬。这就是俗称的发展下线。下线还可以再发展下线，以此组成上下线的人际网络，形成传销的“人员链”。

计酬要件：包括两种形式：一种是以参加者本人直接发展的下线人数和间接发展的下线人数为依据计算和给付报酬，即以上述发展的人员数量计提报酬，形成传销的金钱链；另一种是以参加者本人直接发展和间接发展的下线的销售业绩总额为依据计算和给付报酬，形成传销的金钱链。

主要特征：第一，入门费，即交纳或变相交纳入门费，即交钱加入后才可获得计提报酬和发展下线的资格；第二，拉人头，即直接或间接发展下线，即拉人加入，并按照一定顺序组成层级；第三，团队计酬，即上线从直接或间接发展的下线的销售业绩中计提报酬，或以直接或间接发展的人员数量计提报酬或者返利（相关法律法规见附录3）。

《刑法》《禁止传销条例》《关于办理组织领导传销活动刑事案件适用法律若干问题的意见》《立案追诉标准二》等规定了组织领导传销活动刑事案件连追诉标准及罪与非罪的判定（相关法律法规见附录4）。

对传销组织内部的人数和级别的计算，以及对组织者和领导直接或间接开展的传销活动中涉及的人数和级别的计算，包括组织者和领导本身和本层级在内。

B. 涉嫌传销的隐蔽之处及认定传销的核心证据分析

一般而言，较多传销案件往往采用各类变通的方式以规避法律风险。较多传销组织案件时间跨度长而不被查处的原因是在于其涉嫌传销的方式隐蔽。

第一，取消门槛费，转而采取押金、购买一定数额物品来获得会员资格。部分传销组织为了逃避监管与查处取消了容易被认定为传销典型特征之一的“入门费”，而采取要求“代理商”“会员”“销售商”“销售顾问”缴纳一定数额押金的方式。这类押金很多被附加了严格的退还押金的限制条件，同时也存在部分商家要求购买一定数量的入门产品，作为会员资格取得的对价。

若单纯就上述方式而言，在不存在其他涉嫌传销的典型特征时，与一般社交电商、新零售甚至专柜旗舰店或者其他零售商销售模式类似。

第二，减少层级。传销组织通过改变其商业模式及宣传手册对于层级进行管理，着重强调员工奖金只与员工发展的直接代理的奖金存在关系。传销组织避免使用“下线”等诸多敏感词汇，以解除员工与总公司或者实际控制人的关联关系。同时，若员工或者代理达到一定的规模，某些传销组织甚至采取帮助代理开设公司、设立个人合伙企业等方式使代理下线独立，以避免与公司产生关联。

第三，传销组织核心成员不直接持有公司股份，而是通过 VIE 等架构层层持股，利用公司的相关属性担责。

第四，以合法销售线路掩盖非法传销，即传销组织分为两套销售奖励计酬体系，双线进行销售奖励，可由会员进行选择正常销售奖励或非正常销售奖励。一般而言，正常销售线路的激励模式远低于非正常销售奖励，进而倾向性引导会员选择非正常销售奖励。正常销售模式与常见的会员营销体系在本质上是一样的，不涉及传销风险。但在非正常销售模式下，成员的部分薪酬与团队的销售业绩直接挂钩。

公司或者其他组织即使采取上述规避措施，依旧存在以下情况，则仍然无法避免被认定为传销：

第一，通过非正常销售计酬结构在激励成员积极发展下线或积极囤货，且所谓商品成本价极低，可能符合通过“道具商品”牟取暴利；

第二，宣传取消入门费，但是仍存在上线变相要求下线交纳入门费等情况的可能。因此有可能具备《禁止传销条例》第 7 条中所提及的传销行为特征——“入门费”“团队计酬”“拉人头”的情形。

（2）传销频发领域及涉传重点打击对象

A. 重点打击对象——“纯资本运作”传销活动

根据《国务院办公厅关于印发全国打击传销专项行动方案的通知》以及各

地市监局颁发的《深入开展打击传销专项集中整治行动方案》，“纯资本运作”传销活动、以“1040 工程”等为幌子的“拉人头”式异地聚集型传销活动，以欺骗、暴力和限制人身自由等手段强迫他人入伙的传销行为，诱骗大学生、退转军人等特殊群体参加传销的行为为重点打击对象。要重点打击以“纯资本运作”“连锁销售”等为幌子从事的“拉人头”、收取“入门费”式传销和以“股权投资”“电子商务”“网络销售”等为名实施的网络传销违法犯罪活动，严惩传销组织者、领导者和骨干分子。

B. 注入了互联网因素的组织领导传销活动罪之取证方式发生了改变

对于传统组织、领导传销活动犯罪的取证方式，《关于办理组织领导传销活动刑事案件适用法律若干问题的意见》第 1 条第 4 款规定，处理组织、领导传销活动刑事案件因客观条件限制不能实际逐一收集证据参与传销活动人员的言词证据的，可结合法律收集和缴纳、支付费用及计酬、返利记录、视听资料、传销人员关系图、银行账户交易记录、互联网电子数据、鉴定意见等证据，综合认定传销涉及人数、级别等犯罪事实。《关于办理刑事案件收集提取和审查判断电子数据若干问题的规定》第 17 条规定，电子数据涉及的专门性问题难以确定的，由司法鉴定机构出具鉴定意见，或者由公安部指定的机构出具报告。对于人民检察院直接受理的案件，可以由最高人民检察院指定的机关出具报告。

网络型传销活动犯罪往往证据多集中于缴纳、支付费用及计酬、返利记录，视听资料，传销人员关系图，银行账户交易记录，互联网电子数据，传销活动人员的言词证据涉及比重不大。这主要是因为新型传销模式中网络型传销中较多受害人并不认为自己是被骗被害，也不认为其实施的行为属于欺骗他人。网络覆盖面广且属于虚拟空间，线下取证的难度大，因此市场监管部门越来越采取更加科技的手段予以取证。

网络传销一般具有繁杂的网络支撑体系和后台管理系统，用于记载计酬或返利依据来源、数额和分配的网络图，因此，上述系统及人员架构图往往是涉嫌传销活动人员组织层级和人数的集中反映。一旦因为涉嫌传销被立案，办案人员可采取进入后台系统获取内部管理架构图的方式获取发展人员数量和层级情况的证据。因为传销涉及人员众多，传销组织需要管理运营，因此作为计酬或返利依据的系统后台以及人员金额记录较为清晰。随着科技发展和侦查技术的提高，注入了互联网因素的组织领导传销活动罪的取证方式使违规企业的证据固定变得容易。

（3）团队计酬与组织、领导传销活动罪之区分

社交电子商务是新型电子商务的重要形式之一，它以人际关系网络为基础，利用互联网社交工具从事商品交易或服务提供。社交电子商务涵盖了电子商务的信息展示、支付结算、快递物流等全过程。

目前，社交电商的主要表现形态包括社群电商化、电子商务社交化及传统企业社交电商化 3 个方向。社群电商化主要包括平台开店型社交电商、代理分销型社交电商、拼团型社交电商、视频直播型社交电商及内容粉丝型社交电商等创新形式。

在社交电商最早进入大众视野的时候，正处于社交生态平台的普及期，社交电商更多表现在用户个人借助社交生态平台进行卖货的行为；而随着社交生态媒体的影响力越来越大，开始逐渐涌现出一批依托社交生态平台成长起来的自主品牌，社交电商也开始被用来形容这些社交生态下的品牌和商户；在行业愈加规范后，传统品牌和综合电商也纷纷加入社交生态平台的营销与销售布局中，社交电商已经成为一种新兴且在不断成熟的销售渠道与生态，各行各业都逐渐开始在社交电商模式上投入更多的精力和资源。随着社群经济、网红经济、微商和自媒体的崛起，主打社交新零售的社交电商也迅速发展。根据调查统计，社交电商的数量在近几年增长迅速。

社交电商在销售时，因为其计酬模式、销售方式、团队管理、门槛限制与传销有着类似或重合之处，因此，如何防范被认定为传销的风险是社交电商发展过程中不可避免的问题。

针对社交电商在具体市场运作中的很多细节问题和敏感问题，并没有非常明确的规定，《社交电商经营规范》仍处于征求意见阶段。社交电商的模式与传销活动具有相似性，企业应通过合理解释盈利模式的可持续性、营销不具有欺骗性等来避免被认定为传销。

具体而言有如下几个方面：

A. 销售商品、提供服务的价格与价值并不背离

社交电商避免被认定为传销应尽量做到其不应以发展下线作为最终目的。应积极做好商品销售与售后服务工作。对产品实行 7 天无理由退货等服务，并确保所售商品具有一定的价值。企业销售的商品可以在诸如天猫、京东等店铺中有售，且价格透明，产品售价及产品毛利率可符合同行业一般平均毛利率，并非价格虚高或欺诈。

B. 人员的收入来源主要以销售商品为主，而非发展人员

企业中人员的收入主要来源应当是销售商品，而并非以发展下线来依靠下线交纳的入门费或者团队计酬的方式。此外，还应注意宣传内部培训材料，避免出现任何对于发展人员获得奖励的介绍与宣传。同时还要尽量探索尝试各个经销商无囤货、无积压货品的状况，对于经销商存在的问题即时反馈，从而降低被内部人员披露内部培训材料或录音，进而向有关部门举报或投诉的风险。

C. 组织存在和长远维系条件具备——企业具有可依靠自身产品持续盈利的可能

企业应当论证目前商业逻辑下的盈利模式具有可持续性，即收入可以涵盖成本及各项费用，包括商业运营通过销售足以获得盈利，而无须动用经销商的保证金、不断发展会员收取的会员费等即可维持经营。此外，若收取加盟保证金等，应当建立保证金安全管理机制，确保保证金可退。

表 6　传销违法犯罪相关行政法律法规（附录 1）

法律法规	具体内容
《禁止传销条例》	第 2 条　本条例所称传销，是指组织者或者经营者发展人员，通过对被发展人员以其直接或者间接发展的人员数量或者销售业绩为依据计算和给付报酬，或者要求被发展人员以交纳一定费用为条件取得加入资格等方式牟取非法利益，扰乱经济秩序，影响社会稳定的行为。
	第 7 条　下列行为，属于传销行为：（1）组织者或者经营者通过发展人员，要求被发展人员发展其他人员加入，对发展的人员以其直接或者间接滚动发展的人员数量为依据计算和给付报酬（包括物质奖励和其他经济利益，下同），牟取非法利益的；（2）组织者或者经营者通过发展人员，要求被发展人员交纳费用或者以认购商品等方式变相交纳费用，取得加入或者发展其他人员加入的资格，牟取非法利益的；（3）组织者或者经营者通过发展人员，要求被发展人员发展其他人员加入，形成上下线关系，并以下线的销售业绩为依据计算和给付上线报酬，牟取非法利益的。
	第 24 条　有本条例第 7 条规定的行为，组织策划传销的，由工商行政管理部门没收非法财物，没收违法所得，处 50 万元以上 200 万元以下的罚款；构成犯罪的，依法追究刑事责任。有本条例第 7 条规定的行为，介绍、诱骗、胁迫他人参加传销的，由工商行政管理部门责令停止违法行为，没收非法财物，没收违法所得，处 10 万元以上 50 万元以下的罚款；构成犯罪的，依法追究刑事责任。有本条例第 7 条规定的行为，参加传销的，由工商行政管理部门责令停止违法行为，可以处 2000 元以下的罚款。

表 7　组织、领导传销活动罪相关法律规定（附二）

法律法规 立法解释	条文
《刑法》	第 224 条之一［组织、领导传销活动罪］组织、领导以推销商品、提供服务等经营活动为名，要求参加者以缴纳费用或者购买商品、服务等方式获得加入资格，并按照一定顺序组成层级，直接或者间接以发展人员的数量作为计酬或者返利依据，引诱、胁迫参加者继续发展他人参加，骗取财物，扰乱经济社会秩序的传销活动的，处 5 年以下有期徒刑或者拘役，并处罚金；情节严重的，处 5 年以上有期徒刑，并处罚金。
《关于办理组织领导传销活动刑事案件适用法律若干问题的意见》	传销活动的组织者、领导者采取编造、歪曲国家政策，虚构、夸大经营、投资、服务项目及盈利前景，掩饰计酬、返利真实来源或者其他欺诈手段，实施刑法第 224 条之一规定的行为，从参与传销活动人员缴纳的费用或者购买商品、服务的费用中非法获利的，应当认定为骗取财物。参与传销活动人员是否认为被骗，不影响骗取财物的认定。 以推销商品、提供服务等经营活动为名，要求参加者以缴纳费用或者购买商品、服务等方式获得加入资格，并按照一定顺序组成层级，直接或者间接以发展人员的数量作为计酬或者返利依据，引诱、胁迫参加者继续发展他人参加，骗取财物，扰乱经济社会秩序的传销组织，其组织内部参与传销活动人员在 30 人以上且层级在 3 级以上的，应当对组织者、领导者追究刑事责任。本意见所称“以上”“以内”，包括本数。
《关于〈刑法修正案（七）草案〉的说明》	国务院法制办、公安部、国家工商行政管理总局提出，当前以拉人头、收取入门费等方式组织传销的违法犯罪活动，严重扰乱社会秩序，影响社会稳定，危害严重。目前在司法实践中，对这类案件主要是根据实施传销行为的不同情况，分别按照非法经营罪、诈骗罪、集资诈骗罪等犯罪追究刑事责任的。为更有利于打击组织传销的犯罪，应当在刑法中对组织、领导传销组织的犯罪作出专门规定。经同有关部门研究，建议在刑法中增加组织、领导实施传销行为的组织的犯罪，对实施这类犯罪，又有其他犯罪行为的，实行数罪并罚。
《立案追诉标准二》	涉嫌组织、领导的传销活动人在 30 人以上且层级在 3 级以上的对组织者、领导者，应予立案追诉。

（4）传销类行政处罚案件分析及抗辩理由

根据大数据初步统计，2018—2021 年涉嫌传销而被处罚的案件数量如图 1 至图 6 所示：

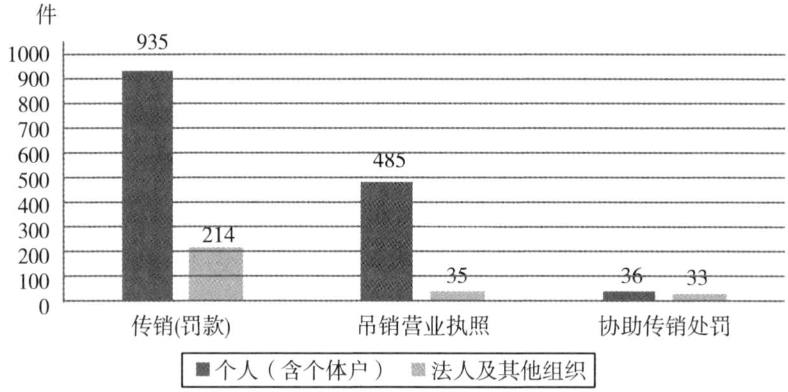

	个人（含个体户）	法人及其他组织
传销（罚款）	935	214
吊销营业执照	485	35
协助传销处罚	36	33

图 1　2018—2021 年涉嫌传销被处罚案件数量

根据上述统计可以看出，个人（含个体户）数量远远多于法人及其他组织数量。究其原因，不排除个人从事涉嫌传销犯罪的可能，但是更多的是存在较多企业为了使得企业免受行政处罚，将个人作为责任人来承担法律责任，从而减轻公司责任。

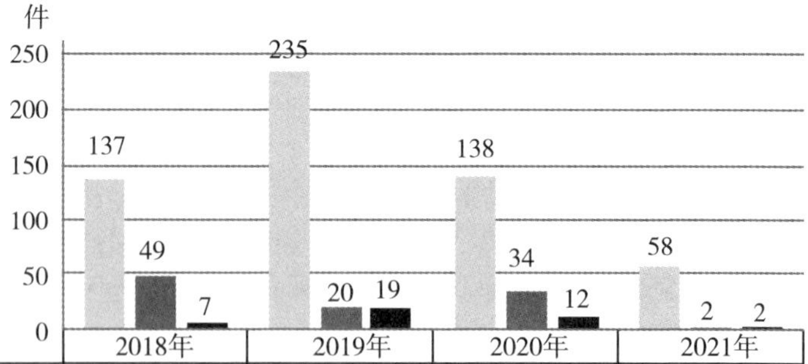

	2018年	2019年	2020年	2021年
传销（罚款）	137	235	138	58
吊销营业执照	49	20	34	2
协助传销处罚	7	19	12	2

图 2　2018—2021 年涉嫌传销被行政处罚案件数量

行政机关往往依据《禁止传销条例》第 24 条、第 25 条、第 26 条等对传销行为进行处罚。除了极少数案件适用《禁止传销条例》第 25 条吊销营业执照没有对当事人予以没收违法所得罚款外，一般而言，适用第 25 条吊销营业执照往往伴随没收非法财物、没收违法所得或罚款。

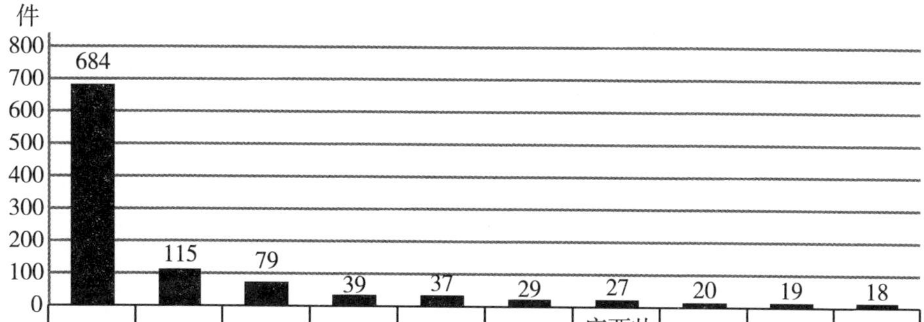

	浙江省	山东省	吉林省	广东省	上海市	河北省	广西壮族自治区	贵州省	福建省	江西省
■	684	115	79	39	37	29	27	20	19	18

图 3　组织策划、参加、让他人参加传销案件数量（全国前 10 位）

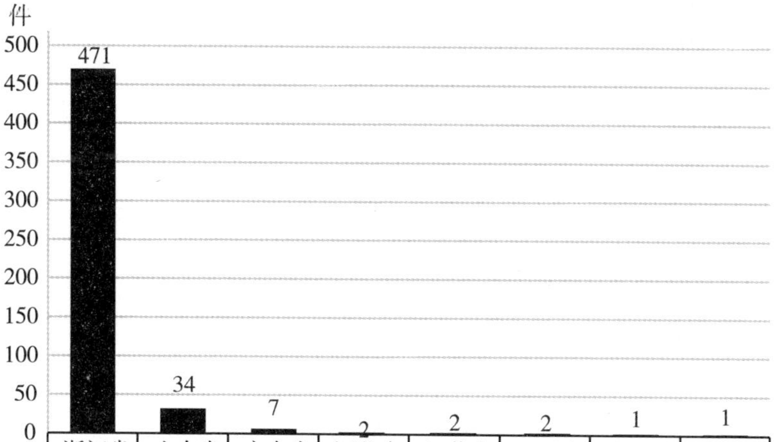

	浙江省	山东省	广东省	河北省	江苏省	四川省	贵州省	云南省
■ 吊销营业执照	471	34	7	2	2	2	1	1

图 4　吊销营业执照案件数量（全国前 8 位）

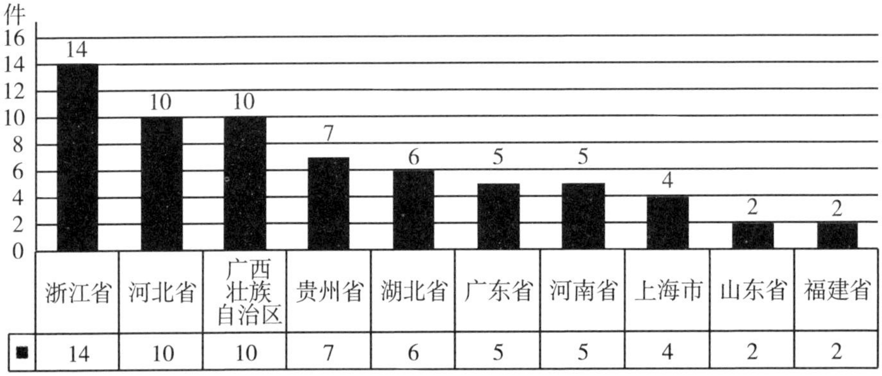

图 5　协助传销案件数量（全国前 10 位）

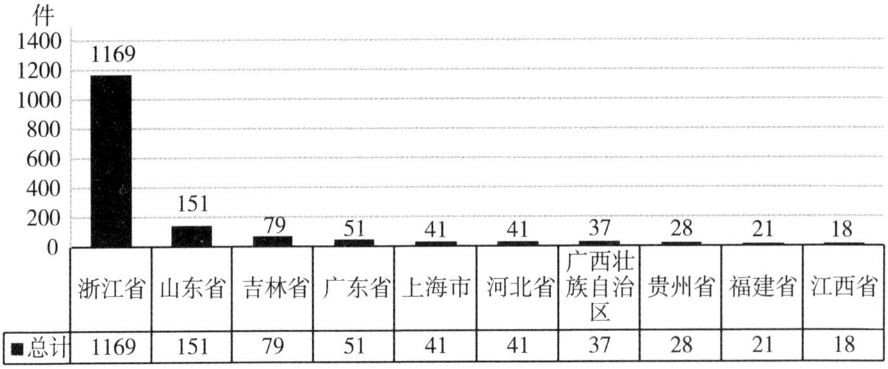

图 6　涉嫌传销案件总计（全国前 10 位）

从上述统计可以看出，涉嫌传销案件在浙江省被查处的数量远远高于其他省份。浙江省固然有涉嫌传销案件相较于其他省份的因素，但不可否认的是浙江省执法可能较之其他省份更为严格。注册在浙江省的相关企业或者有商品销售至浙江省的企业需要格外谨慎。根据上述统计，也不难发现，河北省也是查处涉嫌传销类案件的重要省份。

（5）典型案例分析——解构传销行政违法认定及抗辩事由

A. 花生日记涉传处罚

在行政处罚案件中，花生日记一案较为典型，根据案号为穗工商处字〔2019〕13 号的广州市市场监督管理局行政处罚决定书，花生日记被没收违法所得73,065,766.23元，罚款1,500,000元。日后广州市海珠区市场监管局重新调查并对花生日记作出904万元罚款（穗海工商处字〔2021〕4号）广州花生日记网络科技有限公司涉及传销行为，被共处罚金904万元。

本案较为典型的原因在于，一方面可以看出市场监管部门对于传销的认定态度，另一方面，本案属于成功抗辩、大幅减少罚没金额的典型案例。

并非仅诈骗型传销才被行政处罚。广州花生日记网络科技有限公司被认定为采用传销方式从事经营活动，但根据当事人提供的材料，其属于商品推广平台，实际盈利仅为1%，且其商业模式与旨在谋取非法利益的传销模式有差异，这和《禁止传销条例》第7条规定传销的前提是为了谋取非法利益有本质区别，但是广州花生日记公司的抗辩事由被驳回。

规避3级认定并未改变性质。尽管花生日记采取“平台（分公司）——运营商——超级会员——超级会员……”的层级式管理架构，运营商在扣除其22%计提后，将剩余的78%佣金以充值方式缴至平台，当事人通过平台计提18%，然后将50%划给购物的超级会员，将10%划给该购物会员的上一级会员。但其仍被监管部门认定为会员层级最多达51级。

缴费取消但仍认定“要求被发展人员交纳费用或者以认购商品等方式变相交纳费用”。2017年7月28日至2018年1月15日，当事人在平台上制定规则，规定会员在平台上只能获得优惠券，超级会员和运营商可以获得发展他人加入的资格，并从下一级会员的消费金额中提取提成。如果会员想升级为超级会员，他们必须为升级支付99元。在此期间，当事人共发展超级会员7247人，收取费用717,453元。此后，考虑到有会员投诉，从2018年1月16日起对上述规则进行了修改，并合并了会员和超级会员，用户一旦注册就会成为超级会员，不会再被收取任何费用。

尽管后续修改规制，不收取费用，但是监管部门仍认为当事人通过制定经营与会员发展规则，要求会员交纳99元的升级费用升级成为超级会员，取得发展他人成为超级会员资格以牟取下线佣金计提的行为，符合《禁止传销条例》第7条第2项“组织者或者经营者通过发展人员，要求被发展人员交纳费用或者以认购商品等方式变相交纳费用，取得加入或者发展其他人员加入的资格，牟取非法利益的”所规定的传销行为。

此次花生日记大幅被减轻处罚主要有如下原因：

第一，未出现大规模的受害者。

花生日记的运营模式符合“传销”的构成要件，但受害者是否存在有待考证。因为除入门费外，在整个推广环节中，花生日记本身有提成、淘宝平台有提成、会员有提成，所有的参与者，都可以获得收益。而佣金来源的淘宝商家，其是出于本意发布的佣金信息，所以佣金本身也是合法合规的，因此整个环节没有出现大规模受害者。

第二，审慎监管环境，鼓励广州市电商行业新技术、新业态、新模式的创新发展的监管趋势。

为助力广州市电商行业新技术、新业态、新模式的创新发展，广州市市场监管部门坚持包容审慎监管原则，宽严相济、分类监管，对依法依规守法经营的创新型电商企业积极鼓励，大力扶持引导。

第三，花生日记并非销售者，且无自身交易体系，依托淘宝。

仅作为商品推广者而非卖家，佣金收入的来源脱离了商品和服务交易，依赖于淘宝和天猫的交易体系，商业合理性强，具有一定的合理性。同时，平台设计的一些规则也考虑到了合规的要求，比较谨慎。但是，更多的多层次直销电子商务公司在直接销售商品和服务的同时，也应该做出相应的合规安排。

第四，商业盈利模式可持续且具有合理性。

花生日记商业合理性具有较强的说服力，同时平台设计的一些规则也考虑了合规要求。

B. 新型传销——短视频公司涉嫌传销案件

2020 年 7 月，杭州市公安局将浙江某某网络科技有限公司涉嫌组织领导传销活动案件线索交西湖公安分局侦办。

经查明：金某某、张某某、徐某某、蒋某某、孙某某等人于 2019 年 10 月商议成立短视频公司，并于 11 月 28 日在杭州市上城区注册了浙江 ×× 魔方网络科技有限公司。金 ×× 为公司法定代表人、CEO，也是公司的实际控制人。张某某、徐某某、蒋某某、孙某某等人为公司股东、高级管理人员，各自分工组织传销活动。公司成立之初，就向社会公众推出了一款自己开发的 APP。公司以观看视频可以获取利益为名，以二维码 XYZ 为邀请码向社会公众推广会员加入。层次结构是按照 XYZ 数字的顺序形成的，层次越高，获得的利益就越多。以某

APP 作为传销活动平台，制定合伙人系统，会员加入系统，变现系统等一套规则，在平台内设置虚拟产品的规则和各种升级规则，以新会员充值金额作为老会员提现的资金来源，服务器外租赁链接开户，设置市场系统作为渠道会员可以出售和变现。公司在各地建立了市、县合作伙伴，发展了 7000 多万名各级会员。公司通过传化支付、银联、财付通、支付宝等账户收取合伙人资金、各类会员充值金额、广告费等，总计 11.63 亿元。

随着互联网流量变现，新型传销方式出现，本案中“介绍他人成为平台会员可获得直推奖、送货奖、推荐他人成为合伙人可获推荐奖励 1.5 万元”等已经使该网络科技公司具备了传销的相关特征。

4. 产品质量领域重点风险点

对于消费与零售行业的企业来讲，产品质量风险属于一种难以避免的风险类型。由于消费与零售产品大多是有形的，顾客对产品质量存在可感知性并且能够客观评价，这使得企业对质量管理的关注度越来越高。对企业而言，选择何种质量水平、采取何种质量控制手段、承担多少质量成本、如何规避质量风险等，成为现代消费与零售企业每大面对的问题。

根据成因对质量风险进行分类，可以分为以下几种：第一，由于自然环境等不可抗力因素引起的质量风险。如自然灾害，战争等使生产停滞或者造成其他的一系列质量问题。第二，政策法规变化带来的质量风险。由于政治环境的不确定性，国家的政策法规经常根据国民生产情况进行一定的调整。其中的一些法律法规的变化往往给企业带来产品质量风险，这些相关法律法规的变化往往对企业的产品质量管理产生重要影响。因此政治环境的不确定性，也是企业产品产生法律风险的重要因素。第三，人为因素产生的质量风险。人的主观意识、个人素质、技术水平等的不确定性是产品质量风险产生的主要因素。例如管理者的主观决策往往对产品质量起决定性作用，管理者所作的决策直接影响到产品质量水平，而技术人员的技术水平、生产组织的组织形式等都对产品质量起辅助性作用。

根据产品质量形成过程分类，可以分为以下几种。

第一，市场调查时产生的质量风险。市场调查主要是为了咨询顾客需求、观察市场动向，从而收集产品质量需求信息，为产品设计开发奠定基础。但是在市场调查过程中往往存在调查方向不清、调查范围过小、顾客需求表述模糊等问题，这些问题都会对产品质量产生影响，因此对调查结果的处理与接收都会产生质量风险。

第二，产品开发时产生的质量风险。产品开发是指个人、科研机构、企业、学校、金融机构等对新产品的创造性开发或对现有产品的改进。产品开发方法可以包括发明、组合、减除、技术创新、商业模式创新或改革等。产品开发过程中对产品质量的影响主要存在以下几种情况：a. 新产品不适应市场，无论是新开发的还是改良的，不符合顾客需求；b. 新产品开发过程中存在质量缺陷，但是在开发过程中被忽略了；c. 新产品虽然试验或者研发成功了，但是不适合大规模或者小批量生产，其本身价值不够高，由此增加了质量成本。

第三，产品设计阶段产生的质量风险。产品设计阶段是产品质量形成的关键阶段，新产品开发时有了构想之后就进入产品设计阶段，根据前期市场调查与产品开发的结果，产品设计阶段的主要工作就是通过对结果的分析，对产品的策略、外观、结构、功能等进行设计，从而确定整个生产系统的布局。这个阶段可能会产生的质量风险主要表现为由于前期市场调查不全面，或者产品设计时对市场调查结果分析的偏离，设计的产品质量偏离顾客需求，或者产品设计过程中由于不可抗力因素，设计的产品偏离了所开发产品的质量属性。

第四，产品生产阶段产生的质量风险。产品生产阶段是产品质量形成的重要阶段，其影响因素较多，自然环境、社会技术环境、生产人员个人素质、过程控制等环节都会产生产品的质量风险。

第五，产品采购阶段产生的质量风险。产品采购阶段的质量风险主要是供应链上产生的质量风险。供应链的质量风险主要包括：a. 信用性风险，即一方因信息不对称等原因导致质量违约而造成的质量风险。b. 沟通障碍风险，即由于核心企业与最终用户在质量要求方面缺乏沟通，导致核心企业的交付质量与用户要求的质量不一致，形成质量要求风险。产品检验阶段产生的质量风险。检验主要包括进货检验（IQC）、生产过程检验（IPQC）、最终检验控制、品质异常的反馈及处理、质量记录等。这个阶段的检验主要是由于社会技术水平限制、检验员个人素质、生产检验条件等限制带来的产品质量风险。

5. 合同及格式条款领域重点风险点

消费与零售行业主要涉及买卖合同、承揽合同以及技术合同的格式条款，该领域主要有以下重点风险点。

（1）买卖合同

买卖合同是出卖人转移标的物的所有权给买受人，由买受人支付价款的合同。在买卖合同中应注意以下风险点：

第一，买卖的标的物要明确具体。

标的物是买卖合同双方权利义务指向的焦点，合同双方当事人一定要明确约定买卖产品的名称、品牌、规格、型号、等级、生产厂家、使用说明、数量等详细内容，防止因标的物约定不明确而出现纠纷。

第二，要明确约定质量标准和检验期间。

在买卖合同中应明确约定标的物的质量标准，以此作为双方判断标的物质量是否合格或是否存在问题的依据。同时要有明确的检验条款，包括检验期间、检验方式、检验步骤等。作为卖方，务必在合同中约定检验期间，并要求买方只能在检验期间内提出书面的质量异议，未在检验期间内或超出约定期间提出书面异议的，视为出卖的产品数量和质量完全符合合同约定的要求。

第三，标的物的风险防控。

在买卖过程中，由于不可归因于双方当事人的原因（如水灾、地震等不可抗力）可能会致使标的物遭受毁损、灭失，这种风险具有不可预见性，当事人应通过约定标的物交付方式、交付时间的方式将该风险降至最小化。

首先，除双方有专门约定外，法律规定以交付作为风险转移的界限，即标的物风险交付前由卖方承担，交付后由买方承担。因此，对于买方而言，卖方的交货方式使买方承担的风险最小；对于卖方而言，买方自行提款将使卖方承担的风险最小。

其次，因买受人原因致使标的物不能按照约定的期限交付的，应当自超过约定之日起承担标的物毁损灭失的风险。

再次，出卖人出卖交付承运人运输的在途标的物，除当事人另有约定的外，毁损、灭失的风险自合同成立时起由买受人承担。

最后，当事人对交付地点没有约定或者约定不明确的，出卖人向第一承运人交付标的物后，标的物毁损、灭失的风险由买受人承担。

第四，买受人应当检查标的物是否有权利瑕疵。

卖方应保证对所售货物有充分的合法处置权，并保证交付给买方的货物不会被任何第三方索赔。作为买受人，在订立买卖合同前，应当审查出卖人对出卖的标的物享有合法的处置权，防止标的物交付后，因第三人主张权利而发生纠纷。因出卖人未取得货物所有权或者货物处置权，致使标的物的所有权不能转移而发生纠纷的，买卖合同仍然有效，买受人可以向出卖人主张违约责任或者要求解除合同、赔偿损失。

第五，买方应及时验货。

买受人在购货时，应当及时进行验收。发现货物不符合合同要求的，买受人应当尽快在法律规定的期限内或者合同规定的期限内，以书面形式向对方提出明确的异议，以免因迟延而丧失索取权。当事人没有约定检验期限的，买受人发现或者应当发现标的物的数量或者质量不符合约定期限的，应当及时检验，并在合理期限内通知出卖人。除标的物有质量保证期间外，买受人未在合理期限内或者自收到标的物之日起 2 年内通知出卖人的，视为标的物的数量或者质量符合约定。

第六，卖方应注意在合同中对价款结算进行约定。

合同中应明确约定货款数额、付款方式、付款期限，这种做法有利于保护卖方的权利。对于卖方而言，先行收取全部价款再交付货物是最安全的交易方式。如果约定分期付款，应明确约定各期付款期限、延期付款违约金，并约定延期一定期限后，可以立即解除合同。当买受人迟延支付货款时，即使合同中未约定逾期付款违约金，出卖人也可以按中国人民银行同期同类贷款逾期罚息利率主张逾期付款损失。

第七，卖方可以通过所有权保留条款保障权利。

买卖合同中，在没有特别约定的情况下，标的物的所有权自标的物交付时起转移。如果标的物交付后，价款尚未支付完毕，而买方债务较多，卖方的风险将大大增加。卖方可在合同中约定标的物交付后所有权保留条款以防范风险，即约定买受人未履行完毕支付价款或者其他义务的，标的物仍属于出卖人所有。

第八，卖方应保存交付货物的证据。

买卖合同在交付货物时，送货单经常由对方的业务员或者经理等人员进行签收。如果产生纠纷，而卖方无法证实该签收人员身份时则可能承担不利后果。因此，卖方送货时，一定要求对方加盖公章，如果每次加盖公章不方便，也可在合同中约定一个或几个指定人员收货，卖方交货时直接交由合同中约定的指定工作人员签收，可以有效证实货物的交付情况。

第九，存在持续买卖合同关系的双方应定期对账结算。

存在持续买卖合同关系的双方应当定期对账，并在对账单、结算凭证上加盖公章。在确定支付方式时，除金额较小的交易外，付款人和收款人都应通过银行转账结算，尽量避免现金结算。

（2）承揽合同

承揽合同是指承揽人按照定作人的要求完成工作，交付工作成果，定作人支付报酬的合同。在承揽合同中，按约定完成劳动的一方称为承揽人，其相对方称为定作人。承揽合同包括加工合同、订作合同、修理合同、复制合同、测试合同、检验合同等。在承揽合同中应注意以下法律风险点：

第一，质量条款要明确具体。

加工承揽业务中如果质量约定不清或只是通过口头约定，一旦双方产生纠纷，对于质量标准就会各持己见，因此对质量标准一定要约定明确。如果质量以样品为准，除双方封存样品外，还应有样品质量的书面证明材料，以免因样品灭失或毁损或对样品内部构造有异议而产生纠纷。

第二，原材料提供及风险负担。

无论原材料是定作方还是承揽方提供的，对原材料的质量要求应当约定。尤其是定作方提供原材料的情况下，承揽方更要注意原材料的质量验收，只有收到合格的经验收后才能入库。根据《民法典》合同编的规定，定作人提供的原材料及成品因承揽人保管不当造成毁损、灭失的，承揽人应当承担损害赔偿责任。因此，承包商应提高原材料保管的风险意识。

第三，关于留置权的问题。

在承揽合同中，定作人未向承揽人支付报酬或者材料费的，承揽人可以对工作成果行使留置权，以实现其权利。作为定作方，在订立合同时，应特别注意承包商因流动性困难而行使留置权的风险。根据《民法典》合同编的规定，当事人对留置权另有约定的，从其约定。因此，建议定作方在资金周转困难时，除延长合同约定的支付期限外，还可以约定承包人不行使留置权。

第四，承揽方应注意定作方的任意解除权和变更权。

在承揽合同中，定作方有权中途变更承揽工作要求，也有权随时解除承揽合同，由此造成的损失由定作方承担。承揽方在订立合同时应合理预测上述任意解除权和变更承揽要求带来的损失，在此基础上合理安排人力及设备组织加工。

第五，定作方要及时审议、调整承揽方提出的问题。

定作方应仔细审查自己提供给承包商的图纸或技术方案。承揽人对图纸和技术方案提出异议时，应当及时核实情况，组织论证，及时改进方案。否则，造成停工、设备出租、生产线闲置等相关损失的，可能由承揽人承担责任。

（3）技术合同

技术合同是当事人就技术开发、转让、许可、咨询或者服务订立的确立相互之间权利和义务的合同。在技术合同中应注意以下法律风险点：

第一，关于技术成果的权属。

注意区分职务技术成果和非职务技术成果。法人或者其他组织对职务技术成果应当从使用、转让该职务技术成果所获得的利润中提取一定比例，对取得该职务技术成果的个人给予奖励或者报酬。法人或者其他组织订立技术合同转让职务技术成果的，完成职务技术成果的人享有同等条件下优先转让的权利。利益的分配可以以合同的形式事先约定，否则就可能因此产生纠纷。

非功能性技术成果的使用权和转让权属于技术成果发明人，技术成果发明人可以就该非功能性技术成果订立技术合同。取得技术成果的个人有权在有关技术成果文件中被认定为该技术成果的作者，并有权获得荣誉证书和奖励。

第二，慎重审查相关术语。

行业术语、技术术语在技术合同中非常重要，不规范使用会产生各类纠纷。比如独家许可使用，究竟是独占许可使用还是排他许可使用，不同的解读意味着不同的权利范围，因用语不规范导致对合同内容理解产生歧义，进而产生纠纷，是常见的法律风险。

第三，不得侵害他人技术成果权利。

合同涉及使用现有技术或者在现有技术基础上进行后续研究开发的，应当查验现有技术的所有权。如果现有技术是第三方的知识产权，则现有技术不能自由实施，需要获得许可。但在实践中，一些企业滥用现有技术进行开发，最终因侵犯他人知识产权而无法履行合同。此外，后续研发技术成果的所有权也应明确约定，以避免产生纠纷。

第四，关于技术合同效力的认定。

除合同一般无效事由外，《民法典》合同编的技术合同部分还对技术合同效力作出特别规定，非法垄断技术或者侵害他人技术成果的技术合同无效。另外，在技术转让合同中，限制技术竞争和技术发展的转让合同无效。

第五，技术合同中的欺诈行为。

当事人一方采取欺诈手段，就其已有的技术成果作为研究开发标的与他人订立委托开发合同，收取研究开发费用，或者就同一研究开发主体多次与两个以上当事人订立委托开发合同的，受害人可以依照《民法典》第148条的规定请求解除合同。

第六，技术纠错和调整。

在技术合同履行过程中，出现及时纠正的技术错误或者根据情况的变化进行必要的技术调整，不影响合同目的的实现的，不视为违约，由此增加的费用由当事人自己承担。但是，对方未依照《民法典》第509条的规定履行通知义务，给对方造成损失的，应当承担相应的违约责任。

第七，技术成果或服务与约定不符的处理。

在技术合同履行过程中，为提供技术成果或者咨询服务而提供的技术载体和内容与约定不一致的，应当及时改正、补充。对方不及时改正、补充或者因改正、补充有关技术载体和内容给对方造成损失或者额外负担的，应当承担相应的违约责任。当事人一方进行技术改进，对履行合同产生比原合同更积极或者更有利的影响的除外。

6. 商标领域重点风险点

商标是企业的重要知识产权，代表了企业的形象，象征着企业的商誉、信誉。如今的商标作为企业的无形资产，对于企业在市场中的发展而言，起着尤为重要的作用，它能让企业规避不少的风险。所以对于拥有商标的企业或者个人而言，有以下2个方面共13个风险要点要明晰。

（1）来自商标申请方面的风险

第一，申请类别。如申请类别不全、重点类别保护力度不够等。建议企业在申请类别的选择时应注意：选定核心类别、辐射关联类别、根据需求及时补充。

第二，申请标识。如企业字号未及时进行商标注册、申请标识与实际使用的标识不一致、申请的标识不全面（如实际使用中文、英文商标，仅申请中文商标）等。

第三，申请地域。商标保护具有地域性，产品出口国外的，需及时在出口国进行商标布局。

（2）来自商标使用方面的风险

第一，连续 3 年不使用。注册商标没有正当理由连续 3 年不使用的，任何单位或个人可以依据我国现行《商标法》第 49 条第 2 款的规定向国家知识产权局商标局（以下简称商标局）申请撤销该注册商标。

第二，不规范使用。将注册商标随意进行拆分、组合、变形等使用、自行改变注册人的名义、地址等均属于不规范使用情形。如有上述情形，商标局可依据我国现行《商标法》第 49 条第 1 款的规定撤销该注册商标。如有相关改变，企业应及时向商标局申请进行变更或补充注册。

第三，宣传驰名商标。根据我国《商标法》规定，生产、经营者不得将驰名商标字样用于商品、商品包装或者容器上，或者用于广告宣传、展览以及其他商业活动中，监管部门一旦发现并确认企业有上述情形，或将面临 10 万元的罚款。

第四，超出核定商品或服务范围使用注册商标。超出注册商标的核定使用范围的，禁止标注注册商标或 R 标记，如需在核定使用范围之外的商品上取得商标专用权的，应当另行提出注册申请。

第五，超出核定商品或服务范围许可他人使用注册商标。被许可人使用许可商标的商品或服务应当与该商标被核准使用的商品或服务一致，不得超出核定商品或服务的范围。一旦超过范围许可使用，被许可人超范围使用注册商标，侵犯他人的注册商标专用权的，商标专用权权利人可以追究其侵权责任；许可方同样面临合同无效、违约等法律风险。

第六，注册商标被淡化的风险。如权利人将商标名称当商品名称使用、同业竞争者将权利人的商标作为商品名称使用而权利人未加干涉等，都可能导致商标被淡化。企业在使用注册商标时，可标注注册商标或 R 标记，并定期查阅商标公告，查看是否有相同或近似商标通过初步审定或被核准注册，如有发现应及时提出异议申请或无效宣告的请求。同时，发现市场上有侵犯自身注册商标专用权的行为的，应积极维权，及时提起诉讼。

第七，使用注册商标的商品粗制滥造、以次充好。根据《商标法》规定，商标使用人应当对其使用商标的商品质量负责，使用注册商标的商品粗制滥造、以次充好、欺骗消费者的，各级工商行政管理部门分不同情况，责令限期改正，并可以予以通报或者处以罚款。因此，企业应注重加强对商品质量的管理。

第八，将禁止作为商标使用的标志作为商标使用。我国现行《商标法》第10条规定了禁止作为商标使用的9种情形，这些不仅不能申请注册，而且也是禁止使用的。

第九，商标侵权。在同一种商品或服务上使用与他人注册商标相同的商标、在同一种商品或服务上使用与他人注册商标近似的商标、在类似商品或服务上使用与他人注册商标相同或者近似的商标，均存在侵犯他人注册商标专用权的风险。

第十，不留存商标使用证据。企业应规范留存商标使用证据，以期能够为后期商标维权提供有力证据，也可以有效应对他人提出连续3年不使用撤销申请。

7. 网络经营领域重点风险点

《网络直播营销管理办法（试行）》（以下简称《网络直播办法》）系对《商务法》《反不正当竞争法》《产品质量法》《食品安全法》《消费者权益保护法》《广告法》《价格法》《互联网文化管理暂行规定》《网络安全法》《全国人民代表大会常务委员会关于维护互联网安全的决定》《互联网信息服务管理办法》《网络信息内容生态治理规定》等法律法规、网络重要行政规范性文件的细化与落实。网络经营监管之网逐渐完善，将会对网络经营行业产生何种影响？

（1）《网络直播办法》内容100字速览

针对网络直播营销中的“人、货、场”，将台前幕后各类主体、线上线下各项要素纳入监管范围。

明确细化直播营销平台、直播间运营者、直播营销人员、直播营销人员服务机构等参与主体权责边界，压实各方主体责任。

（2）《网络直播办法》目的——细化法规，完善规则，形成网络直播带货行业规范

网络直播营销（网播带货）作为一种新兴的商业模式和互联网业态，近年来发展迅速，在促进就业、扩大内需、拉动经济、扶贫等方面发挥了积极作用。但是，为了解决直播营销人员言行不当、未成年人利用直播牟利、平台主体责任落实不到位、虚假宣传和数据造假、假冒伪劣商品频发、消费者权益取证难等问题，对直播关联行业进行了规范。

（3）事前预防、事中警示、事后惩处——《网络直播办法》细化分析之对直播营销平台要求

A. 事前预防、事中警示、事后惩处 3 个创新点

事前预防，要求平台对重点直播间采取安排专人实时巡查、延长直播内容，保存相关内容等防范措施。

事中监管与提示，督促平台建立风险识别和预警模型，对高风险和涉及未成年人身心健康的内容，采取弹窗提示、显著标识、功能和流量限制等调控措施。

事后惩处，明确平台对违法违规各类行为采取阻断、关闭账号、列入黑名单以及联合惩戒等多种处置措施。

B. 账号管理、安全评估、实时巡查、投诉机制等方面压实平台责任

营销平台应当建立健全账号和直播营销功能注册注销、信息安全管理、营销行为规范、未成年人保护、消费者权益保护、个人信息保护、网络和数据安全管理等机制和措施。

平台应当依法依规开展安全评估、履行备案手续、取得相关行政许可，具备维护直播内容安全的技术能力和制定平台规则公约的管理能力，要求平台制定直播营销商品和服务负面目录，认证并核验直播间运营者和直播营销人员的真实身份信息，加强网络直播营销信息内容管理、审核和实时巡查，对涉嫌违法违规的高风险营销行为采取管理措施，提供付费导流等服务需承担相应平台责任，建立健全未成年人保护机制，加强新技术新应用新功能上线和使用管理，建立直播间运营者账号的分级管理制度和黑名单制度，建立健全投诉、举报机制。此外，《网络直播办法》还对平台协助消费者维权、协助依法纳税等方面提出了细化要求。

（4）8 条红线、5 个重点——《网络直播办法》对直播间运营者和直播营销人员提出要求

明确直播营销行为8 条红线，不得有下列行为：a. 违反《网络信息内容生态治理规定》第6 条、第7 条规定的；b. 发布虚假或者引人误解的信息，欺骗、误导用户；c. 销售及推广假冒伪劣、侵犯知识产权或不符合保障人身、财产安全要求的商品；d. 虚构或者篡改交易、关注度、浏览量、点赞量等数据流量；e. 知道或应当知道他人存在违法违规或高风险行为，仍为其推广、引流；f. 骚扰、诋毁、谩骂及恐吓他人，侵害他人合法权益；g. 传销、诈骗、赌博、贩卖违禁品及管制物品等；h. 其他违反国家法律法规和有关规定的行为。

突出直播间5个重点环节管理：a. 直播间运营者账号名称、头像、简介；b. 直播间标题、封面；c. 直播间布景、道具、商品展示；d. 直播营销人员着装、形象；e. 其他易引起用户关注的重点环节。

此外，直播间运营者、直播营销人员要遵守法律法规，真实、准确、全面地发布有关商品或服务的信息，遵守直播广告营销活动的规定，同时还要遵守直播营销场所、互动内容管理、信息服务提供者商品核查、消费者权益保护责任、网络虚拟形象使用等的相关规定。

直播间运营者与直播营销人员、直播营销人员服务机构进行商业合作的，应当与直播营销人员服务机构签订书面协议，明确信息安全管理、商品质量审核、消费者权益保护等义务，并督促其履行。

（5）投诉举报及时处理、提供必要证据支持——《网络直播办法》细化分析之保护消费者合法权益方面的举措

《网络直播办法》规定，直播营销平台应当及时处理社会公众对违法违规的信息内容和营销行为的投诉和举报。当消费者通过演播室链接、二维码等方式跳转到其他平台购买商品或接受服务时，相关直播营销平台应积极协助消费者维护自身合法权益，并在发生纠纷时提供必要的证据和其他支持。直播场所的经营者、营销人员应当依照法律、法规履行保护消费者权益的责任和义务，不得无正当理由故意拖延或者拒绝消费者正当、合理的要求。

（6）联合惩戒、刑民行衔接——《网络直播办法》细化分析之部门职责

《网络直播办法》规定，国家7部门建立健全违法线索移交、信息共享、会商研判、教育培训等工作机制，加强行业协会商会指导，对严重违反法律法规的直播营销市场主体名单实施信息共享，实行联合惩戒。

《网络直播办法》完善了民事、行政、刑事法律责任联系的制度规定，即违反本办法规定，给他人造成损害的，依法承担民事责任；构成犯罪的，依法追究刑事责任；不构成犯罪的，由网络空间有关主管部门和其他有关主管部门按照各自职责依照有关法律、法规进行处理。

8. 价格领域重点风险点

对于消费与零售企业来讲，商品定价不仅是影响消费者购买意愿的重要因素，也是影响企业日常经营的重要指标。因此，商品价格风险成为了每一个企业

都无法规避的普遍问题。2022 年 4 月 14 日，国家市场监督管理总局发布《明码标价和禁止价格欺诈规定》（国家市场监督管理总局令第56 号，以下简称《明码标价规定》），该规定于2022 年7 月1 日正式生效。《明码标价规定》在《关于商品和服务实行明码标价的规定》（已失效）、《禁止价格欺诈行为的规定》（已失效）的基础上，针对我国市场经济中的价格违法新形式，进行了有针对性的修改，进一步完善了价格监管制度规则。对企业而言，如何定价、如何打折促销、是否会导致亏损、如何规避价格风险等，是现代消费与零售企业需要重点关注的问题。

（1）企业要明确价格欺诈行为的类型

A. “专柜价”“一口价”无依据

在上海炽然光电科技有限公司涉嫌违反价格欺诈案中（沪监管浦处字〔2018〕第152017013425 号），当事人2016 年8 月起在天猫网上开设的“布雷科曼旗舰店”中销售一款“led 灯泡7W 节能灯泡螺口E27 球泡螺旋高亮家用大功率照明”，该商品从上市起销售价格一直为68 元，该商品在其网页上的价格标示为：led 灯泡7W 节能灯泡螺口E27 球泡螺旋高亮家用大功率照明，专柜价为136 元，促销价为68 元（今日特价）。该店所售的此款商品所标的今日特价，该价格标示无依据，也无价格比较。

当事人在上述价格行为中灯泡的“专柜价”无相关证据支持证明，“专柜价”与“促销价”之间形成巨大的折扣优惠，诱骗消费者购买，构成“专柜价”“一口价”无依据的价格欺诈行为。

B. 画线“被比较价格”未作说明

在上海禹璨信息技术有限公司不正当价格行为案中（国市监处〔2021〕7号），2020 年9 月以来，当事人通过“多多买菜”在武汉市销售商品时存在以下行为：

a. 2020 年12 月16 日，当事人销售农家杂粮蛋30 枚/盒，开展促销活动，标价17.9 元，画线价55.48 元，页面宣称已降37.5 元。经查，该商品原价实际为12.86 元。

b. 2020 年12 月16 日，当事人销售湖北特产新鲜去根嫩藜蒿250g，开展促销活动，标价5.39 元，画线价18.9 元，页面宣称2.8 折优惠。经查，当事人以画线价作为促销活动的基准，未标明或者表明画线价格的含义。

c. 2020 年 12 月 16 日，当事人销售立典特级初榨橄榄油 5 升/壶，标价 44.5 元，页面宣称已补 33.6 元。经查，该商品原价实际为 44.5 元。

当事人在上述价格行为中，未予标明被比较价格含义，存在欺骗和诱导消费者进行购买的主观故意，构成画线被比较价格未作说明的价格欺诈行为。

C. 没有成交记录的商品标注“原价”

在上海指南针信息技术有限公司案中（沪市监总处〔2020〕322020000088 号），当事人在自营微商店铺“健康商城”对 4 项商品开展价格促销活动时，在商品销售页面作出如下标价形式：铭德堂西洋参中切片原价：225 元，市场价：225 元，¥55.00；MAPPING 玛品姜汁洗发水（400ml/瓶）原价：168 元，市场价：168 元，¥59.00；（战“疫”弹药）延钦堂枸杞子 200g×2 瓶原价：80 元，市场价：80 元，¥35.00；阳澄湖大闸蟹 1698 型 4 公 4 母原价：1698 元，市场价：1698 元，¥258.00。经查明当事人上述 4 项商品在该价格促销活动前实际从未销售过。

当事人在上述价格行为中，对从未实际销售过的商品标注“原价”，“原价”和“促销价”之间的折扣力度，诱骗消费者购买该商品。存在欺骗并引导消费者进行购买的故意，构成没有成交记录的商品标注“原价”类的价格欺诈行为。

D. 虚构原价

在上海棒约翰餐饮管理有限公司涉嫌虚构原价案中（沪市监静处〔2020〕062019002246 号），当事人于 2019 年 4 月 26 日起在静安区愚园路 8 号地下一层 40 室的上海棒约翰餐饮管理有限公司愚园路店使用印有新上市字样的菜单，菜单写上有“+55 元得精选猪肘黄金肠拼盘原价 79 元”；“+35 元得欧陆火腿蛋活力色拉原价 38 元”；“+55 元得缤纷烤鸡拼盘原价 79 元”字样。经查明，当事人在 2019 年 4 月和 5 月，分别以 55 元的价格销售精选猪肘黄金拼盘，35 元的价格销售欧陆火腿蛋活力色拉，55 元的价格销售缤纷烤鸡拼盘。自菜单使用开始，当事人的愚园路店内并未用菜单上所标原价的价格销售上述 3 种菜品。

当事人所标的原价为产品核算价，该愚园路店没有以原价所标的价格销售上述 3 种菜品的情况。

当事人在上述价格行为中，虚构原价，相关商品标示的原价不是“本次促销活动前 7 日内在本交易场所成交，有交易票据的最低交易价格”，构成虚构原价类的价格欺诈行为。

（2）企业应当关注价格欺诈行为和虚假广告的交叉领域

价格和广告总是密切相关的。根据《广告法》第 28 条规定，产品的性能、功能、位置、用途、质量、规格、成分、价格、生产者、有效期、销售、荣誉等信息，或者服务内容、提供者、形式、质量、价格、销售、获得荣誉等信息，与所承诺的商品或者服务相关的信息与实际情况不符，对购买行为有实质性影响的，为虚假广告。当价格与商品或服务的真实情况不一致时，往往会导致虚假广告的产生。

发布虚假广告，按照《广告法》第 55 条第 2 款和第 3 款的规定，经营者会被要求停止发布广告、消除影响，处以罚款，情节严重时，会被吊销营业执照，撤销广告审查批准文件、1 年内不被受理广告审查申请，构成犯罪的，依法被追究刑事责任。

（3）企业防范价格欺诈行为的合规建议

A. 形成自身定价策略依据

企业自身应形成价格调研、价格内部商讨、价格决策一系列流程文件记录，并最终得出一套或几套价格方案。若条件允许，在官网上予以价格公示。同时，在具体销售业务人员执行过程中，要严格执行价格方案，根据消费者需求，通过价格方案模型予以适配。而非零售价、折扣价、一口价标签制定完后，通过销售业务员的口头议价能力与消费者切磋。

B. 诚信经营，保证价格公允

企业应尊重商品市场价值，充分掌握周边同类商品公允价后，根据自身商品质量、创新特殊予以商品公允价值上下浮动。避免同类行业恶性竞争或随意价格波动，违反市场公平原则。

C. 广告文案恰当

广告宣传的主要作用在于提升商品知名度，从而提高商品影响力。企业要正视广告宣传的作用，而非在广告文案上进行夸张、不切实际的宣传。广告宣传文案发布之前，相关主体要对每个字进行审查，并与销售部进行方案谨慎互查。另外，在广告宣传的存续期间，如果最终呈现在消费者眼前的价格策略已与广告宣传不符，对此要针对此类可能发生的情况在广告部署中予以关注。

D. 平台经营者的特殊要求

平台经济相较于传统经济有着不同的价格违法表现形式。在法律上，平台同时兼具经营者和加盟企业管理者的双重身份，是落实市场监督管理的重点对象。平台经营者除了自觉遵守明码标价的各项要求，还需协助市场监督管理局等相关政府部门的监督管理工作：对平台内违规企业采取必要措施、保留相关证据。①同时，平台企业还可以根据需要，在《明码标价规定》等相关法律规范部门规章②的基础上，制定更为完善和实用的价格模板。

表 8　涉嫌价格违法的相关行为及法律责任

法律依据	行为描述	处罚结果
《价格法》	第 14 条　经营者不得有下列不正当价格行为： （4）利用虚假的或者使人误解的价格手段，诱骗消费者或者其他经营者与其进行交易；	第 40 条　经营者有本法第 14 条所列行为之一的，责令改正，没收违法所得，可以并处违法所得 5 倍以下的罚款；没有违法所得的，予以警告，可以并处罚款；情节严重的，责令停业整顿，或者由工商行政管理机关吊销营业执照。有关法律对本法第 14 条所列行为的处罚及处罚机关另有规定的，可以依照有关法律的规定执行。
《广告法》	第 4 条　广告不得含有虚假或者引人误解的内容，不得欺骗、误导消费者。 广告主应当对广告内容的真实性负责。	第 55 条　违反本法规定，发布虚假广告的，由市场监督管理部门责令停止发布广告，责令广告主在相应范围内消除影响，处广告费用 3 倍以上 5 倍以下的罚款，广告费用无法计算或者明显偏低的，处 20 万元以上 100 万元以下的罚款；2 年内有 3 次以上违法行为或者有其他严重情节的，处广告费用 5 倍以上
	第 28 条　广告以虚假或者引人误解的内容欺骗、误导消费者的，构成虚假广告。 广告有下列情形之一的，为虚假广告： （1）商品或者服务不存在的；	

① 《明码标价和禁止价格欺诈规定》第 4 条规定："卖场、商场、市场、网络交易平台经营者等交易场所提供者（以下简称交易场所提供者）应当依法配合市场监督管理部门对场所内（平台内）经营者开展价格监督管理工作。交易场所提供者发现场所内（平台内）经营者有违反本规定行为的，应当依法采取必要处置措施，保存有关信息记录，依法承担相应义务和责任。交易场所提供者应当尊重场所内（平台内）经营者的经营自主权，不得强制或者变相强制场所内（平台内）经营者参与价格促销活动。"

② 《明码标价和禁止价格欺诈规定》第 14 条规定："交易场所提供者为场所内（平台内）经营者提供标价模板的，应当符合本规定的要求。"

续表

法律依据	行为描述	处罚结果
《广告法》	（2）商品的性能、功能、产地、用途、质量、规格、成分、价格、生产者、有效期限、销售状况、曾获荣誉等信息，或者服务的内容、提供者、形式、质量、价格、销售状况、曾获荣誉等信息，以及与商品或者服务有关的允诺等信息与实际情况不符，对购买行为有实质性影响的； （3）使用虚构、伪造或者无法验证的科研成果、统计资料、调查结果、文摘、引用语等信息作证明材料的； （4）虚构使用商品或者接受服务的效果的； （5）以虚假或者引人误解的内容欺骗、误导消费者的其他情形。	10倍以下的罚款，广告费用无法计算或者明显偏低的，处100万元以上200万元以下的罚款，可以吊销营业执照，并由广告审查机关撤销广告审查批准文件、1年内不受理其广告审查申请。 …… 广告主、广告经营者、广告发布者有本条第1款、第3款规定行为，构成犯罪的，依法追究刑事责任。
《价格违法行为行政处罚规定》	第7条　经营者违反《价格法》第14条的规定，利用虚假的或者使人误解的价格手段，诱骗消费者或者其他经营者与其进行交易的……	第7条　……责令改正，没收违法所得，并处违法所得5倍以下的罚款；没有违法所得的，处5万元以上50万元以下的罚款；情节严重的，责令停业整顿，或者由工商行政管理机关吊销营业执照。
《明码标价和禁止价格欺诈规定》	第4条　卖场、商场、市场、网络交易平台经营者等交易场所提供者（以下简称交易场所提供者）应当依法配合市场监督管理部门对场所内（平台内）经营者开展价格监督管理工作。 交易场所提供者发现场所内（平台内）经营者有违反本规定行为的，应当依法采取必要处置措施，保存有关信息记录，依法承担相应义务和责任。 交易场所提供者应当尊重场所内（平台内）经营者的经营自主权，不得强制或者变相强制场所内（平台内）经营者参与价格促销活动。	第24条　交易场所提供者违反本规定第4条第2款、第3款，法律、行政法规有规定的，依照其规定；法律、行政法规没有规定的，由县级以上市场监督管理部门责令改正，可以处3万元以下罚款；情节严重的，处3万元以上10万元以下罚款。

续表

法律依据	行为描述	处罚结果
	第14条　交易场所提供者为场所内（平台内）经营者提供标价模板的，应当符合本规定的要求。	第25条　交易场所提供者提供的标价模板不符合本规定的，由县级以上市场监督管理部门责令改正，可以处3万元以下罚款；情节严重的，处3万元以上10万元以下罚款。
	第19条　经营者不得实施下列价格欺诈行为： （1）谎称商品和服务价格为政府定价或者政府指导价； （2）以低价诱骗消费者或者其他经营者，以高价进行结算； （3）通过虚假折价、减价或者价格比较等方式销售商品或者提供服务； （4）销售商品或者提供服务时，使用欺骗性、误导性的语言、文字、数字、图片或者视频等标示价格以及其他价格信息； （5）无正当理由拒绝履行或者不完全履行价格承诺； （6）不标示或者显著弱化标示对消费者或者其他经营者不利的价格条件，诱骗消费者或者其他经营者与其进行交易； （7）通过积分、礼券、兑换券、代金券等折抵价款时，拒不按约定折抵价款； （8）其他价格欺诈行为。	第23条　经营者违反本规定第16条至第20条规定的，由县级以上市场监督管理部门依照《价格法》《反不正当竞争法》《电子商务法》《价格违法行为行政处罚规定》等法律、行政法规进行处罚。

9. 广告（含互联网广告）领域重点风险点

广告可以传递信息，沟通产需，是向消费者展示产品和引导消费者购买的有力手段。好的广告可以打造品牌个性，增加品牌的商业价值。现阶段，消费与零售市场竞争激烈，产品也高度趋向同质化，广告则成为塑造品牌形象的有力手段。很多企业为了取得竞争优势，吸引顾客，选择投放一些博眼球、扎热度的广告，而不知其已在不知不觉中逾越了合法合规的红线，触犯了违法广告的风险。

（1）市场监管总局会议指明2022年执法新方向

2022年3月29日，全国市场监管部门广告监管工作会议以视频形式召开，全面总结2021年广告监管和指导广告产业发展工作，分析了当前形势，部署了2022年重点任务。会议要求，2022年广告监管工作要贯彻落实习近平总书记关于“广告宣传也要讲导向”的重要指示精神，突出“为迎接和开好党的二十大净化市场环境和社会氛围”这一主线，持续强化广告导向监管，着力规范和净化广告市场秩序，着力指导和推动广告产业高质量发展，重点做好4方面工作，其中明确指出要聚焦核心职能，不断强化广告监管执法以及补短板强弱项，夯实广告监管工作基础。

这为2022年的广告监管执法定下了总基调，需要企业以及广告从业人员的高度关注，监管部门并非会因为疫情而放松监管，这也与2022年3月25日发布的《中共中央、国务院关于加快建设全国统一大市场的意见》中所明确提出的要建设高效规范、公平竞争、充分开放的全国统一大市场的目标相吻合。

（2）市场监管科技发展规划指明监管新方式

2022年3月15日，市场监管总局印发《“十四五”市场监管科技发展规划》（以下简称《市场监管规划》），全面深入推进市场监管科技发展。《市场监管规划》从3个方面强化市场监管战略科技力量，其中强化提升市场监管创新基础能力、提升市场监管科研攻关能力，包括加强市场综合监管技术研究、提升市场监管科技服务能力以及加强服务智慧监管的能力建设。

其中，市场综合监管技术为一大重点，具体指广告智慧监管技术研究，并旨在建设全国市场监管大数据中心，逐步实现智慧监管。这与2022年6月6日发布的《国务院关于加强数字政府建设的指导意见》的精神相吻合，发挥数字化在政府履行经济调节、市场监管、社会管理等方面职能的重要支撑作用，构建协同高效的政府数字化履职能力体系。

（3）市场监管专项活动指明监管重热点

2021年4月起，市场监管总局在全国范围内组织开展多项专项清理整理行动，整治行动重点打击医疗、药品、保健食品、教育培训等领域广告乱象，如变相发布虚假医疗、药品、保健食品广告，利用科研单位等做推荐、证明发布教育培训广告，假扮医生、专家等误导老年人、青少年的“名师”广告，未经医疗广告审批发布广告以及违背公序良俗的医疗美容虚假违法广告等。市场监管总局始终保持“全覆盖、零容忍”的监管高压态势，在整治行动期间，全国各级市场监管部门针对医疗、药品、保健食品虚假违法广告处罚共计 8665 万元，针对教育培训类违法广告共处罚 4172 万元。

2022 年，市场监管总局将持续巩固整治成果，继续保持对虚假违法广告的高压严打态势，紧盯民生诉求，坚持问题导向，积极回应社会关注和消费者关切的热点问题，为消费者营造诚信、规范、有序的消费环境。在上述监管态势下，消费与零售领域、医药领域等重点领域必须强化广告合规自查、监测、培训和专业积累，避免在高压严打中遭受严重损失。

（4）从执法逻辑倒推合规路径——广告宣传的事前、事中、事后合规可行路径分析

A. 事前——进行合规审核，注意风险规避

a. 规避常见频发违法点

• 广告宣传较为频发的产品功效虚假宣传或虚假广告违法点防范

企业在设定核心宣传用语时，应当进行预审，并准备相应的证据。如权威鉴定机构出具的检测报告或者鉴定数据。在使用实验数据时，务必确保实验数据的来源的可靠性，并以注释的方式标注实验的环境、条件、次数。若无法在一般条件下实验获得，即该产品功效需要在一定的特殊环境下才可获得，则必须进行注明，否则存在极大的风险。同时，普通化妆品切忌使用特殊化妆品才可以进行宣称的词汇，以避免被认定为违反《反不正当竞争法》。

• 非医疗广告使用医疗用语违法点防范

在审核时候应当注意避免以下可能被认定为医疗用语的词汇：可促进新陈代谢、减少红血丝、产生优化细胞结构、修复受损肌肤、治愈、抗炎、活血、解毒、抗敏、行气、活血、生肌肉、补血、安神、益气、通脉、改善内分泌、平衡荷尔蒙、去除体内毒素、细胞再生、细胞增殖和分化、免疫力、患处、疤痕等。

• 绝对化用语违法点防范为例

在审核的时候应当注意避免如下禁用词汇：

①国家级、世界级、最高级、第一、唯一、首个、首选、顶级、国家级产品、填补国内空白、独家、首家、最新、最先进、第一品牌、金牌、名牌、优

秀、顶级、独家、全网销量第一等。

②全球首发、全国首家、全网首发、世界领先、顶级工艺、王牌、销量冠军、第一（NO1/Top1）、极致、永久、独一无二、绝无仅有、史无前例、万能等。

③最高、最低、最、最具、最便宜、最新、最先进、最大限度、最新技术、最先进科学、最佳、最大、最好、最大、最新科学、最新技术、最先进加工工艺、最时尚、最受欢迎、最先等含义相同或近似的绝对化用语。

● 严禁使用无法判断真伪的用语

①严禁使用绝对值、绝对、王牌、领袖品牌、巨星、世界/全国×大品牌之一等无法考证的词语。

②严禁使用100%、高档、正品、国家级、世界级、最高级、最佳等虚假或无法判断真伪的词语。

b. 做好消费者投诉安抚与用户反馈及时处理工作

从行政处罚判决书的大数据统计分析来看，线索的发现来源主要有如下几种：消费者举报（含竞争对手、职业打假人冒充消费者进行举报）、全国互联网广告监测中心自动监测上报、专项广告违法行为整治查处发现、日常检查发现。

因此，提供给消费者反馈的路径，及时做好消费者反馈处理及投诉安抚工作对于企业来说仍属于不可忽视的要点。

c. 宣传效果与合规的平衡

化妆品行业竞争尤为激烈，占领消费者或潜在消费者心理，在消费者心中留下印象，往往与营销宣传紧密相关。因此很多化妆品公司往往剑走偏锋，一味追求营销效果，留存了众多的合规隐患，极其容易给竞争对手留下攻击和举报的把柄。因此，密切掌握市场监管部门广告专项整治动态、了解市场监管部门违法行为发现、查处逻辑尤为重要。同时，企业应当对宣传用语的风险进行评估，做好充足的证据支撑准备与危机处理预案。

B. 事中——积极应对行政执法部门检查，充分行使自己权益

行政执法机关从检查、收集证据到作出处罚，需要经过一系列流程。在此期间，有较多机会当事人可以提供相关证据、包括要求听证等充分运用正当程序维护自身权益。同时积极寻找从轻、减轻、免除处罚事由和证据支撑做到合规免责，包括主动配合调查、及时消除违法行为、主张不构成明知或者应知。根据

《市场监督管理行政处罚程序规定》第60条规定："市场监督管理部门负责人经对案件调查终结报告、审核意见、当事人陈述和申辩意见或者听证报告等进行审查，根据不同情况，分别作出以下决定：……（三）违法事实不能成立的，不予行政处罚……"因此即使被行政部门调查也存在不予处罚的可能。

C. 事后——行政复议与行政诉讼的合理运用

因为行政处罚从调查到做出需要经过一系列流程，在此流程中可能具有较多不符合正当程序之处。可以以行政处罚做出程序不正当作为提起行政复议或者行政诉讼的理由。

此外，法院对于证据的认定也可能与市场监督管理部门的认定不同，意味着即使提交的证据不能够被市场监督管理部门认可，存在被法院认可的可能。

因此，若提起行政复议或者选择行政诉讼作为救济途径，应当着重关注行政机关取证是否规范、行政机关行政处罚证据提交时间点是否正确、能否结案后再补充、是否拒绝听证、行政听证是否存在程序违法、是否存在违反一事不二罚的情形，并夯实己方证据链条。

10. 网络经营领域消费者权益重点风险点

科技的发展日新月异，互联网走进千家万户为人们带来便利的同时，也催生出了网络购物这一新的消费模式。但是，由于网络购物时所不可避免地存在消费者只能单向地从商家处获取商品信息、远程交易无法看到货品的真实情况、发货和收货之间存在时间差以及个人信息被收集的问题，消费者在享受这种新奇又便利的购物体验的同时，其自身的合法权益也很容易受到侵害。网络经营企业也应当自我反省，自我排查，避免侵害到消费者的合法权益。

（1）电商合同生效条款风险点

《电子商务法》实施后，仍有不少电子商务经营者在用户协议、交易规则中约定可以任意取消消费者提交成功的订单，或因价格错误而拒绝履行规则或利用制度漏洞的订单，这在实践中存在较大的法律风险。北京市消费者协会已就此事展开专项调查，某航空公司、拼多多也被爆出类似事件，引起社会的广泛关注。因此，电商企业应全面修订电子商务渠道的用户协议、销售条款和交易规则，包括但不限于区别对待消费者和其他用户；区分合理消费需求和非消费需求，拆分订单和区别合同的成立和履行。

（2）用户注销及信息删除风险点

《网络安全法》《电子商务法》规定的用户注销及信息删除机制更加全面、清晰、明确。在实践中，很多电商网站、APP未提供便捷、有效的用户账户注销及个人信息删除方式，或者设置不合理的条件，或者响应机制不合法，或者注销、删除后未依法留存相应的信息。在此之前，上海市通管局曾就账户注销难等问题约谈家乐福等20余家企业。因此，电商企业应建立合规的用户注销及个人信息删除指引，包括但不限于：a. 在用户协议或隐私政策中明确用户权利；b. 确保建立便捷的在线响应机制；c. 制定内部相应职责、流程及指引；d. 建立配套的数据留存指引；等等。

（3）个人信息收集及使用风险点

电子商务是数据依赖密集型企业，快消类电子商务更是掌握着海量个人信息，这是个人信息保护及市场监管的重点领域。在实践中，随着商业模式的不断迭代创新，数字营销和精准营销场景不断丰富，企业在收集、使用、存储及跨境转移个人信息方面的法律风险越来越多。此外，近期《信息安全技术个人信息安全规范》修订后，很多企业还未按照最新标准调整业务。同时，近期网信办、工信部、公安部、市监总局等密集开展个人信息违法专项整治行动，也进一步加大了企业合规风险。因此，电商企业应当建立完善的线上线下个人信息保护机制，包括但不限于：启动个人信息专项合规审查项目，并不断更新合规要求；建立个人信息影响评估机制，包括精准营销、跨境转移等合规评估；制定个人信息保护制度；设立个人信息保护岗位并明确职责及定期开展个人信息安全及法律培训等。

（4）用户协议程序及关联风险点

用户协议作为消费者与企业之间的基本合同，是确立双方权利义务的基本规范。然而，由于网络环境的特殊性，消费者不能有效地参与到合同谈判中来。因此，为了防止用户协议通过标准条款损害消费者利益，防止企业损害消费者的知情权和选择权，《电子商务法》、《消费者权益保护法》和《个人信息安全规范》都对用户协议的程序和形式提出了明确的合规要求。在实践中，很多电商企业用户协议的制定和修订没有公开，其展示位置不规范、不显眼，用户同意机制名存实亡。因此，电子商务企业应当建立用户协议等正式审查机制，包括但不限于：a. 建立用户协议等定期审查机制；b. 制定、修订和发布建立用户协议的程序指南；c. 为用户提供便捷的咨询、下载方式和指导；d. 建立版本管理和证据追溯机制；等等。

（5）网络违法内容审查与过滤风险点

网络违法内容审查与过滤，是电商企业最容易忽视的，但其又是风险极高的合规问题。电商网站中的国家及区域名称显示合规，地图使用合规，评论内容合规，群组管理合规，用户名名称合规，营销视音频内容合规，员工网络言论管理……忽视每一个环节都可能让企业付出成百上千倍的代价。

因此，电商企业应当建立有效的网络违法内容审查与过滤机制，包括但不限于建立网络违法内容审查制度；设立相应的岗位及职责，必要时可以聘请外部专业审核团队或借助专业软件及定期开展员工培训等。

（6）商业广告推送风险点

商业广告推送及订阅，已经是电子商务领域的常见场景，但实践中也往往乱象丛生，不仅侵犯了消费者的个人信息权，还损害了消费者的隐私安宁。企业如何克制商业利益驱动，并有效平衡用户体验及合规要求，是一个重要的现实课题。在实践中，主要的合规风险包括未经用户许可擅自推送商业信息，不区分商业广告及服务信息，非法捆绑订阅，非法利用用户画像精准推送，无法提供有效的退订方式，未标明广告属性及广告主等。因此，电商企业应当建立商业广告及营销内容管理指引，必要时应当建立专项合规审查机制。

（7）数据竞争风险点

数据领域的竞争，已经成为现代企业市场竞争的主战场。《电子商务法》《反不正当竞争法》《广告法》《网络安全法》等从不同角度规范企业在数据领域的竞争秩序，但实践中仍然有较多风险点，具体包括但不限于虚构交易记录，删除或注水用户评价评分，基于大数据的价格歧视，数据垄断及数据污染，非法监听、窃取他人核心交易数据或数据资产等。因此，电商企业应当建立营销活动竞争审查机制，并综合评估不同法律体系下的数据合规要求。

（8）营业及许可信息公示风险点

《电子商务法》明确规定了电商企业的相应登记备案责任，并要求电商企业按照相关行业要求及单行条例规定，取得相应的行政备案及许可。此外，为了维护消费者的知情权，还规定电商企业应当在首页显著位置公示相应的登记、备案及许可信息。但在实践中，因相应的落地政策不明确，网络环境的技术及商业模式日新月异（如社交电商、小程序电商、跨境电商等），《电子商务法》实施一段时间以来，很多企业仍未按照法律规定取得并公示相关备案及许可信息。因此，电商企业应当结合不同的业态及技术模型，参考行业最佳实践，采取不同的策略取得并公示相应的备案及许可信息（如电子亮照、ICP备案、公网备案等）。

（9）商品及服务信息披露合规风险点

由于电商环境的特殊性，很多化妆品、奢侈品品牌并未按照相关标签标注的标准全面、完整地披露商品及服务有关的信息，例如产品的产地及生产商、电商及线下渠道产品差异、产品禁忌、潜在安全威胁、退换货规则、优惠券及抵用券使用规则、中文标签、适用标准等，严重损害了消费者的知情权。因此，电商企业应当参照线下标准，全面、完整地披露产品及服务有关的信息，包括质量、数量、规则、风险提示等信息。

（10）保障消费者选择权风险点

《电子商务法》《消费者权益保护法》等均明确规定了企业应当保障消费者的选择权。但在实践中，部分电商企业未提供多元化的购物渠道、支付及快递物流方式，部分电商企业在服务中非法捆绑搭售其他商品或服务，严重侵犯了消费者的选择权。这些不仅是新闻媒体关注的热点事件，也是近期监管执法的重点整治对象。因此，电商企业应当完善企业制度，建立新产品或服务线上法务审查或评估制度，建立尊重消费者的企业文化。

11. 零售与消费品企业的数据合规风险点

随着与数据相关的法律体系的不断完善，数据合规将会成为企业经营、上市、融资、发展等的重要领域。因此，企业在今后不仅需要关注网络信息系统安全保护机制的搭建与认证、企业内部网络软硬件的安全规划、网络安全问询与检查应对、网络安全事件响应规划及协助调查等事项，也需要定制自身的数据合规与资产化治理组合方案，全面的数据风险核查、合规差距分析与管控方案，合法合规地充分利用数据这一要素，充分挖掘其经济价值。

（1）数据合规相关的法律法规及政策文件

A.《数据安全法》

《数据安全法》的出台，使数据从之前单纯的民间、经济领域里的一项资源，直接上升到了国家战略层面，也使得数据安全的重要性在立法上得到了的肯定。

《数据安全法》将数据作为关键要素首次写入法律，从立法上确认了对数据权益的保护，将数据分类分级保护制度上升至国家层面。同时也对数据交易平台作出了规定，首次提出了政务数据开放平台，并确立了数据分类分级管理、数据安全审查、数据风险评估、监测预警、重要数据出境管理和应急处置等基本制度，并对数据安全做出了全面的指导，加大了对违法行为的处罚力度。

B.《个人信息保护法》

《个人信息保护法》的出台，解决了此前在个人信息层面法律法规散乱不成体系的问题，是我国首部个人信息保护的单独立法，翻开了我国个人信息保护法治事业的新篇章。

《个人信息保护法》明确了个人信息、敏感个人信息、个人信息处理者、去标识化、匿名化等核心概念，而且从适用范围、个人信息处理的基本原则、个人信息及敏感个人信息处理规则、个人信息跨境传输规则、个人信息保护领域各参与主体的职责与权利以及法律责任等方面对个人信息保护进行了全面规定，建立了个人信息保护领域的基本制度体系。例如，个人信息处理的基本原则为：a. 合法、正当、必要、诚信原则；b. 目的明确和最小必要原则；c. 公开透明原则；d. 质量及安全保障原则。

C. 国家部委出台多项规定及征求意见稿

a.《网络数据安全管理条例（征求意见稿）》

国家互联网信息办公室于 2021 年 11 月 14 日对《网络数据安全管理条例（征求意见稿）》向社会公开征求意见。

《网络数据安全管理条例（征求意见稿）》作为《网络安全法》、《数据安全法》和《个人信息保护法》的配套行政法规，针对3 部法律中的原则性规范和制度进行了内容和流程方面的细化规定，并与《数据安全管理办法（征求意见稿）》具有一定的承继关系。《网络数据安全管理条例（征求意见稿）》对数据分级分类，数据处理者的上市、合并、重组、分立，企业的披露范围，数据跨境传输，数据安全应急处理机制等作了详细规定。

b.《数据出境安全评估办法（征求意见稿）》

2021 年 10 月 29 日，国家互联网信息办公室发布《数据出境安全评估办法（征求意见稿）》。

《数据出境安全评估办法（征求意见稿）》是根据《网络安全法》、《数据安全法》和《个人信息保护法》共同确立的数据出境安全评估制度的细则，涵盖了对关键信息基础设施运营者（CIIO）、重要数据处理者、个人信息处理者的数据出境安全评估、数据出境风险自评估、同境外接收方的数据安全保护责任义务的约定等的细化规定，为数据出境企业提供合规遵循。

c.《工业和信息化领域数据安全管理办法（试行）（征求意见稿）》

工业和信息化部于2021年9月30日对《工业和信息化领域数据安全管理办法（试行）（征求意见稿）》向社会公开征求意见。

《工业和信息化领域数据安全管理办法（试行）（征求意见稿）》是根据《民法典》《数据安全法》《网络安全法》等法律法规，为规范工业和信息化领域数据处理活动，保障数据安全，促进数据开发使用，保护各类主体的合法权益，维护国家安全和发展利益而制定的。《工业和信息化领域数据安全管理办法（试行）（征求意见稿）》对数据分类分级管理，安全管理，监测预警与应急管理，评估与认证管理，数据安全审查等进行了细化规定。

d.《汽车数据安全管理若干规定（试行）》

国家互联网信息办公室、国家发展和改革委员会、工业和信息化部、公安部、交通运输部于2021年8月16日发布《汽车数据安全管理若干规定（试行）》，用以规范汽车数据处理活动，保护个人、组织的合法权益，维护国家安全和社会公共利益，促进汽车数据合理开发利用。

D. 多项国家标准向社会公开征求意见

2020年和2021年，全国信息安全标准化技术委员会分别就《信息安全技术　快递物流服务数据安全指南》《信息安全技术　即时通信服务数据安全指南》《信息安全技术　网络支付服务数据安全指南》《信息安全技术　网络音视频服务数据安全指南》《信息安全技术　网上购物服务数据安全指南》《信息安全技术　人脸识别数据安全要求》《信息安全技术　步态识别数据安全要求》《信息安全技术　声纹识别数据安全要求》《信息安全技术　基因识别数据安全要求》向社会公开征求意见。未来，企业应对相关国家标准给予关注，及时调整与数据安全相关的业务。

（2）企业在经营过程中应当关注的数据合规事项

笔者基于现有研究整理了企业数据合规清单，从顶层设计、基础制度制定、数据收集、数据存储、数据使用、数据传输、数据对外提供、数据的物理和技术安全、数据删除的角度，介绍了中国企业在经营过程中应当关注的数据合规事项。见表9：

表9　中国企业数据合规参考清单

序号	数据合规清单
	数据战略的规划与制定
1	是否对业务和现有资源中涉及的数据进行调查，是否明确数据合规所涉及的法律法规？公司是否有上市交易，是否涉及数据交易？
2	是否对业务和现有资源等情况进行评估，充分了解自身数据需求、数据类型、数据主体、数据的生命周期，以及企业在数据处理各个环节中的不同风险？企业数据战略所涉及的业务领域，如大数据、云计算、互联网金融、电子商务、自动驾驶、人工智能、车联网、物联网。
3	是否结合业务需求、监管要求、自身能力，确定企业数据安全目标，制定数据安全战略，并定期进行审查修订？
4	是否建立或指定负责企业内部数据处理各环节安全工作的部门、岗位或人员？
5	是否根据岗位职责设置各级数据处理权限，按照最小必要、职权分离等原则，授予不同账户为完成各自承担任务所需的最小权限，在各账户间形成相互制约的关系？
6	是否存在过往数据合规相关的诉讼、仲裁、行政处罚、投诉、安全事件等情况？是否需要与网络安全和数据保护相关的刑事风险的诊断、合规指引？是否面临监管部门网络安全执法调查、约谈等事件？
7	若企业为重要数据处理者，是否明确数据安全负责人和管理机构，落实数据安全保护责任？企业是否为关键信息基础设施（以下简称CII），是否涉及CII安全保护制度设计？
	基础制度的制定与完善
8	是否需要制定《数据合规法律风险识别手册》《数据合规风险自查清单》《数据合规操作指引手册》《数据合规官管理制度》《数据分类分级管理制度》《数据安全事件处理制度及应急预案》《数据处理保密协议》《个人信息保护制度》《个人信息隐私政策》《儿童个人信息保护特别制度》《儿童个人信息隐私政策》《第三方合作处理数据的标准合同范本》等制度？
9	是否开展数据分类分级工作？
10	是否建立风险监测制度，采取措施监控内部数据处理活动和外部访问活动，防范不正当的数据访问和处理行为？

续表

序号	数据合规清单
11	是否把对高敏感数据的处理以及特权账户对数据的访问和操作都纳入重点监控范围?
12	是否建立数据安全事件应急制度?是否建立数据泄露通知机制?
13	是否制定数据安全事件应急预案并定期进行演练?
14	是否设立数据管理机构及责任部门?是否建立数据问责制度?
15	是否定期对员工进行培训，并考察员工能力与岗位职责的匹配程度?
16	是否建立数据安全审计制度，定期引入第三方机构对内部数据处理活动进行审计?
17	若企业为重要数据处理者，是否定期对其数据处理活动定期开展风险评估，并向有关主管部门报送风险评估报告?
	数据的收集
18	数据收集是否合法、正当、最小必要?
19	数据收集是否为数据主体提供了查询、更正、删除、撤回授权同意、注销账户、获取个人信息副本、响应数据主体的请求、投诉管理的渠道，是否保障数据主体的权利?
20	是否在数据收集前对用户进行充分告知?是否以清晰明确、易于理解的方式，向用户告知有关数据收集和处理的相关信息?
21	是否获取了数据主体的同意?是否保证数据主体可以撤回其处理数据的同意?是否涉及收集未成年人的数据?
22	是否在数据分类分级基础上明确收集数据目的和用途，数据收集流程及数据收集安全管理要求等制度并及时更新?
23	是否规定数据收集的渠道及外部数据源鉴定方式，并对数据来源方式、数据范围和类型进行记录，确保数据来源的合法性?
24	是否提供满足数据收集安全要求的安全管理技术方案?
25	是否定期对数据收集工具进行安全测试并持续优化?
26	数据收集人员是否能充分理解数据收集的法律要求、安全和业务需求，并能根据业务需求和具体情况选择合理的数据收集方式?
	数据的处理
27	是否保证对数据的纠正、删除、访问、限制处理、移植?

续表

序号	数据合规清单
28	是否存在数据爬虫、数据画像等使用？是否存在限制数据使用的不正当竞争行为？
29	是否涉及数据的公开披露？公开披露是否事先征得了授权同意以及是否存在授权同意的例外？
30	是否保存数据处理的副本？是否保存数据处理的记录？
31	是否保证数据处理的权限是最小必要性？是否保证没有权限的员工无法处理数据？
32	是否保证数据使用时的加密处理？
33	是否在数据分类分级基础上，明确各业务场景数据使用范围和权限、合规要求、使用安全防护要求和数据使用限制等各项制度并及时更新？
34	是否明确数据使用权限审批流程，对数据源、数据使用场景、数据使用范围、数据使用逻辑进行审核以开放相应权限？
35	是否对使用数据输出的业务结果进行安全审查，避免业务结果包含不必要的敏感数据？
36	是否提供满足数据使用安全要求的安全管理技术方案？是否保证数据使用的硬件安全、物理安全、技术安全？
37	是否定期对支撑数据使用安全的技术工具进行安全测试并持续优化？
38	使用数据的人员是否能基于业务场景和合规要求对数据使用过程中所可能引发的安全风险进行有效的评估，并能够针对各业务场景提出有效的解决方案？
	数据的存储
39	是否按照法定要求留存相应数据？数据存储是否满足时间的最小化要求？
40	是否在数据分类分级基础上建立数据存储安全制度，包括存储介质及逻辑存储管理、存储系统结构设计、介质保存环境、数据加密存储、数据备份与恢复等各项制度，制定差异化的数据存储方案并及时更新？
41	是否对存储的数据进行去标识化处理？是否对数据分类分级存储？
42	是否提供满足数据存储安全要求的安全管理技术方案？是否保证数据存储的硬件安全、物理安全、技术安全？
43	是否定期对支撑数据存储安全的技术工具进行安全试并持续优化？

续表

序号	数据合规清单
44	负责数据存储管理的人员是否熟悉数据存储结构，具备根据技术发展、实践案例、合规要求变化调整数据存储方案的能力？
	数据的传输
45	是否涉及数据的跨境传输？是否存在不可出境的数据、限制出境的数据、无跨境流通限制的数据？
46	是否履行了数据跨境传输相关法律法规规定的程序要求？
47	是否需要出具数据传输的安全评估报告？
48	是否涉及域外法律的适用？
	第三方数据处理
49	是否在数据分类分级基础上，明确各业务场景中数据对外提供的范围、目的、方式、安全管理措施等各项制度并及时更新？
50	是否明确向境外提供数据的安全管理规范？
51	是否涉及数据的委托处理、共享、转让？收购、兼并、重组、破产时的数据转让的合法合规性？
52	第三方使用数据是否符合协议约定和法律规定？
53	是否对外部数据接收者进行评估，以确保其具备足够的数据保护能力？
54	是否与外部数据接收者签订协议，明确数据使用方式、数据留存时间、数据安全保护责任及保密义务？
55	在数据对外提供后，是否对外部数据接收者的数据处理行为进行监督？
56	是否提供满足数据对外提供安全要求的安全管理技术方案？
57	是否定期对支撑数据对外提供安全的技术工具进行安全测试并持续优化？
58	负责数据对外提供的人员是否充分了解数据对外提供制度，能够对数据接收者的安全保护能力进行评估，以采取合理的数据对外提供方案？
	数据的删除
59	是否在数据分类分级的基础上，建立数据删除、存储介质销毁、对外提供数据删除及介质销毁等各项制度并及时更新？
60	是否建立数据删除、存储介质销毁流程和审批机制，对审批和销毁过程进行完整记录？
61	是否提供满足数据删除要求的安全管理技术方案？

续表

序号	数据合规清单
62	是否定期对支撑数据删除的技术工具进行安全测试并持续优化?
63	负责数据删除的人员是否熟悉数据删除的相关合规要点，能够根据需求使用相应的数据删除工具、介质销毁工具?
	数据的物理、技术安全
64	如何使用假名化、加密等措施?
65	如何保障数据处理系统和服务的保密性、完整性、可用性和弹性的措施?
66	如何保障发生物理或技术事故时及时恢复数据的可用性和查阅能力?
67	是否需要进行数据处理和数据产品的认证或相关措施?
68	如何保证用户识别和授权措施?如何进行数据处理日志记录?如何进行数据系统配置的措施，如默认配置?

（二）实务中消费与零售行业企业合规中常见风险点介绍及实务解读

1. 消费与零售行业企业合规常见风险点介绍

（1）虚假宣传风险点

我国的《广告法》、《反不正当竞争法》和《消费者权益保护法》从不同维度对虚假宣传行为进行了规制。在公司日常合规业务的处理过程中，笔者认为虚假宣传是反不正当竞争行为中的“重头戏”。因此，在反不正当竞争治理大整治的背景主导下，经营者就需要格外关注这一话题。

A. 虚假广告

虚假广告是指经营者通过广告或者其他宣传手段，对产品的质量、成分、性能、使用、生产者、有效期、产地等进行具有误导性的虚假宣传。我国《广告法》规定，发布虚假广告使消费者遭受人身损害或其他财产损害的，应当承担相应的侵权责任。除承担民事责任外，经营者还可能承担广告费用数倍以上罚款的行政责任。造成严重后果的，还可能构成虚假广告罪，进而面临 2 年以下有期徒刑或者拘役的刑事处罚。虽然法律规定的比较翔实，但很多人在实务中往往会将虚假广告和虚假宣传进行混淆，甚至认为他们规定的就是同一个法律行为。

表 10　虚假广告相关法律规范

法律法规	内容（节选）
《消费者权益保护法》第 45 条	消费者因经营者利用虚假广告或者其他虚假宣传方式提供商品或者服务，其合法权益受到损害的，可以向经营者要求赔偿……
《反不正当竞争法》第 20 条	经营者违反本法第 8 条规定对其商品作虚假或者引人误解的商业宣传，或者通过组织虚假交易等方式帮助其他经营者进行虚假或者引人误解的商业宣传的，由监督检查部门责令停止违法行为，并处罚款。
《广告法》第 28 条	广告以虚假或者引人误解的内容欺骗、误导消费者的，构成虚假广告。包括但不限于：(1) 商品或者服务不存在的；(2) 商品的性能、功能、产地、用途、质量、规格、成分、价格、生产者、有效期限、销售状况、曾获荣誉等信息，或者服务的内容、提供者、形式、质量、价格、销售状况、曾获荣誉等信息，以及与商品或者服务有关的允诺等信息与实际情况不符，对购买行为有实质性影响的；(3) 使用虚构、伪造或者无法验证的科研成果、统计资料、调查结果、文摘、引用语等信息作证明材料的；(4) 虚构使用商品或者接受服务的效果的；(5) 以虚假或者引人误解的内容欺骗、误导消费者的其他情形。

表 11　虚假宣传相关法律规定

《反不正当竞争法》第 8 条	经营者不得对其商品的性能、功能、质量、销售状况、用户评价、曾获荣誉等作虚假或者引人误解的商业宣传，欺骗、误导消费者。
《最高人民法院关于审理不正当竞争民事案件应用法律若干问题的解释》第 8 条	经营者不得有下列行为之一，进行引人误解的虚假宣传教育：(1) 对商品作片面的宣传或者对比的；(2) 将科学上未定论的观点、现象等当作定论的事实用于商品宣传的；(3) 以歧义性语言或者其他引人误解的方式进行商品宣传的。

通过上述分析可以看出，虚假宣传和虚假广告之间具有重合关系，二者均同时指向对消费者的误导和欺骗性，但又存在区别。具体而言，虚假宣传主要被视为一种不正当竞争行为，更具备一定的兜底作用。此外，《反不正当竞争法》中规定的虚假宣传侧重保护同业竞争者，而《消费者权益保护法》和《广告法》

更侧重保护消费者。因此，虚假宣传的适用范围远超过虚假广告，发布虚假广告也只是虚假宣传的一种途径。

B. 对商品和服务质量的虚假宣传

对商品和服务质量的虚假宣传多为以假乱真，以次充好的形式进行。这类虚假宣传行为往往意图使消费者对商品和服务的原材料、功能、功效等产生误解后从而购买。在实践中，以片面方式进行宣传对比，或使用未经科学论证观点的具有一定歧义的语句，最终均有可能会被认定为消费者提供的商品或服务超出一般预期而被处罚。

C. 对商业标识的虚假宣传

对商业标识的虚假宣传往往不需要像对商品和服务质量进行虚假宣传时那样要有一些主动的行为。其一般采取的是假冒其他市场知名品牌的方式使消费者误认为其二者之间存在某些特定联系，进而作出错误的意思表示。在实践中，一些店铺通过冒用其他店铺的店铺名或者是装潢设计来诱导消费者进行消费。这类行为也构成了我国《反不正当竞争法》中的混淆行为，是被法律严令禁止的。

D. 数据造假的虚假宣传

数据造假类型的虚假宣传在互联网流量时代变得格外普遍。品牌方希望借助网红的流量效应以及粉丝对网红的信任实现消费转化。在数据造假的过程中，一方面是 MCN（MCN 机构全称为 Multi – Channel Network，也称为多频道网络，其实就是一种新的网红经济运作模式，它相当于一个中介公司，主要是包装、营销、推广和变现）机构与网红结成利益共同体，对品牌方看重的粉丝数量、播放次数、互动频率、购买记录等指标以雇佣水军或者机器刷单等形式进行全面造假。另一方面，平台方为了营造网红直播带货的繁荣景象，会基于直播间真实用户数量匹配相应的虚拟机器用户或者默许第三方机构刷直播间在线人数。这样品牌方将无法甄别数据的真实性，最终导致其自身权益受损。因此，检测效果的乏力也是数据造假在这两年屡禁不止且不断增加的内因。根据《反不正当竞争法》第 20 条规定，网红、MCN 机构、平台利用数据造假帮助品牌方进行虚假或者引人误解的商业宣传的，由监督检查部门责令其停止违法行为，并处罚款；情节严重的可能被吊销营业执照。

（2）商标侵权风险点

严厉打击侵犯商标专用权行为能进一步加强知识产权保护工作，优化营商环境。而作为企业，更应该具有商标侵权的判定能力和意识，做好防范工作。

商标侵权，主要体现在以下几个方面：

A. 假冒商标

假冒商标是一种严重的侵权行为，具有极大的破坏性。该行为不仅盗用他人商标声誉以获取不正当的商业利益，而且以假冒伪劣产品破坏他人商标声誉，欺骗消费者。

B. 混淆和类似（或近似）

一般来说，在相同或者类似的商品上使用的商标，与他人注册商标相同或者类似的，应按照以下原则进行：第一，以相关公众的普遍注意为标准；第二，商标的整体比对以及主体比对要同时进行，并且要在比对对象隔离的状态下分别进行；第三，应考虑申请保护的商标的显著性和知名度。

C. 混淆行为

混淆行为是指将与他人注册商标相同或者近似的文字、图形作为商品名称或者商品装饰使用在相同或者近似的商品上，足以引起错误识别的行为。这种行为不同于上述第一类商标侵权行为。其行为模式由作为商标使用转变为作为商品名称或商品装饰使用，其目的是利用他人注册商标的名誉进行不正当竞争。

D. 侵犯商标标识

侵犯商标标志是指制造他人注册商标标志或者销售未经授权制造的注册商标标志的行为。商标标志是商标的物质实体。它有多种形式，如服装上的商标织带、电视上的商标铭牌等。根据 2004 年国家工商行政管理总局修订发布的《商标印制管理办法》，商标印制指定单位对商标印制受托人依法印制的商标标识进行印制。虽然这种行为本身并不是商标的使用，但其与商标的非法使用有着直接的关系。这通常是上面提到的假冒商标行为的条件。因此，未经许可制造、销售他人注册商标标志构成对商标权人商标权的侵犯，特别是假冒商标的必要准备阶段，其危害性不亚于其他商标侵权。《商标法》不仅将这种行为视为侵权行为，情节严重的还可按照假冒注册商标罪追究刑事责任。

（3）常规广告风险点及相关合规措施

A. 我国国旗不可用，他国国旗未禁止

《广告法》规定不得变相使用中国的国旗、国歌、国徽，军旗、军歌、军徽，但是对于他国国旗等我国《广告法》等法律未作规定，若不违反国际法不对他国造成侮辱或丑化，原则上不禁止使用他国国旗。

B. 不得使用国家机关名义形象，但国家级媒体却可以适当宣传

《广告法》规定不得使用或者变相使用国家机关、国家机关工作人员的名义或者形象；但若在央视、新华网等媒体上确有推荐，在有证据证明的情况下，可以使用“国家知名媒体推荐”作为宣传用语。

C. 绝对化用语并非绝对不可以用，可加时空顺序或用于表明企业目标

国家工商总局广告监督管理司在《中华人民共和国广告法释义》① 提出要注意依据广告内容、具体语境综合判定是否属于禁止使用的绝对化用语。

上海市发布的《关于重申部分广告审查要求的审查提示》（以下简称《审查提示》）亦作出相关规定：在结合广告内容和综合语境的前提下，不应属于禁止使用的绝对化用语的情形，归纳列举（但不限于此）如下：

a. 表示时空顺序的用语，或者可被证实的历史事实，不会发展变化的，例如“首款、首秀、首发、最早、独家、唯一”以及“销量、销售额、市场占有率第一”等。广告审查中应当查验广告内容真实性的相关证明，并标明时间和适用范围，通过公开数据获得的结论还应当标明数据来源。

b. 明示为自我比较的程度分级，例如某商品广告称为消费者提供舒适、高端、顶级 3 款高品质的商品，其中的“顶级”不具有排除其他同类商品的可能，不属于禁止使用的绝对化用语。此类情形还例如：最大户型、最小尺码、顶配车型等。

c. 在某行业领域由相关标准认定的分级，或者已被公众广泛接受的分级，例如根据安吉白茶国家标准，把产品可分为“精品、特级、一级、二级”共 4 个质量等级，针对特定“精品级”安吉白茶广告称为“最高等级”或“最高级”，通常不属于禁止使用的绝对化用语。广告审查中应当要求广告主提供有关分级的依据及等级检验证明，不得混淆等级标准，把非最高等级商品一并宣传为最高级。

d. 明示商家的经营理念和追求目标的，如“顾客第一”“力求完美品质”等用语，客观上没有造成误导的可能，不属于禁止使用的绝对化用语。综上所述，“顶级”“极品”“第一品牌”等用语，属于与“最佳”“最高级”等具有相同语义的词语，在广告审查中应参照上述标准进行把握。

---

① 国家工商总局广告监督管理司编著：《中华人民共和国广告法释义》，中国法制出版社 2016 年版。

（4）六类常见广告类型风险点及相关合规替代词

A. 医疗等广告不得宣传“表示功效、安全性的断言或者保证”

医疗广告、药品广告（特殊医学用途配方食品广告适用药品广告管理规定）、医疗器械广告、保健食品广告、农药、兽药、饲料和饲料添加剂广告、农作物种子、林木种子、草种子、种畜禽、水产苗种和种养殖广告不得表示功效、安全性的断言或者保证。但是医疗广告在确有证据能够证明功效等的情况下，可以采用诸如“缓解”“较为安全”“值得信赖”“有口碑”等较为安全的词汇进行替代，以达到宣传效果。

B. 化妆品广告宣传医疗作用、疾病治疗功能的词汇替代

《化妆品广告管理办法》已于2017年10月27日失效，目前化妆品的法律规制直接适用《广告法》，但是《广告法》的规定是比较原则的。可以借鉴下上海市广告协会2018年发布的《关于化妆品广告的审查提示》，非特殊用途化妆品广告在具有真实性依据的情况下，其广告中可以使用符合化妆品定义的用语。祛屑、柔软等用语可使用在发用化妆品广告上；清爽、控油、滋润、保湿、舒缓、抗皱、白皙、紧致、晒后修复等用语可使用在护肤化妆品广告上；美化、遮瑕、修饰、美唇、润唇、护唇、睫毛纤密、卷翘等用语可使用在彩妆化妆品广告上；保护、美化、持久等用语可使用在指（趾）甲化妆品广告上等。

《化妆品监督管理条例》于2021年1月1日起实施，《化妆品卫生监督条例》同时废止。原先特殊用途化妆品/非特殊用途化妆品的分类，将修改为特殊化妆品/普通化妆品，且在内容范围也有调整。后续陆续出台了《化妆品注册备案管理办法》《化妆品标签管理办法》《化妆品生产经营监督管理办法》等一系列文件。

C. 婴儿乳制品不得宣传为替代母乳

《广告法》明确规定，不得发布声称全部或者部分替代母乳的婴儿乳制品、饮料和其他食品广告。婴儿配方乳粉企业在宣传时，可以强调母乳的不可替代性与母乳是最佳选择，选择婴配粉是在母乳喂养条件不成就或部分不成就的情况下的选择，以减少合规风险。

D. 房地产广告

a. 房地产广告不得含有风水、占卜等封建迷信内容，但是可以使用诸如“风景优美”“依湖傍山”（如确实有，则可以宣传）“阳光充足”“环境舒适”

“配套设施齐备”“区位有优势”“好地段”“位置上佳”等替代。

b. 不得含有以项目到达某一具体参照物的所需时间表示项目距离，则可以用“属于××学区房（如果有）”“交通方便”“购物便捷”“位于××区××路××号，某某（知名建筑、医院、学校、车站、购物中心等）位于××区××路××号”“区位有优势”等进行表述。

c. 房地产广告不得升值或者投资回报的承诺，则可以用“买下××房，属于财产，而租房款则属于成本”等类似用语，进而将“升值”“投资回报”等敏感风险用语转化为“财产”，通过与“成本”的对比，利用受众“厌恶损失”的心理达到宣传效果。

E. 教育培训广告

教育培训广告不得含有对教育、培训的效果作出明示或者暗示的保证性承诺；不得含有对升学、通过考试、获得学位学历或者合格证书。可以用“值得信赖”“用心做好教育”“不断追求卓越”等明示教育培训的经营理念和追求目标的词语达到宣传的效果。

F. 食品和食品添加剂广告

食品及食品添加剂广告不得含有虚假内容，不得涉及疾病预防、治疗功能。但是食品广告可以列明诸如含有“维生素C”“花青素”“不饱和脂肪酸”等有益健康的成分，用“有助健康”等词语进行替代。

2. 消费与零售行业企业合规相关案例解读

（1）商标侵权案例解读

A. 北京芭黎贝甜企业管理有限公司诉上海汉涛信息咨询有限公司侵害商标权纠纷案——（2019）沪73民终5号

【基本案情】

北京芭黎贝甜企业管理有限公司（以下简称芭黎贝甜）上诉称，其享有“芭黎贝甜”商标的注册商标专用权。上海汉涛信息咨询有限公司（以下简称上海汉涛）经营的大众点评网上有大量“巴黎贝甜”店铺信息，与芭黎贝甜注册商标构成近似商标；上海汉涛网站展示团购、外卖等属于广告推销行为，与芭黎贝甜商标核定使用的服务构成类似，其行为构成商标侵权。同时，上海汉涛在其网站上为“巴黎贝甜”商铺提供订餐等服务，属于为第三人侵权提供便利的行为，其在收到起诉材料后仍未停止该行为，并与第三人共同抗辩该行为不属于侵权行为，构成帮助侵权。

经法院审理查明，芭黎贝甜于2014年7月24日申请注册涉案商标，但并未实际使用，且上海汉涛网站上的涉及商标的店铺信息均由第三人上传，与涉案商标不构成相同或类似服务，不构成侵权。在芭黎贝甜申请注册涉案3个商标前，第三人及其关联公司早已开始在饼店经营中使用“巴黎贝甜”标识，在全国范围内经营多家店铺，并且宣传较为广泛，形式多样，获得了各种行业的荣誉，对于烘焙行业的相关公众而言，“巴黎贝甜”标识与第三人及其关联公司之间建立了稳定的联系，属于其在先使用的有一定影响的商标。芭黎贝甜及其关联公司将第三人在先使用的有一定影响的商标稍作修改后进行商标注册，且不实际使用而在网上兜售的行为具有不正当性，提起本诉有权利滥用之嫌。

【案件评析】

在实践中，商标权人的权利滥用主要分为以下几种：没有使用意图而注册商标、通过不正当手段注册商标、囤积商标、恶意投诉、恶意售卖等滥用商标权的，均属违反诚实信用原则的行为；且存在权利滥用的主体，其申请注册商标的行为往往也存在不当之处，通过恶意抢注等行为，侵犯他人在先使用的商标权利。

综观本案，法院认为，在芭黎贝甜及其关联公司申请注册涉案注册商标前，第三人在西饼店上使用的“巴黎贝甜”标识已经产生了一定的影响，芭黎贝甜及其关联公司对此不可能不知情；即便如此，芭黎贝甜还是在存在明显恶意的前提下申请注册与涉案商标近似的注册商标；且根据芭黎贝甜及其关联主体注册多个商标且获准注册后未在经营活动中实际使用反而通过网络兜售商标等事实，可以认定芭黎贝甜及其关联公司申请注册涉案商标不具有使用意图，是在采用囤积商标的方式而谋取不正当利益，可以认定芭黎贝甜在取得涉案商标及行使权利的过程中，明显违背诚实信用原则，法院驳回其诉讼请求。

B. 路易威登马利蒂诉深圳市罗湖区粤华汽配市场宝昌汽配商行侵害商标权案——（2016）粤民终1108号

【基本案情】

法院经审理查明，本案中，路易威登马利蒂所使用的商标已有28年之久，其大力宣传自身产品，又加上产品质量有所保障，因此其注册商标在中国已具有较高的知名度，可以认定为驰名商标；而宝昌汽配商行所销售的产品不在注册商标核定使用的范围内，其行为会冲淡注册商标的绝对显著性，影响注册商标与其核准使用的商品、服务之间的特定联系，进而导致消费者对原注册商标的质量产生怀疑，削弱了注册商标在公众心目中的形象和影响，驰名逐渐会退化成平庸。此外，宝昌汽配商行提交的销售单证据不具备真实性，银行转账凭证不具备关联性，因此无法证明被诉侵权产品合法来源于案外人。因此，法院将此种行为认定为商标侵权。

【案件评析】

结合本案，对拥有驰名商标的企业需要特别提醒，驰名商标中会涉及跨类保护，即使侵权的产品并未涉及注册商标的核定使用范围，但因为驰名商标的社会影响，大众在购买任何与其注册商标一致的产品时，都会认为其与驰名商标存在不可分割的联系，由此产生的涉及质量、价格等纠纷都会影响到真正的驰名商标的声誉，从而导致其价值降低，逐渐失去其驰名的特性，企业对驰名商标需要投入更多的关注，保障其驰名特性。

（2）违法广告案例解读

A. 10 岁以下代言人的禁止：未明确对外宣称代言人仍认定构成代言行为——彪马（上海）商贸有限公司利用未满 10 周岁的未成年人作为广告代言人

表 12　案例情况

行业	服装行业
违法行为类型	违反《广告法》第 38 条第 2 款规定，利用不满 10 周岁的未成年人作为广告代言人。
违法行为描述	当事人彪马（上海）商贸有限公司开设有名称为“PUMA 彪马”的官方微博，当事人分别于 2019 年 8 月 6 日、10 月 9 日在“PUMA 彪马”官方微博发布了内容为“携手芝麻街，怀揣大梦想，PUMA X SESAME STREET 联名系列又来啦！迫不及待畅想奇趣世界，和甜饼怪等小伙伴一起在新系列中遨游咯！现已登录 PUMA 官方商城（网页链接）及各大实体店铺”“秋冬的小怪兽出没，穿上它才能驯服它！演绎全新 PUMA 儿童小怪兽系列，更多毛茸茸的小怪兽出现在卫衣、鞋款等单品上，时尚俏皮。赶快戳（网页链接）更新宝宝的小衣库！”的两条微博。

续表

行业	服装行业
	上述两条微博中均含有未满10周岁的小童星身穿PUMA品牌童装服饰的多张照片，以及PUMA官方网店的网页链接，用以宣传推广当事人的PUMA童装产品。案发后，当事人已将上述两条微博删除。上述微博照片中的（某童星）均为参加过综艺节目、电影、电视拍摄的小童星，具有一定的知名度。截至2020年5月14日，（某童星）微博粉丝数为403万人，（某童星）微博粉丝数为193万人。且两人至案发时均未满10周岁。 上述小童星系上海秉融文化传播有限公司介绍给当事人作为童装模特来拍摄宣传照片的。后由当事人委托上海新络文化传播有限公司进行了相关照片的平面拍摄，并在其官方微博中予以发布，其涉及的广告费用共计人民币120,000元。
行政处罚内容	罚款240,000元。
行政处罚决定机关名称	上海市普陀区市场监督管理局
行政处罚决定书文号	沪市监普处〔2020〕072020000013号
行政处罚决定日期	2020年7月30日
行政处罚摘要	当事人利用未满10周岁的未成年人作为广告代言人的行为，违反了《广告法》第38条第2款“不得利用不满十周岁的未成年人作为广告代言人”的规定。根据《广告法》第58条第1款“有下列行为之一的，由市场监督管理部门责令停止发布广告，责令广告主在相应范围内消除影响，处广告费用一倍以上三倍以下的罚款，广告费用无法计算或者明显偏低的，处十万元以上二十万元以下的罚款；情节严重的，处广告费用三倍以上五倍以下的罚款，广告费用无法计算或者明显偏低的，处二十万元以上一百万元以下的罚款，可以吊销营业执照，并由广告审查机关撤销广告审查批准文件、一年内不受理其广告审查申请……（十）违反本法第三十八条第二款规定，利用不满十周岁的未成年人作为广告代言人的……”的规定，决定对当事人作出行政处罚。

B. 代言人不得代言自己未使用过产品或一般认知中无法使用的产品——关于上海笑果文化传媒有限公司涉嫌制作违法广告案

表 13 案例情况

行业	文化传媒行业
行政处罚决定书文号	沪市监奉处〔2021〕262021000283 号
违法行为类型	违反《广告法》第 9 条第 7 项规定，发布广告妨碍社会公共秩序或者违背社会良好风尚。
违法内容	当事人作为艺人李某超独家经纪人，其在李某超微博发布某某品牌女性内衣广告中未尽到审核义务，导致李某超为女性内衣代言，当事人在海西公司为李某超等 3 名艺人承接的某某品牌女性内衣广告中，未实际审核广告主提供的广告文案，“一个让女性轻松躺赢职场的装备”“我说没有我带不了的货，你就说信不信吧”。2021 年 2 月 24 日 10 时 50 分 4 秒李某超在其个人微博（微博昵称：李某）发布一条某某品牌女性内衣的微博广告。广告中含有：“#我的职场救生衣#，一个让女性轻松躺赢职场的装备@某某品牌官方，我说没有我带不了的货，你就说信不信吧。”等文字内容和一段李某超推介某某品牌内衣的视频广告。
行政处罚内容	罚款 20 万元，没收广告费用，责令停止发布。
作出行政处罚决定机关名称	上海市奉贤区市场监督管理局
行政处罚决定日期	2021 年 7 月 26 日

广告代言人是市场监督管理部门近期的监管重点。代言人不能代言没有使用过的商品或者没有接受过的服务。包含两个方面：一方面，不可以为专属异性使用物品代言。一些男性专属用品，不能用女性来代言，女性专属用品不能用男性来代言。另一方面，代言人亲属等使用不等同于代言人使用。代言人购买行为不等同于代言人使用。

本案另一个违法点在于对于“躺赢”等宣传，有违社会良好风尚。此案引起舆情热搜，中央法工委对于“让女性轻松躺赢的职场装备”专门发布报道，大致内容为轻松躺赢是对女性的一种侮辱。在广告宣传中，需要特别关注网络语言的使用，诸如“白嫖”“躺赢”等以后尽量避免在广告中使用。广告面向的是大众群体，“白嫖”等网络流行语，可能在私下场合广泛使用，但是作为广告进行推广宣传而言，它们对社会风气影响是不利的。对于违背社会良好风尚案件的查处，一般而言是市场监督管理部门街道举报或者案件移送分派，对于存疑的内容文字，市场监督管理部门办案人员将与文明办和语言委进行沟通咨询，得到其答复后，予以确认。

（3）虚假宣传案例解读

北京金日恒升公司诉金日酷媒公司侵害商标权及不正当竞争纠纷案

【基本案情】

2016年、2017年，北京金日恒升科技有限公司（以下简称金日恒升公司）分别在35类服务中注册了“酷媒”文字商标第15817694号和“金日酷媒”文字商标第19969410号。经批准的服务为有效期内的广告、广告促销等。金日酷媒文化传媒集团有限公司（以下简称金日酷媒公司）成立于2013年5月，业务范围包括广告策划、设计、发布、代理。2013年，金日恒升公司（甲方）与金日酷媒公司（乙方）签订战略合作协议，甲方约定的地铁隧道媒体项目由乙方提供技术支持并以合作价格提供隧道媒体设备，由乙方授权甲方城市投资建设，双方以合作价格进行广告传播，并确定合作范围，甲方在北京、上海等6座城市已有成熟的施工方案，由甲方开发施工。合同期限为3年，合作期满前1个月双方协商签订新合同。合同到期后没有续签。

2018年10月，金日恒升公司向公证处申请证据保全。公证人证明，金日酷媒公司在其官网打印“XX”“XX”字样，并发布公司介绍、项目介绍等，且印有“兰州地铁”“北京地铁”“天津地铁”“西安地铁”字样。金日恒升公司认为金日酷媒公司构成商标侵权和不正当竞争行为，向法院提起诉讼，要求停止侵权行为，消除影响，赔偿包括合理费用在内的经济损失7.5万元。

【裁判要旨】

西安市中级人民法院经审理认为，在特定领域的经营权是一种特殊的经营资源。其他经营主体在该领域没有任何经营权来源的情况下，利用该业务的广告权，使消费者认为其有经营该业务的权利，使实际拥有特许经营权的经营主体面临商誉减损的风险，属于《反不正当竞争法》第8条规定的虚假宣传行为。金日酷媒公司不构成商标侵权，但其在网站宣传上使用“北京地铁”“天津地铁”构成不正当竞争，判决其赔偿金日恒升公司经济损失（含合理支出）10,000元，驳回金日恒升公司其他诉讼请求。双方不服提起上诉。陕西省高级人民法院经审理后判决驳回上诉，维持原判。

【案件评析】

《反不正当竞争法》中的经营主体是指包括商品和服务提供者在内的经营者。因此，该法第8条中的商品应当指广义上的货物，包括服务。经营者在市场经济活动中，应当客观、准确地宣传自己提供的商品或者服务，不得进行超出商品或者服务本身的虚假宣传、误导性宣传，误导消费者。在本案中，金日恒升公司获得了北京等地铁的独家广告权，这是一种专有的、他人难以再获得的特殊运营资源。金日酷媒公司在与金日恒升公司终止战略合作协议后，在北京地铁广告上丧失投放广告的经营业务，但仍在官网进行了与其服务范围不相容的宣传，使其服务功能失真，导致消费者认为其仍对北京地铁广告进行经营投放。其所涉及的服务是一种特殊的商业专有服务，不同于日常生活中商品或服务的消费者范围，因此，这种情况下的消费者应该是具有购买该服务意愿的相关公众。

金日酷媒公司不当利用金日恒升公司独特的业务优势，进行虚假宣传，扩大服务范围，导致有此需求的相关公众误以为金日酷媒公司也可以从事这种自营服务，从而增加了选择与金日酷媒公司进行交易的概率。对于金日恒升公司来说，金日酷媒公司的虚假宣传行为，人为地提高了其在市场管理中的竞争优势，变相降低了金日恒升公司面临的客户资源、声誉受损风险，扰乱了市场竞争秩序，因此，金日酷媒公司的行为违反了《反不正当竞争法》第8条的规定。金日酷媒公司对北京金日恒升公司应承担相应责任。

（三）数字化时代下消费与零售行业市场监管未来发展建议

数字化时代，市场结构和运行模式发生重要变化。特别是大型数字企业成长于宽松的监管环境，超大规模平台受到反垄断法真实约束的情况罕见，数字企业收集的个人信息量级呈几何式增长等。这些状况引起社会对数字企业特别是平台企业的广泛担忧和不满，加强监管的呼声和期待日渐高涨。

1. 数字技术、平台企业对市场秩序的挑战

数字技术深入发展，催生出众多新型市场主体，平台企业便是其重要一类。

依托先进技术与庞大的用户群，互联网平台作为一个双边市场，对接着平台内经营者与消费者两端，创造了众多新型商业模式，不断冲击着原有的市场秩序与规制手段，给市场监管规则的制定与实施带来了巨大的挑战。

（1）网络外部效应明显，挑战市场稳定性

对于互联网平台来说，网络外部性是指平台内经营者与消费者之间存在的相互吸引力，任何一方数量的增加，都会带来另一方数量的增加，由此，双边市场主体数量的相互促进，为超级平台的诞生提供土壤。大型的甚至超级平台除具有传统规模经济外，叠加上此种网络外部性效应，具有为消费者和平台内经营者之双边市场带来更大利益的能力。据此，平台可能对因规模大而侵害消费者利益的指控进行抗辩，不认可存在所谓的“低价”“补贴”等涉嫌垄断或不正当竞争的行为。

（2）较低的转换成本、快速迭代的行业特性，传统认定方式难以适用

互联网平台存在较强的“多栖性”，即用户如果对一个平台不满意，可以转换到另一个平台上，转换成本较低。同时，对于具有潜力的某个领域，多数平台会迅速进入，行业的进入门槛降低，这不仅可能导致平台之间服务差距的拉近，更可能因数字技术的创新性和迭代性，带来技术突破从而导致市场份额不断波动。如此，传统规制模式下，对于垄断行为如滥用市场支配地位中，有关市场支配地位的认定规则，对此便难以适用。

（3）平台内市场主体关系复杂，传统模式受到冲击

在此种双边市场之中，平台往往会在提供场所、撮合双方达成交易的同时，通过多种方式参与市场竞争，如淘宝、京东等平台企业都推出自营业务，这使得平台借助许多隐蔽的手法，造成实质上的不公平竞争，如平台将自营产品投放在页面的显著位置、设置跳转链接等。

市场主体之间关系的此种变动，导致平台与平台内双边市场用户之间的关系复杂多样，传统模式下简单的交易规则和事前契约的方式难以发挥作用。

（4）数据权属认定不清，难以平衡市场激励与信息共享

数字经济时代，数据作为一种重要资源，可以为拥有者带来价值，亦属于一种商品。但其具有多权属、可复制、交易形态隐蔽等特点，普通商品的权属界定方法无法延伸至此。此外，数据还是一种重要的生产要素，存在一定的非竞争性和非排他性，因此，数据的生产和挖掘具有较强的外部性，需要在激励相关主体

运用技术不断开发数据的同时，在市场公平竞争和权利保护之间寻求平衡。

何谓数据市场的正当秩序，如何界定其权属和交易行为？应当允许何种数据通过市场的自发秩序进行交易，又有哪些数据需要由法律加以监管和规制？如此种种，都需要相关各方进行深入的讨论和研究。

因此，我国《数据安全法》已有“数据分类分级保护制度”等相关制度，后续可以考虑细化数据分类管理，平衡现有企业和新进入企业之间权益，倾向促进数据流通和共享。这是因为，随着时间的发展，大型平台企业凭借其先进入的优势，积累了海量的用户数据。而个人数据为消费者个人拥有，可以进行反复授权和使用，并不能被先行者所垄断；且数据可以多层开发、多次使用，不断拓展其用途，数据的垄断也不利于创新和实现社会利益最大化。

（5）数据开发与个人信息保护之间存在矛盾

除了经营者之间有关数据权属认定的困难，经营者与消费者之间关于数据的提取、收集和利用，也需要厘清边界，注重个人信息保护。

对此，全国人大于2021年8月审议通过了《个人信息保护法》，其中对个人信息的处理规定了“告知　同意”的核心规则，要求对个人数据使用时进行匿名化处理。对有力的回应了“大数据杀熟”“公共场所数据采集”“人脸识别”等行为。

但是在实践中，“知情—同意”的方式难以对消费者个人信息进行有效的保护，倘若消费者不同意某些条款，通常导致其无法使用相应程序，面对此种情况，消费者往往会选择牺牲自己的个人信息来获取经营者提供的产品或服务，此外，严重的信息不对称导致消费者无法知晓或者预测同意提供信息的后果。

因此，在鼓励数据开发与价值创造的同时，绝对不可忽视甚至牺牲用户的个人信息及隐私权益，在两者之间寻求平衡，也是目前亟待解决的问题。

2. 监管政策：以解决“大而管不了”为重点的建议

在数字时代之前，一些大企业由于地位重要，即使其出现了问题政府也会轻罚、放过甚至救助，即所谓的“大而不能倒”现象。数字时代，大企业监管难且复杂，笔者称为“大而管不了”。其根本原因就是技术秩序的加入，使大平台上主体数量和交易量巨大，平台结构多层、多线交织，商业模式创新迅速，从而使得监管主体感到“多而顾不上”“快而跟不了”“深而看不透”“新而读不懂”。

之所以“大而管不了”，是由于技术和商业模式复杂，规模超大，行政和法律对平台的监管不到位。平台在自治的同时，其脱离监管的问题突出，不当行为得不到及时发现和有效控制。因此，数字时代的平台监管，首要是解决“大而管不了”这个突出问题。据此，提出以下监管政策建议：

（1）全面推行平台合规管理，政府加强合规监管

合规管理是企业内部风险管理的一套完整体系，企业要建立一套能够实现防范、识别和应对合规风险的自我监管机制，包含组建合规管理团队和建立合规风险的防范、识别和应对机制等方面。

大型数字平台企业规模大，在全球范围活动，内部组织结构复杂，关联企业隐蔽性强，商业模式更新快，平台上的交易者众多，交易量巨大，交易内容多元和形态多样且变化迅速。平台的这些特点决定了外部监管者难以对平台上每次交易进行主动监管或者依举报监管。因此，要求企业内部建立合规管理体系，并由政府有效监管这个合规体系的建设、运行和效果，这是一种有效的制度安排。从国际经验来看，跨国企业的合规管理是企业形象和信用的重要标识，也是企业国际竞争力的重要方面。对数字平台企业来说，数据和隐私合规管理，消费者保护合规管理，算法设计合规管理，知识产权保护合规管理等都是其必不可少的合规内容。

我国企业创新能力强，加上国内市场大且成长快，促使其成为国际市场上的有力竞争者。但是，由于有些企业缺乏国际市场竞争经验，合规管理意识不够、能力不足，经常成为其他国家或者企业打击的对象。

在全面推动企业建设合规管理体系的同时，监管部门要加强合规监管，并将合规监管作为重要的常态化监管，具体包括确立合规管理标准、实施合规评估、检查等动态监管举措，增强企业增强合规管理的动力，不断提高防范合规风险的能力。

（2）以公开规则为重点，加强算法监管

数据和算法在服务平台商业模式和平台自治的同时，也可能通过掌握的海量数据和自身引导能力，侵犯个人隐私、违背社会公平、塑造不恰当的价值观等，甚至干预政治选举。只有软件开发者真正知道这些算法如何运行，因此即使不当也有可能许久不被社会知晓。另外，政治选举时不得将特定信息推送给算法算出潜在支持者，也是一些国家的明确要求。因此，明确算法伦理并监管不当算法，

是行政监管的重要内容。

政府要进行监管，就需要对技术架构有清晰理解。对于快速发展之中的数字技术而言，政府监管人员要理解这类技术问题并非易事。因此，政府对算法的监管不能仅靠一己之力，而是要动员和依靠社会各方面的力量。技术规则的公开透明是外部监管所需的基本条件。例如，电子商务平台要向社会说明平台产品推荐机制的公正性，外卖平台要向社会说明自己的配送机制合理兼顾了骑手、商户和消费者三方利益。同时，该类说明要足够具体，使监管者、技术专家和社会各方主体都能理解。平台明知存在违背商业规则、国际惯例、社会价值或人类伦理等可能性或者实际行为，其有技术能力却在设计算法和程序时不予关注，或者故意放纵，就是不当行为，应该受到严格监管和严肃查处。

（3）维护平台之间公平竞争，保持多方利益平衡

行政和法律对几大平台的监管力度加大，引起地方政府和国有企事业单位的关注。为了避免风险，不少政府部门、国有企事业单位只选择与国有数字企业签订数字化服务合同，排斥非国有企业进入，这将带来另一种形态的不公平竞争甚至垄断行为。因此，对政府和公共部门这类行为的公平竞争审查制度也应纳入市场监管范畴，并且在对各级政府文件出台前的合法性审查时，要将该内容纳入其中，体现对各类所有制主体平等监管、平等保护这一根本性、制度性要求，保障平台之间的公平竞争。

同时，平台内部及相关各方面的诉求分化程度远高于传统市场。产品和服务质量保障以及避免受到虚假信息的误导，是消费者的普遍诉求。另外，消费者、企业、投资者等的需求存在不同程度分化，一些消费者对免费、普惠和多样化的服务感兴趣，能够接受广告推送；还有部分消费者愿意以付费获得更好的服务体验。企业期望得到可预期的竞争和监管环境，在场企业和新入场企业、想入场企业的诉求也很不相同。投资者关心信息披露的真实性。股东希望控制内部人滥用权力等。因此，在平台监管中，要关注各方诉求，从鼓励创新、保护消费者权益、保障公平竞争等多角度分配监管权重，恰当组合监管的手段和方式。这对寻求创新行为的平衡十分重要。

（4）注重外部性问题和社会价值观导向监管

平台不仅是大型企业，而且创造了新的社会基础设施和新的公共空间，因此平台行为具有明显的外部性。同时，各主体在平台上的言行具有一定的公共性，

可能会影响其他公民的正常工作和生活，影响社会的稳定与安宁。因此，有必要规范网络内容，构建良好的网络生态，为全社会提供良好的价值引导和社会伦理秩序。在外部性显著的领域，强有力的行政监管甚至直接干预是必要的。

同时，关乎人体健康和生命安全的产品与服务也需要加强外部监管。在传统市场上，例如食品药品和特种设备等市场，以及具有严重信息不对称并会造成群体性严重后果的市场，例如金融市场等，就不能允许通过市场上的重复博弈和竞争来进行规范，而是需要有政府的严格监管，这些理念和规则对平台监管依然适用。同时，数字时代有更多的智能产品出现，例如无人驾驶汽车、无人机、智能机器人等，都涉及人体健康与安全问题，需要政府在前端（准入）时就加强监管。

(5) 行政监管要迅速敏捷和及时迭代

数字时代，市场事态快速变化，挑战时时更新，敏捷就成为数字时代监管的重要理念。在传统治理和监管理念中，政府政策和法规需要考虑全面，出台后长期稳定执行，不能朝令夕改。然而，数字时代的一切都在快速变化，监管对象和监管环境日新月异，特别是平台规模大、数据交易量大，垄断问题和其他不正当行为易于产生，影响范围快速蔓延，监管迟滞就会产生“大而管不了”“大而不能倒”的问题。

数字时代，市场结构和运行模式发生重要变化。传统市场秩序面临多方面的挑战。平台经济作为数字经济的一种基本形态，以数字化技术为基础，开发支持核心交易的业务算法逻辑和程序，提供交易规则，监管交易行为，以此来降低交易成本，为交易各方和社会创造价值。由此形成了市场经济中新的技术秩序，不仅支撑平台发展和自治，也赋能行政监管和法治监管。与此同时，平台各种不正当竞争和其他损害社会公众利益的行为更不易被发现和及时管控，有效监管的挑战性很大，也需要加强监管和改善监管方式。总之，时代已经发生变化，要全景式地理解变化，在新秩序结构中，寻求各种市场秩序、各类监管之间的最优组合，做到维护市场秩序有序运转、平衡多方主体利益和实现整体社会效益的最大化。

三、消费与零售行业税务合规体系及风险点

（一）消费与零售行业税务合规概况

1. 消费与零售行业税务征税总体介绍

消费品行业自身特色突出，行业更新迭代迅速，受互联网技术影响大。全球新冠肺炎疫情背景下，消费品行业的业态竞争更加激烈，税务环境变化更大。

新冠肺炎疫情迅速扩散到全国各省市，给各行各业带来了不同程度的影响，以线下实体消费为主要营销方式的企业损失较大，但不同零售渠道的受影响程度差异较大。从整体上分析，以线下消费为主的百货商场、购物中心首当其冲；大中型超市、便利店、社区生鲜等虽然受到了疫情影响，但还是肩负起了保障供应、平抑物价和稳定恐慌情绪的重任；综合电商、即时配送、配送到家服务以及新兴业态的新零售超市提供了较好的服务，新零售超市的销量呈上升趋势。

整体来说，短期的疫情给消费市场带来了一定的影响，从长远来看消费行业或面临消费意识与需求的极大转变，零售企业转型与自我升级面临挑战，从而催化了业务战略和集团架构的升级转型。

随着新一轮财税体制改革的展开，金税三期系统的全覆盖大整合，千户集团风险分析工作的逐步升级，不断从上往下地推送税务风险提示，各种各样的自查、评估、稽查频繁展开等，税局征管趋势朝着提升大企业管理层级，风险管理导向、信息化、大数据等方向发展，零售企业将面临税务管理的外部监管新挑战。

商业模式灵活多变的连锁零售行业，线下网点分布十分广泛，新商业模式的税务法规存在严重的滞后性，税务处理的准确性缺乏许多理论和实践层面的指导。电子商务不断衍生出新的交易模式，对数据管理要求和税务合规要求极高。经营实体太多，办税人员太少，企业纳税申报方式和发票的管理特别复杂，税务数据的整理由人工进行、进行纳税申报的效率不高。与此同时，零售企业内部产生了海量业财税数据，但业财税系统之间存在数据采集和流通壁垒，使数据难以直接有效地运用于风险管理。

自 2019 年新冠肺炎疫情暴发以来，零售行业总体形势并不明朗，很多企业都遭受了严重的损失。但是，需要认识到，新冠肺炎疫情也给零售行业的转型和改革带来了新的机会。消费领域在疫情过后将迎来恢复甚至暴发式反弹，其中连锁零售业将继续扮演生活物资供给、基本消费需求满足、改善消费者生活质量和便利居民生活的核心角色，在新零售、科技化、数字化、沉浸式等新兴起的行业发展过程中，企业的现金管理、风险管理、资本运作、税务规划、科技化管理水平、激励制度等起到了至关重要的作用。

2. 消费与零售行业税务计税方式、范围介绍

具体来看，消费与零售行业企业适用增值税、企业所得税、城建税、教育费附加、地方教育费附加、文化事业建设费、水利建设基金等税费种类。不同产品适用的税种不同，税率差异也较大。我国的税制改革一直朝助力中小企业经济发展、减免税负、优化市场营商环境的方向进行。初级农产品和农产品税务缴纳更是改革的重中之重，目前其增值税税率分别为 13% 和 11% 。纳税人作出增值税应税销售行为或者销售进口货物原本应当采用 17% 和 11% 税率，出于完善增值税制度及减税降费等目的，税率分别调整为 16% 、10% 。①

企业适用 25% 的企业所得税率。对于小型微利企业来说，其享有税收政策优惠，对于该企业年应纳税所得额不超过 100 万元的部分，减按 12. 5% 计入应纳税所得额，按 20% 的税率缴纳企业所得税；年应纳税所得额超过 100 万元但不超过 300 万元的部分，减按 50% 计入应纳税所得额，按 20% 的税率缴纳企业

① 参见《财政部、国家税务总局关于印发〈农业产品征税范围注释〉的通知》（财税字〔1995〕52 号）；《财政部、国家税务总局〈关于简并增值税税率有关政策〉的通知》（财税〔2017〕37 号）第 1 条；《财政部、财政总局关于调整增值税税率的通知》（财税〔2018〕32 号）第 1 条。

所得税。[①] 小规模纳税人依照 3% 的税率缴纳增值税。若企业被认定为高新技术企业、技术先进型服务企业或西部地区鼓励类产业的，因其企业所在行业的特殊性，给予适用 15% 企业所得税率的政策倾斜。[②]

进口消费品需要纳税，其中高端、奢侈消费品的消费税率较高，税费合计共占进口消费品总成本的 20%—40%。而我国进口消费品的成本由完税价格、关税、消费税、进项增值税等构成，这也构成了境内外奢侈品价格差异大的主要原因。

3. 消费与零售行业税务纳税申报介绍

事实上，传统经营模式和电商模式在消费与零售行业的经营模式中占主流，两者的纳税申报方式存在差异。

采取传统经营模式的经营者需要做的第一步是办理营业登记、领取营业执照，第二步是弄清楚纳税主体、进行税务登记、安排纳税事宜、主动按期纳税申报，从而合法合规地履行纳税义务。因为我国目前没有强制卖家采用电子商务方式去办理税务登记的规定，纳税人在电商零售平台上一般只需注册并认证网上身份即可开店，仅有少数卖家在线下实体经营自己的店铺。

生意业务立案与税务立案双重登记使有关部门更容易区分纳税主体。我国虽然将电商税务登记的制度包含在内，但并未出台具体的系统性的税收领域内的细则与规定，这使得在电子商务环境下纳税主体的确认存在异议。

4. 消费与零售行业深化税收征管改革政策解读

2021 年，深改委深化税收改革。2022 年的地方两会上，税收话题热度呈上升趋势，许多地方将“税收征管改革”作为政府工作报告的一部分。其中，广东省提出“深化税收征管改革，推进税收共治”，并作为政府的工作策略；河北省

---

① 参见《企业所得税法》第 28 条；《财政部税务总局关于实施小微企业普惠性税收减免政策的通知》（财税〔2019〕13 号）第 2 条；《国家税务总局关于落实支持小型微利企业和个体工商户发展所得税优惠政策有关事项的公告》（国家税务总局公告 2021 年第 8 号）第 1 条。

② 参见《企业所得税法》第 28 条；《财政部、税务总局、商务部、科技部、国家发展改革委关于将技术先进型服务企业所得税政策推广至全国实施的通知》（财税〔2017〕79 号）第 1 条；《关于执行〈西部地区鼓励类产业目录〉有关企业所得税问题的公告》（国家税务总局公告 2015 年第 14 号）第 1 条；《财政部、税务总局、国家发展改革委关于延续西部大开发企业所得税政策的公告》（财政部、税务总局、国家发展改革委公告 2020 年第 23 号）第 1 条。

明确“抓好税收征管改革国家试点”的方针；甘肃省追求“抓好税收征管改革，健全地方税体系”的目标；江苏、四川、山西等省份也都强调“深入推进财税体制改革”的举措。

在中国特色社会主义背景下，中央已提出税收征管新使命、新任务。适应新时代、新要求，深入税收征管改革，推动“十四五”规划中税收征管工作高质量完成，是当前和今后一段时间内完善社会主义现代化税收制度的内在要求。

（1）始终坚持以人民为中心的发展思想

深化税收征管改革首先需要解决的是“为了谁、依靠谁”的基本问题，坚持一切为了人民、一切依靠人民，树立以服务纳税人、缴费人为中心的核心理念。随着经济发展阶段不断跨越，经济水平不断提高，居民收入财富快速增长，居民消费持续升级，微观主体参与社会资源配置的方式、手段和渠道也更加多元化，纳税人、缴费人的诉求更加个性化、多样化，税收征管制度改革需要具有主动性，这样才能更好地适应新时代人民需求。

（2）始终坚持以人民为中心的发展思想的要求

一是坚持税收法定，充分体现党和人民意志。无论是税务机关开展征管活动，还是纳税人与缴费人缴税缴费，都应当坚持依法治税、依法纳税的原则。要在紧紧把握税法实质正义的同时遵循程序正义，厘清征税纳税双方的法定责任义务，优化政府的税收执法方式，不断提升我国的税收法治水平，构建新时代良法善治的税收法律体系，降低征税纳税的法律风险，让税收征管更加人性化、规范化。

二是力求效率和公平有机统一。充分运用现代信息技术提升税务执法、服务等管理环节的效率，这对于征纳双方也更加便利。现代的税收征管制度要以构建高水平社会主义市场经济体制为目标，坚持全国“一盘棋”，推动创建税务执法区域协同体制机制，有效维护全国统一市场体系的平稳运行，促进市场分工不断细化、延伸，降低跨区域市场主体的制度性交易成本、遵从成本，为激发社会活力、改进经济效率、实现高质量发展奠定体制性基础。公平税制应当要通过税收征管得以实现，依法征税、依法纳税就是在践行公平理念。此外，还要注重征管公平，对所有纳税人缴费人都要依法治税、一视同仁，有效维护税法权威。

三是坚持严格执法和优化服务相结合。坚决贯彻执法必严、违法必究，依法依规征税收费，做到应收尽收，根据纳税人、缴费人需求优化执法方式，体现精确执法、精准监管。执法和服务有机结合、不可偏废，既不能用执法替代服务，亦不能用服务替代执法。另外，税收征管应当致力于为纳税人缴费人提供更加优质的纳税服务，让纳税遵从更加便捷，体现精细服务、精准施策的政治理念。

（3）全面推进税收征管的数字化升级和智能化改造

众所周知，全球化分工格局正在悄然发生变化，人们借助互联网技术就能够处理大量涉及全国、全球的交易。这一趋势为深化税收征管改革带来了挑战和机遇。一方面，从传统税收征管制度的角度来看，它难以适应新形势、新变化，客观上迫切需要改变、重构。改革并非小修小补、局部改革，而是要顺应时代变革趋势，推动税收征管全面创新。另一方面，我们也看到数字信息技术为深化税收征管改革提供了思路，此时应当着力推动智慧税务、发票电子化、税收大数据共享应用等领域深化革新，降低政府征税成本、纳税人遵从成本，推动从“以票管税”向“以数治税”转变，力求使税收征管资源的分配更加科学，促进执法方式持续优化和征管效能持续提高。全面推进税收征管的数字化改造和智能化升级，已经成为深化税收征管改革的重要举措和核心思路。

一是税收征管分工不断细化、专业化水平不断提升，税收资源配置导向要从以行政区划为核心转变为以税收风险管理为核心。从征管革新的历程来看，无论是最初的“一员到户、各税统管”，还是“征、管、查三分离”，抑或现在的“以纳税申报和优化服务为基础，以计算机网络为依托，集中征收，重点稽查，强化管理”的征管政策，无一例外地彰显着税收征管分工深化、专业化水平不断提升的执政规律。这一基本规律一直没有变，但是税收资源配置根据税收风险进行动态调整，分工模式和资源配置导向正在发生根本性变化，实现“无风险不打扰、有违法要追究、全过程强智控”。

二是通过多渠道、多维度的税收大数据，全面深入了解纳税人、缴费人的生产经营偏好和特征，实现精准服务、精确执法。在传统征管模式下，税务机关难以做到全面了解纳税人、缴费人的需求，纳税人、缴费人对税收政策缺乏充分了解，征纳双方之间往往存在不同程度的信息不对称。随着智能化改造和税收征管的数字化进程的加速推进，税务机关更加了解纳税人、缴费人的实际需求和生产经营特征，征纳双方信息不对称程度大大下降，税务机关能够将绝大多数的可重复性、标准化的服务需求与少数复杂、个性化的服务需求分离开来，从而做到精准服务、精确执法。

三是征管数字化、智能化水平不断提升，税务组织保障体系发生了翻天覆地的变化。在传统税收征管体制中，属地税务机关在绝大多数情况下能够做到了解纳税人、缴费人的基本情况，具备开展税收征管活动的良好基础条件，往往拥有较为明显的信息优势。然而，随着产业数字化进程的不断加快，加之纳税人、缴费人资源配置领域向全国乃至全球拓展，属地税务机关的信息优势逐渐减弱，更高层级的税务机关凭借更大规模的数据集成拥有了相对信息优势。由此，厘清不同层级税务机关的征管职责，持续强化更高层级税务机关的数据集成职能，会成为必然选择。

（4）持续深化拓展税收共治格局

税收在国家治理中发挥着重要保障性、基础性作用，税收征管制度本身就是国家治理体系的核心组成要素。要立足于推进国家治理现代化的全局高度，构建促进社会公平正义、维护市场稳定、优化资源分配、实现人民安居乐业的制度保障，强调社会共治理念作为深化税收征管制度中的基本要求，以此为指导并持续深化与拓展税收共治格局，全面激发广大人民群众参与税收共治体制机制建设的积极性、主动性。

一方面，税收征管的智能化改造进程和数字化升级的不断加速对各级税务机关内部共治提出了更加迫切的要求。正确处理好系统集成和职能分工的关系，应当打破长期以来各管一摊、“信息孤岛”的格局，税收征管数据信息的逻辑架构应当从主要服务于本单位、本部门的业务需求转变为提升税收征管总体效能。构建以内部数据信息流动和共享为手段、以法律法规体系为保障、上下左右联动的内部共治体系，将税收数据信息维护好、用好，坚持统筹发展和安全理念，有效发挥数据信息在提升税收征管效能中的作用。

另一方面，要将税收共治放在社会共治的全局视野中加以处理。税收取之于民、用之于民，其本质功能在于维护全体人民的合法权益。税收征管不仅仅是税务部门的职能、职责，还必须充分激发社会各方协税、护税的积极性，开创精诚共治局面，让税收共治、社会共治理念深入每个社会成员的心中。明确各部门、各单位、各主体在税收共治中的法定责任义务，落实落细税收共治体系，要秉持法治理念，推动立法先行。构建激励相容、各方受益的税收共治体制机制，将法定责任义务履行情况作为社会成员税收信用评价的重要参考依据，给予诚实守信者更多激励。

（二）实务中消费与零售行业企业税收征管七大合规风险点

1. 税务登记重点风险点

税务登记的基础登记信息不规范、不全面会引发相应的税务登记风险。对此，税务部门应采取以下应对措施：记录清晰、明确的登记信息，采集岗位职责和工作流程信息，在审核缴纳义务人通过电子税务局自行采集的基础信息过程中重点关注基本情况、登记注册类型、总分机构类型、会计制度、经营范围等重要信息，以确保必要的基础信息能够完整、准确、及时的采集。

2. 销售环节税务风险点

其一，促销活动的税务风险分析，以企业“新注册用户免费送”这个税务风险为例。

A. 在企业增值税方面，捐赠应当被视为销售缴纳增值税，应考虑这时是根据支付情况提供餐饮服务，或按照“销售商品”，把顾客购买食物的行为算作服务或销售货物会产生税率差异，“餐饮服务”税率是6%，商品销售率是13%。这是一个很难分清楚的问题，会导致企业税务管理会计的风险。

B. 在企业所得税方面，根据《企业所得税法实施条例》第25条，企业将货物、财产、服务用于捐赠、偿债、赞助、集资、广告宣传、职工福利或者利润分配目的的，应当按照法律规定，视为销售货物、转让资产或者提供劳务。因此，企业赠送食品的行为应视为销售加工，并按销售商品的相关规定缴纳企业所得税。如果企业对食品礼品的收入不按照商品的销售情况来处理，就会存在少纳税甚至逃税的税务风险。

C. 在个人所得税方面，企业在经营宣传、广播广告等促销活动中，向企业以外的个人随意赠送礼品，个人取得的礼品所得，应按照“意外所得”项缴纳个人所得税。扣缴义务人在缴纳偶然所得产生的个人所得税时，也应当依法分期代扣代缴。以瑞幸咖啡配送为例，如果瑞幸咖啡在配送过程中未履行代扣代缴义务，根据税收征管法的规定，公司将被处以未缴税款50%以上3倍以下的罚款，即扣缴义务人支付应纳税所得额而未履行扣缴义务的，纳税人应当依法申请纳税申报。对于消费者而言，存在自我申报和纳税的税务风险。

其二，优惠券、免费券的涉税风险分析。

A. 赠优惠券的营销模式是用户用优惠券购买咖啡时，可以享受全额折扣、5

元折扣、买一送一的优惠。但这是一种捆绑式销售的促销手段，不能认为是赠送，应该认为是打折销售。因此，在处理企业增值税和企业所得税时，不应将其视为销售，因为它不是一种随机行为，所以对取得优惠券的个人不应按偶然所得征税。

B. 老用户邀请新用户发送免费优惠券，即老用户邀请新用户注册瑞幸 APP，然后他们就可以获得一杯免费的咖啡。由于没有捆绑销售，用户可以在网上获得免费优惠券而直接去线下拿咖啡，从税法的角度来看，这属于销售行为，所以增值税、企业所得税应视同销售支付，同时它也属于或有收入，按或有收入代扣代缴。如果上述行为不被视为出售，企业就会有税务风险。此外，上述增值税和企业所得税的负债都是在顾客用代金券领取咖啡时产生的，而不是在发放免费代金券环节上。

3. 账簿凭证重点风险点

在营业税改为增值税的政策实施后，部分企业为了少缴税款，利用不合法合规的方式进行抵扣，导致出现虚增进项抵扣，从而增大企业税务风险。一些零售企业为了实现进项税抵扣，故意开错发票，这样就会对抵减业务产生影响。

一是虚增主营业务成本引发的风险。虚增零售企业主营业务成本很容易引发企业的税务风险，常见的是虚增库存，或者降低销售的价格，这样会导致多结转主营业务成本；一些零售企业在年末的时候，没有针对进销差价情况对主营业务成本进行冲减，又或者刻意地压低进销差价率，对毛利率进行调整，最终会导致主营业务成本虚高。这样虽然达到了少缴所得税的目的，但是很有可能会引发涉税风险。

二是虚增财政费的风险。特别是一些零售企业为了达到税前扣除的目的，会选择将本应资本化的利息纳入当期财务费；在向关联企业借款的时候，对于限制比例的部分选择在税前扣除。

以上虚增的成本在税务处理上应当调减成本、调增应纳税所得额，补缴企业所得税，征收滞纳金，并涉及税款 0.5—5 倍行政处罚。对于偷税违法行为，要降低企业纳税信用等级，并在信用中国网站进行公示，“一处违法、处处受限”，这势必会给企业带来极大的税务风险。

4. 税控发票重点风险点

其一，“真票虚开”风险。在发票开具环节，部分零售企业没有严格规范开具发票，开具发票的金额和业务不一致，出现申报金额偏大的情况，即“富余票”，由此给虚开、代开发票留下了一定的空间。以零售企业为例，在一些实际开展业务的过程中，总公司和子公司之间未进行购销业务，但是在开具发票时，为了对税额进行调整，选择相互虚开发票，通过时间差来达到减少税负的目的。部门零售企业为了扩大现金流量，通过虚增业绩对外多开发票来增加销售额，由此容易诱发“真票虚开”问题。

其二，增值税发票管理涉税风险。增值税发票是企业重要的原始凭证，主要对企业的增值税和企业所得税影响较大，其风险点是取得增值税发票不合法或者与实际业务不符。增值税专用发票作为重要的抵扣凭证，可以直接抵减增值税销项税额，给企业带来实惠。如果取得的增值税发票本身就是假的，或者发票虽然真实但却没有真实的交易，上游企业被认为存在虚开增值税发票的行为，这就会造成作为原始凭证的发票不符合要求，不能进行进项税抵扣和作为成本列支，严重的会被税务机关认定为偷税甚至会被移送公安，面临行政处罚甚至被提起公诉。如果企业业务是真实发生的，税务局是允许通过换开、补开等方式重新取得合法有效的发票来作为抵扣或成本列支的凭证。即使没有造成补缴税款等损失，企业为了重新获得合法有效凭证也要付出额外的成本。然而，在实践中能换开、补开的合法有效发票的情况非常少。增值税普票虽然不能进行进项税抵扣，但在成本列支方面与增值税专票发挥着同样的作用。

另外，对于取得的发票，采购人员由于缺乏经验和专业知识，对发票管理的要求了解的少之又少，而财务人员报销时仅考虑报销凭证的形式要件，这就会带来取得的发票不能作为做账凭证的风险。

增值税税务风险是关键点：

（1）少计收入

A. 未开票收入的风险

未开票收入是指对应确认收入的事项没有开票或者是没有及时开票。其一般是因为不确定价格、没有合适的开票条件或因为受票方本身不需要发票等。在进入大数据时代后，税收监管的力度越来越大，当税务机关收集到关于企业违规甚至是违法的行为信息后，那么部分企业可能会被罚款或被要求补缴的处罚，这也是企业的税务风险来源之一。

B. 未视同销售的风险

如企业将一些药品的样品赠送给部分医疗机构，或者零售门店的买一赠一促销活动，在处理以上账务的过程中存在不规范之处，就出现了没有准确计算销售收入的风险。

C. 折扣销售的风险

如企业旗下的零售连锁门店在打折时，如果某一商品的实际销售金额和它的折扣金额被同时标注出来，那么根据相关的规定，可以按折扣后的金额计销售额，但是如果企业采取的是现金折扣的方式，那么商品的折扣额则不能从销售额中扣减出来，如果企业处理账务不规范，就会出现少计销售收入的风险。

未及时确认收入的风险。如一企业在2018年年末应收账款借方余额1415万元，2018年全面实施“两票制”，依据企业业务销售模式，一条线为医疗机构，另一条线为药品零售连锁店，该借方余额存在未及时确认销售收入的风险。

（2）进项税额处理不正确

对于每个企业而言，在仓储过程中出现一定的损失都是不可避免的情况。根据增值税的相关条例，企业的工作人员对购入的非正常损失的药品进行了进项税额转出，然而却未转出对应运输费用的进项税金，出现了进项税额处理不当的风险。

（3）发票抵扣的风险

A. 取得外部虚假、不规范的发票

2018—2019年，×企业取得“业务推广费”虚开增值税普通发票而被税务机关稽查并补缴企业所得税及滞纳金，直接给公司造成了损失。

B. 增值税“三流一致”（见图7）

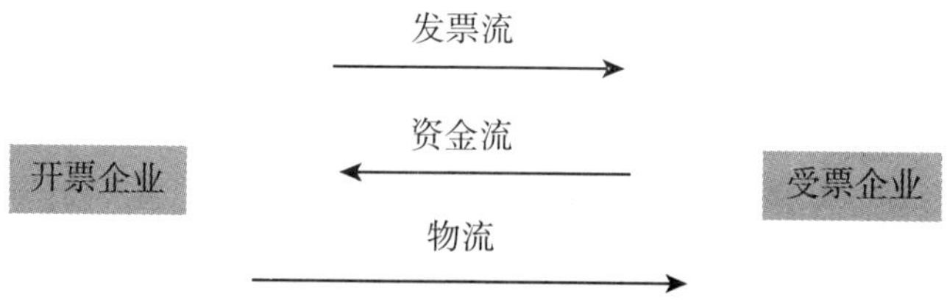

图7 “三流一致”

C. 交付不一定有物流（见图 8）

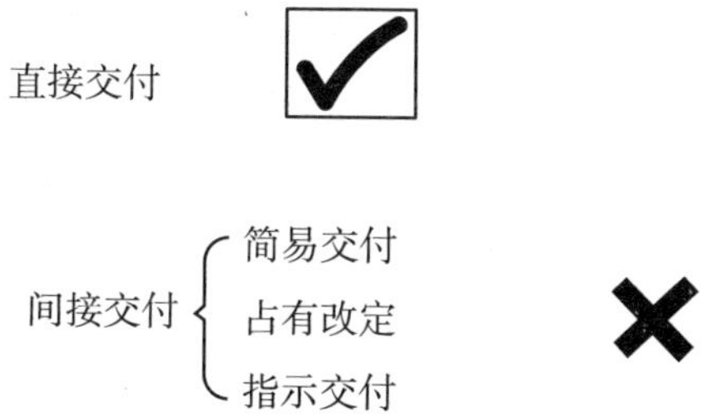

图 8　交付

D. 交易真实性的关键——物流（见图 9）

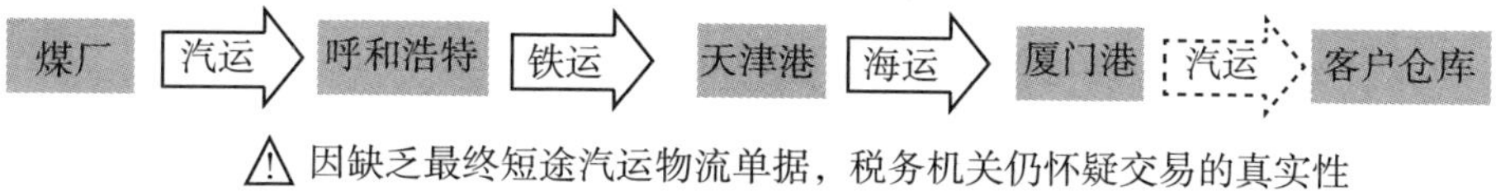

图 9　物流

（4）补缴税款后受到税务行政处罚的风险

企业被认定虚开增值税发票，税务机关对其下达《税务处理决定书》对要求补缴税款及滞纳金的，相关税款及滞纳金虽已补缴，若达到刑事立案标准，税务机关将其移送公安经侦部门，公司及相关实际控制人仍有被判处刑罚的可能。

涉及虚开的传统应对途径（见图 10）：

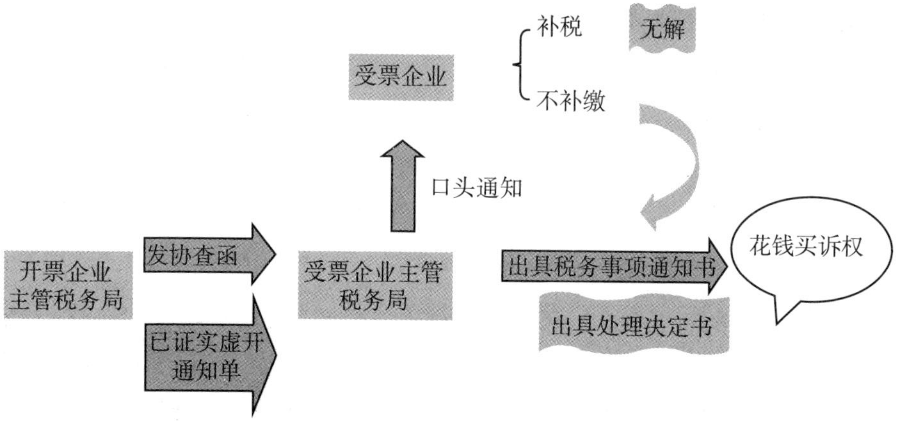

图 10　涉及虚开的传统应对途径

5. 纳税申报重点风险点

“买一赠一”销售行为是商场为了增加销售采取的一种常见的营销手段。“买一赠一”销售行为可能产生的是增值税和企业所得税的税务风险。从增值税的角度来看，“买一赠一”行为应当按照销售行为来缴纳增值税。从企业所得税的角度来看，缴税时都是按照销售总额在商品与赠品之间按照公允价值的比例进行分摊，分别计入收入，按照销售行为缴税。在“买一赠一”时，如果未按规定做视同销售处理，而是将产品成本计入销售费用，无论是将赠品的成本计入主营业务成本还是销售费用，对企业所得税都不产生影响。但对增值税来说就会产生少缴增值税的风险。另外，“买一赠一”行为容易与“商业折扣”行为混同，在销售商品时，表面上是按照“商业折扣”处理，实际上是一种“买一赠一”行为，这样也会导致少缴增值税税款的情况出现。

6. 税款征收重点风险点

其一，跨地区经营转移风险。对于零售企业来说，其在经营过程中可能会逐渐出现跨地区的关联企业，要么是管理上关联，要么是资本上关联。然而，因为地区之间存在税收竞争，各地区的税率、税收政策方面存在差异，部分零售企业为了确保经济效益最大化，会选择从高率税率地区向低率税率地区转移。部分零售企业也可能为了满足当地政府的优惠政策（如地价优惠等），通过低价或者高价销售，人为地转移价格或者利润，由此容易引发零售企业的纳税风险。

其二，未按征收范围认定相关费种导致的征收风险。税局风险描述在批发和零售业中，特别是零售业，其缴纳义务人一般为个体工商户，存在将不属于征收对象的缴纳义务人纳入征收管理范围，给缴纳义务人错误认定了非税收入项目的问题，例如为个体工商户认定残疾人就业保障金。如果税务局按照征收项目的征收对象，未厘清缴纳义务人主体应认定的非税收入项目，从而分征收项目开展费种认定的数据检查。在这种情况下，企业应该及时与税务局进行沟通，提交相应证据资料，从而避免被不合理认定导致税收损失。

7. 拒不接受税务机关处理行为风险点

对于《税收征收管理法》第 72 条规定的“拒不接受税务机关处理”的情形，现有法律、法规、规章及规范性文件并没有明确规定。然而，《税收征收管理法》是“为了加强税收征收管理，规范税收征收和缴纳行为，保障国家税收收入，保护纳税人的合法权益，促进经济和社会发展”。税务机关依法可以对存在税收违法行为的纳税人和扣缴义务人作出催缴税款、责令改正等行政处理决定，也可以作出罚款等行政处罚决定。

根据上述立法目的，无论行政处理决定还是行政处罚决定，纳税人和扣缴义务人按照决定内容全部执行之后才属于接受税务机关处理。纳税人、扣缴义务人配合税务机关调查、签收法律文书不属于接受税务机关处理。所以，“拒不接受税务机关处理”的情形，本质上包括违法行为人对税务机关作出的限期改正、催缴税款、强制执行、罚款等行政处理和行政处罚决定不予执行的情形。

根据《税收征收管理法》第72条规定：“从事生产、经营的纳税人、扣缴义务人有本法规定的税收违法行为，拒不接受税务机关处理的，税务机关可以收缴其发票或者停止向其发售发票。”综上所述，消费与零售行业企业拒不接受税务机关处理的，可能具有被税务机关收缴发票或停止向其发售发票的税务风险。如果涉及处罚，根据《行政处罚法》的规定，对于延迟缴纳罚款的还应当加收加处罚款。

（三）税务行政关系风险点及违法种类

1. 税务行政关系风险点

列入税收违法“黑名单”的税务违法行为，如表14所示：

表14　税务违法行为

序号	列入税收违法“黑名单”的税务违法行为
1	纳税人未按照规定的期限申报办理税务登记、变更或者注销登记的。
2	纳税人未按照规定设置、保管账簿或者保管记账凭证和有关资料的。
3	纳税人未按照规定将财务、会计制度或者财务、会计处理办法和会计核算软件报送税务机关备查的。
4	纳税人未按照规定将其全部银行账号向税务机关报告的。
5	纳税人未按照规定安装、使用税控装置，或者损毁或者擅自改动税控装置的。
6	纳税人不办理税务登记的。

续表

序号	列入税收违法“黑名单”的税务违法行为
7	纳税人未按照规定使用税务登记证件，或者转借、涂改、损毁、买卖、伪造税务登记证件的。
8	扣缴义务人未按照规定设置、保管代扣代缴、代收代缴税款账簿或者保管代扣代缴、代收代缴税款记账凭证及有关资料的。
9	纳税人未按照规定的期限办理纳税申报和报送纳税资料的，或者扣缴义务人未按照规定的期限向税务机关报送代扣代缴、代收代缴税款报告表和有关资料的。
10	偷税行为——纳税人伪造、变造、隐匿、擅自销毁账簿、记账凭证，或者在账簿上多列支出或者不列、少列收入，或者经税务机关通知申报而拒不申报或者进行虚假的纳税申报，不缴或者少缴应纳税款的。
11	扣缴义务人采取偷税手段，不缴或者少缴应代扣代缴的税款。
12	纳税人、扣缴义务人编造虚假计税依据的。
13	纳税人欠缴应纳税款，采取转移或者隐匿财产的手段，妨碍税务机关追缴欠缴的税款的。
14	以假报出口或者其他欺骗手段，骗取国家出口退税款的。
15	抗税行为——以暴力、威胁方法拒不缴纳税款的。
16	纳税人、扣缴义务人在规定期限内不缴或者少缴应纳或者应解缴的税款的。
17	扣缴义务人应扣未扣、应收而不收税款的。
18	纳税人、扣缴义务人逃避、拒绝或者以其他方式阻挠税务机关检查的。
19	违反《税收征收管理法》第22条规定，非法印制发票的。
20	从事生产、经营的纳税人、扣缴义务人有《税收征收管理法》规定的税收违法行为，拒不接受税务机关处理的。
21	纳税人、扣缴义务人的开户银行或者其他金融机构拒绝接受税务机关依法检查纳税人、扣缴义务人存款账户，或者拒绝执行税务机关作出的冻结存款或者扣缴税款的决定，或者在接到税务机关的书面通知后帮助纳税人、扣缴义务人转移存款，造成税款流失的。

2. 税务涉税刑事罪名风险点

(1)涉税刑事罪名一览(见表15)

表15 刑事罪名

序号	涉税刑事罪名	法律依据
1	逃税罪	《刑法》第201条、《刑法修正案(七)》
2	抗税罪	《刑法》第202条
3	逃避追缴欠税罪	《刑法》第203条
4	骗取出口退税罪	《刑法》第204条第1款
5	虚开增值税专用发票、用于骗取出口退税、抵扣税款发票罪	《刑法》第205条
6	虚开发票罪	《刑法》第205条之一
7	伪造、出售伪造的增值税专用发票罪	《刑法》第206条
8	非法出售增值税专用发票罪	《刑法》第207条
9	非法购买增值税专用发票、购买伪造的增值税专用发票罪	《刑法》第208条第1款
10	非法制造、出售非法制造的用于骗取出口退税、抵扣税款发票罪	《刑法》第209条第1款
11	非法制造、出售非法制造的发票罪	《刑法》第209条第2款
12	非法出售用于骗取出口退税、抵扣税款发票罪	《刑法》第209条第3款
13	非法出售发票罪	《刑法》第209条第4款
14	持有伪造的发票罪	《刑法》第210条之一

（2）涉税刑事典型案例（见表16）

表16　刑事案例

具体罪名	违法事实	处罚结果	案例名称	法律依据
逃税罪	袁某某向黄浦区地税局申报了个人所得税，但隐瞒了他的业务细节。R公司工商年检数据中的纳税人识别号为虚设，不存在。R公司不办理税务登记证，隐瞒公司持有巨额增值资产，不如实申报、清缴税款，凭税务行政处罚决定书向浦东新区工商行政管理局申办理注销手续。经鉴定，邮局收据上的签名是袁某某的亲笔签名，表明他已经收到了包含税务处理决定书的邮件。综上所述，袁某某的行为已涉嫌偷税犯罪。	袁某某以涉嫌逃避缴纳税款罪被公安机关刑事拘留。浦东新区人民法院判处袁某某犯逃避缴纳税款罪，判处有期徒刑3年6个月，处罚金人民币50万元。	R公司减持法人股逃避缴纳税款案	《刑法》第201条、《刑法修正案（七）》
抗税罪	以刘某某为法人的赤峰＊＊有限公司在2015年1月至2017年7月，经营砂石销售业务，共申报资源税税额为2,901,911.91元，印花税7024.02元，城建税35,116.70元，公会经费188.00元。申报后，只缴纳了资源税29,871.40元，城建税519.10元，印花税104.50	退回补充侦查，检察院认为宁城县公安局认定的犯罪事实不清、证据不足，不符合起诉条件。依照《刑事诉讼法》第175条第4款的规定，决定对刘某某不起诉。	宁检刑不诉〔2020〕5号赤峰市＊＊有限公司拒不缴纳税款案	《刑法》第202条

续表

具体罪名	违法事实	处罚结果	案例名称	法律依据
	元，公会经费 188.00 元。欠缴资源税 2,876,040.51 元，城建税 34,597.60 元，印花税 6919.50 元。 宁城县地税局大城子地税所按照程序多次催缴，赤峰市＊＊有限公司没有缴纳税款。该公司法人刘某某用自己手机给地税所所长苏某某手机打电话，在电话中对苏某某进行辱骂，对苏某某的人身安全进行威胁。			
逃避追缴欠税罪	张某原系东莞市鑫铖鞋业有限公司经营者。2015 年 8 月至 9 月，东莞市鑫铖鞋业有限公司与新疆乌鲁木齐亿农新盛纺织有限公司签订合同进行交易，亿农新盛公司向鑫铖公司开具增值税专用发票 4 份，金额合计 285,470.15 元，税额合计 48,529.93 元，价税合计 334,000.08 元。2015 年 12 月，鑫铖公司与青海顺纺依纺织有限公司签订合同进行交易，顺纺依公司向鑫铖公司开具增值税专用发票 6 份，金额合计 599,871.78 元，	公诉机关指控被告人张某犯逃避追缴欠税罪，罪名成立，本院予以支持。被告人张某归案后坦白自己的罪行，依法可以从轻处罚。 依照《刑法》第 203 条、第 211 条、第 212 条、第 67 条第 3 款、第 53 条第 1 款、第 64 条的规定，判决如下： a. 被告人张某犯逃避追缴欠税罪，判处有期徒刑 3 年，并处罚金 10 万元。 b. 被告人张某未缴纳的税款 150,508.15 元由东莞市国家税务局继续追缴。 c. 扣划被告人张某被东莞市公安局冻结在中国工商银行有限公司东莞厚街珊瑚路支行的存款	张某逃避追缴欠税罪案	《刑法》第 203 条

续表

具体罪名	违法事实	处罚结果	案例名称	法律依据
	税额合计 101,978.22 元，价税合计 701,850.00 元。鑫铖公司取得上述 10 份增值税专用发票后到东莞市国家税务局实际抵扣税款共计 150,508.15 元。 2016 年 2 月 15 日，乌鲁木齐高新区国家税务局稽查局对亿农新盛公司进行调查后发现亿农新盛公司涉嫌虚开增值税专用发票；2016 年 4 月，青海省西宁东川工业园国家税务局经过调查发现顺纺依公司涉嫌虚开增值税专用发票。2016 年 5 月 12 日，青海省西宁东川工业园区国家税务稽查局将鑫铖公司涉嫌虚开增值税发票 6 份的情况通报东莞市国家税务局稽查局；2016 年 6 月 6 日，新疆乌鲁木齐高新技术产业开发区国家税务局将鑫铖公司涉嫌虚开增值税发票 4 份的情况通报东莞市国家税务局稽查局。 2016 年 5 月 26 日、7 月 8 日，东莞市国家税务局先后两次将鑫铖公司少	（账户：62××× 13）4931 元，移送东莞市国家税务局折抵相应数额的税款。 d. 随案移送的 1 万港元，移送东莞市国家税务局折抵相应数额的税款。 e. 随案移送的手机 1 部，退还给被告人张某。		

续表

具体罪名	违法事实	处罚结果	案例名称	法律依据
	缴增值税 101,978.22 元以及 48,529.93 元的情况告知张某。2016 年 10 月 20 日，东莞市国家税务局将追缴鑫铖公司增值税税款 150,508.15 元的决定告知鑫铖公司。2016 年 11 月 1 日，鑫铖公司对公账户收到东莞市旭骏进出口贸易有限公司汇款 20 万元；2016 年 11 月 1 日，该账户被取现 9 万元；2016 年 11 月 4 日，该账户转给户名为张某的银行卡 2 万元；2016 年 11 月 5 日，该账户转账给户名为张某的银行卡 1 万元；2016 年 11 月 7 日，该账户被取现 8 万元。最后鑫铖公司对公账户余额仅为 255.71 元，鑫铖公司所欠税款一直未补缴。			
骗取出口退税罪	第一步，2017 年 11 月起至 2019 年 5 月，犯罪嫌疑人骆某某、蔡某乙、蔡某丙、沈某某等人经事先商量，首先以浙江＊＊进出口有限公司、绍兴＊＊进出口有限公司、诸暨市祺＊＊进出口有限公司、诸暨市万＊＊进出口	经审查，并二次退回公安机关补充侦查，本院仍认为蔡某甲涉嫌犯罪事实不清、证据不足。本案中蔡某甲未供述其知道＊＊公司使用蚌壳粉冒充珍珠粉销售用于骗取出口退税，其他在案证据也未能证明蔡某甲对骗税目的知情，也未能证明蔡某甲有获得除工资以外的好处，故	骆某某、蔡某乙、蔡某丙、沈某某等人骗取出口退税案	《刑法》第 204 条第 1 款

续表

具体罪名	违法事实	处罚结果	案例名称	法律依据
	有限公司、浙江诸暨＊＊生物科技有限公司名义，由犯罪嫌疑人姚某某介绍向犯罪嫌疑人洪某甲等人购买美金等外汇，犯罪嫌疑人洪某甲等人通过香港公司汇款上述公司4000余万美金由犯罪嫌疑人邬某某负责结算，结汇后转账至绍兴市＊＊生物科技有限公司、诸暨市＊＊生物科技有限公司等，同时犯罪嫌疑人蔡某乙分别与犯罪嫌疑人俞某某、蔡某丁、楼某某、张某某、毛某某、刘某某、金某某、吴某某、何某某等农户或养殖户商量，以向他们购买珍珠的方式进行资金走账，最后汇款犯罪嫌疑人洪某乙、洪某丙等298个地下钱庄人头账户予以返还；第二步，采用蚌壳粉冒充珍珠粉以次充好的方式，委托浙江＊＊物流有限公司从宁波＊＊报关有限公司、宁波＊＊报关代理有限公司等获得货物出口的报关单信息；第三步，通过实际控制的绍兴市＊＊生物科技有限公司（价税合	蔡某甲涉嫌骗取出口退税罪事实不清、证据不足。另外，本案中蔡某甲在知道＊＊公司将蚌壳粉冒充珍珠粉销售，蔡某乙等人借用其银行账户可能用于转移犯罪所得赃款后，仍将其银行账户提供给蔡某乙等人使用，并按照蔡某乙等人指示帮助转账到其他账户。但现有证据无法鉴别认定蔡某甲帮助转移的相关钱款系非法外汇交易款项还是蔡某乙等人的犯罪所得，因此无法认定掩饰、隐瞒犯罪所得的具体数额。故被不起诉人蔡某甲涉嫌犯罪的事实不清、证据不足，不符合起诉条件。依照《刑事诉讼法》第175条第4款的规定，决定对蔡某甲不予起诉。		

续表

具体罪名	违法事实	处罚结果	案例名称	法律依据
	计 332,881,423.00 元）和诸暨市＊＊生物科技有限公司等取得进项增值税专用发票，而绍兴市＊＊生物科技有限公司（价税合计 389,151,120.25 元）和诸暨市＊＊生物科技有限公司取得进项发票为农副产品自开自买收购普通发票（税率为 0）和进项增值税专用发票；第四步，以假报货物出口的方式，向绍兴市、柯桥区和诸暨市税务部门骗取国家出口退税款总计 5500 余万元人民币。			
虚开增值税专用发票、用于骗取出口退税、抵扣税款发票罪	2010 年 6—12 月，王某为结算向甲公司和乙公司运输油井水泥的运输费，在与 C 物流公司无真实运输业务往来的情形下，按照与甲公司和乙公司之间真实的运费数额，以甲公司和乙公司为受票单位，从 C 物流公司取得具有税款抵扣功能的运输发票交受票单位。 案发时，受票单位已将发票用于抵扣。原审法院认为王某的行为构成虚开用于抵扣税款发票罪。王某先后向	在本案中，胜潍公司、受票单位均能证实被告人王某提供了真实的运输业务，不存在无真实货物交易虚开增值税专用发票的行为，且开具的增值税专用发票都是按照真实的运费数额开具的。其开发票的目的是与收货单位结算运费，而不是抵扣税款。原审判决也认可王某实际发生了货物运输业务。因此在案证据不能证实王某主观上有骗取抵扣税款的故意。 另外，本案客观上并未造成国家税款的流失。如前所述，被告人王某为受票单位提供了真实的运输业务，开具的运费发票数额也与真实的运	王某虚开增值税专用发票、用于骗取出口退税、抵扣税款发票罪刑事再审案（2021）鲁刑再 4 号	《刑法》第 205 条

续表

具体罪名	违法事实	处罚结果	案例名称	法律依据
	原审法院及其上级法院提出申诉，均被驳回，又向山东省高级人民法院提起申诉，该院决定提审。	费数额相符。而受票单位海洋公司和冀东公司作为一般纳税人具备抵扣税款的资格，根据《增值税暂行条例》（2016 年修订）第 8 条的规定，依法享有按 7% 的扣除率抵扣进项税款的权利。原审判决认定的“海洋公司和冀东公司用上述发票抵扣税款 167,777.96 元”系依法抵扣，并未造成国家税款的损失。 综上，被告人王某主观上没有骗取抵扣税款的犯罪故意，客观上既没有用于自己抵扣税款，也没有让他人以此非法抵扣国家税款，没有造成国家税款的损失，不构成虚开用于抵扣税款发票罪。原审判决适用法律不当，应予纠正。被告人不构成虚开用于抵扣税款发票罪，依法应改判无罪”的辩解和辩护意见应予采纳。 本院认为，原审被告人王某的行为虽然不构成虚开用于抵扣税款发票罪，但其应到当地税务部门开具运输发票，却让不具有代开票资格的路路通公司为自己代开具有抵扣税款功能的发票，且比税务机关开票税率低，少缴了部分营业税款。其行为危害了税收征管制度，具有行政违法性。		

续表

具体罪名	违法事实	处罚结果	案例名称	法律依据
虚开增值税专用发票罪	2015年1月至2018年9月，被告人聂某作为阳××公司的实际控制人，伙同公司员工高某某、周某某等，在没有真实交易的情况下，为他人虚开增值税专用发票。其中，被告人聂某参与虚开的税款数额为2,591,986.36元，被告人高某某虚开的税款数额为2,201,057.79元，被告人周某某虚开的税款数额为231,675.22元。2020年1月15日，被告人高某某、周某某被查获归案；2020年1月16日，被告人聂某被查获归案。具体犯罪事实如下： a. 2015年11月至2016年7月，通过被告人高某某的联系，阳××公司在没有真实交易的情况下，为益××公司和捷××公司虚开增值税专用发票45份，价税合计人民币4,621,610元，税额合计人民币671,516.10元。 b. 2016年12月至2018年6月，通过被告人周某某的联系，阳××公司在没有真实交易的情况下，为冬××公司	一审法院观点： 阳××公司对外虚开增值税专用发票，被告人聂某作为单位犯罪中直接负责的主管人员，被告人高某某、周某某作为单位犯罪中其他直接责任人员，其虚开增值税专用发票的行为危害了国家税收管理制度，均已构成虚开增值税专用发票罪，其中被告人聂某虚开税款数额巨大、被告人高某某虚开税款数额较大，对被告3人均应依法予以惩处。鉴于被告人高某某、周某某到案后能够如实供述犯罪事实，均可依法从轻处罚，被告人周某某自愿认罪认罚，亦可依法从宽处罚。故判决：（1）被告人聂某犯虚开增值税专用发票罪，判处有期徒刑10年，并处罚金人民币30万元；（2）被告人高某某犯虚开增值税专用发票罪，判处有期徒刑7年，并处罚金人民币20万元；（3）被告人周某某犯虚开增值税专用发票罪，判处有期徒刑1年4个月，并处罚金人民币5万元；（4）随案移送的手机1部、笔记本电脑1台发还被告人周某某。 二审法院观点： 阳××公司对外虚开增值税专用发票，聂某作为单位犯罪中直接负责的主管人员，高某某、	阳××公司对外虚开增值税专用发票案	《刑法》第205条第4款

续表

具体罪名	违法事实	处罚结果	案例名称	法律依据
	虚开增值税专用发票 15 份，价税合计人民币 1,616,276 元，税额合计人民币 231,675.22 元。 c. 2018 年 9 月，阳××公司在没有真实交易的情况下，为绿××公司虚开增值税专用发票 3 张，价税合计人民币 302,900 元，税额合计人民币 41,779.32 元。 d. 2015 年 3 月至 6 月，阳××公司在没有真实交易的情况下，为创××公司和利××公司虚开增值税专用发票 8 份，价税合计人民币 808,498 元，税额合计人民币 117,474.03 元。 e. 2015 年 1 月至 2017 年 6 月，通过被告人高某某的联系，阳××公司在没有真实交易的情况下，为颐××公司虚开增值税专用发票 49 张，价税合计人民币 4,361,186 元，税额合计人民币 633,676.55 元；为汇××公司虚开增值税专用发票 67 张，价税合计人民币 6,165,660 元，税额合计人民币 895,865.14 元。	周某某作为单位犯罪中其他直接责任人员，均已构成虚开增值税专用发票罪，其中聂某虚开税款数额巨大、高某某虚开税款数额较大，对 3 人依法均应予以惩处。鉴于高某某当庭认罪，一审法院根据聂某、高某某、周某某犯罪的事实、犯罪的性质、情节及对于社会的危害程度所作出的判决，定罪正确，审判程序合法，只判处罚金不当及考虑高某某在犯罪中的地位、作用及相关情节，可再予从宽处罚，依法予以改判。 判决结果： 撤销被告人聂某犯虚开增值税专用发票罪，判处有期徒刑 10 年，并处罚金人民币 30 万元；被告人高某某犯虚开增值税专用发票罪，判处有期徒刑 7 年，并处罚金人民币 20 万元；被告人周某某犯虚开增值税专用发票罪，判处有期徒刑 1 年 4 个月，并处罚金人民币 5 万元。 原审被告人聂某犯虚开增值税专用发票罪，判处有期徒刑 10 年。 上诉人高某某犯虚开增值税专用发票罪，判处有期徒刑 5 年 6 个月。 原审被告人周某某犯虚开增值税专用发票罪，判处有期徒刑 1 年 4 个月。		

续表

具体罪名	违法事实	处罚结果	案例名称	法律依据
伪造、出售伪造的增值税专用发票罪	2000年5月，林某基，欲购买一些伪造票据做公司账目。双方商定，由陈某柏按虚开面额0.5%的比例支付酬金给林某基，并向林某基提供了3张松苑公司向江苏扬州惠勇物资有限公司、江苏盐城华强化纤机械有限公司、江苏苏州凯美化工有限公司购买设备所开具的增值税专用发票作样式。施某昌在陈某柏的授意下，根据该公司现有设备虚列了一张价格3700余万元人民币的设备清单，通过杨某辉（另案处理）交给林某基，林某基则根据陈某柏、施某昌提供的发票样式及设备清单，从他处买来伪造的增值税专用发票942份，以及发票专用章12枚，并以松苑公司为受票人开具发票326份，面额总计37,087,001.15元，税额5,388,709.57元。同年6月23日，林某基指使杨某辉将开具的326份伪造的增值税专用发票拿到松苑公司，经施某昌核对后交由陈某柏，陈某柏付款人民币	一审法院观点： 被告人林某基违反国家对增值税专用发票的管理规定，为牟取非法利益，购买伪造的增值税专用发票942份，并从中为被告单位松苑公司虚开326份，面额总计37,087,001.15元，税额5,388,709.57元，虚开数额巨大，其行为已构成虚开增值税专用发票罪及购买伪造的增值税专用发票罪；被告人陈某柏、施某昌分别是松苑公司的法定代表人和副总经理，为公司牟取非法利益，故意让他人以公司的名义虚开增值税专用发票，且虚开的税款数额巨大，其中被告人陈某柏系直接负责的主管人员，被告人施某昌系直接责任人员。被告单位松苑公司及被告人陈某柏、施某昌均已构成虚开增值税专用发票罪。被告单位松苑公司违反国家对增值税专用发票的管理法规，虚开增值税专用发票数额巨大，社会危害性大，故其辩护人提出被告单位犯罪情节轻微、可以不认为是犯罪的辩护理由于法无据。被告人陈某柏为谋取单位非法利益，与被告人林某基商定虚开增值税专用发票事宜，指使被告人施某昌虚列设备清单，是主犯，其辩护人提出陈某柏虚开增值税专用发票	福建省泉州市松苑锦涤实业有限公司等伪造、出售伪造的增值税专用发票案	《刑法》第206条

续表

具体罪名	违法事实	处罚结果	案例名称	法律依据
	18.54 万元给林某基。案发后，公安机关在林某基家中搜出开错税率及空白的伪造增值税专用发票和伪造的印章 12 枚。	不是为了抵扣税款，归案后认罪态度好，建议从轻处罚的意见可以采纳。陈某柏在缓刑期间犯罪，应撤销缓刑，数罪并罚。被告人施维某明知陈某柏为显示松苑公司经济实力，在其授意下为虚开增值税专用发票而开具公司生产设备价格清单、验收虚开增值税专用发票的事实，有同案人供述，并有扣押的虚开的生产设备清单、虚开的增值税专用发票可佐证，施某昌辩称事先不知道要虚开增值税专用发票及其辩护人提出的施某昌没有虚开增值税专用发票的主观故意和客观行为，不是本案单位犯罪的直接责任人员，施某昌不构成犯罪的辩解和辩护意见均无事实和法律依据，不予采纳。鉴于施某昌系在陈某柏的指使下实施犯罪行为，在本案犯罪中起次要、辅助作用，是从犯，对被告人施某昌应比照陈某柏减轻处罚。依照《刑法》第 205 条第 1 款、第 2 款，第 208 条第 1 款，第 30 条，第 31 条，第 25 条第 1 款，第 26 条第 1 款，第 27 条，第 77 条第 1 款，第 69 条，第 64 条之规定，于 2001 年 3 月 20 日判决如下： a. 撤销石狮市人民法院（1995）狮刑初字第 173 号刑事判决中以偷税罪判处被告人陈某柏有		

续表

具体罪名	违法事实	处罚结果	案例名称	法律依据
		期徒刑3年，缓刑5年的缓刑部分之判决。 b. 被告单位泉州市松苑锦涤实业有限公司犯虚开增值税专用发票罪，判处罚金人民币30万元。 c. 被告人林某基犯虚开增值税专用发票罪，判处有期徒刑13年，并处罚金人民币10万元；犯购买伪造的增值税专用发票罪，判处有期徒刑3年，并处罚金人民币5万元。决定执行有期徒刑15年，并处罚金人民币15万元。 d. 被告人陈某柏犯虚开增值税专用发票罪，判处有期徒刑10年，合并原偷税罪有期徒刑3年，决定执行有期徒刑12年。 e. 被告人施某昌犯虚开增值税专用发票罪，判处有期徒刑5年。 f. 继续追缴被告人林某基违法所得人民币18.45万元，上缴国库。 一审宣判后，被告单位松苑公司及被告人林某基、陈某柏、施某昌均不服，提出上诉。 福建省高级人民法院二审查明的案件事实与一审认定的案件事实基本一致，依照《刑事诉讼法》第189条第1项及《刑法》第206条第1款、第64条之规定，于2002年5月31日判决如下：		

续表

具体罪名	违法事实	处罚结果	案例名称	法律依据
		a. 撤销泉州市中级人民法院（2000）泉刑初字第196号刑事判决； b. 上诉人林某基犯出售伪造的增值税专用发票罪，判处有期徒刑5年，并处罚金人民币5万元； c. 上诉单位泉州市松苑锦涤实业有限公司、上诉人陈某柏和施某昌无罪。		
非法出售增值税专用发票罪	李某欲出售增值税专用发票，遂指使詹某将发票送到龙岗区布吉中学公交站台附近。詹某收取了好处费300元。詹某持发票欲出发时恰巧碰到老乡张某开车回家，于是要求张某将其送去布吉中学公交站台。车辆经过布吉天虹门口时，被告人詹某被民警人赃并获，并从其身上缴获增值税专用发票27份。经鉴定，詹某持有的27份发票均是真实的增值税专用发票，且票面可记载金额均为10万元。当地公安机关侦查完结后移送深圳市龙岗区人民检察院审查起诉。深圳市龙	一审法院认为，詹某非法出售增值税专用发票，票面额累计250万元以上，其行为已经构成非法出售增值税专用发票罪，且属数量巨大。被告人詹某已着手实行犯罪，由于意志以外的原因而未得逞，系犯罪未遂，依法可以比照既遂犯减轻处罚。被告人詹某受人指使实施犯罪，在共同犯罪中起次要作用，系从犯，依法应当从轻、减轻处罚。鉴于被告人詹某归案后认罪态度较好，依法可以从轻处罚。依照《刑法》第207条、第23条、第27条、第67条第3款、第52条、第53条之规定，判决：詹某犯非法出售增值税专用发票罪，判处有期徒刑3年，并处罚金人民币6万元。	詹某非法出售增值税专用发票案	《刑法》第207条

续表

具体罪名	违法事实	处罚结果	案例名称	法律依据
	岗区人民检察院向深圳市龙岗区人民法院提起公诉。	广东省深圳市中级人民法院对本案作出二审判决，认为詹某非法出售增值税专用发票，数量巨大，其行为已构成非法出售增值税专用发票罪，依法应予惩处。上诉人詹某已着手实行犯罪，由于意志以外的原因而未得逞，系犯罪未遂，依法可以比照既遂犯减轻处罚。上诉人詹某受人指使实施犯罪，在共同犯罪中起次要作用，系从犯，依法予以减轻处罚。上诉人詹某归案后认罪态度较好，且能预缴部分罚金，依法可以酌情从轻处罚。根据上诉人詹某的犯罪情节和悔罪表现，符合适用缓刑的条件，本院依法对其适用缓刑。上诉人的上诉理由成立，予以采纳。二审法院依照《刑事诉讼法》第 225 条第 1 款第 2 项、《刑法》第 207 条、第 23 条、第 25 条第 1 款、第 27 条、第 67 条第 3 款、第 52 条、第 53 条、第 72 条、第 73 条之规定，最终判决维持一审法院的定罪部分，撤销一审法院的量刑部分，判处詹某有期徒刑 3 年，缓刑 4 年，并处罚金人民币 4 万元。		

续表

具体罪名	违法事实	处罚结果	案例名称	法律依据
非法购买增值税专用发票、购买伪造的增值税专用发票罪	原审判决认定，2012 年 8 月 27 日，被告人冯某注册成立“榆林市康达商贸有限公司”，系该公司法定代表人。2014 年 4 月至 12 月，被告人冯某以票面金额 5% 的价格，通过上海赵姓男子（在逃，身份信息不详）购买了与其公司无实际货物交易的“嘉兴贸易有限公司”增值税专用发票 1 份，票面金额 110,800 元、“上海实业有限公司”增值税专用发票 6 份，票面金额合计 600,425 元、“上海贸易有限公司”增值税专用发票 8 份，票面金额合计 831,870 元、“计克实业有限公司”增值税专用发票 2 份，票面金额合计 216,600 元，共计非法购买增值税专用发票 17 份，票面金额累计 1,759,695 元。被告人冯某将非法购买的上述增值税专用发票在榆林市国家税务局抵扣税款。	原审法院认为，被告人冯某违反国家发票管理法规，非法从国家税务机关以外的单位与个人处（无出售权）购买增值税专用发票，其行为侵犯了国家对增值税专用发票的管理制度，触犯了《刑法》第 208 条之规定，构成非法购买增值税专用发票罪，依法应予惩处。鉴于被告人冯某如实交代公安机关未掌握的罪行，属自首，并积极补缴税款及罚款，依法可从轻处罚。原审法院根据被告人冯某的犯罪情节及在公安机关侦查前补缴了税款，并交纳罚款及滞纳金的情节，说明被告人冯某有悔罪表现，没有再犯罪的危险，宣告缓刑对所居住社区没有重大不良影响，依法对被告人适用缓刑。判决被告人冯某犯非法购买增值税专用发票罪，判处有期徒刑 2 年 6 个月，宣告缓刑 3 年 6 个月，并处罚金人民币 8 万元。	冯某非法购买增值税专用发票案	《刑法》第 208 条第 1 款

续表

具体罪名	违法事实	处罚结果	案例名称	法律依据
非法制造、出售非法制造的用于骗取出口退税、抵扣税款发票罪	2016年4月，詹某甲开始干起了帮人开具发票的“生意”。詹某甲通过QQ联系下线接单员，由接单员将客户开票信息及寄送地址发送给他，然后其通过模板表格打印成客户要求的发票，再盖上自制的发票专用章，最后通过顺丰快递寄给客户，每单收取13元、15元或20元的开票费。 詹某甲叫上詹某乙帮忙。詹某乙主要负责上网查找符合客户要求的开票公司名称、纳税人识别号等信息，并进行排版，再将文本文档发送给詹某甲。虽然他们制作的发票在国税系统中是查验不到的，但仍然有许多客户购买用以报销、显示经济实力等。经统计，詹某甲等人非法制造、出售发票5400余份，价税合计3.33亿元，并非法获利40余万元。	龙泉市人民检察院经依法审查后认为，詹某甲、詹某乙违反国家发票管理法规，擅自制造并出售擅自制造的可以用于骗取出口退税、抵扣税款的发票以外的发票，危害国家税收征收管理制度，应以非法制造、出售非法制造的发票罪追究其刑事责任。法院经审理，判处詹某甲有期徒刑5年并处罚金40万元、詹某乙有期徒刑2年3个月并处罚金5万元。	詹某甲、詹某乙涉嫌非法制造、出售非法制造的发票案	《刑法》第209条第1款

续表

具体罪名	违法事实	处罚结果	案例名称	法律依据
非法制造、出售非法制造的发票罪	刘某在2007年3月至2008年1月，先后15次向赵×出售2,162,500份由他人非法制造的浙江省杭州市饮食业发票、浙江省货物销售统一发票等发票。刘某因此获利约人民币四万余元。其中，刘某在2007年8月和11月，按照购买人的要求制作了湖南省岳阳市定额专用发票、江苏省南京市餐饮发票的版面并购买了制作发票的纸张，随后将之交给刘×（另案处理）制造了517本共计25,850份发票。刘某将刘×非法制作的上述发票出售给购买人后，获利人民币1400余元。 公诉机关以刘某犯非法制造、出售非法制造的发票罪，提起公诉。	临湘市人民法院以非法制造、出售非法制造的发票罪判处被告人刘某有期徒刑5年，并处罚金人民币20万元。 宣判后，刘某服从判决，未上诉。	刘某非法制造、出售非法制造的发票案	《刑法》第209条第2款
非法出售用于骗取出口退税、抵扣税款发票罪	2019年11月以来，被告人李某林利用他人身份在温州苍南、龙湾、瓯海、平阳、乐清及福鼎市等多地注册空壳公司，并以空壳公司的办税员或法定代表人的名义向当地税务机关申领空白机动车销售统一发票共655份，其中455份已出售给广东省饶平	被告人李某林、胡某结伙非法出售可以用于抵扣税款的机动车销售统一发票，数量巨大，其行为均已构成非法出售用于抵扣税款发票罪。依照《刑法》第209条第3款，第25条第1款，第26条第1款、第4款，第27条，第67条第3款，第64条；《刑事诉讼法》第15条之规定，判决如下：	李某林、胡某非法出售用于骗取出口退税、抵扣税款发票案（2020）浙0327刑初873号	《刑法》第209条第3款

续表

具体罪名	违法事实	处罚结果	案例名称	法律依据
	县上家詹某聪（另案处理）、“魔都”（另案处理）等人，已被成功开票的有 352 份，票面额合计人民币 43,117,751 元（以下币种均为人民币）。至案发，詹某聪已支付给李某林 73,550 元。被告人胡某于 2020 年 3 月 26 日开始以日薪 300 元加提成的价格受雇于李某林，为李某林注册公司、申领发票以及运送发票等，同时介绍舒某贵、高某等人为李某林注册公司并获取介绍费，帮助出售发票合计 205 份，共获利 5000 余元。	a. 被告人李某林犯非法出售用于抵扣税款发票罪，判处有期徒刑 4 年，罚金人民币 100,000 元。（刑期从判决执行之日起计算。判决执行以前先行羁押的，羁押 1 日折抵刑期 1 日，即自 2020 年 5 月 6 日起至 2024 年 5 月 5 日止。罚金自本判决生效之日起 1 个月内缴纳）。 b. 被告人胡某犯非法出售用于抵扣税款发票罪，判处有期徒刑 1 年 6 个月，并处罚金人民币 20,000 元。 （刑期从判决执行之日起计算。判决执行以前先行羁押的，羁押 1 日折抵刑期 1 日，即自 2020 年 5 月 6 日起至 2021 年 11 月 5 日止。） c. 扣押于苍南县公安局的作案工具手机 2 部、笔录本电脑 1 台、公章 4 枚、金税盘 1 个、机动车销售统一发票 25 份等物，均予以没收。 d. 分别追缴被告人李某林、胡某违法所得人民币 65,850 元和 6300 元，予以没收。		
非法出售发票罪	2015 年 7 月，罗某利用在工作中接触到的机票行程单的电子客票号码，登录航信系统后打印机票行程单出售获利。	罗某、刘某、郭某、刘某、耿某、焦某、万某违反国家税收和发票管理制度，以非法牟利为目的，向他人非法出售用于骗取出口退税、抵扣税款发票以外的其他发票，其行为均已构成	罗某非法出售发票案	《刑法》第 209 条第 4 款

续表

具体罪名	违法事实	处罚结果	案例名称	法律依据
	2016年年初，罗某以代打行程单的名义向某甲公司股东郭某提出租赁某甲公司的账号密码及购买空白行程单，租账号密码的费用是1200元/月，空白行程单0.15元/张，郭某帮其去招行领取空白行程单，并顺丰快递给其。 2016年，罗某以刘某2的名义注册了某乙公司，后以该公司名义登录航信系统打印行程单及领取空白行程单。 2018年时，因某甲公司打印其他公司的行程单，投诉越来越多，郭某应该猜到了罗某的真实用途，且郭某也开始向其购买行程单给她的朋友用，罗某共给郭某100多万元。 除了从飞猪公司内部盗取电子客票号码外，王某、潘某也向其提供电子客票号码，其中2019年3月，其联系潘某要电子客票号码，谈好0.3元/个，潘某让焦某通过QQ邮箱发给他，共向他提供约130万个电子客票号码，他向潘某、焦某支付现金40万元左右。	非法出售发票罪，且均系情节严重，公诉机关指控的罪名成立。 最终，罗某犯非法出售发票罪，判处有期徒刑6年，并处罚金人民币45万元。追缴罗某等人的违法所得，上缴国库。		

续表

具体罪名	违法事实	处罚结果	案例名称	法律依据
持有伪造的发票罪	2014年6月11日，被告人韩某某伙同韩某（另案处理）在无资金投入、无办公地点、无经营场所的情况下，在天津市宁河区注册成立天津冰鸣金属材料销售有限公司。韩某某、韩某利用上述公司，在无真实交易的情况下，向文安县先迪伟业家具公司虚开增值税专用发票14份，税额233,929.85元，价税合计1,609,988元；向安新县诚信有色金属购销有限公司虚开增值税专用发票51份，税额866,229.39元，价税合计5,961,696元。上述虚开的增值税专用发票已全部抵扣税款。 另经查，2015年6月，税务机关将天津冰鸣金属材料销售有限公司取得的与该企业经营项目无关的159份增值税专用发票送检鉴定。经鉴定，送检的159份发票中，有156份发票系伪造。 案发后，被告人韩某某被公安机关抓获到案。	被告人韩某某虚开增值税专用发票，数额较大；明知是伪造的发票而持有，数量较大，其行为已构成虚开增值税专用发票罪、持有伪造的发票罪。以上犯罪事实清楚，证据确实充分，罪名成立，本院对公诉机关的指控予以支持。被告人韩某某到案后如实供述自己的罪行，是坦白，其自愿认罪认罚，依法可以从轻处罚。公诉机关提出的量刑建议适当，本院予以采纳。在本案中，虚开增值税专用发票罪侵犯的客体是国家对于税收的征管，被告人的行为已经给国家的税款造成了实际的损失，其辩护人提出的韩某某未实际使用虚开的发票实施其他违法犯罪，且韩某某获利较少，其行为社会危害性不大的辩护意见，本院不予支持。关于其辩护人提出的其他辩解意见，本院酌情予以采纳。依照《刑法》第205条第1款、第210条之一第1款、第69条、第67条第3款，《刑事诉讼法》第201条、第15条的规定，判决如下： 被告人韩某某犯虚开增值税专用发票罪，判处有期徒刑4年6个月，并处罚金人民币6万元；犯持有伪造的发票罪，判处有期徒刑10个月，并处罚金人民币1万元；数罪并罚，决定执行有期徒刑4年10个月，并处罚金人民币7万元。	韩某某持有伪造发票案（2020）津0117刑初165号	《刑法》第210条之一

（四）数字化时代下税收征管的变革[①]

1. 税收征管模式的国际发展趋势

在国际上，税收制度在较为发达的国家早在几年前就已经开始采取联合的措施，通过税收情报的交换，实现国与国之间的税收信息透明化。各国税务机关，如英国、德国、美国等，纷纷在近几年加快了数字化的脚步并制定了相应的大数据目标和数字化发展路线图，以科技助力实现上述目标。

在我国，原国务院法制办公室在2015年1月发布的《税收征收管理法修订草案（征求意见稿）》中把“信息披露”增加为一个章节，为涉税信息的披露与收集提供了法律层面的基础。同时，为响应国家“互联网+”战略，国家税务总局于2015年出台了《“互联网+税务”行动计划》，旨在实现政府部门间的相关信息共享。此外，2016年在全国部分省市陆续上线的金税三期，其设立的数据库包括征管操作数据库、增值税交叉稽核数据库、外部门信息交换数据库；收集的数据包括法人数据（如企业登记）、财产数据、发票信息、增值税交叉稽信息及第三方数据等，大量的信息将会被进一步运用到政府机关的管理中。

回顾我国税收征管改革二十余年的历史进程，税务部门一直在推进一系列的综合征管改革项目，包括逐渐改善风险管理制度，积极构建税收信用体系，创新大企业税务服务体系，全面升级税收征管系统等。截至目前，我国已形成完整统一、与国际社会接轨的税收征管体系。2021年3月，中共中央办公厅、国务院办公厅印发了《关于进一步深化税收征管改革的意见》（以下简称《税收征管意见》），传达了具体、明确和细致的税收征管改革举措的要求。《税收征管意见》提出智慧税务的新概念，高屋建瓴且意义深远，为数字化时代下的税收征管革新项目指出了大方向。

上述税务大环境的变化，给零售及消费品行业纳税人带来了新的挑战与机遇。为了更好地实现税务合规及优化，纳税人急需重新审视自身对税务数据的管理及应用，并作出相应地改变。

零售行业涉及采购、库存、运输、仓储、销售等多个环节，出于复杂的管理

---

① 汪颖：《［A股加油站］大数据+零售消费品行业——税务战略、管理及执行的考量和系统搭建》，载普华永道官方公众号2017年2月21日。

需求，数据化管理手段在零售行业的应用广泛，使其水平也相对较高。但是，将税务风险管理纳入数据管理体系中对纳税人尤其是零售行业来说可能是一项挑战。

目前，一些零售行业的企业对税务风险管理的概念尚未形成统一的且符合中长期发展的战略。随着数据化税务管理的开展，这种方法的弊端也将越来越明显。

在缺乏高层面的统筹前提下，将税务风险管理的职责下放至基层企业的财务部门，集团管理层可能因缺乏对税务风险的通盘考虑与总体控制而导致企业缺失长期税务规划。

此外，“自上而下”视角的缺乏也将可能致使集团内企业无法获得统一的税务管理基础，并进一步导致企业间失去平衡税负、集团中失去降低有效税率等协同效益。

除上述内部因素外，中国税务机关大力推进数据化管理则进一步加大了企业需要面对的压力。

首先，零售行业的特性包含商品种类多、来源复杂、促销手段多等，背后隐藏着一系列的税务风险。在传统税务监管环境中，发票开具、折扣、促销活动等环节虽然已经是税务机关关注的重点，但是，由于缺乏全面的审查视角及高效的审核方式，税务机关更倾向于采用抽样、询问等方法了解企业业务。而在数据化监管环境中，税务机关可以快速比对各类不同的数据，筛选出异常数据，进行税务检查。

其次，对于大型零售商，集中供应链和销售前端采取分别管理的方法是比较常见的选择。门店与门店、仓库与仓库、不同业务线上单位间都可能存在调库、换货、退货、报废处置等安排。而这些复杂交错的供应链条也容易出现企业税务处理的问题。在传统税务监管环境中，税务机关可能受限于数据的限制；而在数据化监管环境中，税务机关将有可能获得不同区域内纳税人各业务单位的数据，通过数据的信息比对将更有可能进行税务管理。

最后，零售行业更容易进行相关多元化的经营。由零售商介入物流行业，或者由制造企业延伸至销售末端，或者通过多品牌经营同类产品，或者由单一品牌经营相关产品，这些安排在大数据的依托下都为税务机关提供了横向、纵向的多个角度来审视零售消费品行业的经营状况。

2. 智慧税务的发展将推动税务执法更加公平严格①

随着政府部门联动监管进一步推进，发票电子化、数字货币等各类电子化进程不断深入，伴随着云计算、大数据、人工智能、机器学习、分布式处理等先进技术加持，未来数字化监管将是必然的趋势。技术的进步让互联网监测模式不断创新，以重点平台日常监测形成有效的监测辐射，拓展监测边界；以双随机监测模式，随机定位和派发，维护监测公正；以区块链等方式做到执法证据实时固定；以实务执法经验不断完善算法模型。

税收征管改革的目的之一是融合、联动税收管理与数字化，从而更加自动化和智能化的管理、监控税收风险，减少和规范税务机关自由裁量权的行使，有助于推动税务执法公平。此外，随着税收征管改革，税务管理人员的执法能力也在不断提升，实现线下与线上的有机贯通，使征管系统更好地融入日常管理与行政执法中，企业的监管将更加智能、精准。

（1）税收大数据和风险管理局风险特征库建模、验证及推广

2019 年 12 月，税收大数据和风险管理局成立，其下设自然人电子税务局行政处、云平台管理部、大数据管理一处、大数据管理二处、风险管理部。国家税务总局负责组织指导全国税收大数据和风险管理工作。税收大数据和风险管理局的主要职责为：负责业务层面云平台建设、相关业务需求及运营管理、相关系统应用及运维工作；组织实施税收大数据和风险管理战略规划；管理税务数据，交换和共享税务数据；开展国家综合风险管理特征数据库和分析模型的建设、验证和推广。

（2）自然人电子税务局大数据稽查发现相关线索

某知名带货主播逃税案件即是通过自然人电子税务局大数据稽查发现的，即通过税政二股在系统内查询发现大额欠税疑团，随后通过多方监控该主播的收入来源，确定主播个人所得税扣缴基数，税政二股工作人员在第一时间与税务分局进行沟通，最终锁定。自然人电子税务局已经实现对个税缴纳异常的分析预警，通过对行业平均营收纳税情况进行大数据分析。一般而言，明显偏离行业整体数据特征的纳税主体、存在风险特征的企业自然人、行业头部企业、高收入人群均

① 卢奕：《拥抱未来：对数字化时代税收征管改革的理解与展望》，载毕马威 KPMG 官方公众号 2021 - 10 - 27.

是税务部门大数据监管重点关注的对象，即使相关数据未公示也可以从销售数据大致推导出相关的销售额。

（3）金税系统识别虚开风险特征功能已经落实

2020年11月13日，国家税务总局发布2020年12月政府采购项目，名称为“金税四期决策智慧端之指挥台及配套功能建设项目”。金税四期及智能税务系统不再局限于金税三期的税务方面，其更进一步地纳入非税业务，更加全面地监控企业业务。同时，在参与机构之间建立了高效的信息交换和查阅审核渠道，使部委、央行、银行等参与机构实现企业相关人员手机号、企业税务状况、企业注册信息核实三大功能。相比于之前的税务稽查系统，智慧稽查功能升级，从违法企业发现、疑点线索分析、手法感知预警、业务数据互动、违法态势研判这5个方面进行项目建设，并且将建立5大智能分析系统：虚开增值税发票智能分析系统、骗取出口退税智能分析系统、偷逃税智能分析系统、重点行业涉税违法智能分析系统和主要税种涉税违法智能分析系统。

金税四期的推进是对现代化税收征管系统的进一步完善，使税费业务在数据、业务和流程等方面全面实现数字化，为智能办税、智慧数字化监管构造良好的基础。伴随金税四期的推进，虚开发票、买卖发票等一系列违法违规行为将进一步受到监管和打击，也意味着合规的重要性进一步加强。

大数据分析监测企业的涉税行为，数个政府部门共享涉税信息之后，税务机关不仅可以通过税务方面掌握信息，还可以通过其他部门掌握的纳税人的大量相关经济数据信息进行监管。这彻底打破了部门间的信息壁垒，加大了稽查范围，税务机关不仅可以进行多维度的分析比对，还可以同时联合多部门来惩戒涉税违法行为，使纳税人的违法成本大幅增加。

3. 数字化征管时代税务机关与纳税人的互动

利用数字化征管技术，大数据智能化应用将慢慢减少税务机关与纳税人之间的信息不对称，建立税务机关与纳税人之间的信任，使双方在更为透明开放的平台上沟通，促使双方更为紧密的合作。同时，有力地解决税收争议也将是对税收征管系统智能化发展的有益助力。

（1）以互信合作为导向的风险管理

在数字化征管时代，税收透明度得以逐步提高，这有助于税企双方的关系由对立转向更高效的税企合作。但这并不意味着，税务机关不需要配备严厉的惩戒制度作为保障，来发挥预防税收违法的作用。

最近几年，部分欧洲国家在逐步推进税收制度改革。2019 年 3 月，法国财政部启动有关《公司和税务局间以信任为基础的新关系》的若干计划。[①] 其中，一些遵从度高的大中型企业可以与税务局建立全新的合作伙伴关系，将提高税收合规性和确定性作为双方的共同目标。双方签署协议后，可就企业存在重大战略风险或挑战的税务事项在申报或交易前进行深入讨论，并共同决定所需分析的关键问题。企业应向政府承诺税务透明，而税务局需限时作出决策，并受到相关结果的约束。

2016 年，意大利在国内税收制度中引入一项合作遵从制度，促使大企业在信任和透明的基础上与税务部门进行持续合作。纳税人需具备完善的内控机制，并主动向税务局披露公司运营信息，包括业务说明、税收策略、风险控制系统等，企业在税务机关审核后可获得一系列便利条件，如获得事先裁定的快速通道、减少罚款等。[②] 2020 年，荷兰税务局进一步完善了横向监控（horizontalmonitoring）系统。在这个新系统下，横向监控更加强调由税企双方共同确认申报表是否合规。纳税人内部将设立税务风控措施，并首先进行自我评估，而税务局则定期与纳税人沟通税务问题及内部风控情况。

除了提高透明度和增加互信基础，欧盟为应对一些跨国集团复杂的避税行为，于 2017 年推出了《税收非合作管辖区清单》（俗称“黑名单”），并在之后对名单进行多次修订，位于“黑名单”辖区的实体在欧洲的运营将受到限制。2021 年，为提高欧盟税收“黑名单”制度的权威性和震慑力，欧盟议会要求进一步提高对离岸管辖区经济实质的审查标准，并要求考虑出台非常严格的反制措施。

从国内看，我国已经开始初步尝试类似的税企互信措施，包括纳税人的信用评级制度、“千户集团”计划等。随着智慧税务的发展，我国税务机关对企业数据的接收和分析能力不断增强，在风险可控的前提下，可以考虑进一步扩大对高信用企业和大企业的激励措施。

① 卢奕：《拥抱未来：对数字化时代税收征管的理解与展望》，载《国际税收》2021 年第 10 期。
② 卢奕：《拥抱未来：对数字化时代税收征管的理解与展望》，载《国际税收》2021 年第 10 期。

（2）完善争议解决方式

争议解决既是弥补税收立法缺陷的有力措施，也是保障纳税人专注经营活动的必要手段。随着我国税收征管系统的智能化升级，税务机关可以借助技术手段解决一些浅层次的税务问题，并集中力量解决更复杂、涉税金额更大的税务争议事项。而且，从人机互动的角度看，人工解决复杂问题有助于提高税务管理人员收集和分析数据的能力，税务机关可以更好地追踪不断演变的商业模式，进而促使征管系统更有效地融入实务管理中。

第一，引入税收事先裁定制度。目前，国际上很多国家都建立了税收事先裁定制度。事先裁定制度涉及范围广泛，但一般不包含事实判断、上诉及假设却不实际发生的问题等特殊事项。在美国、英国、澳大利亚等发达国家，税务局会根据事先裁定结果编制税务指南并公布在网站上，任公众查阅，引导纳税人自行判断有关税务行为是否属于逃避税务行为，以降低税务风险。对我国而言，引入事先裁定制度有利于解决普遍存在的一些税务争议事项，如集团内部重组、税收协定受益所有人判定、境外间接转让征税等，纳税人可以通过事先裁定制度获得更多的税收确定性。2021 年 3 月《税收征管意见》明确提出“探索实施大企业税收事先裁定并建立健全相关制度”。

第二，成立专业税务法庭。随着技术的不断进步，简单的税务问题逐渐减少，但税务争议所涉及的领域会更广，问题将更复杂。因此，可考虑在适当时机建立专业的税务法庭，培养专业税务法官，解决税企间的争议。

（3）推动全球治理体系建设

近些年，应对经济数字化带来的税收挑战这一话题在世界范围内获得了广泛关注。形成各国共识方案除了包括对新国际税收规则的构建，还包括如何实现国际税收征管有效性这一重要内容。目前，我国已经形成全面开放新格局，既有成熟的“引进来”跨国企业，也有不断发展的“走出去”跨国企业，积极参与新国际规则的商定有利于维护我国企业的利益。在新一轮国际税改的大背景下，可以考虑借助深化税收征管改革的契机，在进行征管系统顶层设计时纳入国际税改的要素考量。

新一轮国际税改对中国“引进来”与“走出去”的企业均有影响。2013 年，OECD 受 G20 委托启动 BEPS 项目，旨在通过修改国际税收规则来遏制跨国企业在全球转移利润和避税的行为。BEPS 项目可以分为两个阶段：第一阶段的成果主要是提高透明度和信息交换，以及适当增加在避税地的“实质性活动”，但相关要求较宽松。2017 年，OECD 再次提出全球经济已向数字化全面转型，所引发的利润转移和税基侵蚀更加严重，要求各国应尽快针对经济数字化所带来的税收挑战形成共识性解决方案。在第二阶段中，BEPS 项目进一步发展形成两大支柱规则。在支柱一框架下，各国商定一套新的国际税收规则，将现有规则无法捕获的超额利润重新分配至市场国，并取代多数国家施行的单边数字服务税。在这种情况下，新规则将自成一套申报体系，被纳入范围的企业可能承担全新的纳税申报义务；同时，支柱一涉及多国征税权的重新划分问题，为了能在各国有效实施，还专门针对潜在的税收争议引入全新的多边磋商机制。虽然目前支柱一仅针对高利润的大型企业，但考虑到我国数字经济发展迅速，至少在规模上已位居世界前列，不排除未来可能有更多大型企业落入该规则范围。支柱二要求跨国公司在全球任意辖区都需达到最低税负水平，跨国公司按辖区分别计算当地实体运营的实际税负，低于最低税负的部分要求在母国补齐税款。支柱二所采用的口径与国别报告类似，并且直接与税负率计算有关，因此所涉及数据的精确度比现有国别报告的要求更高。面对逐步深化的国际税改，我国在深化税收征管改革的过程中也必须考虑增加对纳税人全球经营和所得的数据收集，加大对数据管理规范的力度，为将来国际和国内税收规则的制定及对企业影响的研判提供分析基础。

4. 税务中介在实现智慧税务过程中将发挥更大的作用

随着社会分工细化和涉税实务专业度的不断提升，税务中介将在未来智慧税务的实现过程中扮演越来越重要的角色。《税收征管意见》提到要充分发挥行业协会和社会中介组织作用，支持第三方按照市场原则为纳税人提供个性化服务，加强对涉税中介组织的专业和行业监管。

（1）中介机构应更专注于为纳税人提供专业服务

与税务部门对纳税人的服务有所区别，中介机构为企业提供的服务将更接近于商业层面，包括解决更广泛的商业运营和企业管理中出现的税务问题。中介机构长期深耕于专业服务，其知识结构更新速度快，涉及行业广泛且经验丰富，不仅可以为企业提供服务，也可以为税务部门提供专业的税收政策和技术服务。有了税务中介机构的服务，税务部门也可以更专注于对纳税人的风险管理，将服务交给市场。

（2）中介机构提供服务应以独立性为前提

保持独立性是中介机构提供专业服务的基础，税务行业协会对其的监管应更多体现在行业管理上，如设定从业资格和门槛，制定独立性要求规则，以及配备严格的惩戒制度等。

（3）中介机构应更聚集高端专业服务

随着未来征管科技的进一步成熟，税务机关可以便捷地直接获取税务信息，纳税人填写申报表愈发简便，中介机构可能将逐渐淡出税务申报等初级服务市场。顺应新的征管发展趋势，国际化的中介机构将凭借其高水平的税务技术能力，向价值链顶端爬升，参与更有深度的专业服务，包括参与税法设计研究、为税收征管系统的搭建提供专业的税务和技术分析、为税务管理人员提供国际化的专业培训、协助处理跨国集团与税收管理部门之间的互动及争议解决等。

在税务数字化的过程中，挑战与机遇并存，如果企业能合理利用数据化手段，调整税务管理模式，将可能为企业带来机遇。企业可以考虑在目前的风险管理框架下从上到下的重新设立税务风险数据化管理模式，提前为大数据时代的税务风险管理做好准备。

在企业层面，管理层可以结合自身的经营目标，设计税务管理战略，包括企业的短期及中长期计划。在完成战略设计后，管理层可以针对现有管理及运营模式，包含数据管理平台，进行审阅和调整，并根据税务战略重新设立或者调整税务管理模块，包括税负管理、纳税流程等方面内容。在执行层面，依托数据和信息化管理系统进行运行，如在企业数据处理平台中可以设计建立流程管理模块，跟踪采购、供应链、销售的各项环节，设立税务事项控制点（如发票开具、认证、申报等），有效监督下属企业的税务日常申报工作的进展。从战略、管理以及贯彻执行层面的综合考量和系统搭建，企业的财务及税务管理系统将得到可观的提升与优化。

通过对接政府与企业信息不对称，利用数字化的工具缩小政府与企业信息不对称，来实现企业的数字化合规体系。比如“锦信一票通”智能工具即是在当前数字化市场发展下，企业通过智能软件建构数字化合规体系的可行性路径。“锦信”是基于企业经营整体合规前提下的一款为企业提供合规控制和筹划的大数据财税工具，旗下的“锦信一票通”软件为企业提供基于发票“一条鞭”式、大数据一体化管理平台，依托税务、工商以及征信大数据资源，通过企业发票 AI

管理，打通合规链条，综合税务、市场监管、企业经营风险等各方面提供立体化的合规服务，给企业展现一体化合规结果，从而有效实现现代企业合规管理，避免合规管理流于形式。提高企业管理效率的同时，从存量中找增量，为企业融资提供金融信用工具。通过引入上述数字化合规模式，能够尽可能地实现企业与政府间信息的相对对称，建构动态的企业数字化合规经营体系。依托市场数据，深入剖析违法违规行为动机的差异性，以掌握其中规律。

四、消费与零售行业企业刑事合规体系及风险点

从实践案例来看，企业和企业者因为经营管理而触犯刑法、被判处刑罚的案例并不鲜见。近年来，企业刑事法律风险防范已经成为备受商界和法律界关注的话题。

由于各种原因，企业在经营中确实可能触及刑事法律风险，但这其中并不全是由于企业恶意违法而导致的后果。因此，从自身心态出发，企业应当以平常心客观看待刑事合规，切勿讳疾忌医。刑事合规并不是心存恶念者借以逃避法律惩治的保护伞，更不是不法分子的帮凶，刑事合规从刑事法律角度保护那些希望通过合法经营创造财富和价值的企业、企业主和职业经理人，避免让不想犯罪的人遭受牢狱之苦。①

（一）近年来消费与零售行业企业涉刑案件概况

1. 近年来消费与零售行业企业涉刑案件数量及罪名分布（见表17）

表17　2017—2021年消费与零售行业企业涉刑重点罪名及数量

单位：件

罪名＼年份	2017	2018	2019	2020	2021
生产、销售伪劣产品罪	447	436	641	695	197

① 王峰、李晋：《企业刑事合规系列总论篇之（一）——刑事合规究竟是什么?》，载中伦视界官方公众号2020年7月15日。

续表

年份 罪名	2017	2018	2019	2020	2021
生产、销售有毒、有害食品罪	927	611	669	653	241
非法经营罪	5111	5400	7458	7647	1572
组织、领导传销活动罪	1400	2573	2687	1916	624
假冒注册商标罪	1363	1477	1847	1816	647
销售假冒注册商标的商品罪	1321	1528	2067	2223	874
侵犯商业秘密罪	4	4	8	11	0
虚开增值税专用发票罪	3218	3849	3868	3643	1163
逃税罪	92	95	96	86	16
对非国家工作人员行贿罪	225	230	260	243	78
侵犯公民个人信息罪	1208	2045	2404	2098	1066
虚假广告罪	8	9	17	3	

企业经营活动涉嫌刑事犯罪对企业的影响最为严重，同时这也是善意企业者们最难以接受的。这往往是由企业对特定经营活动所涉及的刑事法律法规、前置性民商事或行政法律法规、政策制度及规范性要求缺乏认识或者存在误解所造成的。

通过以上统计数据可以看出，非法经营罪、虚开增值税专用发票罪及组织、领导传销活动罪犯罪数量位居消费与零售行业企业总的犯罪数量的前三位，因此这三种违法犯罪行为面临较为严峻的刑事合规风险。

从年份上来看，自 2017 年至 2020 年，刑事案件均呈现数量走高趋势，而随着新冠肺炎疫情的冲击，2021 年案件数量呈现断崖式下降。不难发现，经济活跃度与案件数量为正相关关系，随着新冠肺炎疫情逐步得到有效控制，经济发展将逐步提速，经济活动会越发活跃，而案件数量也势必会相应增加，这再次给消费与零售行业企业敲响在经营活动中不仅要关注经济活动效益，也要关注经营行为刑事层面企业合规的警钟。

2. 近年来消费与零售行业涉刑案件的企业类型及地域分布（见图11）

单位：件

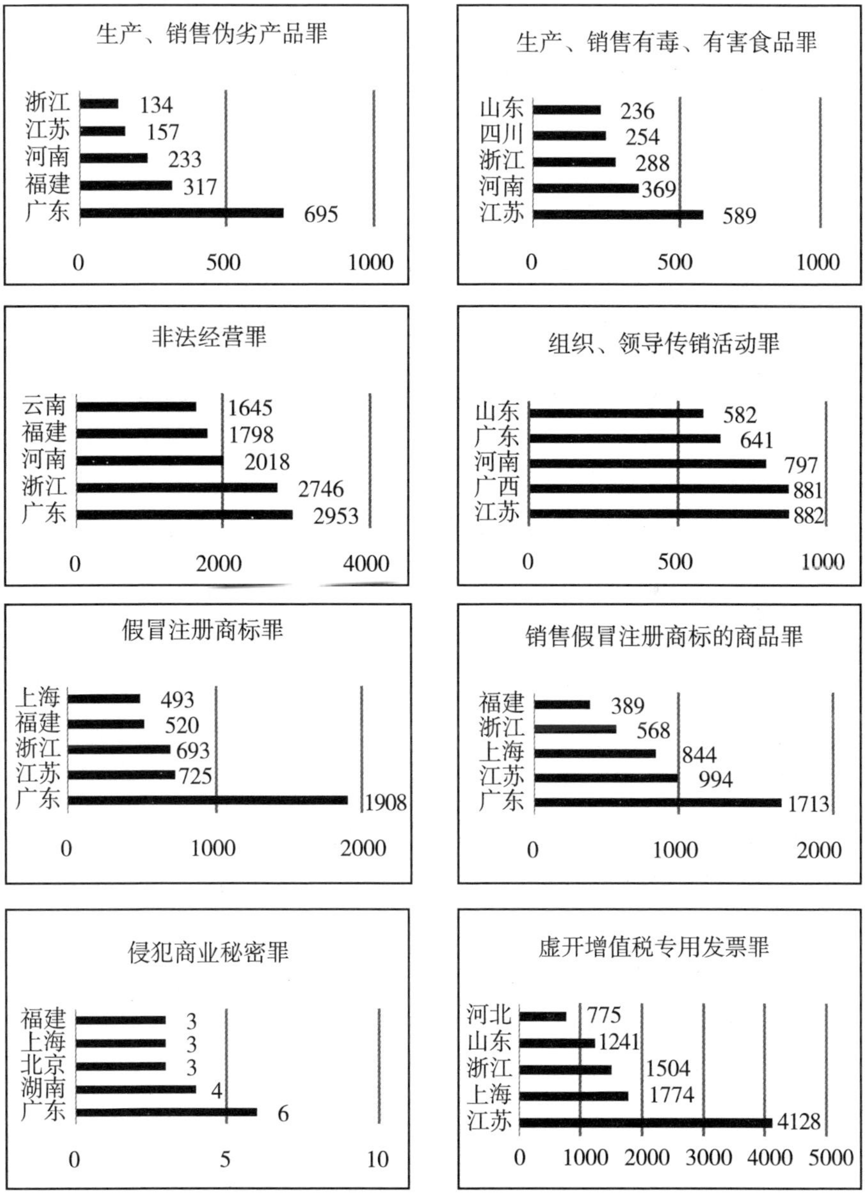

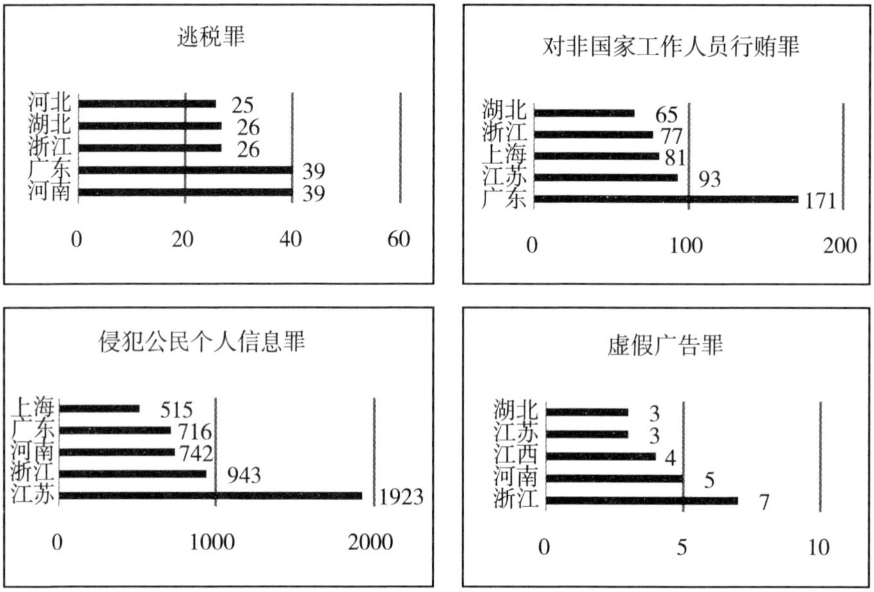

图11　2017—2021年消费与零售行业涉刑案件的企业地域分布

广东省、江苏省、浙江省是经济发展位于全国前列的省份，随之而产生的负面现象就是涉刑的消费与零售行业企业占比也位居全国前列。

从以上统计数据可以看出，活跃的经济行为伴随着较高的刑事风险，企业的日常运营以及经营行为务必要在合法的框架下进行，这就要求行业企业提高对刑事合规的重视程度。

同时，涉刑企业分布较多的地域也是法治运行较为完善、营商环境较好、市场竞争得到充分尊重的地域。从这个层面上来说，刑事合规不是企业面临的沉重负担甚至于“敌人”，而是市场经济发展的“护卫”，是企业能充分参与竞争、开创百舸争流局面的营商环境要素之一。因此，消费与零售行业企业在提高刑事合规风险控制意识的同时，也要发挥其主观能动性，投入足够的人力物力成本构建企业自身的合规事务框架。

3. 近年来消费与零售行业涉案企业与企业家的刑事处遇（见表18）

表18　消费与零售行业企业涉刑重点罪名及刑事处遇

罪名	情节	主刑	并处/单处	附加刑（罚金/没收财产）
生产、销售伪劣产品罪	销售金额5万元以上不满20万元	2年以下有期徒刑或者拘役	并处/单处	销售金额50%以上2倍以下罚金
	销售金额20万元以上不满50万元	2年以上7年以下有期徒刑	并处	销售金额50%以上2倍以下罚金
	销售金额50万元以上不满200万元	7年以上有期徒刑	并处	销售金额50%以上2倍以下罚金
	销售金额200万元以上	15年有期徒刑或无期徒刑	并处	销售金额50%以上2倍以下罚金或者没收财产
生产、销售有毒、有害食品罪	一般情节	处5年以下有期徒刑	并处	罚金
	对人体健康造成严重危害或者有其他严重情节	5年以上10年以下有期徒刑	并处	罚金
	致人死亡或者有其他特别严重情节	处10年以上有期徒刑、无期徒刑或死刑	并处	罚金或者没收财产
非法经营罪	情节严重	5年以下有期徒刑或拘役	并处/单处	违法所得1倍以上5倍以下罚金
	情节特别严重	5年以上有期徒刑	并处	违法所得1倍以上5倍以下罚金或者没收财产
组织、领导传销活动罪	基本档	5年以下有期徒刑或拘役	并处	罚金
	情节严重	5年以上有期徒刑	并处	罚金

续表

罪名	情节	主刑	并处/单处	附加刑（罚金/没收财产）
假冒注册商标罪	情节严重	3 年以下有期徒刑	并处/单处	罚金
	情节特别严重	3 年以上 10 年以下有期徒刑	并处	罚金
销售假冒注册商标的商品罪	违法所得数额较大或者有其他严重情节的	3 年以下有期徒刑	并处/单处	罚金
	违法所得数额巨大或者有其他特别严重情节	3 年以上 10 年以下有期徒刑	并处	罚金
侵犯商业秘密罪	情节严重	3 年以下有期徒刑	并处/单处	罚金
	情节特别严重	3 年以上 10 年以下有期徒刑	并处	罚金
虚开增值税专用发票罪	基本档	3 年以下有期徒刑或者拘役	并处	罚金
	虚开的税款数额较大或者有其他严重情节的	3 年以上 10 年以下有期徒刑	并处	罚金
	虚假的税款数额巨大或者有其他特别严重情节的	10 年以上有期徒刑或者无期徒刑	并处	罚金或者没收财产
	单位犯前款罪的，对单位判处罚金，并对其直接负责的主管人员和其他直接责任人员，依照前款的规定处罚。			
逃税罪	逃避缴纳税款数额较大并且占应纳税额 10% 以上	3 年以下有期徒刑或拘役	并处	罚金
	数额巨大并且占应纳税额 30% 以上	3 年以上 7 年以下有期徒刑	并处	罚金
	扣缴义务人采取前款所列手段，不缴或者少缴已扣、已收税款，数额较大的，依照前款的规定处罚。			

续表

<table>
<tr><th>罪名</th><th>情节</th><th>主刑</th><th>并处/单处</th><th>附加刑
（罚金/没收财产）</th></tr>
<tr><td rowspan="3">对非国家工作人员行贿罪</td><td>数额较大</td><td>3 年以下有期徒刑或拘役</td><td>并处</td><td>罚金</td></tr>
<tr><td>数额巨大</td><td>3 年以上 10 年以下有期徒刑</td><td>并处</td><td>罚金</td></tr>
<tr><td colspan="4">单位犯前款罪的，对单位判处罚金，并对其直接负责的主管人员和其他直接责任人员，依照第 1 款的规定处罚。</td></tr>
<tr><td rowspan="3">侵犯公民个人信息罪</td><td>情节严重</td><td>3 年以下有期徒刑或拘役</td><td>并处/单处</td><td>罚金</td></tr>
<tr><td>情节特别严重</td><td>3 年以上 7 年以下有期徒刑</td><td>并处</td><td>罚金</td></tr>
<tr><td colspan="4">单位犯前款罪的，对单位判处罚金，并对其直接负责的主管人员和其他直接责任人员，依照各该款的规定处罚。</td></tr>
<tr><td>虚假广告罪</td><td>情节严重</td><td>2 年以下有期徒刑或拘役</td><td>并处/单处</td><td>罚金</td></tr>
</table>

刑事责任的追究原则上采取双罚制，如果经营主体（公司、企业或个体工商户）构成犯罪，除经营主体自身会被判刑外，法定代表人、财务负责人以及其他相关责任人员也会受到刑事处罚，税收刑事违法案件一般都是双罚制，经营主体违法也会直接导致如法定代表人、财务负责人以及其他相关责任人员被处罚。在刑事法律领域，经营主体及其人员之间存在行为及责任的转化和牵连，其中个人刑事责任较重。

从以上表格中摘录的消费与零售行业企业重点罪名来看，涉及以上罪名的案件，其刑罚也都是采用双罚制，通过人身刑与财产刑的惩罚，警诫企业要严格预防自身在经营过程中可能产生的刑事风险。

可以看出，涉及侵犯人身安全法益的罪名其法定刑较重，如生产、销售有毒、有害食品罪，最高可判处死刑。因此，销售关乎百姓生命安全、身体健康产品的企业要严格把控生产流程及销售过程，将食品安全作为企业经营环节里的重中之重。

4. 近年来年消费与零售行业企业遭受刑事侵害情况

企业自身受到刑事侵害也属于刑事合规的规范维度之一。

公司、企业遭受犯罪行为侵害。经济活动的复杂性和法律的滞后性导致企业不仅有可能在经济活动中触发刑事责任，更有可能遭受犯罪分子的不法侵害，例如企业在商业活动中遭受强迫交易、敲诈勒索甚至诈骗，抑或内部员工监守自盗，窃取公司财产或者权益，为己谋利等。此类刑事侵害的危害性可以说不亚于企业涉刑风险，而以反舞弊、反欺诈等为典型代表的刑事合规治理手段可以有效预判和化解企业遭受不法侵害的现实风险。

5. 近年来消费与零售行业企业刑事风险类型分析

我国现行刑法规定有469个具体罪名，其中有164个罪名存在单位犯罪的设置，而公司、企业等经济实体作为“单位”最为常见的组织形式，即便仅考虑公司、企业自身触犯刑法、涉嫌犯罪的情况，也存在160多个刑事风险点，并且触及企业运营中的各个方面，有些风险甚至鲜为人知。此外，因为不得不考虑因工作人员个人涉刑而给公司、企业带来的法律风险问题，所以刑事法律对于企业合规经营的影响是非常广泛的。

企业在经营管理中一旦触发刑事风险，暂且不讨论舆论和业界对此产生的负面评价，仅在法律层面，等待企业的也将可能是漫长的刑事诉讼程序，涉及企业和相关人员被处以相关刑事判罚。诚然，刑法负有打击和惩治犯罪的任务，相较于其他部门法，其对涉事者的制裁和惩罚手段也最为严厉。

因此，鉴于刑事法律调整社会关系的广泛性和惩治手段的严厉性，企业应当将刑事合规纳入合规体系的设计与构建之中，将刑事法律规范及实践准则引入合规治理。这样才能最大限度地保障企业在市场经济活动中的安全运营。

（1）内部刑事风险

消费与零售行业企业在内部的生产、销售环节会面临诸多刑事风险，从产品质量到经营领域再到营销方式的各个环节都存在产生潜在的刑事内部风险的可能性。以下就以几大消费与零售行业企业频发的罪名为例，倒推其中的刑事合规风险。

A. 产品质量问题——生产、销售伪劣产品罪，生产、销售有毒、有害食品罪

每年的“3·15”期间，被披露最多的问题企业都集中在消费与零售行业中

的食品相关行业，虽然我国食品安全形势总体稳中向好，但食品安全违法犯罪行为屡禁不止。

2013 年至 2021 年，全国法院共审结生产、销售不符合安全标准的食品罪和生产、销售有毒、有害食品罪刑事案件 3.8 万余件，判决人数 5.2 万余人。

此外，还依法审理大量涉危害食品安全的生产、销售伪劣产品罪，非法经营罪等的刑事案件。为了更好地依法惩治危害食品安全犯罪，保障人民群众身体健康、生命安全，2021 年最高人民法院和最高人民检察院出台了《关于办理危害食品安全刑事案件适用法律若干问题的解释》（以下简称《食品安全的解释》，2022 年 1 月 1 日施行）。

在保护群体上，《食品安全的解释》加强了对未成年人、老年人等群体的食品安全保护力度，并规定利用保健食品等骗取财物的行为，可以依照诈骗罪定罪处罚，同时构成生产、销售伪劣产品罪等其他犯罪的，依照处罚较重的规定定罪处罚。

在对食品制造、销售等环节的监管上，《食品安全的解释》也出台了相关规定。例如，在食品生产、销售、运输、贮存等过程中，使用不符合食品安全标准的食品包装材料、容器、洗涤剂、消毒剂，或者用于食品生产经营的工具、设备等，造成食品被污染的，或以生产、销售不符合安全标准的食品罪或者生产、销售有毒、有害食品罪定罪处罚。

B. 经营领域问题——非法经营罪

就“非法经营行为”之属性界定，目前学界及实务中存在“同一类型说”及“实质相同说”的争议。前者认为，非法经营罪的法益是“国家特许经营制度”，应区分普通许可与特别许可，只有违反特别许可的行为才可能构成非法经营罪。而后者认为，“同一类型说”难以被推广运用于全部罪名的兜底条款解释，无法独立完成兜底条款的解释作用。前述争议使得非法经营罪的范围确定成为一直以来的难题。

我国司法实践中存在着将与行政许可无关的、不存在许可经营可能的、只涉及一般行政许可的行为作为非法经营罪定罪量刑的情况，这些情况无疑体现了非法经营罪适用范围的扩张。

《刑法》中规定的非法经营行为类型有：未经许可经营法律、行政法规规定的专营、专卖物品或者其他限制买卖的物品；买卖进出口许可证、进出口原产地证明以及其他法律、行政法规规定的经营许可证或者批准文件；未经国家有关主管部门批准非法经营证券、期货、保险业务，或者非法从事资金支付结算业务。

如何在经营活动中防范非法经营罪的刑事风险？一方面，明确《刑法》及相关司法解释明确规定的行为类型，提高风险防范意识，商事行为不可触及法律底线；另一方面，司法判例中亦存在将诸多刑法和司法解释未明确规定的非法经营行为模式（如非法从事对外劳务合作运营、非法房地产开发经营、非法经营成品油、液化气等）定罪的情况。

因此，在商事行为中，还是希望广大消费与零售行业企业与企业家们严格遵守相关经营许可制度，审慎经营。

C. 营销方式问题——组织、领导传销活动罪，虚假广告罪

在传销刑事犯罪方面，近年来，很多企业基于其独特的运营模式偏离了正常的轨道而卷入了传销犯罪，这些企业在成立之初或在早期运营过程中，并非以传销为目的。有时企业与“人”一样，也会在市场的大潮中迷失自己，无法抗拒暴利诱惑而“剑走偏锋”、追逐暴利。

《禁止传销条例》第 7 条规定，企业或组织要求以发展人员为计算报酬的、要求以发展人员交纳费用或认购商品获利加入资格的、要求发展人员以发展的下线业绩来计算报酬的，牟取非法利益，属于行政法上的传销行为。公式如下：第一种：拉人头 + 牟取非法利益。第二种：收入会费 + 牟取非法利益。第三种：团队计酬 + 牟取非法利益。

简言之，这三种结构就是层级结构 + 牟取非法利益。行政法上的合规，第一种方案是斩断层级结构，但对于特定企业来讲，斩断层级结构会影响整体经营模式，故第一种方案行不通的情况下，须考虑规避非法利益，非法利益须依具体企业的性质来具体分析判断。

因此，组织、领导传销活动罪的特征是层级 + 欺诈。传销犯罪的刑事合规，在于通过制定合规措施、建立合规机制，斩断违法犯罪人员利用公司的特征或产品的特征开展传销，避免公司陷入传销犯罪的泥潭。

在虚假广告违法犯罪方面，如果因为虚假广告并导致人民群众存在巨额财产损失，就会往刑事犯罪的角度发展。在唐某峰、王某苹虚假广告刑事案件［（2021）津 0118 刑初 146 号］中，唐某峰、王某苹在明知水岸风情小区项目未取得相关行政许可手续的情况下，采用虚假广告的方式进行对外宣传销售，称水

岸风情小区是70年大产权房，可落户。2018年4月24日、2019年7月9日、2019年9月2日，工商部门三次对水岸风情小区项目虚假宣传行为进行处罚。唐某峰、王某苹在明知被处罚的情况下仍继续进行虚假宣传，致使董某某、曹某等多名购房者因唐某峰无力退款造成损失。

根据《刑法》第222条的规定：即发布虚假广告的行为，可以构成虚假广告罪。公诉机关认为，被告人唐某峰、王某苹作为广告主、广告发布者违反国家规定，利用广告对商品作虚假宣传，情节严重，扰乱经济社会秩序，其行为触犯了《刑法》第222条“广告主、广告经营者、广告发布者违反国家规定，利用广告对商品或者服务作虚假宣传，情节严重的，处二年以下有期徒刑或者拘役，并处或者单处罚金”的规定，应当以虚假广告罪追究其刑事责任。

最终法院一审判决：被告人唐某峰犯虚假广告罪，判处有期徒刑8个月，并处罚金人民币5万元。被告人王某苹犯虚假广告罪，判处有期徒刑8个月，缓刑1年6个月，并处罚金人民币3万元。

（2）外部刑事风险

消费与零售行业企业在面对外部的知识产权、税务合规以及侵权等领域均有诱发刑事风险的可能。

A. 知识产权领域——假冒注册商标罪、销售假冒注册商标的商品罪、侵犯商业秘密罪

2019年11月中共中央办公厅、国务院办公厅印发《关于强化知识产权保护的意见》，2020年9月《最高人民法院、最高人民检察院关于办理侵犯知识产权刑事案件具体应用法律若干问题的解释（三）》施行，2020年12月《刑法修正案（十一）》对“侵犯知识产权罪”一节进行了修改，包括修改罪状表述、降低入罪门槛、加重刑罚力度。仅仅一年时间，涉知识产权犯罪的相关法律法规、司法解释陆续出台。另外，自2020年以来，全国公安机关深入开展“昆仑2020”专项行动，据悉已破获刑事案件1.6万余起，对比2018年全国法院共计收到侵犯知识产权犯罪一审案件4319件，可见中央对打击侵犯知识产权犯罪的力度。

众多网红通过直播带货方式销售产品，由于他们对商品注册商标敏感度不高或以明显低价转售，很容易涉嫌销售假冒注册商标的商品罪。很多中小微实体企业，在经营中也有发生该类案件的刑事风险。因此，商品销售行业应当提高警惕，采取有效措施确保合法经营。

《刑法修正案（十一）》对销售假冒注册商标的商品罪设置了新条文增加入罪情节，追诉标准由“销售金额数额较大”修改为“违法所得数额较大或者有其他严重情节”，更具有合理性。

B. 税务合规领域——虚开增值税专用发票罪、虚开发票罪、逃税罪

我国近年来查处的发票犯罪案件大多具备组织化、跨区域化作案等特点，违法活动范围辐射面广，涉及不同行业企业，数量众多。

根据《2019—2020 企业家刑事风险分析报告》，虚开增值税专用发票罪位列 2020 年企业家犯罪的第 4 名，并且在发案环节上主要集中于财务管理环节，其次是日常经营活动环节。

发票类犯罪已成为企业家涉刑高发风险之一，对此，企业应当未雨绸缪，做好全面的应对措施，以防止相应的刑事风险。

关于侵犯商业秘密罪的刑事风险。根据《反不正当竞争法》第 9 条第 4 款规定，商业秘密是指不为公众所知悉、具有商业价值并经权利人采取相应保密措施的技术信息、经营信息等商业信息。商业秘密的有效保护，前提是对企业商业秘密的准确识别，相应地，在关于商业秘密的纠纷中，如何确定所涉信息属于商业秘密，也往往成为争议的焦点。

北京知识产权法院二审审结并通报一起多名员工携前用人单位商业秘密跳槽案件（以下简称通报案例），该知识产权法院最终认定涉案的数名前员工与其离职后加入的新用人单位共同实施了侵害原用人单位商业秘密的行为，判令其停止侵权，并赔偿经济损失和合理开支共计 799 万元。该案一经通报就因其高昂的损失赔偿数额和新用人单位连带责任的认定引发了行业内外广泛关注。

通报案例中，原告诉称，其作为国内知名高尔夫球服务经营商，拥有大量不为公众所知悉的经营信息（如国内各大高尔夫球场合作信息、所服务的金融机构客户名单、项目负责人信息、金融机构合作底价及公司成本价等信息），其使用前述信息获得巨大经济利益，维持了显著市场竞争优势，主张有关信息属于商业秘密。被告公司及被告公司员工则答辩认为，原告主张的经营信息或未采取保密措施，或可从公开渠道获得，不属于商业秘密。

法院认为，对商业秘密的确定应当从以下几个方面考虑：a. 原告主张的经营信息是否存在且明确；b. 相关经营信息是否具有秘密性；c. 相关经营信息是否具有商业价值性；d. 原告是否对相关经营信息采取了保密措施 4 个方面对原告主

张的信息是否构成商业秘密进行判断。

C. 侵犯公民个人信息及隐私领域——侵犯公民个人信息罪

企业在经营过程中不可避免地会接触到客户的个人信息，特别是随着网络时代电子商务的飞速发展，数据倒卖、泄露的事件频频发生，不少数据源于企业对客户个人信息的收集，由此产生了大量刑事相关案件。其中比较常见的就是侵犯公民个人信息罪，这个罪的犯罪主体是一般主体，自然人和单位均可以构成本罪。当单位犯该罪时，对单位判处罚金，并对其直接负责的主管人员和其他直接责任人员，依照法律相关规定进行处罚。

较为常见的企业侵犯个人信息刑事案件主要分为两类：第一类是企业掌握的个人信息被侵害（既包括来自外部的侵害，也包括企业内部人员不法行为引发的侵害）；第二类是企业或其员工侵害公民个人信息（企业或其员工作为加害者，犯罪对象并非企业本身掌握的个人信息）。无论哪种情况，都表明相关企业在数据合规方面存在风险点，亟待改进和完善。

企业在本罪的刑事风险防范上可以做到对数据管理有完整的计算机维护系统，从数据泄露方面来说，一方面是保证系统的安全和稳定，防止外人入侵系统盗取数据；另一方面是对进入系统的企业工作人员进行监管，做到入系统留痕，以便后期责任追查。同时，企业可以通过设置密钥，并不定期更新密钥的方式为企业信息不断加码。

D. 其他领域——对非国家工作人员行贿罪

提到对非国家工作人员行贿罪就不得不提及商业贿赂合规，即反腐败合规，在此领域，美国和欧洲属于先行者，国内的法律规范体系主要包括：政策规范、经济法律规范、行政法规规章、刑事法律规范和国际条约规范 5 个部分，《民法典》《刑法》《反不正当竞争法》都属于核心法律规范。实务中，在央企和上市公司的规制较为严格。2021 年，中央纪委国家监委与中央组织部、中央统战部、中央政法委及最高人民法院、最高人民检察院联合发布了《关于进一步推进受贿行贿一起查的意见》，既是老生常谈的问题，也是反腐败的又一轮新信号，反腐败案件的调查范围将进一步扩大，企业也应抓紧加强自身的反腐败合规建设，以有效分割实施商业贿赂当事人与企业及企业高管间的关系。判断商业贿赂的要素大致有 3 个：其一，是否会影响企业获得交易机会或竞争优势；其二，是否符合相关法律法规规定和程序；其三，相关费用是否合理并如实入账。

（3）刑事犯罪牵连风险

由于刑法的共同犯罪理论、穿透式审查方式和实践中对犯罪故意宽入严出的认定标准，企业有时会牵涉刑事案件，甚至可能会成为被控诉的对象。这就要求，刑事合规必须在一定程度上扩大规制范畴的外延设置，尤其是在商业合作伙伴、交易对手等特定主体的合规性审查和管理方面，应当关注刑事风险控制与隔离的设计和安排。

（二）消费与零售行业企业刑事四大合规风险点

1. 企业生产、销售环节刑事风险点

对于消费与零售行业而言，生产、销售环节是企业发展的命脉。企业通过在生产、采购环节降低产品成本，并在销售环节创新营销模式，实现经济效益的最大化。然而，随着行业环境的不断变化，特别是互联网+时代的来临，消费与零售行业企业正面临前所未有的机遇与挑战，大量企业转型升级，并由此引发了企业在生产和销售环节的一系列刑事法律风险。本部分拟从产品质量、经营领域、营销模式等方面入手，探讨企业生产、销售环节所涉的刑事风险，并提出相应的合规建议，旨在帮助企业有效规避潜在的刑事责任，树立良好的企业品牌形象。

（1）生产、销售伪劣产品罪（《刑法》第140条）

A. 罪名及追诉标准

生产、销售伪劣产品罪，是指生产者、销售者在产品中掺杂、掺假，以假充真，以次充好或者以不合格产品冒充合格产品，数额较大的行为。

生产者、销售者在产品中掺杂、掺假，以假充真，以次充好或者以不合格产品冒充合格产品，涉嫌下列情形之一的，应予立案追诉：a. 伪劣产品销售金额5万元以上的；b. 伪劣产品尚未销售，货值金额15万元以上的；c. 伪劣产品销售金额不满5万元，但将已销售金额乘以3倍后，与尚未销售的伪劣产品货值金额合计15万元以上的①。

B. 刑事法律风险的识别与合规建议

a. 正规生产厂商对产品未经质检即出具产品合格证，放任不合格产品流入

① 参见《最高人民检察院、公安部关于公安机关管辖的刑事案件立案追诉标准的规定（一）》（公通字〔2008〕36号）第16条。

市场的，可能构成生产、销售伪劣产品罪

证照齐全的正规生产厂商，生产的产品不符合《产品质量法》第 26 条第 2 款规定的质量要求，是否构成犯罪？笔者认为，首先，要看对消费者人身和财产安全是否造成危害或具有潜在危害风险；其次，要看生产厂家是否具有生产、销售伪劣产品的主观故意。若生产厂家履行质检义务，但因工作失误导致不合规产品流入市场，这种情况因缺乏明显的犯罪故意而不构成犯罪。若生产厂家未经产品质量检测流程，即弄虚作假出具产品合格证，放任不合格产品流入市场，且不合格产品对消费者人身和财产造成危害或具有潜在危害风险的，其行为可能构成生产、销售伪劣产品罪。

合规建议：企业在生产过程中，要重视产品质量管理，比如引入质量管理体系认证，一旦发现产品存在质量问题，应当及时召回问题产品，排查产品质量问题的根源，并对其他相关产品进行全面质量检查，消除认定生产、销售伪劣产品主观故意的可能，并改进产品质量控制流程，弥补产品质量漏洞，切实防止不合格产品再次流向市场。

b. 利用新冠肺炎疫情生产、销售伪劣口罩，可能构成生产、销售伪劣产品罪

2020 年 1 月，武汉暴发新冠肺炎疫情，且有蔓延全国之势，市场上一“罩”难求，价格飙涨。许多人发现这是难得商机，纷纷做起了口罩生意。不仅仅是知名汽车制造企业，许多家庭小作坊也争先恐后生产口罩。口罩生产对原材料与生产工艺都有严格要求，但由于市场需求太大，即便是家庭小作坊生产出来的口罩也迅速流入市场，鲜有生产者、销售者关注口罩是否合格，是否可以达到防疫要求。针对前述市场乱象，政府监管部门重拳出击，一部分人生产、销售的口罩因不符合国家标准、行业标准被鉴定机构鉴定为不合格产品，进而被以生产、销售伪劣产品罪追究刑事责任。

合规建议：在突发传染病疫情等特殊时期，市场主体的行为与消费者生命健康的关系越密切，其面临的政府监管就越严格。为此，市场主体要有产品质量的底线意识，切莫为了追求赚快钱，漠视产品质量，把消费者的生命健康抛到九霄云外的短视行为终将走不远。

c. 销售过期外国品牌奶粉——孟某某销售伪劣产品案

【基本案情】

2014 年 11 月，被告人尚某某经受让他人股权成为被告单位姜迪公司股东，

并担任该公司法定代表人兼总经理；同时，尚某某还是润恒帅公司、耕蓉公司、万惠公司的实际负责人。姜迪公司及上述3家公司均在本市松江区长浜路501弄37栋110—112室开展经营活动。2016年1月至4月，被告单位姜迪公司在对外销售奶粉（烘培用）、奶酪等乳制品的经营过程中，被告人尚某某安排公司销售人员孟某某等人，将超过保质期的新西兰进口全脂奶粉、欧登宝马苏里拉（奶酪）等销售给锦合公司、智义公司和叶某等单位和个人，销售金额共计2,364,925元。此外，在姜迪公司没有取得生产加工过许可证的情况下，被告人尚某某还安排公司员工将超过保质期的大袋装新西兰进口全脂奶粉等乳制品分装成小包装，并贴上虚假生产日期的标签，通过在"淘宝网""阿里巴巴"开设的"天之然""太享商城"等网店销售。

【裁判结果】

被告单位姜迪公司为牟取非法利益，违反国家规定，将已过保质期的乳制品冒充合格产品进行销售，已销售金额共计236万元，并欲以分装、粘贴虚假标签等方法生产、销售超过保质期的乳制品，待销售金额共计190万余元。被告人尚某某作为被告单位直接负责的主管人员，决定并安排公司员工分装、销售超过保质期的乳制品，参与生产、销售金额共计426万余元，被告单位姜迪公司和被告人尚某某的行为已经构成生产、销售伪劣产品罪。其中，被告单位姜迪公司被判处罚金人民币430万元，被告人尚某某被判处有期徒刑15年。

【案件评析】

关于本案的定性，涉案产品经抽检符合国家食品安全标准，不构成生产、销售有毒、有害食品罪，也不构成生产、销售不符合安全标准的食品罪。但涉案产品超过保质期，具有食品安全风险，为不合格产品，故本案定性为生产、销售伪劣产品罪。关于本案的量刑，被告人尚某某销售金额大大超过200万元，按照《刑法》第140条的规定，起刑点就是15年有期徒刑。在没有法定减轻量刑情节的情况下，对被告人尚某某判处15年有期徒刑，已是法官酌情后的最低刑，无法再向下突破。由此可见，生产、销售伪劣产品罪的法定刑还是比较重的，即使还没有实际发生损害后果，舌尖上的安全也无小事！

（2）生产、销售有毒、有害食品罪（《刑法》第144条）

A. 罪名及追诉标准

生产、销售有毒、有害食品罪，是指在生产、销售的食品中掺入有毒、有害的非食品原料，或者销售明知掺有有毒、有害的非食品原料食品的行为。

除了在生产、销售的食品中掺入有毒、有害的非食品原料或者销售明知掺有有毒、有害的非食品原料的食品这2种情形应予立案追诉之外，以下情形也应予立案追诉：在食品加工、销售、运输、贮存等过程中，掺入有毒、有害的非食品原料，或者使用有毒、有害的非食品原料加工食品的；在食用农产品种植、养殖、销售、运输、贮存等过程中，使用禁用农药、兽药等禁用物质或者其他有毒、有害物质的；在保健食品或者其他食品中非法添加国家禁用药物等有毒、有害物质的①。

B. 刑事法律风险的识别与合规建议

a. 在生产、销售的减肥食品中添加有毒、有害的非食品原料的，可能构成生产、销售有毒、有害食品罪

通过检索近5年来涉生产、销售有毒、有害食品罪案件情况来看，除了在食物中添加罂粟壳成分、使用“地沟油”加工食品、在水产品养殖中使用孔雀石绿等常见案件外，因生产、销售含有“西布曲明”成分的减肥食品被追究刑事责任的新型案件也占一定比例，充分说明此类新型案件已成为我国司法机关严厉打击的对象。

何为“有毒、有害的非食品原料”？《最高人民法院、最高人民检察院关于办理危害食品安全刑事案件适用法律若干问题的解释》第9条规定下列物质应当认定为“有毒、有害的非食品原料”：第一，因危害人体健康，被法律、法规禁止在食品生产经营活动中添加、使用的物质；第二，因危害人体健康，被国务院有关部门列入《食品中可能违法添加的非食用物质名单》《保健食品中可能非法添加的物质名单》和国务院有关部门公告的禁用农药《食品动物中禁止使用的药品及其他化合物清单》等名单上的物质；第三，其他有毒、有害的物质。

b. 在生产、销售过程中，添加国家未明确禁止使用的非食品原料，也可能构成生产、销售有毒、有害食品罪

实践中，“非食品原料”包罗万象，不胜枚举。假如在生产、销售过程中，添加国家未明确禁止使用的“非食品原料”，即不在法律、法规、国务院有关部

① 参见《最高人民检察院、公安部关于公安机关管辖的刑事案件立案追诉标准的规定（一）的补充规定》（公通字［2017］12号）第4条。

门公布的禁用名单之内，是否有刑事法律风险？对于“有毒、有害的非食品原料”等专门性问题难以确定的，司法机关可以依据鉴定意见、检验报告、地市级以上相关行政主管部门组织出具的书面意见，结合其他证据作出认定。必要时，专门性问题由省级以上相关行政主管部门组织出具书面意见。因此，如果添加的非食品原料经专家鉴定、检验被认定是有毒、有害的，也可能构成生产、销售有毒、有害食品罪。

合规建议：面对食品安全领域的强监管，商家可以通过以下做法来规避刑事法律风险。首先，在生产、销售食品过程中不主动添加国家明令禁止的有毒、有害的非食品原料；其次，严格审查供应商的资质证照是否齐全，是否具备合法有效的食品生产（经营）许可证，产品执行何种标准等；再次，通过公开渠道查询供应商是否有产品质量违法行为被处罚的不良记录；最后，在仍有疑虑的情况下，也可以委托权威的第三方检测机构对所采购食品的安全性进行检测。

c. 销售含有违禁成分的减肥食品——常青春保健品公司、陈某某生产、销售有毒、有害食品案

【基本案情】

被告单位惠州市常青春医药美容保健品实业有限公司（以下简称常青春保健品公司）成立于1996年，主要生产、销售减肥胶囊、养颜胶囊、保健食品等，其中包括具有减肥功能的常青春菁盈胶囊。2017年4月至2018年4月，为避免服用常青春菁盈胶囊的人员出现血压升高的负面状况，被告单位常青春保健品公司法人代表即被告人陈某某，指示该公司总经理黎某某在网上购买可以降低血压的非洛地平，并添加到该公司生产的常青春菁盈胶囊中，其中该公司生产的20180101批次常青春菁盈胶囊共计4356盒。被告单位将生产的800盒胶囊贴牌为千泉常青春牌菁盈胶囊和魔尔常青春牌菁盈胶囊，以12元/盒价格销售给何某经营的新沂卓晟保健品专营店和沭阳趣淘商贸有限公司在网上销售；将生产的3450盒常青春牌菁盈胶囊以25—27元/盒的价格销售给郑某某等人，销售金额共计人民币98,500元。经深圳市药品检验研究所及江苏省食品药品监督检验研究院检验，该公司生产的20180101批次常青春牌菁盈胶囊，在一级质谱、二级质谱中均检出与非洛地平对照品一致的峰，非洛地平应被认定为有毒、有害的非食品原料。

【裁判结果】

被告单位常青春保健品公司、被告人陈某某在生产、销售的食品中掺入有

毒、有害的非食品原料，其行为均已构成生产、销售有毒、有害食品罪。

【案件评析】

根据我国《食品安全法》明确规定，生产经营的食品中不得添加药品（按照传统既是食品又是中药材的物质除外）。由于药品属于“法律、法规禁止在食品生产经营活动中添加、使用的物质”，应当认定为“有毒、有害的非食品原料”。本案中，非洛地平是一种降压药物。常青春保健品公司在其生产、销售的减肥食品中，添加非洛地平的行为，属于在食品中添加“有毒、有害的非食品原料”的行为，其行为已构成生产、销售有毒、有害食品罪。

（3）非法经营罪（《刑法》第225条）

A. 罪名及追诉标准

非法经营罪，是指未经许可经营法律、行政法规规定的专营、专卖物品或其他限制买卖的物品，买卖进出口许可证、进出口原产地证明以及其他法律、行政法规规定的经营许可证或者批准文件，未经国家有关主管部门批准非法经营证券、期货、保险业务的，或者非法从事资金支付结算业务以及从事其他非法经营活动，扰乱市场秩序，情节严重的行为。

非法经营罪规制的行为较多，其立案追诉标准也不尽相同，限于篇幅，这里不再援引，详见《立案追诉标准二》。

B. 刑事法律风险的识别与合规建议

a. 未取得经营许可证网上销售特定医疗美容产品，可能构成非法经营罪

近年来，随着我国居民生活水平的不断提高，医疗美容也由少数人群的专属逐渐成为普通百姓的日常需求。但医疗美容机构收费的暴利，促使不少消费者在网上购买医疗美容产品，因为网上产品价格相对便宜。善于捕捉商机的电商，在销售普通化妆品的同时竞相上架医疗美容爆款产品，比如法国菲洛嘉水光针、美国保妥适肉毒素、日本贵妇人胎素等。前述医疗美容产品，我国药品监督管理部门是按照第3类医疗器械、药品对其进行监管的。根据《医疗器械监督管理条例》与《药品管理法》的相关规定，销售第3类医疗器械、药品，应当向政府主管部门申领经营许可证，具体申领条件需要具备相应资质的专业技术人员、质量管理人员、仓储设施以及严格的管理制度等。实际情况是，有一部分电商根本不知道销售医疗美容产品需要申领相应的经营许可证，而是将其当成普通化妆品售卖，也有一部分电商知道需要持证销售，但具备申领条件成本过高，与电商的薄

利相矛盾，只能偷偷摸摸地售卖。

合规建议：医疗美容产品种类繁多，但效果好的还是外国品牌为主。医疗美容产品关系到人的生命健康，势必成为政府监管的重点领域。从事医疗美容产品的电商，不仅要从正规渠道进货，还要准确区分是普通化妆品还是第3类医疗器械、药品。如是第3类医疗器械、药品，则应当依法申领相应的经营许可证。无证销售，存在被追究非法经营刑事责任的极大风险。

b. 疫情防控期间，企业趁机哄抬物价、牟取暴利的行为，可能构成非法经营罪

为了依法惩治突发传染病疫情等灾害预防、控制期间出现的各种犯罪活动，最高人民法院、最高人民检察院早在2003年5月14日就联合发布了《关于办理妨害预防、控制突发传染病疫情等灾害的刑事案件具体应用法律若干问题的解释》。其中第6条明确规定，违反国家在预防、控制突发传染病疫情等灾害期间有关市场经营、价格管理等规定，哄抬物价、牟取暴利，严重扰乱市场秩序，违法所得数额较大或者有其他严重情节的，依照《刑法》第225条第4项的规定，以非法经营罪定罪，依法从重处罚。

自2020年新冠肺炎疫情暴发以来，为了依法惩治妨害新冠疫情防控违法犯罪行为，最高人民法院、最高人民检察院、公安部、司法部又于2020年2月6日发布了《关于依法惩治妨害新型冠状病毒感染肺炎疫情防控违法犯罪的意见》，进一步规定依法严惩哄抬物价犯罪，并以非法经营罪进行定罪处罚。根据《立案追诉标准二》，疫情防控期间，违反国家规定，哄抬物价、牟取暴利，单位非法营业数额在50万元以上，或违法所得数额10万元以上，或有其他严重情节的，其行为即可能构成非法经营罪。

合规建议：疫情防控期间，哄抬物价、牟取暴利，扰乱市场秩序的行为是政府监管部门重点打击的对象。疫情当下，企业更应肩负起社会责任，维护企业良好形象，严格根据自身的经营成本、市场的价格浮动对经营产品进行合理定价，避免因大幅度涨价被认定为“违反国家规定哄抬物价”的行为，以及由此带来的刑事法律风险。

c. 未取得经营许可证线上销售网红医美产品——钱某某非法经营案

【基本案情】

2019年3月至2020年5月，被告人钱某某在不具有药品、第3类医疗器械

经营资质的情况下，从他人处购入人胎素、肉毒素等药品以及玻尿酸等第 3 类医疗器械，通过微信进行销售，指使周某某、马某等人通过快递公司发货并记录品名、数量等相关情况。期间，被告人钱某某与徐某某在缺货时相互调货或代为发货。2020 年 5 月 15 日，公安机关在江苏省南通市某小区某栋某室仓库内查获涉案产品。经上海市药品监督管理局认定，上述产品包含药品 13 种，第 3 类医疗器械 18 种。经司法审计，被告人钱某某非法经营药品数额共计人民币 1, 704, 825 元，非法经营第 3 类医疗器械数额共计 3, 373, 930 元。

【裁判结果】

本院认为，被告人钱某某为牟取非法利益，违反国家规定，未经许可经营药品及第 3 类医疗器械，扰乱市场秩序，非法经营药品数额达 170 余万元，非法经营第 3 类医疗器械数额达 300 余万元，情节特别严重，其行为已构成非法经营罪，应予依法惩处。

【案例评析】

本案是一起由于无证线上销售医美产品引发的非法经营案件。电商线上销售药品、第 3 类医疗器械，应当持证经营，否则有刑事法律风险。近年来，随着中国消费者医美消费意识的逐渐觉醒，医疗美容市场呈现快速发展的趋势。药品与医疗器械是医疗美容行业的两大支柱，也是非法经营罪的“重灾区”。部分医疗美容、生活美容机构存在无证经营或者超范围经营，药品及医疗美容器械使用管理松懈、虚假宣传等违法情形，微整形变成“危”整形，不仅扰乱医疗美容行业管理秩序，而且对消费者生命健康构成极大威胁。

因此，医美机构在经营过程中，应当依法取得医疗机构执业许可证与医疗器械经营许可证，从事医疗美容服务的人员应当取得相应的资质，杜绝非法经营风险。

（4）组织、领导传销活动罪（《刑法》第 224 条之一）

A. 罪名及追诉标准

组织、领导传销活动罪，是指组织、领导以推销商品、提供服务等经营活动为名，要求参加者以缴纳费用或者购买商品、服务等方式获得加入资格，并按照一定顺序组成层级，直接或者间接以发展人员的数量作为计酬或者返利依据，引诱、胁迫参加者继续发展他人参加，骗取财物，扰乱经济社会秩序的传销活动的行为。

传销组织内部参与传销活动人员在 30 人以上且层级在 3 级以上的，应当对组织者、领导者追究刑事责任①。

B. 刑事法律风险的识别与合规建议

a. 容易入罪的企业经营模式

依据《刑法》第 224 条之一的规定，只要企业采用参加者缴纳费用（包括以购买产品等方式变相交纳费用）获得加入资格，通过拉人头方式发展下线人员形成 3 级以上的组织结构，并直接或间接以被发展下线人员的数量（而不是销售业绩）为依据计算和支付报酬的经营模式，即有可能被认定为组织、领导传销活动罪。

合规建议：拥有直销牌照的直销企业在经营过程中，应当严格遵守《直销管理条例》的相关规定，切莫将直销员的单层级要求发展成 3 层级以上并以直销员的数量为依据计酬或返利，否则就可能陷入组织、领导传销活动罪中，从而给企业带来灭顶之灾。

b. “团队计酬”式传销活动涉嫌行政违法，但不是犯罪

“团队计酬”是《禁止传销条例》规定的 3 种传销方式之一，并为该行政法规所禁止。但由于其是以下线的销售业绩而不是人员数量为标准计算和支付报酬，因此，《关于办理组织领导传销活动刑事案件适用法律若干问题的意见》（以下简称《传销意见》）第 5 条第 1 款并未将该种“团队计酬”式传销活动作为犯罪处理。就是“团队计酬”式传销活动属于行政违法行为，但不是犯罪。形式上采取“团队计酬”方式，但实质上属于“以发展人员的数量作为计酬或者返利依据”的传销活动，仍应当依照《刑法》第 224 条之一的规定，以组织、领导传销活动罪定罪处罚。

c. 名为直销，实为传销——权健自然医学科技发展公司、束某某组织、领导传销活动案

【基本案情】

2007 年以来，被告单位权健自然医学科技发展有限公司（以下简称权健公司）以高额奖励为诱饵，引诱他人购买成本与售价严重背离的产品成为权健公司

① 参见《关于办理组织领导传销活动刑事案件适用法律若干问题的意见》（公通字〔2013〕37 号）第 1 条第 1 款。

会员，再以发展会员的人数为依据进行返利，诱使会员继续发展他人参加，形成金字塔式层级关系，获取巨额经济利益。被告人束某某作为权健公司实际控制人，对公司组织、领导传销活动起决定作用，其他被告人分别按照束某某的授意参与组织、领导传销活动，或作为权健公司经销商，发展会员参与传销活动。

【判决结果】

被告单位权健公司及被告人束某某等 12 人的行为均已构成组织、领导传销活动罪，情节严重。鉴于被告单位权健公司及被告人束某某具有自首情节，认罪悔罪，被告单位部分违法所得已追缴在案，遂依法判处被告单位权健公司罚金人民币 1 亿元，判处被告人束某某有期徒刑 9 年，并处罚金人民币 5 千万元；对其他 11 名被告人分别判处 3 年至 6 年的有期徒刑，并处罚金；对违法所得予以追缴，上缴国库。

【案件评析】

本案中，权健公司拥有直销牌照，但在具体经营中走样、变味，高额奖励引诱他人以购买产品方式入会，然后拉人头式发展下线会员，再以发展下线会员的人数进行返利，以直销之名，行传销之实，最终被认定构成组织、领导传销活动罪，其他直销企业应当引以为戒。

2. 企业创新管理环节刑事风险点

中共中央办公厅、国务院办公厅在 2019 年 11 月 24 日发布的《关于强化知识产权保护的意见》中要求“加强刑事司法保护，推进刑事法律和司法解释的修订完善。加大刑事打击力度，研究降低侵犯知识产权犯罪入罪标准，提高量刑处罚力度，修改罪状表述，推动解决涉案侵权物品处置等问题”。

作为回应，全国人大常委会于 2020 年 12 月 26 日发布了《刑法修正案（十一）》。其中，对销售假冒注册商标的商品罪进行了修订。主要为：一是扩大了入罪标准，将犯罪要件之一“销售金额较大”修订为“违法所得数额较大或者有其他严重情节的”，既可以依照犯罪金额（违法所得）定罪，也可以依照犯罪情节定罪（诸如涉案商品数量等犯罪情节，有待最高人民法院、最高人民检察院出台司法解释予以明确）；二是加重了法定刑，第一档法定刑由“三年以下有期徒刑或者拘役，并处或者单处罚金”调整为“三年以下有期徒刑，并处或者单处罚金”（删除了“拘役”刑），第二档法定刑由“三年以上七年以下有期徒刑”调整为“三年以上十年以下有期徒刑”，最高法定刑由7年上升到10年。

上述修法充分体现了国家在强化对知识产权的刑事保护，也意味着销售假冒注册商标的商品的行为入罪风险进一步加大。

A. 罪名及追诉标准

销售假冒注册商标的商品罪，是指销售明知是假冒注册商标的商品，违法所得数额较大或者有其他严重情节的行为。

销售明知是假冒注册商标的商品，涉嫌下列情形之一的，应予立案追诉：a. 销售金额在5万元以上的①；b. 尚未销售，货值金额在15万元以上的；c. 销售金额不满5万元，但已销售金额与尚未销售的货值金额合计在15万元以上的②。

B. 刑事法律风险的识别与合规建议

a. 企业知道或者应当知道其销售的商品为假冒注册商标的商品时，其行为可能构成销售假冒注册商标的商品罪

商品采购是消费与零售行业企业最为常见的经营活动之一，企业通过不断地降低采购成本，从而追求采购经济效益的最大化，提高企业收益。然而，在企业追求采购效益最大化的过程中，若未尽善良商品经营者的注意义务，采购假冒注册商标的商品进行销售，其行为将导致企业面临刑事风险。根据《最高人民法院、最高人民检察院关于办理侵犯知识产权刑事案件具体应用法律若干问题的解释》第9条的相关规定，具备下列情形，应当认定为“明知”：第一，知道商标被涂改、调换或者覆盖的；第二，因销售假冒商品受过行政处罚或者承担过民事责任的；第三，伪造、涂改或者知道是伪造涂改的商标授权文件的；第四，其他知道或者应当知道是假冒注册商标的商品的情形的。

实践中，假冒注册商标商品的流通通常处于非法状态，如供应商无法提供授权委托书、产品合格证等合法来源或有效证件，或交易价格较正品偏低等，因此，虽然上游卖家没有明确告知其交易的商品为假冒注册商标的商品，但是通过各种间接证据能够推定经营企业存在主观故意的情况下，企业销售假冒注册商标

① 参见《最高人民法院、最高人民检察院关于办理侵犯知识产权刑事案件具体应用法律若干问题的解释》（法释〔2004〕19号）第2条。

② 参见《最高人民法院、最高人民检察院、公安部关于办理侵犯知识产权刑事案件适用法律若干问题的意见》第8条。

的商品的行为将被认定为构成刑事犯罪。①

合规建议：司法机关在办理销售假冒注册商标的商品案件过程中，对于案涉企业主观明知的认定，一般会将上下游的经营主体进行区分审查。对于售假源头的经营者，主要通过是否伪造授权文件等进行认定；对于批发环节的经营者，主要通过其进货渠道、进货价格是否合理以及出货价格是否明显低于市场价格等因素进行甄别；对于终端销售人员，可以通过客户反馈是否异常等情况进行判断②。此外，司法机关还会对案涉企业此前是否存在相关的犯罪记录、行政处罚以及客户投诉记录；查获的假货比例占案涉企业货物总销量的比例等方面进行综合考量。

因此，企业在经营过程中，应当注意选择正规渠道进行商品采购，要求上游卖家提供授权委托书、产品合格证等证明合法来源的有效证件，履行商品经营者应尽的注意义务。此外，企业还应当对经营商品进行周期性抽查或者定期全面核查，对于可能存在商标侵权风险的商品进行及时下架处理，警惕因经营商品存在商标侵权问题引发的刑事法律风险。

b. 企业在销售商品时，附赠假冒注册商标商品的，其行为亦可能构成销售假冒注册商标的商品犯罪

认定行为人构成销售假冒注册商标的商品罪，要求行为人主观具有非法牟利目的。因此，对企业销售商品过程中，附赠假冒注册商标商品的行为认定存在一定的模糊性。根据《国家知识产权局关于印发〈商标侵权判断标准〉的通知》第 26 条的相关规定，经营者在销售商品时，附赠侵犯注册商标专用权商品的，属于《商标法》第 57 条第 3 项规定的商标侵权行为。因此，企业在经营过程中，将假冒注册商标的商品以赠品的形式附随主商品一同销售，达到情节严重的，其行为也可能构成销售假冒注册商标的商品罪。

合规建议：企业在经营过程中，不仅应当对销售的主营商品进行商标排查，对于附赠商品的知识产权隐患风险同样不可忽略，警惕因附赠商品涉及假冒注册商标等知识产权侵权行为所引发的刑事法律风险。

---

① 参见《刑事审判参考》第 121 集第 1317 号。

② 参见检例第 98 号：邓某城、双善食品（厦门）有限公司等销售假冒注册商标的商品案，载《最高人民检察院公报》2021 年第 4 号。

c. 企业在经营过程中，销售假冒注册商标的伪劣产品，其行为可能同时构成销售假冒注册商标的商品罪和生产、销售伪劣产品罪

企业通过假冒注册商标制售伪劣产品，或者通过制售假冒伪劣产品来假冒注册商标的商品的情形较为常见。因此，当企业销售的假冒注册商标商品同时符合掺杂、掺假，以假充真，以次充好或者不合格产品冒充合格产品的伪劣产品时，其行为同时构成销售假冒注册商标的商品罪和生产、销售伪劣产品罪，二者构成想象竞合的关系，应当按照处罚较重的罪名予以认定。值得注意的是，如果消费者明知其购买的产品为假冒注册商标的产品，而知假买假的，则案涉企业因主观上不具有欺骗故意，客观上并未通过假冒行为销售产品，不符合生产、销售伪劣产品罪的行为特征，其行为仅构成销售假冒注册商标的商品罪。

合规建议：企业在经营过程中，应当增强知识产权保护意识，降低因销售产品存在商标侵权而带来的刑事风险。在采购、销售产品时，应当事先检索、排查比对，确保该产品不具有商标侵权及假冒伪劣等相关风险，做好企业创新管理环节的风险防控，避免因销售假冒注册商标的商品、销售伪劣产品等行为带来的刑事风险。

C. 典型案例——邓某某、双善公司等销售假冒注册商标的商品案

【基本案情】

被告单位双善公司成立于2016年8月，主要从事食品生产、销售等经营活动，被告人陈某某、甄某某系该公司实际经营人。2017年5月，被告人陈某某、甄某某，以单位名义，从邓某某等人控制的广州市百益食品贸易有限公司购入假冒“星巴克”“STARBUCKS VIA”等注册商标的速溶咖啡21,304件。2017年12月至2019年1月初，被告人陈某某、甄某某在明知其采购的速溶咖啡为假冒“星巴克”“STARBUCKS VIA”等注册商标的商品情况下，仍以单位名义，通过销售员推销、物流发货等方式，先后销售给分布在全国18个省份的50余名商户共计19,264件，涉案销售金额共计人民币7,240,000余元。

案发后，公安机关共计查获双善公司待销售的假冒星巴克VIA咖啡2040件，货物价值人民币690,000余元。经检测，上述查获的假冒星巴克速溶咖啡，经抽样检测，所检项目符合GB 7101—2015《食品安全国家标准饮料》的标准要求。

【裁判结果】

被告人邓某某伙同他人销售明知是假冒注册商标的商品，销售金额数额巨

大，应当以销售假冒注册商标的商品罪追究其刑事责任，且系共同犯罪。被告单位双善公司销售明知是假冒注册商标的商品，销售金额数额巨大，被告人陈某某、甄某某作为直接负责的主管人员，被告人张某某、甄某作为其他直接责任人员，其行为均应当以销售假冒注册商标的商品罪追究其刑事责任，且系单位犯罪、共同犯罪。

【案例评析】

本案系最高人民检察院发布的第26批指导性案例之一，本案的指导意义在于，司法机关在办理侵犯注册商标类犯罪案件时，应注意结合被告人销售假冒商品数量、扩散范围、非法获利数额及在上下游犯罪中的地位、作用等因素，综合判断犯罪行为的社会危害性，确保罪责刑相适应。在认定犯罪的主观明知时，不仅只考虑被告人供述，还应综合考虑交易场所、交易时间、交易价格等客观行为，坚持主客观相一致。对侵害众多消费者利益的情形，可以建议相关社会组织自行提起公益诉讼。

3. 企业财会税务管理环节刑事风险点

近年来，发票类犯罪，尤其是虚开增值税专用发票罪已经成为企业家高发的涉刑风险。根据《企业家刑事风险分析报告（2020）》统计，虚开增值税专用发票罪位列2020年企业家犯罪的第4名。① 对此，企业应当未雨绸缪，识别财会税务管理环节所涉之刑事法律风险，做好全面的企业风险防范。

A. 罪名及追诉标准

虚开增值税专用发票，是指故意开具与其经营情况不相符合的增值税专用发票的行为。虚开行为，具体包括为他人虚开、为自己虚开、让他人为自己虚开、介绍他人虚开4种。

但并非所有违反税收管理规定，开具与实际经营业务不相符合的增值税专用发票的虚开行为，一律会被认定为虚开增值税专用发票罪。根据相关法律规范，本罪的构成，不仅要求行为人客观上开具与实际经营业务不相符合的增值税专用发票，造成国家税收的损失，还要求行为人主观上具有骗取国家应收税款的目的。因此，实践中，对于下列3种虚开行为，一般不宜认定为虚开增值税专用发

① 参见张远煌：《企业家刑事风险分析报告（2020）》，载《河南警察学院学报》2021年第4期。

票犯罪：第一，为虚增营业额、扩大销售收入或者制造虚假繁荣，相互对开或环开增值税专用发票的行为；第二，在货物销售过程中，一般纳税人为夸大销售业绩，虚增货物的销售环节，虚开进项增值税专用发票和销项增值税专用发票，但依法缴纳增值税并未造成国家税款损失的行为；第三，为夸大企业经济实力，通过虚开进项增值税专用发票虚增企业的固定资产、但并未利用增值税专用发票抵扣税款，国家税款亦未受到损失的行为。

B. 刑事法律风险的识别与合规建议

a. 采用“挂靠经营”的企业以被挂靠单位名义对外签订销售合同，让该单位为企业开具增值税发票的，可能面临刑事法律风险

实践中，部分消费与零售行业企业因不具有相应经营资质或开具增值税专用发票的资质，选择挂靠至有相应资质的企业下开展经营活动，并支付相应的挂靠费用。就企业采用“挂靠经营”展开经营活动并让有关公司为自己虚开增值税发票是否构成虚开增值税专用发票罪这一问题，依据最高人民法院研究室出具的《关于如何认定以“挂靠”有关公司名义实施经营活动并让有关公司为自己虚开增值税专用发票行为的性质征求意见的复函》（法研〔2015〕58 号，以下简称《“挂靠”的复函》）的规定，挂靠方以挂靠形式向受票方实际销售货物，被挂靠方向受票方实际销售货物，被挂靠方向受票方开具增值税专用发票的，不属于虚开增值税专用发票罪的虚开行为。

如前所述，认定构成虚开增值税专用发票罪不仅要求行为人在客观上实施了虚开增值税发票的行为，还要求主观上具有骗取国家应收税款的目的。企业在经营过程中，通过“挂靠”展开经营活动，以被挂靠单位名义对外签订合同的情形并不少见，在实际销售货物或提供了服务且开票内容与实际交易一致的情况下，企业的做法并没有骗取国家应收税款的目的，《“挂靠”的复函》的规定纠正了裁判中仅以虚开行为认定构成虚开增值税专用发票罪的错误做法，但需要注意的是，并非所有“挂靠代开”的行为都会产生刑事法律风险。

从司法实践来看，挂靠企业若想要通过《“挂靠”的复函》的规定来规避被认定为虚开增值税专用发票罪的刑事法律风险，需满足以下 3 个点：第一，被挂靠方向受票方实际销售了货物；第二，被挂靠方向受票方收取了所销售货物或提供劳务的款项，或取得了收款的凭证；第三，被挂靠方以自己名义开具的增值税专用发票内容与实际交易相符合。若挂靠企业与被挂靠方的开票行为不符合上述

任意一点，则仍有可能构成虚开增值税专用发票罪，从而面临刑事法律风险。

合规建议：消费与零售企业在实际经营过程中，应当认真落实增值税专用发票开具使用管理规定，合法取得与经营情况相符合的增值税专用发票，建立起发票流、货物流、资金流“三流一致”的发票风险内控机制，坚决杜绝与他人签订虚假合同，支付开票费后私账回流的虚开发票行为。此外，对于第三人代替交易相对方开具发票的情形，企业应当审慎对待，对合法性存疑的发票应在核查之后再付款及申报抵扣税款。若经核查，第三方与交易相对方确实存在挂靠经营情形的，企业应通过与商家签订货物买卖合同来取得货物的所有权，签订书面挂靠协议的方式，应尽量形成完整交易链条，防止被认定为虚开增值税专用发票行为，增大企业面临的刑事法律风险。

b. 企业利用“富余票”为他人虚开增值税专用发票，达到数额标准的，可能构成虚开增值税专用发票罪

“富余票”，是指有实际经营业务的企业，因为其销售业务的对象是不需要增值税专用发票的小规模纳税人、非增值税纳税人或者自然人，由此产生的多余销项。企业将富余的增值税专用发票虚开给他人进行牟利的行为，扰乱了国家的发票管理秩序，甚至可能造成国家增值税财产的流失。因此，国家严厉打击企业利用“富余票”为他人虚开增值税专用发票进行牟利的行为。实践中，由于消费与零售行业企业在经营过程中面临的交易相对方多为自然人消费者，因此，这极易引发企业利用“富余票”为他人虚开增值税专用发票的风险，值得企业重点关注。

合规建议：面对财务管理环节可能涉及的虚开增值税专用发票犯罪风险，消费与零售行业企业应当从以下方面做好应对措施，防范刑事法律风险的发生。首先，强化涉票合规管理与风险预警。企业应当及时、多方位掌握供应商状态，具体包括供应商存续状态、经营异常核查，失信、被强制执行情况核查以及税务黑名单核查等，建立供应商系统评估及负面风险预警制度，有效应对因供应商违法虚开行为给企业带来的涉刑风险。其次，建立涉票企业刑事合规制度。企业应当建立完善的财务涉税刑事合规管理制度，指定专门合规人员，对企业发票利用、合同签订等经营行为进行合规管理。企业内部定期开展关于发票利用管理的财税、法律知识培训活动。通过财税、法律知识的普及，加强企业内部员工的财税知识基础和法律意识，使企业内部工作人员对于发票类犯罪的犯罪构成及法律责

任有清晰的认知，进一步加强建立企业内部涉税法律风险防范意识，从而避免相应犯罪行为的发生。此外，企业应该及时关注发票监管的实时状态，及时了解税务部门、公安部门以及其他监管部门对发票的监管规范，关注涉票犯罪的处罚案件，通过以案说法等方式强化内部管理和动态风险监控，做到心中有数。①

C. 典型案例——黄某某虚开增值税专用发票案

【基本案情】

安徽思曼特商贸有限公司（下称思曼特公司）在合肥市包河区银河通讯商城二楼经营手机批发和零售业务，2012 年被告人黄某某实际接手经营公司业务，后变更为该公司法定代表人。从 2014 年 1 月开始，黄某某利用个人消费者通常不开增值税专用发票、存在“富余票”的状况，在没有实际交易的情况下，收取票面金额 4%—5% 的费用，向下游企业虚开、出售用于抵扣税款的增值税专用发票 594 张，税款金额共计 8, 488, 812. 94 元，共计获利 400 万余元。案件审理期间，黄某某所在单位退缴赃款 30 万元。

【裁判结果】

被告人黄某某、被告单位安徽思曼特商贸有限公司为牟取非法利益，虚开增值税专用发票并出售，合计抵扣税款金额为 8, 488, 812. 94 元，数额巨大，其行为均已构成虚开增值税专用发票罪；被告单位合肥三叶机械有限公司等 6 家单位及被告人刘某某等 8 人，在无真实交易的情况下，为少交缴税款，让他人为单位虚开、或作为单位负责人、直接责任人让他人为自己单位虚开、或介绍他人虚开增值税专用发票用于抵扣税款，数额较大，其行为均已构成虚开增值税专用发票罪；被告单位合肥果捷机电科技有限公司等 14 家单位及被告人倪某某等 13 人，在无真实交易情况下，为少交缴税款，让他人为单位虚开，或作为单位负责人、直接责任人让他人为自己单位虚开增值税专用发票用于抵扣税款，数额达 5 万元以上，其行为均已构成虚开增值税专用发票罪。

【案例评析】

本案属于典型的利用“富余票”虚开增值税专用发票案件。实践中，利用

---

① 参见全开明、袁苇等：《涉票犯罪合规指引——谈新修订的〈关于公安机关管辖的刑事案件立案追诉标准的规定（二）〉》，载微信公众号“锦天城律师事务所”2022 年 5 月 23 日，https://mp. weixin. qq. com/s/eTrYcAkAE5w7U9JMNR3zEQ。

"富余票"虚开的场合主要有2种类型：一种是有意通过"票货分离"的方式产生多余的销项发票进行变卖，在这种情况下，为了不易被侦查机关发现，利用"富余票"变卖行为通常还会伴随着"变票洗票"行为，即通过有意增设发票流转过程，进行一连串的"变票洗票"后再进行卖票；另一种是如本案中，因为在经营过程中产生多余的销项，将"富余票"虚开给他人赚取开票费，导致虚开行为的发生。这种"富余票"虚开行为大多发生在自然人消费者较多的行业，如加油站、超市、住宿、手机批发零售等行业。在增值税专用发票流转比较复杂、虚开或变票洗票的增值税专用发票去向不明的场合，行为人利用"富余票"虚开的行为具有损害国家公共财产的抽象危险，达到数额标准的，可能构成虚开增值税专用发票罪并承担相应刑事责任。

4. 企业内控管理环节刑事风险点

《立案追诉标准二》对于非国家工作人员受贿罪、职务侵占罪、挪用资金罪等企业内部易发的腐败犯罪入罪标准予以下调。这一规定不仅体现了国家反腐刑事政策的进一步升级，也表明了国家将非国家工作人员腐败行为一并纳入强监管的强势态度。因此，本部分拟从消费与零售行业企业在实务中最易涉及的腐败犯罪入手，探讨企业内控管理环节所涉之刑事法律风险，旨在帮助企业有效避免因腐败行为带来的刑事法律问责。

A. 罪名及追诉标准

对非国家工作人员行贿罪，是指为了谋取不正当利益，给予公司、企业或者其他单位的工作人员以财物，数额较大的行为。

本罪的犯罪主体为一般主体，自然人和单位均可构成。单位犯罪的，对单位判处罚金，并对直接负责的主管人员和其他直接责任人员进行处罚。行贿人在被追诉前主动交代行贿行为的，可以减轻处罚或者免除处罚。

根据《立案追诉标准二》中的相关规定，为谋取不正当利益，给予公司、企业或者其他单位的工作人员以财物，个人行贿数额在3万元以上的，单位行贿数额在20万元以上的，应予立案追诉。

B. 刑事法律风险的识别与合规建议

对非国家工作人员行贿罪多发于企业生产经营过程中，是商业贿赂类犯罪中的重要罪名之一。在司法实践中，这类犯罪通常是以公司企业作为第一被告，涉嫌对非国家工作人员行贿的直接负责的主管人员、其他责任人员依次列为被告进行追诉。中国裁判文书网显示，近5年民营企业涉嫌对非国家工作人员行贿的案件总数为275件，而其中，被告单位被判无罪案件仅39件，占比不到1/6。可见，在生产经营过程中，企业面临对非国家工作人员行贿犯罪的法律风险，消费与零售行业企业及从业人员应加强注意。具体而言，企业在生产经营过程中，可能涉及的对非国家工作人员行贿犯罪的法律风险主要有如下方面：

a. 企业商务在交往过程中，不合理的礼品往来存在被认定为商业贿赂的风险

消费与零售行业由于与人们的日常生活消费接触较多，企业为了吸引消费者购买，经常会设计一些产品周边或企业手办。通常情况下，企业在进行商业交往过程中，向有业务往来的公司、企业或者其他单位的工作人员赠送企业手办、产品等周边小额礼品并不会被认定为商业贿赂，但同样需注意合理限度，不合理的礼品往来存在被认定为商业贿赂的可能性。

合规建议：在实际操作过程中，企业首先需要识别双方是否为正常的商务合作，通常情况下，礼品的赠送应当有合理名目，例如销售业博览会等；其次附赠礼品最好带有公司标识，以明确其广告性质，防止混淆；最后是赠送礼品的价值不宜过大，不能超出礼品往来的正常范围。

b. 企业主要负责人与其他公司、企业或者其他单位的工作人员之间的“人情往来”，存在被认定为商业贿赂的风险

“人情往来”作为中国的传统习俗，是亲友间表达情谊的一种方式，本无可厚非，但在日益激烈的市场竞争中，披着“人情”外衣的红包、礼金，却可能成为商业贿赂的载体，部分企业试图通过“送人情”的方式投其所好，从而获得企业的商业机会。因此，企业主要负责人在与其他公司、企业或者其他单位的工作人员私人交往过程中，应当注意识别“人情往来”的合理限度，预防“人情往来”行为被认定为商业贿赂的刑事法律风险。

合规建议：如何识别“人情往来”与商业贿赂呢？一方面，可以从双方的交往基础、是否具有利益关系、给付财物是否采取秘密方式以及数额是否明显超出正常范围等客观方面进行判断。另一方面，虽然商业贿赂在不同企业类型中关注的重点存在差异，但商业贿赂的认定必然具有可遣责性，即要求基于谋取交易机会或者竞争优势的主观目的，利用受贿人的职权或者影响力，获取不正当利益。

c. 企业通过贿赂手段实现的正当利益的，并不必然免于刑事追责

实践中，大量企业及从业人员认为，如果企业自身符合商业条件或者系出于主张个人合法权益而实施贿赂行为的，因实现利益的正当性，而不具有刑事法律风险。例如，在企业经营者为了获取贷款向银行工作人员贿送财物的案件中，涉案企业常以自身符合贷款条件为由进行抗辩；又如，项目承包企业为了顺利结算项目款而向发包方贿送财物的案件中，企业以催要项目结算款系自身合法权益为由进行抗辩，认为自己并未谋取不正当利益。

但实际上并非如此，在商业贿赂犯罪的司法实践中，若将某种利益认定为正当利益，则必须要求该种利益既不违背各种成文或者不成文的社会行为规则，也不是处于竞争性活动中的不确定利益。[①] 也就是说，只有依据正当程序且必然获得的确定利益，才有可能成为刑事法律规范意义上的正当利益。若非如此，则该种利益就属于行贿犯罪中的不正当利益。根据《关于办理行贿刑事案件具体应用法律若干问题的解释》（以下简称《行贿的解释》）的有关规定，行贿犯罪中的“谋取不正当利益”包括以下3种情况：一是违反法律、法规、规章、政策规定的；二是要求非国家工作人员违反法律、法规、规章、政策、行业规范的规定，为自己提供帮助或者方便条件的；三是违背公平、公正原则，在经济、组织人事管理等活动中，谋取竞争优势的。由该《行贿的解释》可得出结论，有悖于法律、法规等行为准则或公平正义原则的利益都属于不正当利益。

合规建议：经营过程中，企业对于正当利益的判断应当十分谨慎，必要时需借助外部专业力量，以律师丰富的实践经验及精深的专业知识为依托，帮助企业进行法律判断，防范因认识不足导致企业及相关人员被认定为刑事犯罪的法律风险。

d. 企业主要负责人、经单位集体研究或主要负责人授权的相关人员即使以个人财产实施贿赂犯罪的，仍有可能被认定为单位行贿犯罪

企业在生产经营的过程中，可能出现企业主要负责人、经单位集体研究或主要负责人授权的相关人员，以个人财产对外实施行贿行为，为单位谋取不正当利益的情况。此种行贿行为虽使用的是个人财产，但目的是完成公司业绩指标或出于其他公司利益考量，加上行为人未谋取个人利益，或者仅领取公司事前承诺的

① 参见苗有水：《解读刑法上的“谋取不正当利益”》，载《人民法院报》2018年4月11日，第6版。

奖金、提成，该行为极大可能被评价为单位行贿犯罪。

合规建议：实践中，把握单位构成对非国家工作人员行贿罪，主要考虑以下3方面要素：一是实施行贿的主体是否能够代表单位意志；二是行为人主观上是否为单位谋取不正当利益；三是客观上因行贿产生的利益是否归于单位所有。至于是否使用本单位财产，并非单位行贿罪成立的必要条件。

e. 企业通过劳务报酬、佣金等名目，为公司、企业或者其他单位的工作人员进行变相返现的，可能存在构成单位行贿犯罪的风险

消费与零售行业企业生产经营过程中，无论是否存在经销商，品牌企业对销售终端的变相返现行为均存在被认定为商业贿赂的风险。当该返利主体为非国家工作人员时，则案涉企业将面临对非国家工作人员行贿犯罪的法律风险。

合规建议：商业合作中，若确实存在需要奖励的情形，建议将奖励明确以折扣形式体现，要求双方通过书面合同明确约定并均如实入账，可在一定程度上降低商业贿赂风险。

f. 未经单位集体研究或主要负责人授权相关人员实施的贿赂犯罪，仍可能被认定为单位行贿犯罪

实践中，企业从业人员可能为了完成业绩指标，采取贿送财物等方式为公司谋求商业机会，以提高公司的生产经营效益。虽然上述贿送财物的行为并未经过单位集体研究通过，也未经过主要负责人授意，但是由于贿送财物所使用的钱款系公司所有，并通过公司账户进行支付，且所得利益主要归于公司，因此，在案涉单位不具有完善的内控管理机制的情况下，企业从业人员的贿赂行为极有可能被认定为系公司默认、默许或者事后予以追认的行为，从而导致企业承担不利的刑事法律后果。

合规建议：建立岗位审批分离、职能牵制、定期轮岗等企业内控管理机制；制定企业内部监察手册，严格禁止贿赂、舞弊行为；在企业内部设立监察部门，接收举报线索，开展企业反贿赂、反舞弊调查；定期对企业员工进行职业廉洁培训，纠正企业员工对于商业贿赂、舞弊犯罪认识的偏差，提高对刑事法律风险的防范意识；引进外部反贿赂、反舞弊的专业力量，如律师团队，以律师丰富的实践经验及精深的专业知识为依托，梳理企业实际运营过程中，各环节存在的法律风险，并根据具体情况制定相应的策略、方法，共同实现反贿赂、反舞弊，方为企业实现良性发展的当行之道。

g. 企业基于受贿方要求，被动支付回扣、手续费等好处的，仍可能被认定为对非国家工作人员行贿罪

对非国家工作人员行贿罪为故意犯罪，认定成立本罪需要单位具有为了谋取不正当利益而行贿的主观故意。因此，正常情况下，案涉企业如果存在被索贿等情形，由于缺乏犯罪的主观故意，可能不会被认定为刑事犯罪。而在司法实践中，大量案涉企业存在非自愿给予好处费却被认定构成商业贿赂的情形，究其原因在于，一方面，受贿人的索贿手段并不具有强制性，并没有达到被勒索的程度。“索贿”是从受贿人角度出发，对受贿人行为的评定，而“被索贿”是基于行贿人角度的认定，虽然两者系对合行为，但在司法实务中，两者的认定标准存在较大差异，主要体现在两者索要的强度不一样。认定受贿人索贿不要求行贿人被胁迫而给予财物，认定行贿人被索贿则要求受贿人手段具有强制性，以证明行贿人是基于被胁迫而给予财物。另一方面，案涉企业如果是为了谋取不正当利益，那么，即使被勒索而被迫给予公司、企业或者其他单位的工作人员以财物的，仍应以对非国家工作人员行贿罪论处。

合规建议：被索贿时采取合法的应对方式，注意保存证据，证明企业支付回扣、手续费等系基于被勒索等非自愿原因，且并未获得不正当利益。

h. 一人公司实施的贿赂犯罪，企业经营者可能被认定为个人犯罪

根据《最高人民法院关于审理单位犯罪案件具体应用法律有关问题的解释》的相关规定，单位行贿罪的主体应当包括一人公司，但因一人公司的特殊性，公司的决策常常会被个人行为所取代，公司财产与个人财产也极易混同。因此，当一人公司不具有完整的公司财务制度，且公司资产与个人财产发生混同的情况下，该一人公司实施的行贿行为，很可能被认定为个人犯罪行为，将以行贿罪追究公司负责人个人的刑事责任。

合规建议：个人公司应特别注意保持公司资产的独立性，避免使公司资产与个人财产发生混同。具体而言，应当建立完整的公司财务制度，公司的决策及行为需依法依程序作出，保持公司人格的独立性，从而规避企业主要负责人个人犯罪的刑事法律风险。

C. 典型案例——葛兰素史克（中国）商业贿赂案

【基本案情】

2009 年 1 月，被告人马某锐就任被告单位葛兰素史克（中国）投资有限公

司［以下简称葛兰素史克（中国）］处方药事业部总经理后，在被告人张某维等人支持下，为了增加销售额，采取多种方式鼓励员工“轻合规，重销售”，强调“没有费用，就没有销量”，组建和扩充了多个销售部门，将贿赂成本预先摊入药品成本，向医院、医生、医疗机构、医药相关协会组织等医药销售相关部门及其所属人员大肆行贿，牟取非法所得数10亿元。

【裁判结果】

被告单位葛兰素史克（中国）为扩大药品销量，谋取不正当利益，采取贿赂销售模式，以多种形式向全国多地医疗机构的从事医务工作的非国家工作人员行贿，数额巨大。被告人马某锐、张某维、梁某、黄某、赵某燕等公司高级管理人员作为直接负责的主管人员，积极组织、推动、实施贿赂销售。被告单位及被告人的行为均已构成对非国家工作人员行贿罪。

法院最终判决被告单位葛兰素史克（中国）犯对非国家工作人员行贿罪判处罚金人民币30亿元；被告人马某锐犯对非国家工作人员行贿罪判处有期徒刑3年，缓刑4年，并处驱逐出境；本案其他被告人均因犯对非国家工作人员行贿罪等被判处相应刑罚。

【案例评析】

葛兰素史克（中国）是在华规模较大的跨国制药企业之一，2013年7月11日的葛兰素史克事件，使得药品行业的商业贿赂利益链逐渐浮出水面。2014年9月19日，长沙市中级人民法院对葛兰素史克（中国）处以罚金人民币30亿元，这也是迄今为止中国开出最大罚单。毫无疑问，葛兰素史克事件中，相关当事人均付出了惨痛的代价，除受到巨额罚款和刑事处罚外，本次事件对其商业信誉已经造成了不可挽回的损害。同时，葛兰素史克事件的发生也警醒着各类企业及相关从业人员，应当将合规理念融入企业运营的各个环节，形成动态、严密的合规风控体系，才能更好地防止此类风险的发生。

（三）合规在企业应对刑事风险中的价值

企业合规这一概念最早起源于西方国家，它要求企业在经营活动中，建立有效的合规管理制度，从而满足所在国的合规要求。① 企业合规制度的建立，可以

① 参见陈瑞华：《论企业合规的中国化问题》，载《法律科学（西北政法大学学报）》2020年第3期。

为企业赢得良好的商业信誉，从而获取更多的商业机会，增强企业的竞争力。2018 年 11 月，国务院国资委印发的《中央企业合规管理指引（试行）》，首次在企业监管中引入合规理念，通过行政手段引导企业建立合规管理体系，企业合规正式进入公众视野。2020 年 3 月，司法机关也紧随其后，由最高人民检察院开始进行企业合规相对不起诉的改革探索。截至 2022 年 3 月，各省份检察机关共计办理涉企业合规案件近千件。① 在我国行政机关、司法机关的大力推动下，企业合规制度已经在我国得到了迅速发展，并为企业出罪提供了更多选择。

1. 单位犯罪

（1）单位犯罪的概念

单位犯罪，是指公司、企业、事业单位、机关、团体实施的，体现单位整体意志，为单位谋取非法利益的危害社会的行为。

《刑法》第 30 条规定："公司、企业、事业单位、机关、团体实施的危害社会的行为，法律规定为单位犯罪的，应当负刑事责任。"以上的"公司、企业、事业单位"包括国有、集体所有的公司、企业、事业单位，也包括依法设立的合资经营、合作经营企业和具有法人资格的独资、私营、以及外国公司、企业、事业单位。②"机关"是指国家机关。"团体"包括人民团体和社会团体。

（2）单位犯罪的处罚原则

我国单位犯罪以双罚制为原则，以单罚制为例外。根据《刑法》第 31 条的规定："单位犯罪的，对单位判处罚金，并对其直接负责的主管人员和其他直接责任人员判处刑罚。本法分则和其他法律另有规定的，依照规定。"这里的"本法分则和其他法律另有规定的，依照规定"，主要是指分则规定的只处罚直接负责的主管人员和其他直接责任人员，而不对单位判处罚金的情形。

（3）单位犯罪的认定原则

A. 单位犯罪与个人犯罪的区分

首先需要明确的是，我国单位犯罪是基于个人犯罪的条件下所拟制的结果，它的实施必须依赖作为其组成人员的自然人。但是作为单位犯罪实施者的自然

① 参见最高人民检察院官方网站 https://www.spp.gov.cn/spp/zdgz/202203/t20220307_547574.shtml。

② 参见《最高人民法院关于审理单位犯罪案件具体应用法律有关问题的解释》（法释〔1999〕14 号）第 1 条以及《关于外国公司、企业、事业单位在我国领域内犯罪如何使用法律问题的答复》。

人，同时具备着单位意志和个人意志的双重身份，因此，判断单位成员所实施的行为是代表单位意志的单位行为还是代表个人意志的个人行为，成为区分单位犯罪和个人犯罪的关键。

根据《刑法》和有关司法解释的规定，单位犯罪与个人犯罪的区分，主要可以从以下几个方面进行考量：

a. 从单位性质看。单位犯罪要求单位经依法设立，拥有独立的财产和经费，能以自己的名义承担法律责任。以单位的分支机构或者内设机构、部门的名义实施犯罪，违法所得归分支机构或者内设机构、部门所有的，应当认定为单位犯罪。①

b. 从单位意志看。单位犯罪是在单位整体意志的支配下实施的，行为人必须得到单位的授权，犯罪行为是单位意志的体现。一般来说，单位意志由单位决策机构或者有权决策人员通过一定的决策程序来加以体现；而个人犯罪则是在其个人意志支配下实施的，行为人并没有得到单位授权，而是基于自己的意志。

c. 从单位名义看，一般情况下，单位犯罪要求以单位名义实施。对于这里的"以单位名义"应作实质性理解。盗用、冒用单位名义实施犯罪，为个人谋取非法利益，违法所得归个人所有的，不能认定为单位犯罪。

d. 从利益归属看，在故意犯罪尤其是牟利型犯罪中，只有在为本单位全体成员谋取利益的情况下，才能视为为单位谋取利益，才能认定为单位行为。相反，即便以单位名义实施犯罪，但违法所得由参与人个人私分的，则一般应认定为是自然人共同犯罪。

e. 从排除情形看。个人为进行违法犯罪活动而设立的公司、企业、事业单位实施犯罪的，或者公司、企业、事业单位设立后，以实施犯罪为主要活动的，不以单位犯罪论处。②

B. 单位犯罪直接负责的主管人员和其他直接责任人员的认定

根据我国单位犯罪的处罚原则，企业一旦被认定为单位犯罪，其直接负责的主管人员和其他直接责任人员必受到刑事处罚。因此，确定单位犯罪直接负责的

① 参见《全国法院审理金融犯罪案件工作座谈会纪要》（法〔2001〕8号）。

② 参见《最高人民法院关于审理单位犯罪案件具体应用法律有关问题的解释》（法释〔1999〕14号）第2条。

主管人员和其他责任人员的法定范围，对于企业准确识别单位犯罪所涉之刑事法律风险十分必要。

根据《刑法》和有关司法解释的规定，直接负责的主管人员，是指在单位实施的犯罪中起决定、批准、授意、纵容、指挥等作用的人员，一般是单位的主管负责人，包括法定代表人。其他直接责任人员，是指在单位犯罪中具体实施犯罪并起较大作用的人员，既可以是单位的经营管理人员，也可以是单位的职工，包括聘任、雇佣的人员。

应当注意的是，在单位犯罪中，对于受单位领导指派或奉命而参与实施了一定犯罪行为的人员，一般不宜作为直接责任人员追究刑事责任。对单位犯罪中的直接负责的主管人员和其他直接责任人员，应根据其在单位犯罪中的地位、作用和犯罪情节分别处以相应的刑罚。主管人员与直接责任人员，在个案中，不是当然的主、从犯关系。有的案件，主管人员与直接责任人员在实施犯罪行为的主从关系不明显的，可不分主、从犯。但具体案件可以分清主、从犯，且如不分清主、从犯，在同一法定刑档次、幅度内量刑无法做到罪刑相适应的，应当分清主、从犯，依法处罚。①

2. 事前合规是企业不构成单位犯罪的重要抗辩理由——以雀巢员工侵犯公民个人信息案为例

对于企业及企业经营者而言，最关注的问题不是罪名的多少或刑罚的轻重，而是是否构成单位犯罪。因为一旦认定企业构成犯罪，企业不仅将承担巨额的财产损失，还势必面临企业商誉、企业经营资格以及市场竞争力等各方面的沉重打击。大量实践案例证明，企业一旦涉罪判刑，很可能造成企业的消亡，因此，对于企业来说，如何从实体角度使企业实现“非罪化”，让企业从根本上避免犯罪的认定，意义重大。

根据《全国法院审理金融犯罪案件工作座谈会纪要》的规定，以单位名义实施犯罪，违法所得归单位所有的，是单位犯罪。可以看出，传统的单位犯罪理论对单位具有独立的行为和意志持否定态度，其认为单位意志和自然人意志是实质混同的，只能依靠单位内部自然人的行为和意志对单位进行归责，因此，自然人

① 参见《全国法院审理金融犯罪案件工作座谈会纪要》(法〔2001〕8 号)。

以单位名义实施，违法所得归单位所有的，构成单位犯罪，依法应追究单位的刑事责任。但是，随着经济飞速发展，公司治理架构呈现复杂化和严密化的特征，许多大型公司建立了精细化的管理体系，各个岗位间相互制衡，那么，这种情况下，如何证明自然人的行为和意志能够代表单位意志？或者说，在单位内部自然人实施犯罪行为并抗辩称该行为属于单位行为的情况下，公司应当如何有效切割单位责任与单位内部自然人的个人责任呢？雀巢员工侵犯公民个人信息案①是企业通过合规管理抗辩的典型案例。

（1）案例简介

经兰州市城关区人民法院审理查明，2011 年至 2013 年 9 月，被告人郑某、杨某分别担任雀巢（中国）有限公司西北区婴儿营养部市务经理、兰州分公司婴儿营养部甘肃区域经理期间，为了抢占市场份额，推销雀巢奶粉，授意该公司兰州分公司婴儿营养部员工被告人杨某甲、李某某、杜某某、孙某通过拉关系、支付好处费等手段，多次从兰州大学第一附属医院、兰州军区总医院、兰州兰石医院等多家医院医务人员手中非法获取公民个人信息。

其中，被告人郑某自 2012 年 2 月开始，通过上述手段，非法获取公民个人信息 40, 507 条。被告人杨某自 2011 年开始，通过上述手段，非法获取公民个人信息 45, 659 条。被告人杨某甲通过上述手段，非法获取公民个人信息 20, 085 条，被告人李某某通过上述手段，非法获取公民个人信息 14, 163 条。被告人杜某某通过上述手段，非法获取公民个人信息 104, 48 条。被告人孙某通过上述手段，非法获取公民个人信息 963 条。

其间，被告人王某甲利用其担任兰州大学第一附属医院妇产科护师的便利，将其在工作中收集的公民个人信息 2074 条非法提供给被告人杨某甲、孙某，收取好处费 13, 610 元。被告人丁某某利用其担任兰州军区总医院妇产科护师的便利，将其在工作中收集的公民个人信息 996 条非法提供给被告人李某某，收取好处费 4250 元。被告人杨某甲利用其担任兰州兰石医院妇产科护师的便利将其在工作中收集的公民个人信息 724 条非法提供给被告人杜某某，收取好处费 6995 元。

一审庭审过程中，被告人郑某、杨某、杨某甲、李某某、杜某某及其辩护人

① 参见甘肃省兰州市城关区人民法院刑事判决书，（2016）甘 0102 刑初 605 号。

主要提出 2 个辩护观点：一是被告人郑某等人是为完成公司任务收集公民个人信息，本案系单位犯罪，应追究雀巢（中国）有限公司、公司主管人员、直接负责人员的刑事责任；二是起诉书指控非法获取公民个人信息的数量不准确。

为此，雀巢公司提供如下证据及抗辩：

a. 雀巢公司指示（复印于雀巢公司员工培训教材）、雀巢（中国）有限公司情况说明，证实雀巢公司不允许员工因推销 0—12 月龄健康婴儿使用的婴儿配方奶粉为目的，直接或间接地与孕妇、哺乳妈妈或公众接触。不允许员工未经正当程序并经公司批准而主动收集公民个人信息。

b. 雀巢公司情况说明，证实该公司数据调研员（以下简称 DR）的概念、目标任务、与 DR 相关的信息获取方式等情况。DR 的任务目标不是为了收集消费者个人信息，DR 工作完成的实际效果由中国健康促进与教育协会承办的营养咨询中心通过电访来了解和评估。DR 为了调研需要用到消费者自愿提供的部分个人信息（如姓名和电话），雀巢公司不允许为此向医务人员支付任何资金或者其他利益。雀巢公司从不允许员工以非法方式收集消费者个人信息，并且从不为此向员工、医务人员提供资金。雀巢公司在《雀巢指示》以及《关于与保健系统关系的图文指引》等文件中明确规定，“对医务专业人员不得进行金钱、物质引诱”。对于这些规定要求，雀巢公司要求所有营养专员接受培训并签署承诺函。

c. 医务渠道 WHO 在线测试成绩、测试卷、关于在高风险国家与医务专业人员和医疗保健机构交往的指示、员工奖金表，证实被告人郑某、杨某、李某某、杜某某、杨某甲、孙某均参加雀巢公司不允许营养专员以向医务人员支付费用为对价获取公民信息的培训、测试。

d. 雀巢公司的政策与指示、关于与卫生保健系统关系的图文指引，证实雀巢公司遵守世界卫生组织《国家母乳代用品销售守则》及卫生部门的规定，禁止员工向母亲发放婴儿配方奶粉免费样品、禁止向医务专业人员提供金钱或物质的奖励，以引诱其推销婴儿配方奶粉等。

最终，兰州市城关区人民法院作出一审判决，认定雀巢公司员工郑某、杨某等 6 人以非法方法获取公民个人信息，情节严重；医院工作人员王某甲、丁某某、杨某甲违反国家规定，将本单位在履行职责或者提供服务过程中获得的公民个人信息，出售或者非法提供给他人，情节严重。上述被告人的行为均构成侵犯公民个人信息罪。

关于本案是否构成单位犯罪，陈某某等证言、雀巢公司DR任务材料，雀巢公司证明、雀巢公司政策、员工行为规范等，证明雀巢公司不允许向医务人员支付任何资金或者给予其他利益。对于如“不允许员工以非法方式收集消费者个人信息”这些规定和要求，雀巢公司要求所有营养专员接受培训并签署承诺函。被告人郑某、杨某甲、杨某、李某某、杜某某等明知法律法规以及公司禁止性规定的情况下，为完成工作业绩而置法律规范、公司规范于不顾，违规操作进而贿买医务人员，获取公民个人信息的行为，并非雀巢公司的单位意志，故本案不属于单位犯罪。

（2）案例对于企业规避刑事风险的启示

本案被称为我国“企业合规无罪抗辩第一案”，其原因在于本案第一次在司法实务中确立了“企业独立意志理论”。本案中，雀巢公司员工为了完成公司业绩指标，以雀巢公司名义实施侵害公民个人信息的行为，且未谋取个人利益，仅领取公司事前承诺的奖金、提成，绝大部分犯罪所得归雀巢公司所有。从形式上看，被告员工的行为满足以单位名义、为单位利益、违法所得归单位所有等单位犯罪的认定条件，但是认定雀巢公司是否构成单位犯罪关键就在于，被告员工的行为能否体现雀巢公司的单位意志。雀巢公司通过举证DR的目标任务，《雀巢指示》《关于与保健系统关系的图文指引》等公司内部管理文件、员工培训教材规范、医务渠道WHO在线测试成绩等证据材料，证明了雀巢公司不允许向医务人员支付任何资金或者其他利益，不允许员工以非法方式收集消费者个人信息，且被告员工均参加了雀巢公司不允许营养专员向医务人员支付费用获取公民信息的培训和测试。

雀巢公司通过公司内部的合规管理体系，展示了自身对于侵犯公民个人信息行为的排斥，对犯罪行为不存在放任的故意；且通过对被告员工的培训和测试，证明了雀巢公司已经尽到了注意义务，对于员工行为不存在过失。最终，法院认定被告员工的行为违背了雀巢公司的主观意志，属于个人行为，因此雀巢公司不构成单位犯罪。

“企业独立意志理论”作为一种新兴的单位犯罪刑事归责理论，它是将企业视为一种具有独立法律人格的生命有机体，唯有实施了某种独立于自然人的行为，才能体现其独立意志。[1] 具体而言，能够体现企业独立意志的情形主要有以

① 参见陈瑞华、李玉华等：《企业合规改革的理论与实践》，法律出版社2022年版，第135页。

下3种：一是经过董事会表决机制、股东大会投票机制、高级管理层决策机制等法定决策程序实施的行为；二是经过企业依法授权实施的行为；三是行为时虽然没有企业合法授权，但事后企业知道后予以追认的行为。上述3种情形都能够体现企业独立意志，属于企业整体行为。

因此，如果企业事先建立了有效的合规计划，经过法定决策机制，制定实施企业内部管理文件，对违法犯罪行为明确禁止，并对员工的违法犯罪行为设置有效的防范、识别和处置，则能够证明企业具有拒绝违法犯罪行为的主观意志，且不存在管理失职的放任行为，若此时企业内部自然人仍然实施违法犯罪行为，则认定其为违背单位意志，从而实现单位责任与单位内部自然人责任的分离。

实践中，即使企业事先制定了有效的合规管理制度，要从根本上杜绝企业内部自然人实施犯罪行为是不现实的。因此，在企业内部自然人实施犯罪行为以后，企业如果能够通过实质有效的合规管理阻断企业内部自然人犯罪与企业之间的关联，就可以避免企业及企业管理者，因企业内部自然人实施犯罪行为而被追责，客观上也能够起到预防和控制犯罪的作用。

3. 事后合规可以使涉案企业及个人免于起诉

不可否认，由于合规风险的不可控性，即使企业事先构建了内部合规制度，仍然不能保证企业合规可以阻断一切刑事法律风险。这是因为，企业能否因合规出罪，首先取决于不同国家的刑事责任理论及证明标准；其次一个企业的合规制度本身也存在由于设计缺陷，导致企业陷入犯罪的极大可能。因此，英美等主流国家纷纷设立刑事法上的合规激励机制——事后合规，通过程序法机制弥补各国实体法以及企业合规制度的缺陷。具体而言，事后合规，是指涉嫌实施犯罪行为的企业，通过自愿认罪，并承诺或实施行之有效的合规管理体系，从而换取司法机关的宽大刑事处理，因此，事后合规也被称为“保护企业的最后的一道防线”。

虽然我国刑法和刑事诉讼法尚未将刑事合规制度入法，但是随着我国社会、政治、经济的发展，司法机关对于保护民营企业的可持续发展，以及避免因办理一个案件，垮掉一个企业，失业一批职工，作出了努力。2020年最高人民检察院在上海浦东，深圳南山、宝安等6家基层检察院开展企业合规改革第1期试点1作，开始启动我国企业刑事合规制度的探索。经过2年多的探索，涉案企业合规改革试点工作扎实推进，2022年4月2日上午，最高人民检察院会同全国工商联专门召开会议正式官宣——涉案企业合规改革试点在全国检察机关全面推开。[1]这意味着随着我国涉案企业合规改革工作的不断深入，未来涉案企业合规激励机制将在更大范围内予以普及，惠及更多涉案企业，值得重点关注。

【典型案例】——王某某、林某某、刘某乙对非国家工作人员行贿案[2]

（1）基本案情

深圳Y科技股份有限公司（以下简称Y公司）系深圳H智能技术有限公司（以下简称H公司）的音响设备供货商。Y公司业务员王某某，为了在H公司音响设备选型中获得照顾，向H公司采购员刘某甲陆续支付好处费25万元，并在刘某甲的暗示下向H公司技术总监陈某行贿24万余元。由王某某通过公司采购流程与深圳市A数码科技有限公司（以下简称A公司）签订采购合同，将资金转入A公司账户，A公司将相关费用扣除后，将剩余的资金转入陈某指定的账户中。Y公司副总裁刘某乙、财务总监林某某，对相关款项进行审核后，王某某从公司领取行贿款项实施行贿行为。

2019年10月，H公司向深圳市公安局南山分局报案，王某某、林某某、刘某乙及刘某甲、陈某相继被抓捕到案。2020年3月，深圳市公安局南山分局以王某某、林某某、刘某乙涉嫌对非国家工作人员行贿罪，刘某甲、陈某涉嫌非国家工作人员受贿罪向深圳市南山区人民检察院移送审查起诉。

2020年4月，检察机关对王某某依据《刑事诉讼法》第177条第2款作出不起诉决定，对林某某、刘某乙依据《刑事诉讼法》第177条第1款作出不起诉决定，以陈某、刘某甲涉嫌非国家工作人员受贿罪向深圳市南山区人民法院提起公诉。同月，深圳市南山区人民法院以非国家工作人员受贿罪判处被告人刘某甲有期徒刑6个月，判处被告人陈某拘役5个月。法院判决后，检察机关于2020年7月与Y公司签署合规监管协议，协助企业开展合规建设。

（2）企业合规整改情况及处理结果

检察机关在司法办案过程中了解到，Y公司属于深圳市南山区拟上市的重点企业，该公司在专业音响领域处于国内领先地位，已经在开展上市前辅导，但本

---

① 参见最高人民检察院：《涉案企业合规改革试点全面推开！这次部署会释放哪些重要信号?》，载微信公众号“最高人民检察院”2022年4月2日，https://mp.weixin.qq.com/s/3jTZM51Y65kPzW4MZJXMyA。

② 参见最高人民检察院第一批《企业合规典型案例》。

案暴露出 Y 公司在制度建设和日常管理中存在较大漏洞。检察机关与 Y 公司签署合规监管协议后，围绕与商业贿赂犯罪有密切联系的企业内部治理结构、规章制度、人员管理等方面存在的问题，制定可行的合规管理规范，构建有效的合规组织体系，弥补企业制度建设和监督管理漏洞，防止再次发生相同或者类似的违法犯罪。Y 公司对内部架构和人员进行了重整，着手制定企业内部反舞弊和防止商业贿赂指引等一系列规章制度，增加企业合规的专门人员。

检察机关通过回访 Y 公司合规建设情况，针对企业可能涉及的知识产权等合规问题进一步提出指导意见，推动企业查漏补缺，Y 公司重启了上市申报程序。

（3）典型意义

本案中，检察机关积极推动企业合规与依法适用不起诉相结合。依法对涉案企业负责人作出不起诉决定，通过对企业提出整改意见，推动企业合规建设，进行合规考察等后续工作，让涉案企业既为违法犯罪付出代价，又吸取教训建立健全防范再犯的合规制度，维护正常经济秩序。

（四）消费与零售行业涉案企业合规整改

如前所述，最高人民检察院在上海浦东、金山，江苏张家港，山东郯城，广东深圳南山、宝安等 6 家基层人民检察院开展企业合规改革第 1 期试点 1 作，并联合司法部、财政部等制定了《关于建立涉案企业合规第三方监督评估机制的指导意见（试行）》（以下简称《企业合规指导意见》）。涉案企业合规第三方监督评估机制简称第三方机制。

1. 第三方机制适用的案件范围

根据《企业合规指导意见》第 3 条之规定，第三方机制适用于公司、企业等市场主体在生产经营活动中涉及的经济犯罪、职务犯罪案件，既包括公司、企业等实施的单位犯罪案件，也包括公司、企业实际控制人、经营管理人员、关键技术人员等实施的与生产经营活动密切相关的犯罪案件。

第三方机制适用于法定刑在 3 年以下有期徒刑的轻罪案件没有争议，但其是否适用于法定刑在 3 年以上有期徒刑的案件？《企业合规指导意见》第 3 条对此没有设限，理论上可以适用。在最高人民检察院公布的两批企业合规典型案例中，上海市 A 公司、B 公司、关某某虚开增值税专用发票案，上海 J 公司、朱某某假冒注册商标案，深圳×公司走私普通货物案，海南文昌市S公司、翁某某掩饰、隐瞒犯罪所得案的法定刑均在3年以上有期徒刑，但因有自首等减轻处罚情节，也适用了第三方机制。其中，虚开增值税专用发票案涉案单位判处罚金、涉案个人判处3年有期徒刑，缓期5年执行，假冒注册商标案涉案单位及个人均不起诉，走私普通货物案涉案企业及个人相对不起诉，掩饰、隐瞒犯罪所得案涉案单位判处罚金、涉案个人判处1年有期徒刑，缓期1年6个月执行。由此可见，第三方机制可以适用于法定刑在3年以上有期徒刑的案件。

2. 第三方机制的适用条件

《企业合规指导意见》第4条指出，涉企犯罪案件适用第三方机制，应当同时符合以下3个条件，缺一不可：（1）涉案企业、个人认罪认罚；（2）涉案企业能够正常生产经营，承诺建立或完善企业合规制度，具备启动第三方机制的基本条件；（3）涉案企业自愿适用第三方机制。尽管适用条件规定得比较宽松，但是根据试点情况看，前述条件的核心不只是涉案企业具有挽救的价值，比如税收贡献大，解决就业人数多，系高新技术企业等，其充分考虑从宽量刑情节后的宣告刑应当在3年以下有期徒刑。合规不起诉制度已是对《刑事诉讼法》第177条第2款规定的相对不起诉制度的突破，是其升级版。因为后者只适用于犯罪情节轻微、依照《刑法》规定不需要判处刑罚或者免除刑罚的案件。

所谓情节轻微，一般是指刚过立案追诉标准，并具有认罪悔罪、赔偿被害人损失并取得被害人谅解、自首、初犯偶犯等从宽处罚情节，而合规不起诉制度则可以适用于法定刑（而不是宣告刑）3年以上有期徒刑的案件。二者的差别还是较为明显的。可以说，合规不起诉制度突破了情节轻微的限制，从而扩大了相对不起诉的范围。

同时，《企业合规指导意见》第5条还进一步列举了几种不适用第三方机制的情形，即“负面清单”：（1）个人为进行违法犯罪活动而设立公司、企业的；（2）公司、企业设立后以实施犯罪主要活动的；（3）公司、企业人员盗用单位名义实施犯罪的；（4）涉嫌危害国家安全犯罪、恐怖活动犯罪的；（5）其他不宜适用的情形。

3. 涉案企业合规整改计划的制订

区别于企业全面合规，涉案企业合规整改的重点应当是专项合规。首先，从涉案企业合规整改的有效性要求出发，由于我国小微企业占大多数的客观实际，要求涉案小微企业实现全面合规，无疑是不切实际的幻想，即使合规也是“纸上合规”；其次，合规整改的考察期限要受到检察机关办案期限的限制，实务中，涉案企业的合规整改考察期一般为3—6个月，考察期限较短，要求涉案企业制定“一揽子”“大而全”的合规整改计划显然是不现实。因此，对于涉案企业合规整改计划的制订，较为务实的做法，就是应当坚持以全面合规为目标、以专项合规为重点，通过对专项涉罪风险的整改，切实保证涉案企业合规整改的有效性。

（1）涉案企业合规计划的评价标准

自最高人民检察院开展第一批涉案企业合规改革试点工作以来，如何设计一套行之有效的合规整改和验收标准，一直是理论和实务界共同关注和探索的问题。根据《企业合规指导意见》中的有关规定，第三方组织应当对涉案企业合规计划的可行性、有效性与全面性进行审查，提出修改完善的意见建议。2022年5月23日，中小企业协会发布的《中小企业合规管理体系有效性评价》团体标准（以下简称《团体标准》），也从机构设置和职责配置、合规风险识别、合规风险应对和持续改进、合规文化建设等多个角度对中小企业的合规体系评价作出指导。

具体而言，涉案企业合规整改和验收标准可以从以下几方面因素进行系统考量：

一是匹配性。考察涉案企业制订的合规整改计划与企业自身的发展规模、组织架构、合规文化基础、未来发展愿景是否匹配，评估涉案企业能够完成合规计划的可行性。

二是行业性。企业合规整改计划也应考虑到涉案企业所处行业的特殊性，将行业特点作为合规评估指标。如消费与零售行业企业，产品质量合规、销售经营合规、财税合规、知识产权合规、反贿赂合规等合规风险，是企业制订合规整改计划时的重点关注领域。

三是针对性。评估涉案企业的合规整改计划是否具有能够针对特定的合规风险，消除犯罪原因，弥补现有的制度漏洞，并且准确预防相同或类似犯罪行为的再次发生，如企业涉嫌虚开发票类犯罪的，则应当制订财税合规专项计划等。

四是全面性。涉案企业合规整改计划的全面性，主要是考察是否覆盖涉案企业在合规领域的薄弱环节，合规管理机构和管理人员的配置和岗位职责划分是否合理，企业是否为合规建设提供了充足的人力物力保障，合规监测、举报、调查、处理机制是否正常运行，合规文化建设是否常态化等。

五是有效性。企业合规整改计划的考察重点，是企业能否在合规整改期限内建立起有效的危机应对机制。涉案企业只有彻底找到犯罪原因，并通过纠错、改造，建立一个能够预防犯罪再次发生的制度机制，才能使涉案企业合规整改最终成功。

具体而言，可以参考《团体标准》中对于中小企业合规管理体系有效性评价活动的原则、方法，从实质上确立一套旨在实现去犯罪化的整改标准①，避免合规整改计划流于纸面。

（2）涉案企业合规计划的主要内容

关于涉案企业合规整改计划的内容，全国工商业联合会、最高人民检察院、司法部等9部委共同发布的《涉案企业合规建设、评估和审查办法（试行）》中明确，涉案企业合规计划应包括以下几方面内容：

a. 成立合规组织。涉案企业在整改计划实施过程中，应当成立专门合规组织，处理企业合规事务。根据企业性质和规模的不同，可以选择设立适应企业实际情况的合规管理委员、合规管理团队、合规专员或合规联络员，专门执行涉案企业的合规工作，明确各人员的具体合规职责，并为合规管理提供必要的合规支持及物力保障。

b. 制定合规章程与政策。通过修订公司章程、政策以及内部管理文件等，建立健全合规管理制度，一方面体现企业合规的价值理念，另一方面注重制定应对企业专项涉罪风险的专项管理措施。制定《员工手册》，为企业内部员工提供可依据的行为准则，督促涉案企业员工依法依规办事，并可以作为企业与内部员工责任切割的现实依据。

c. 合规风险识别。合规风险识别是涉案企业合规整改有效实施的前提，企业通过对合规义务的梳理，分析出企业涉罪的具体原因，进而有针对性地识别企业在运行过程中的合规风险。

d. 落实企业涉罪风险内控制度。在识别出企业涉罪的具体原因、排查出制度漏洞以后，企业的重点工作就是策划出能够有效应对合规风险的管理措施，通

① 参见陈瑞华：《企业合规基本理论》，法律出版社2022年版。

过企业日常经营管理过程中的有效合规措施，筑起企业合规经营的第一道防线。

实行常态化监测。企业合规整改计划的建构并不是一气呵成的，而是需要涉案企业的专门合规部门对于企业可能出现的合规风险随时监测，定期评估，并反复改进，以便及时发现已经出现和潜在的合规风险，并作出处置。对此，涉案企业可以通过聘请外部独立法律专业机构，对企业的合规管理进行定期的合规体检，① 对于企业的合规风险不断进行更新迭代，做到破旧立新。

e. 合规举报与报告机制。企业合规整改计划的建构并不是一气呵成的，在合规整改计划实施过程中，企业还应当同时建立常态化的绩效评价和合规报告制度，将企业合规整改的效果纳入绩效考核标准当中，并且建立动态的监测、举报、调查、处理机制，畅通企业内部的合规举报渠道，接收一切形式的举报和投诉，由内部合规部门对其开展相应调查，并形成合规报告，筑起企业合规管理的第二道防线。

f. 持续整改和补救。对于已经发生的合规风险，企业应当建立必要的整改和补救机制，修复合规整改计划中的制度缺陷和管理漏洞，不断完善和改进已有的涉案企业合规体系。

g. 合规文化建设。涉案企业应当在企业内部建立常态化、多样化的合规培训制度，对于担任领导职务或者从事核心岗位的员工进行重点教育培训，并做好教育培训记录。通过不断加强合规教育力度，传递合规理念，培育浓厚的合规文化氛围，形成合规自觉。

---

① 参见陈瑞华：《论企业合规的基本价值》，载《法学论坛》2021 年第 6 期。

五、消费与零售行业行政法体系及风险点

（一）消费与零售行业行政法体系四大博弈模块

行政法与企业经营运行关联密切。为发挥行政司法力量正面引导企业健康发展，国家坚持全面推进“科学立法、严格执法、公正司法、全民守法”这一全面依法治国的重要环节。其中，“严格执法”不仅指“不纵”，亦要求行政执法机关做到“不枉”。立法者为实现此功能，设置诸多保障，使企业依法具备救济自身合法权益的途径和手段，而不只是处于被动受罚的境况。面对不合法、不合理的行政处罚或消费者、竞争对手恶意举报时，企业有权积极与之博弈。

本部分将以文字结合图表的形式呈现处罚、复议、诉讼、政府信息公开共四部分的行政司法体系结构，并以消费与零售行业中的代表案件为例，为企业说明在行政法体系中需关注哪些博弈要点，以及以何种途径正确维护企业合法权益。

1. 消费与零售行业行政处罚七大要点

（1）行政处罚制度概述

行政处罚是政府对企业运行进行监管的最广泛且有力的方式，也是执法机关与企业博弈的重点阵地。

随着法治水平的提高，《行政处罚法》于2021年进行了修订，首次明确了“行政处罚”的概念。《行政处罚法》第2条规定，行政处罚是指行政机关依法对违反行政管理秩序的公民、法人或者其他组织，以减损权益或者增加义务的方式予以惩戒的行为。

由于《行政处罚法》规定其他法律、法规可以补充设定其他行政处罚形式，实践中，执法机关往往通过某一行政处罚的设定依据来判断其是否属于行政处罚。常见的市场禁入、信用惩戒措施、行政监管措施等行政行为，由于大多是通过规章甚至规范性文件设定，执法机关一般不认为是行政处罚，在实施时也缺乏明确、统一的程序要求。但是，上述管理方式中不少具有明显的惩戒效果，对当事人的影响也丝毫不亚于行政处罚，至于新《行政处罚法》对符合行政处罚定义的未在《行政处罚法》中规定的监管等行为如何纳入新“行政处罚法”，值得企业重点关注与拭目以待。

（2）行政处罚的种类与形式

A. 行政处罚划分为不同种类及标准

若以处罚性质为标准进行划分，能够划分为科以义务性的处罚、影响声誉的处罚以及限制或剥夺权利性的处罚；以处罚内容为标准进行划分，能够划分为人身自由罚、声誉罚、财产罚、行为罚四种。

目前，我国法律、法规规定的人身自由罚主要是行政拘留。《行政处罚法》只规定了“行政拘留”这种形式，并在第10条中明确规定了“限制人身自由的行政处罚只能由法律设定”。

行政拘留，是对违反治安管理的人，依法在短期内限制其人身自由的一种处罚。行政拘留的决定由县、市公安局、公安分局或相当于县一级的公安机关作出。行政拘留的期限一般为1日以上15日以下，有两项以上违法行为“并处”的，不受此限。目前，我国关于拘留的法律主要有《治安管理处罚法》、《集会游行示威法》、《消防法》、《戒严法》、《外国人入境出境管理法》、《公民出境入境管理法》、《道路交通安全法》、《居民身份证法》、《枪支管理法》和《国家安全法》等。

行政拘留不同于刑事拘留，后者是公安机关对罪该逮捕的现行犯或重大犯罪嫌疑人实施的一种强制措施。两者虽然都是由公安机关作出的，但有重大区别。行政拘留权属于行政权的范围，因而行政拘留为行政法所规定，遵循行政程序，期限为1日以上15日以下。

行政拘留也不同于司法拘留，后者是人民法院对妨碍民事诉讼、行政诉讼程序的行为人采取的一种限制其人身自由的强制措施。行政拘留也不同于扣留措施，海关法规定的扣留是一种临时性的强制措施，最长期限不得超出48小时。

B. 声誉罚

声誉罚是指行政主体对违法者的名誉、荣誉、信誉或精神上的利益造成一定损害以示警诫的行政处罚。声誉罚既适用于个人也适用于组织，其主要形式有警告、通报批评等。我国《行政处罚法》将警告作为处罚形式之一。

C. 财产罚

财产罚是指使被处罚人的财产权利和利益受到损害的行政处罚。这种处罚在于使违法者缴纳一定数额的金钱或者是没收其一定财物，并不影响违法者的人身自由和进行其他活动的权利。财产罚这种特性决定了财产罚所适用的范围广泛，也是一种行之有效的行政处罚。财产罚的具体形式主要有：罚款、没收财物（没收非法财物、没收违法所得）、责令金钱或物质赔偿。

a. 罚款。罚款是指行政主体强制违法相对方承担金钱给付义务的处罚形式。这一形式既具有经济内容，又具有强制性，从而与不具有经济内容的处罚形式相区别。同时，又与执行罚、人民法院为维护司法程序所作的处罚相区别。

罚款在行政处罚形式中是适用最广泛的一种形式，但也是存在问题最多的一种形式。因此，无论是在立法上还是在执法中都应该对罚款予以完善，从而发挥罚款的有效作用，限制其不利因素。

b. 没收财物（没收非法所得、没收非法财物）。没收财物是由行政主体实施的将行政违法行为人的部分或全部违法收入、物品或其他非法占有的财物收归国家所有的处罚方式。可成为没收的对象是：违法者的违法所得及非法占有的利益，从事违法活动所使用的工具和违禁品等。因此，没收财物的行政处罚又可具体包括没收非法所得和非法财物。没收可以视情节轻重而决定部分没收或全部没收。没收的物品，除应予销毁及存档备查的以外，均应上交国库或交由法定专管机关处理。合法的收入和没有被用来从事违法活动的物品不应成为没收财物处罚的对象。

c. 责令金钱或物质赔偿。责令金钱或物质赔偿是指行政主体要求违法相对方就其违法行为给其他个人、组织或国家造成的损害进行赔偿的处罚措施。严格地说，赔偿包括财产和作为两部分，后者我们会在行为罚中探讨，这里仅指财产上的赔偿。同样，这里的赔偿虽含有救济的意义，但无论在财产上或是精神上都对违法相对方有一定程度的损害，其目的既是为了恢复侵害前的状况，也是为了制裁违法相对方。

D. 行为罚

行为罚是限制和剥夺违法相对方某种行为能力或资格的处罚措施，有时也称能力罚。行为罚既可以针对个人，又可以针对组织。其主要表现形式有：责令停产停业，吊销、暂扣许可证和执照，科以相对方某种作为义务等。

a. 责令停产停业。这是限制违法相对方从事生产、经营活动的处罚形式。责令停产停业一般适用于下列违法行为：

第一，生产经营者实施了比较严重的违法行为，其行为后果比较严重；

第二，从事加工、生产与人的生命健康密切相关（如药品、食品等）的已经或可能威胁人的生命健康的商品，或者出版对人的精神生活产生不良影响的出版物、音像制品等违法行为。

b. 吊销、暂扣许可证和执照。吊销许可证和执照是禁止相对方从事某种特许权利或资格的处罚。它是指行政主体依法收回或暂扣违法者已获得的从事某种活动的权利或资格的证书，其目的在于取消被处罚人的一定资格和剥夺、限制某种特许权利。

吊销与暂扣是有区别的。吊销许可证和执照是对违法者从事某种活动或者其享有的某种资格的取消；而暂扣许可证和执照则是中止行为人从事某项活动的资格，待行为人改正以后或经过一定期限后，再发还许可证、有关证书或执照。吊销、暂扣许可证和执照适用的条件，是在对违法者实施其他形式的行政处罚不足以实现制裁目的时，还需要禁止其从事某种职业活动。在我国，有些企业或个人从事某种生产、经营活动，法律、法规规定必须既具有许可证又具有营业执照，对这种企业或个人适用吊扣许可证和执照的处罚，应由主管行政机关或者许可机关吊扣许可证，工商行政管理机关吊扣营业执照。

c. 科以相对方某种作为义务。科以相对方某种作为义务，如责令违法相对方限期治理，恢复植被等，由于含有赔偿的性质，即要求相对方停止侵害，恢复到侵害前的状态，因而是否属于行政处罚的范围尚存在争议。

（3）消费与零售行业行政处罚七大要点

新修订的《行政处罚法》于 2021 年 7 月 15 日正式生效，新法相较于旧法对于承担行政责任方面有诸多宽松之处，并规定了例如轻微不罚、初次不罚、无错不罚、变通履行等制度。其中部分新修订要点既是潜在的风险点又是亟须完善的合规点，值得消费与零售行业企业的关注。企业应恰当利用新《行政处罚法》相关规定，通过提出合理陈述、申辩意见的方式，与行政机关积极沟通，进而达到更好地维护企业自身的合法权益的目的。

表19结合2021年新《行政处罚法》对部分消费与零售行业企业可以采取的应对行政处罚的合规策略进行概述。

表19　消费与零售行业企业行政处罚合规要点

要点	法律依据	类案	合规策略
“无错不罚”——证明主观无过错，避免行政处罚	第33条第2款：“当事人有证据足以证明没有主观过错的，不予行政处罚。法律、行政法规另有规定的，从其规定。”	以税务处罚为例，根据《关于进一步做好税收违法案件查处有关工作的通知》（税总发〔2017〕30号）：对税收违法企业，实施税务行政处罚时要综合考虑其违法的手段、情节、金额、违法次数、主观过错程度、纠错态度。对未采取欺骗、隐瞒手段，只是因理解税收政策不准确、计算错误等失误导致未缴、少缴税款的，依法追缴税款、滞纳金，不定性为偷税	如何证明“没有主观过错”需要根据企业具体的违法行为加以确定。企业事前做好合规并做好证据留痕极为重要，此为免责的前提。鉴于企业主观上已经尽到相应约束，并不存在主观过错等，进而排除企业相关责任。同时企业方应当准备相应的表明对经销商合同进行约束的合同、对员工培训的记录等证据加以支撑，以实现免责
“轻微不罚”——积极抗辩违法行为轻微，及时纠正，不造成损害后果	第33条第1款第1句：“违法行为轻微并及时改正，没有造成危害后果的，不予行政处罚。”	2020年上海市长宁区B公司的车用空气净化器在一次产品质量监督检查中被查出洁净空气量项目和净化能效项目不符合相关标准。经查，该款产品是B公司委托另一公司生产，产品除内部样品及试用赠品外，其余都以低价销售	此类违法行为涉及发布违法广告类案件最多，比较常见的有使用“最高级”广告用语，发布专利产品广告未标注专利号和专利种类等。企业在广告宣传的时候应当把关广告用语的严谨性、真实性，避免出现绝对化用语以及与真实情况不相符的描

续表

要点	法律依据	类案	合规策略
		给经销商。鉴于B公司在产品包装上注明的标准，不在国家强制认证产品和工业产品许可证目录内，属于“合格级”未到达企业标称的“高效级”，是首次抽检不合格，且不合格指标不涉及人身财产安全，案发后也主动召回产品，消除影响等情况，长宁区市场监管局依据《免罚清单》的相关规定以及《行政处罚法》第33条第1款第1句“违法行为轻微并及时纠正，没有造成危害后果的，不予行政处罚”的规定，对B公司作出不予行政处罚行政处理决定	述性用语的出现，同时在涉及专利技术宣传之时需标明专利的种类以及专利号，既避免行政机关的行政处罚，也避免给竞争对手留下投诉举报不正当竞争的可乘之机
“首违不罚”——初次违法、后果轻微、及时改正	第33条规定的三个要件：初次违法、危害后果轻微、违法行为人及时改正。“初次违法”主要是指当事人在一定时间范围内，在同一领域、同一空间内第一次有某种违法行为。执法机关系根据一	—	对于“一定时间、空间和领域”的确定，需要企业与监管部门进行沟通，积极寻找证据证明自身的行为属于首次。“危害后果轻微”则需要从多方面进行证明，以涉嫌违法广告的申辩为例，危害后果轻微可以从广告受众较少、网页浏览量较少、对消费者购买未产生实际影响等方面进行论证

续表

要点	法律依据	类案	合规策略
	定时间、空间和领域等实际情况，合理确定“首违”。因此有一定的申辩空间		
“行政处罚无效”、“非法证据排除”的应用——行政处罚程序的错误与瑕疵	第38条规定，行政处罚没有依据或者实施主体不具有行政主体资格的，行政处罚无效。违反法定程序构成重大且明显违法的，行政处罚无效。 第46条明确规定了八种行政处罚的证据种类，第2款规定，“证据必须经查证属实，方可作为认定案件事实的根据”其中第3款规定，“以非法手段取得的证据，不得作为认定案件事实的根据”	—	“行政处罚没有依据”“实施主体不具有行政主体资格”“违反法定程序构成重大且明显违法”均可以构成行政处罚无效。 企业在接受违法调查时，还需要注意行政程序的正当性问题，即需要及时记录接受调查的时间、地点以及证据提供的相关细节信息。考虑到基层执法人员的执法素质存在差异，很多时候并不按照法定的行政程序来处理，在这种情况下，只要企业掌握了诸多执法人员的执法程序瑕疵问题，就在一定程度上掌握了执法程序不规范的证据，也能够在后续在行政救济中提供更多有用证据

续表

要点	法律依据	类案	合规策略
“主动披露”激励机制的建立	第32条规定，当事人主动供述行政机关尚未掌握的违法行为的，应当从轻或者减轻处罚	—	实践中涉嫌违法的企业主动向行政机关主动披露违法行为及事实的积极性并不高，此次《行政处罚法》在法律层面确定主动披露的激励机制，可以引导广大企业在出现违规行为时积极开展内部调查，主动向执法机关报告，以争取宽大处理
“没收违法的所得”含义及适用的明确	第28条第2款规定：“当事人有违法所得，除依法应当退赔的外，应当予以没收。违法所得是指实施违法行为所取得的款项。法律、行政法规、部门规章对违法所得的计算另有规定的，从其规定。”	—	在执法实践中，对于如何计算违法所得，各执法部门的计算方式并不一致，大体上可以分为计算全部收入和计算利润，二者区别在于后者可以核减合理的成本支出。两种方式下计算出的违法所得差距巨大。新《行政处罚法》明确规定违法所得是指实施违法行为所取得的款项，即原则上不得核减成本。 上述修订客观上加大了处罚力度，值得消费与零售行业企业高度关注并在遇到行政处罚时积极应对
延长特定违法行为的追诉期限	第36条第1款规定：“违法行为在二年内未被发现的，不再给予行政处罚；涉及公民生命健康安全、	—	尽管本条中的“生命健康安全”“金融安全”有待执法机关具体明确，但是我们可以认为“金融安全”应当主要指人民银行、证监会、银保监会的执法事项，“生命健康安全”应当主要

续表

要点	法律依据	类案	合规策略
	金融安全且有危害后果的，上述期限延长至五年。法律另有规定的除外。”		指医疗卫生、食品药品、产品质量、生态环境等方面的执法事项。考虑到此次修法将以上领域执法事项的追诉期限延长，企业就更应关注这些领域的经营合规；考虑到违法行为还可能存在连续或继续的情形，企业可以将有关文档的保存期限延长至至少5年，以便遭遇行政执法时可以拿出充足的证据材料

2. 消费与零售行业行政复议八大要点

(1) 行政复议制度概述

行政复议是我国行政机关解决行政争议的法律制度的专用名称，是指公民、法人或其他组织认为行政机关的行政行为侵犯其合法权益，依法向有行政复议权的行政机关申请复议，行政机关受理行政复议申请，作出行政复议决定。简言之，行政复议是解决“民告官”行政争议和行政机关自我纠错的重要法定机制。

行政复议制度具有行政性与准司法性的双重性质。行政性是由于行政复议是上级行政机关对下级行政机关的审查行为，是一种内部的监督制度，属于行政机关的自我纠错；准司法性是由于行政复议是上级行政机关对申请人和下级行政机关之间的纠纷作出裁决、解决行政争议的制度。上级行政机关，即复议机关对争议作出裁决，前置于司法机关的裁决，因此具有准司法性。

行政复议既能够解决行政争议，保护公民的合法权益，也可以通过对下级行政机关的监督，在行政系统中进行自我纠错，保证依法行政的有效落实。

在地方层面，我国各地区也开展了不同程度的行政复议改革。以上海为例，据上海市司法局公布的《2020年度本市行政复议与行政应诉工作相关情况》可知，2020 年，上海市各级行政复议机关共收到行政复议申请 19,879 件，较 2019 年上升 20.6%。其中，依法受理 18,444 件，受理率 92.8%。基层执法问题是行政复议的重要起因，且经复议后被纠错的比例较高。2018 年上海市市场监管领域复议收案数达 1349 件（含工商、质监、食品药品、物价），占收案总数的 11.2%，成为行政争议集中多发、频发领域。2019 年、2020 年数据虽有下降，但仍是行政复议的重点问题。若消费与零售企业确有法律法规及相应证据，能够证明行政机关作出的处罚不合法、不合理，提起行政复议是较为可靠的救济途径。

（2）消费与零售行业企业行政复议实践要点指引

消费与零售行业企业在经营过程中，经常会收到行政机关作出的有争议的行政行为。企业可以通过行政复议进行纠错，维护自身合法权益，避免经济损失。本文以此为目标，对消费与零售行业企业行政复议的实践中需注意的风险进行详细分析。

3. 消费与零售行业行政诉讼十大重要指标

（1）行政诉讼制度的定位

一般而言，行政复议与行政诉讼的关系，应当遵循行政复议前置先由复议机关对行政行为进行复议，对复议决定不服的再向人民法院起诉。

相比行政诉讼，行政复议具有如下优势：第一，行政复议的受理范围广，包括对行政行为的合法性审查与适当性审查；第二，复议机关一般为作出行政行为的行政机关的上级机关，其工作人员具有专业性，更加了解行政行为的问题；第三，行政复议无须诉讼费，相比于诉讼程序更加简便。这些优势使公民、法人和非法人组织更加青睐于选择行政复议作为解决行政争议的主渠道。

（2）消费与零售行业企业行政诉讼实践指引及风险规避

在实践中，若企业不服复议决定，可以向人民法院提起诉讼，通过诉讼手段维权。对此，企业应当严格按照法律法规的规定依法提起诉讼，避免因实体、程序上的瑕疵而损害自身的救济权益。针对有关领域的司法实务，本文将在后文（二）实务中消费与零售行业行政司法案例解读中进行详细分析（见表 20、表 21）。

表 20　消费与零售行业企业行政复议合规要点

要点		类案判决	案情简介	判决结果	裁判依据
行政复议的原则	公开原则	国家工商行政管理总局商标评审委员会与美国机械工程师协会二审行政判决书	被诉决定仅认定“机械工程师协会提供的商标管理规则不符合证明商标的使用管理规定”，但至于该管理规则中的哪一条款不符合证明商标的使用管理规定、为何不符合证明商标的使用管理规定，被诉决定均未明确，导致当事人无所适从，无法在后续程序对相关商标管理规则进行修改、完善。被告的行为有违行政公开的基本要求	驳回上诉，维持原判（撤销被诉决定；商标评审委员会重新作出复审决定）	
	合法原则	北京桑杰电子科技有限公司与北京市海淀区人民政府一审行政判决书	本案中，被告作为行政复议机关，在处理原告与温泉镇政府的行政争议过程中，理当依法履行职责，对温泉镇政府的行政行为合法性审查到位、监督到位，对原告的合法权益提供及时、有效的保障	撤销行政复议决定书；被告对行政复议申请重新作出决定	
	及时、便民原则	郑朝献、朱建国再审审查与审判监督行政裁定书	复议机关受理复议申请，也要遵循高效便民原则。本案中，郑朝献等被征收人在同日对同一行政行为申请行政复议，其复议请求均为撤销 3 号征收决定，复议机关应当合并审查。常德市政府将应予合并审查的案件分别受理，确有不当，本院予以指正	驳回再审申请	

续表

<table>
<tr><th colspan="2">要点</th><th>类案判决</th><th>案情简介</th><th>判决结果</th><th>裁判依据</th></tr>
<tr><td rowspan="2">受理条件</td><td colspan="5">《行政复议法》第 6 条有下列情形之一的，公民、法人或者其他组织可以依照本法申请行政复议：
（1）对行政机关作出的警告、罚款、没收违法所得、没收非法财物、责令停产停业、暂扣或者吊销许可证、暂扣或者吊销执照、行政拘留等行政处罚决定不服的；
（2）对行政机关作出的限制人身自由或者查封、扣押、冻结财产等行政强制措施决定不服的；
（3）对行政机关作出的有关许可证、执照、资质证、资格证等证书变更、中止、撤销的决定不服的；
（4）对行政机关作出的关于确认土地、矿藏、水流、森林、山岭、草原、荒地、滩涂、海域等自然资源的所有权或者使用权的决定不服的；
（5）认为行政机关侵犯合法的经营自主权的；
（6）认为行政机关变更或者废止农业承包合同，侵犯其合法权益的；
（7）认为行政机关违法集资、征收财物、摊派费用或者违法要求履行其他义务的；
（8）认为符合法定条件，申请行政机关颁发许可证、执照、资质证、资格证等证书，或者申请行政机关审批、登记有关事项，行政机关没有依法办理的；
（9）申请行政机关履行保护人身权利、财产权利、受教育权利的法定职责，行政机关没有依法履行的；
（10）申请行政机关依法发放抚恤金、社会保险金或者最低生活保障费，行政机关没有依法发放的；
（11）认为行政机关的其他具体行政行为侵犯其合法权益的。</td></tr>
<tr><td>利害关系</td><td>厦门市鹭海龙房地产策划代理有限公司因诉厦门市人民政府不予受理行政复议申请决定二审行政判决书</td><td>经查，001 号不予许可决定是原厦门市规划局就湖盛公司申请工业厂房临时变更建筑功能作出的行政行为，上诉人并非 001 号不予许可决定的相对人，且上诉人作为该工业厂房的承租人，其承租权利不是原厦门市规划局作出 001 号不予许可决定应予考量的因素，故上诉人与被诉 001 号不予许可决定没有法律上的利害关系</td><td>驳回上诉，维持原判（判决驳回原告诉讼请求）</td><td>《行政诉讼法》第 89 条第 1 款第 1 项</td></tr>
</table>

续表

要点		类案判决	案情简介	判决结果	裁判依据
受理条件	申请期限	《行政复议法》第 9 条第 1 款 公民、法人或者其他组织认为具体行政行为侵犯其合法权益的，可以自知道该具体行政行为之日起 60 日内提出行政复议申请；但是法律规定的申请期限超过 60 日的除外（此处的法律指的是狭义的法律，仅指全国人大颁布的法律，不含行政法规和地方性法规以及部门规章、地方政府规章等）。 《行政复议法实施条例》第 15 条 《行政复议法》第 9 条第 1 款规定的行政复议申请期限的计算，依照下列规定办理： （1）当场作出具体行政行为的，自具体行政行为作出之日起计算； （2）载明具体行政行为的法律文书直接送达的，自受送达人签收之日起计算； （3）载明具体行政行为的法律文书邮寄送达的，自受送达人在邮件签收单上签收之日起计算；没有邮件签收单的，自受送达人在送达回执上签名之日起计算； （4）具体行政行为依法通过公告形式告知受送达人的，自公告规定的期限届满之日起计算； （5）行政机关作出具体行政行为时未告知公民、法人或者其他组织，事后补充告知的，自该公民、法人或者其他组织收到行政机关补充告知的通知之日起计算； （6）被申请人能够证明公民、法人或者其他组织知道具体行政行为的，自证据材料证明其知道具体行政行为之日起计算。 行政机关作出具体行政行为，依法应当向有关公民、法人或者其他组织送达法律文书而未送达的，视为该公民、法人或者其他组织不知道该具体行政行为。 《行政复议法实施条例》第 16 条 公民、法人或者其他组织依照《行政复议法》第 6 条第 8 项、第 9 项、第 10 项的规定申请行政机关履行法定职责，行政机关未履行的，行政复议申请期限依照下列规定计算： （1）有履行期限规定的，自履行期限届满之日起计算； （2）没有履行期限规定的，自行政机关收到申请满 60 日起计算。 公民、法人或者其他组织在紧急情况下请求行政机关履行保护人身权、财产权的法定职责，行政机关不履行的，行政复议申请期限不受前款规定的限制。			

续表

要点		类案判决	案情简介	判决结果	裁判依据
受理条件		重庆市红宇信息服务有限公司与重庆市工商行政管理局行政复议二审行政判决书	上诉人不服该行政处罚决定，应当自知道行政处罚决定之日起60日内提出行政复议申请，但上诉人直至2017年2月6日才向被上诉人提出，已超过行政复议法规定的申请期限，不符合行政复议的受理条件	驳回上诉，维持原判	《行政诉讼法》第89条第1款第1项
	申请机构	《行政复议法》第12条 对县级以上地方各级人民政府工作部门的具体行政行为不服的，由申请人选择，可以向该部门的本级人民政府申请行政复议，也可以向上一级主管部门申请行政复议			
		杭州捷迅汽车抢修服务有限公司与杭州市西湖区人民政府行政复议一审行政判决书	《行政复议法实施条例》第22条规定："申请人提出行政复议申请时错列被申请人的，行政复议机构应当告知申请人变更被申请人。"本案被告未提供证据证明其已履行告知义务，程序存在瑕疵，本院予以指正	驳回原告诉讼请求	《行政诉讼法》第69条
	举证责任	重庆虹源建筑安装工程有限公司诉重庆市国土资源和房屋管理局行政复议不予受理决定一审行政判决书	原告以不履行法定职责为由向被告提出行政复议申请，但没有提供曾经要求被申请人履行法定职责而被申请人未履行法定职责的证明材料；在被告市国土房管局书面通知补正后仍未能提供相关证明材料。原告虽然诉称其提供的材料符合受理条件，但未能举示充分的证据证明	驳回原告的诉讼请求	《行政复议法》第17条；《行政复议法实施条例》第21条第1款第1项、第29条；《行政诉讼法》第69条

续表

要点		类案判决	案情简介	判决结果	裁判依据
受理条件	复议范围	北京东生德盛商贸有限责任公司与北京市通州区人民政府行政复议一审行政判决书	马驹桥镇政府所作公告系根据通州区政府和北京市规划和国土资源管理委员会的部署，执行北京市通州区人民法院（2016）京0112行审178号行政裁定书的行为，非《行政复议法》规定的可以申请行政复议的具体行政行为	驳回原告的诉讼请求	《行政诉讼法》第69条
规定一并审查	审查范围	上海金色医药科技发展有限公司诉国家食品药品监督管理总局其他一案一审行政判决书	本案中，117号公告的内容仅是公告开展药物临床试验数据核查此项工作，不属于《行政复议法》第7条规定的规范性依据，不属于《行政复议法》规定的附带性审查范围	确认被告审批意见通知件违法；确认被告行政复议决定违法；驳回原告其他诉讼请求	《行政诉讼法》第74条第1款第2项、《最高人民法院关于适用〈中华人民共和国行政诉讼法〉若干问题的解释》第10条第1款、《最高人民法院关于执行〈中华人民共和国行政诉讼法〉若干问题的解释》第56条第4项
	直接申请	松原市正兴出租汽车服务有限公司诉吉林省人民政府不履行行政复议法定职责二审行政判决书	上诉人正兴公司若对松原市人民政府作出的松政发〔2013〕31号《关于加强城市客运出租汽车运营许可管理的实施意见》不服，不能单独就该文件直接申请行政复议，而只能在对相关具体行政行为提起行政复议申请时，一并申请行政复议机关对该文件进行审查	驳回上诉，维持原判（不予立案）	《行政诉讼法（2014年修正）》第89条第1款第2项

续表

要点		类案判决	案情简介	判决结果	裁判依据
诉讼复议不兼得	复议机关先行受理	王某和和金昌市人民政府（以下简称金昌市政府）、金昌市国土资源局（以下简称金昌市国土局）非诉执行审查案件行政判决书	一般来说，可以选择行政复议，也可以选择行政诉讼途径进行救济，但不得同时提起行政复议和行政诉讼。本案中，原告王某和既已选择了行政复议途径救济，复议机关也已经决定驳回王某和的行政复议申请，原告王某和在本案诉讼中又要求人民法院审查其已申请复议的原行政行为的合法性没有法律依据	驳回原告的诉讼请求	《行政诉讼法》第 69 条
	法院先行受理	重庆虹缘建筑安装工程有限公司与重庆市规划局行政复议二审行政判决书	虹缘公司以重庆市规划局巴南区分局不作为为由向重庆市规划局申请行政复议，在补正复议材料期间，又向重庆市巴南区人民法院提起诉讼，请求确认重庆市规划局巴南区分局不作为违法。重庆市规划局查实重庆市巴南区人民法院先于复议机关受理的情况后，作出行政复议不予受理通知书，符合《行政复议法》第 16 条第 2 款的规定	驳回上诉，维持原判（确认行政复议不予受理通知书违法）	《行政诉讼法》第 89 条第 1 款第 1 项
行政复议时限	《行政复议法》第 31 条第 1 款 行政复议机关应当自受理申请之日起 60 日内作出行政复议决定；但是法律规定的行政复议期限少于 60 日的除外。情况复杂，不能在规定期限内作出行政复议决定的，经行政复议机关的负责人批准，可以适当延长，并告知申请人和被申请人；但是延长期限最多不超过 30 日。 《行政诉讼法》第 45 条 公民、法人或者其他组织不服复议决定的，可以在收到复议决定书之日起 15 日内向人民法院提起诉讼。复议机关逾期不作决定的，申请人可以在复议期满之日起 15 日内向人民法院提起诉讼。法律另有规定的除外。				

续表

要点		类案判决	案情简介	判决结果	裁判依据
复议不停止执行	停止执行例外	上海众志建材经营部与上海市奉贤区金汇镇人民政府、上海市奉贤区人民政府案	奉贤区政府于3月21日收到原告的复议申请和停止执行申请后，根据前述情形经原告补正后受理，未对原告停止执行申请的合理性进行审查，违反了前述规定	确认被告作出立即代履行决定书的行政行为违法；确认被告作出行政复议决定书的行政行为违法	
申请人、第三人查阅权	查阅权与信息公开	钱某祥与江苏省物价局、国家发展和改革委员会司法行政管理（司法行政）行政复议一审行政裁定书	现阳某某通过申请信息公开的途径要求市食药监局公开该复函作出依据的证据以及其他有关材料，实质是申请查阅市食药监局就其投诉举报事项进行立案调查的有关案卷资料，依法应当行使案件卷宗查阅权，而不是通过申请政府信息公开的方式获得	驳回上诉，维持原审裁定（驳回起诉）	《最高人民法院关于审理政府信息公开行政案件若干问题的规定》第12条第1款第1项
不得自行收集证据		福建中石特种阀门制造有限公司诉泉州市人民政府劳动和社会保障行政复议一案一审行政判决书	在行政复议过程中，被申请人不得自行向申请人和其他有关组织或者个人收集证据。本案中，被告在复议阶段要求泉州市人力资源和社会保障局补充调查取证，程序存在瑕疵	驳回原告诉讼请求	《最高人民法院关于执行〈中华人民共和国行政诉讼法〉若干问题的解释》第56条第4项、《行政复议法》第24条

表 21　行政诉讼案件可受理自查性十大自查要点

行政诉讼案件可受理自查十大要点	一、不得有判决约束
	《最高人民法院关于适用〈中华人民共和国行政诉讼法〉的解释》（以下简称《行政诉讼法解释》）第69条第1款第9项："诉讼标的已为生效裁判或者调解书所羁束的；"
	二、是否属于行政诉讼受案范围（行政行为的性质）
	1. 驳回起诉：若属于《行政诉讼法》第13条和《行政诉讼法解释》第1条规定的情形 《行政诉讼法》第13条规定，人民法院不受理公民、法人或者其他组织对下列事项提起的诉讼： （1）国防、外交等国家行为； （2）行政法规、规章或者行政机关制定、发布的具有普遍约束力的决定、命令； （3）行政机关对行政机关工作人员的奖惩、任免等决定； （4）法律规定由行政机关最终裁决的行政行为。 《行政诉讼法解释》第1条规定，公民、法人或者其他组织对行政机关及其工作人员的行政行为不服，依法提起诉讼的，属于人民法院行政诉讼的受案范围。 下列行为不属于人民法院行政诉讼的受案范围： （1）公安、国家安全等机关依照《刑事诉讼法》的明确授权实施的行为； （2）调解行为以及法律规定的仲裁行为； （3）行政指导行为； （4）驳回当事人对行政行为提起申诉的重复处理行为； （5）行政机关作出的不产生外部法律效力的行为； （6）行政机关为作出行政行为而实施的准备、论证、研究、层报、咨询等过程性行为； （7）行政机关根据人民法院的生效裁判、协助执行通知书作出的执行行为，但行政机关扩大执行范围或者采取违法方式实施的除外； （8）上级行政机关基于内部层级监督关系对下级行政机关作出的听取报告、执法检查、督促履责等行为； （9）行政机关针对信访事项作出的登记、受理、交办、转送、复查、复核意见等行为； （10）对公民、法人或者其他组织权利义务不产生实际影响的行为。
	2. 应当受理：如果诉讼依据属于《行政诉讼法》第12条 《行政诉讼法》第12条规定，人民法院受理公民、法人或者其他组织提起的下列诉讼： （1）对行政拘留、暂扣或者吊销许可证和执照、责令停产停业、没收违法所得、没收非法财物、罚款、警告等行政处罚不服的；

续表

行政诉讼案件可受理自查十大要点	(2) 对限制人身自由或者对财产的查封、扣押、冻结等行政强制措施和行政强制执行不服的; (3) 申请行政许可，行政机关拒绝或者在法定期限内不予答复，或者对行政机关作出的有关行政许可的其他决定不服的; (4) 对行政机关作出的关于确认土地、矿藏、水流、森林、山岭、草原、荒地、滩涂、海域等自然资源的所有权或者使用权的决定不服的; (5) 对征收、征用决定及其补偿决定不服的; (6) 申请行政机关履行保护人身权、财产权等合法权益的法定职责，行政机关拒绝履行或者不予答复的; (7) 认为行政机关侵犯其经营自主权或者农村土地承包经营权、农村土地经营权的; (8) 认为行政机关滥用行政权力排除或者限制竞争的; (9) 认为行政机关违法集资、摊派费用或者违法要求履行其他义务的; (10) 认为行政机关没有依法支付抚恤金、最低生活保障待遇或者社会保险待遇的; (11) 认为行政机关不依法履行、未按照约定履行或者违法变更、解除政府特许经营协议、土地房屋征收补偿协议等协议的; (12) 认为行政机关侵犯其他人身权、财产权等合法权益的。 除前款规定外，人民法院受理法律、法规规定可以提起诉讼的其他行政案件
	三、是否必须先行复议
	《行政诉讼法》第 44 条第 2 款规定，只有法律、法规规定的情形，才须先行复议
	四、提起诉讼的人的资格
	原告资格：参照《行政诉讼法》第 2 条和第 25 条，《行政诉讼法解释》第 12 条 《行政诉讼法》第 2 条规定，公民、法人或者其他组织认为行政机关和行政机关工作人员的行政行为侵犯其合法权益，有权依照本法向人民法院提起诉讼。 前款所称行政行为，包括法律、法规、规章授权的组织作出的行政行为 《行政诉讼法》第 25 条规定，行政行为的相对人以及其他与行政行为有利害关系的公民、法人或者其他组织，有权提起诉讼。 有权提起诉讼的公民死亡，其近亲属可以提起诉讼。 有权提起诉讼的法人或者其他组织终止，承受其权利的法人或者其他组织可以提起诉讼。 人民检察院在履行职责中发现生态环境和资源保护、食品药品安全、国有财产保护、国有土地使用权出让等领域负有监督管理职责的行政机关违法行使职权或者不作为，致使国家利益或者社会公共利益受到侵害的，应当向行政机关提出检察

续表

<table>
<tr><td rowspan="10">行政诉讼案件可受理自查十大要点</td><td colspan="4">建议，督促其依法履行职责。行政机关不依法履行职责的，人民检察院依法向人民法院提起诉讼
《行政诉讼法解释》第 12 条规定，有下列情形之一的，属于《行政诉讼法》第 25 条第 1 款规定的“与行政行为有利害关系”：
（1）被诉的行政行为涉及其相邻权或者公平竞争权的；
（2）在行政复议等行政程序中被追加为第三人的；
（3）要求行政机关依法追究加害人法律责任的；
（4）撤销或者变更行政行为涉及其合法权益的；
（5）为维护自身合法权益向行政机关投诉，具有处理投诉职责的行政机关作出或者未作出处理的；
（6）其他与行政行为有利害关系的情形</td></tr>
<tr><td colspan="2">（1）公民</td><td colspan="2"></td></tr>
<tr><td colspan="2">（2）法人</td><td colspan="2"></td></tr>
<tr><td colspan="2">（3）其他组织</td><td colspan="2"></td></tr>
<tr><td colspan="4">五、是否有诉的利益</td></tr>
<tr><td colspan="4">1. 没有重复起诉</td></tr>
<tr><td colspan="4">2. 没有撤诉后无正当理由又起诉</td></tr>
<tr><td colspan="4">3. 具备案件成熟性</td></tr>
<tr><td colspan="4">4. 有诉的必要性</td></tr>
<tr><td>宁夏泾源县永鑫资源开发有限公司与泾源县水务局行政许可一审行政判决书</td><td>前后两次提起行政诉讼案由不同，诉讼请求亦有所不同，且前次诉讼并未得到实体处理，因而原告本次诉讼，应予受理而非重复起诉</td><td>（1）被告泾源县水务局为第三人宁夏老龙潭食品饮料有限公司办理取水宁泾字（2003）第 00001 号取水许可证的行为及将原告宁夏泾源县永鑫资源开发有限公司修建的水源截流池交付第三人宁夏老龙潭食品饮料有限公司使用的行为均违法；
（2）由被告泾源县水务局于本判决生效后</td><td>《最高人民法院关于适用〈中华人民共和国行政诉讼法〉的解释》第 69 条第 1 款第 6 项规定，重复起诉，已经立案的，应当裁定驳回起诉。第 106 条规定，当事人就已经提起诉讼的事项在诉讼过程中或者裁判生效后再次起诉，同时具有下列情形的，构成重复起诉：（1）后诉与前诉的当事人相同；（2）后诉与前诉的诉讼标的相同；（3）后诉与前诉</td></tr>
</table>

续表

<table>
<tr><td rowspan="11">行政诉讼案件可受理自查十大要点</td><td></td><td></td><td>15 日内赔偿原告宁夏泾源县永鑫资源开发有限公司财产损失 83 万元；
（3）驳回原告宁夏泾源县永鑫资源开发有限公司对第三人宁夏老龙潭食品饮料有限公司的诉讼请求</td><td colspan="2">的诉讼请求相同，或者后诉的诉讼请求被前诉裁判所包含</td></tr>
<tr><td colspan="5">六、管辖</td></tr>
<tr><td colspan="5">1. 专门法院管辖
（1）跨行政区划法院管辖：《行政诉讼法》第 18 条第 2 款
（2）知识产权法院管辖
（3）海事法院管辖
（4）互联网法院管辖</td></tr>
<tr><td colspan="5">2. 普通法院管辖</td></tr>
<tr><td colspan="2">地域管辖</td><td colspan="3"></td></tr>
<tr><td colspan="2">级别管辖</td><td colspan="3"></td></tr>
<tr><td colspan="5">七、被告适格</td></tr>
<tr><td colspan="5">1. 直接起诉 作出行政行为的行政机关为被告：《行政诉讼法》第 26 条第 1 款
《行政诉讼法》第 26 条第 1 款规定，公民、法人或者其他组织直接向人民法院提起诉讼的，作出行政行为的行政机关是被告</td></tr>
<tr><td colspan="5">2. 经复议案件
（1）复议维持
（2）复议改变
《行政诉讼法》第 26 条第 2—6 款规定：
经复议的案件，复议机关决定维持原行政行为的，作出原行政行为的行政机关和复议机关是共同被告；复议机关改变原行政行为的，复议机关是被告。
复议机关在法定期限内未作出复议决定，公民、法人或者其他组织起诉原行政行为的，作出原行政行为的行政机关是被告；起诉复议机关不作为的，复议机关是被告。
两个以上行政机关作出同一行政行为的，共同作出行政行为的行政机关是共同被告。</td></tr>
</table>

续表

<table>
<tr><td rowspan="13">行政诉讼案件可受理自查十大要点</td><td colspan="5">行政机关委托的组织所作的行政行为，委托的行政机关是被告。
行政机关被撤销或者职权变更的，继续行使其职权的行政机关是被告</td></tr>
<tr><td colspan="5">3. 其他情形</td></tr>
<tr><td colspan="5">八、起诉期限</td></tr>
<tr><td colspan="5">1. 直接起诉：《行政诉讼法》第46条第1款：知道或应当知道行政行为作出之日起6个月内</td></tr>
<tr><td colspan="5">2. 经复议案件
（1）复议机关作出决定
（2）复议机关未作出决定</td></tr>
<tr><td colspan="5">3. 例外</td></tr>
<tr><td colspan="5">九、起诉的形式要件</td></tr>
<tr><td colspan="5">1. 有具体的诉讼请求和事实依据</td></tr>
<tr><td colspan="5">2. 有明确的被告</td></tr>
<tr><td colspan="5">十、举证责任</td></tr>
</table>

<table>
<tr><td>诉讼核心要点——举证责任</td><td>被告（行政机关）举证</td><td>深圳沃尔玛百货零售有限公司西安骡马市分店与西安市碑林区食品药品监督管理局食品行政处罚一审行政判决书</td><td>并非行政诉讼中的所有待证事实都要由被告承担举证责任，在行政机关完成被诉行政行为合法性的初步举证责任后，对于诉讼中的举证责任分配，仍然遵循“谁主张，谁举证”的举证责任分配原则，原告对于自己提出的主张应承担相应的举证责任，达到证明其主张初步成立的程度</td><td>驳回原告诉讼请求</td><td>《行政诉讼法》第69条</td></tr>
</table>

续表

诉讼核心要点——举证责任	原告（非行政机关）举证	大连传森科技有限公司、沈阳世杰电器有限公司与国家知识产权局专利复审委员会二审行政判决书	沈阳世杰电器有限公司主张本专利取得了商业上的成功，但未提交相应的证据，对该主张本院不予支持	撤销行政判决；撤销无效宣告请求审查决定；国家知识产权局专利复审委员重新作出审查决定	《行政诉讼法》第89条第1款第2项、第3款

4. 消费与零售行业行政信息公开十大重要指标

各类政务信息是政府部门具体操作指南，也指导着日常监管方向，更是消费与零售企业合规经营的“压舱石”，亦是挖掘时代机遇的“探照灯”。

2022年4月，国务院办公厅印发《2022年政务公开工作要点》（以下简称《政务公开要点》），对全国政务公开年度重点工作进行部署与安排。《政务公开要点》指出，要坚持稳中求进工作总基调，持续深化政务公开，更好发挥以公开促落实、强监管功能。《政务公开要点》提出政务公开的五方面重点工作，其中“以公开助力经济平稳健康发展”被列为第1项。消费与零售企业可以积极行使此项权利，请求政府公开影响企业运营、布局的政策规则。受新冠肺炎疫情等多重因素影响，我国经济短期下行压力较大。要提振市场主体信心，就需要增强政策制定实施的透明度和可预期性。为稳就业和促进消费恢复，国家针对受疫情影响严重的餐饮、住宿、零售、文化、旅游、客运等行业出台了一系列帮扶政策，这些精准有力的举措事关市场主体的生存发展。如果相关减税降费等帮扶政策信息公开不及时，或者公开得不到位，无法有效抵达市场主体，那么相关政策的落地效果就会大打折扣。对此，《政务公开要点》明确要求，加大相关政策公开力度，加强政策宣讲和推送工作，将各级政府出台的支持政策及时传达至相关群体，使各项政策能够最大限度利企惠民。

以下内容将以图表方式呈现消费与零售企业在申请政府信息公开时需要注意的十大要点及典型案例（见表22）：

表 22　消费与零售行业企业申请政府信息公开十大要点

要点	案例判决书	案情简介	判决结果	裁判依据
一、政府信息定义	江苏南通六建建设集团有限公司因不服吉林省人民政府信息公开行政复议一审行政判决书	该条例所指的政府信息，应当是现有的，以一定形式记录、保存的信息。本案原告南通六建公司申请白城市人民政府公开的信息系要求白城市人民政府为其搜集、汇总白城市园林管理处自 1998 年至申请日的相关政府信息。此类信息明显不属于白城市人民政府制作或者保存的信息，白城市人民政府不具有公开上述信息的职责和义务	驳回原告诉讼请求	《行政诉讼法》第 69 条
二、信息公开的原则	《政府信息公开条例》 第 5 条：行政机关公开政府信息，应当坚持以公开为常态、不公开为例外，遵循公正、公平、合法、便民的原则。 第 6 条：行政机关应当及时、准确地公开政府信息。 行政机关发现影响或者可能影响社会稳定、扰乱社会和经济管理秩序的虚假或者不完整信息的，应当发布准确的政府信息予以澄清			
三、申请信息公开答复（答复期限）	原告陕西宏润实业集团有限公司认为被告西安市灞桥区红旗街道办事处不履行政府信息公开法定职责一审行政判决书	根据《政府信息公开条例》第 24 条，本案被告至今未向原告作出答复，被告超过法律规定的履行期限未履行法定职责，构成行政不作为	责令被告对原告政府信息公开申请表作出答复	《行政诉讼法》第 72 条

续表

要点	案例判决书		案情简介	判决结果	裁判依据
四、不公开情形	公开内容区分	广州市蓝奥体育产业服务有限公司与广州市国土资源和规划委员会资源行政管理：土地行政管理（土地）一审行政判决书	上述许可证所包含的信息，部分属于广州市电力设施精确位置、高程等图文资料，属于国家秘密；部分属于不涉及军事、军工、国家安全要害部门，且仅标有设施名称、非精确位置等的信息。市国规委对此信息未作区分，全部不予公开不当，其应对蓝奥公司申请公开的信息的性质进行审查、进行区分，并根据信息的不同性质，限期对蓝奥公司的案涉政府信息公开申请重新作出处理	撤销被告依申请公开政府信息答复书；被告申请重新作出处理	《行政诉讼法》第70条第1项
	商业秘密保护	山东鲁泰控股集团有限公司、国土资源部与扈长全二审行政判决书	在案证据来看，国土资源部认为涉案许可证申请材料属于商业秘密，但并没有提供证据证明上述材料属于商业秘密，其仅依据鲁泰公司不予公开的意见作出被诉告知书，告知扈长全不予公开其申请公开的涉案许可证申请材料，属认定事实不清，证据不足	驳回上诉，维持一审判决（判决撤销被诉告知书并责令重新作出答复）	《行政诉讼法》第89条第1款第1项
	个人隐私保护	北京商务中心区开发建设有限责任公司、北京市工商行政管理局与李山林信息公开二审行政判决书	关于内部管理信息的问题，即便存在市工商局所称的不应公开的内部管理信息，其也未能明确相关信息的具体指向，属于说明理由不充分，一审法院判决撤销该项答复内容结果并无不当，本院应予支持。关于涉及商业秘密、个人隐私的部分信息，北京市工商行	驳回上诉，维持一审判决（撤销第95号答复书，责令北京市工商行政管理局重新	《行政诉讼法》第89条第1款第1项

续表

要点	案例判决书	案情简介	判决结果	裁判依据
		政管理局未在法定举证期间向法庭提交相应证据来佐证上述主张，相关的信息内容指向也不明确，其未尽到相应的证明责任，一审法院据此认定该答复内容缺乏事实基础并无不当，本院应予支持	作出处理，驳回李山林的其他诉讼请求）	
五、主动公开	中山市同方颐和幼儿园、中山市国土资源局资源行政管理：土地行政管理（土地）二审行政判决书	“三旧”改造方案属于重大建设项目信息，重大建设项目涉及项目所及范围内的公民、法人或者其他组织的切身利益，需要社会公众广泛知晓或者参与，以保障公众的知情权、陈述权及所受影响的救济权，故依照上述条例的规定，属于行政机关应当主动公开、重点公开的信息	驳回上诉，维持原判（驳回原告诉讼请求）	《行政诉讼法》第89条第1款第1项
六、申请信息公开答复	信息公开申请表作出答复原告陕西宏润实业集团有限公司认为被告西安市灞桥区红旗街道办事处不履行政府信息公开法定职责一审行政判决书	根据《政府信息公开条例》第24条，本案被告至今未向原告作出答复，被告超过法律规定的履行期限未履行法定职责，构成行政不作为	责令被告对原告政府信息公开申请表作出答复	《行政诉讼法》第72条

续表

要点	案例判决书	案情简介	判决结果	裁判依据
七、依申请公开：自身生产、生活、科研等特殊需要公开	上诉人盘锦市工商行政管理局与被上诉人辽阳意达保温材料有限公司不履行政府信息公开二审行政判决书	依照《政府信息公开条例》规定，公民可以根据自身生产、生活、科研等特殊需要，向各级行政机关申请获取相关政府信息。本案被上诉人申请公开被扣押、没收的保温管的处理方式及处理前的存放情况，上诉人作为具备政府信息公开职责的行政主体，在收到被上诉人的申请后的法定期限内不予回复违反了《政府信息公开条例》的规定，构成行政不作为	驳回上诉，维持原判（确认被告行为违法；责令被告依法向原告公开被告相关政府信息）	《行政诉讼法》（2014 年修正）第 86 条、第 89 条第 1 款第 1 项
八、应当受理	广州市睿杰名店管理有限公司二审行政裁定书	睿杰名店管理有限公司以花都区政府拒绝公开政府信息侵犯其合法权益为由提起本案诉讼，符合《行政诉讼法》规定的起诉条件，人民法院应当立案受理	撤销行政裁定；本案指令广州铁路运输中级法院立案受理	《最高人民法院关于执行〈中华人民共和国行政诉讼法〉若干问题的解释》第 68 条
九、不予受理	常州常豆豆制品有限公司与常州市天宁区人民政府二审行政裁定书	本案中，上诉人常州常豆豆制品有限公司在本院庭审中明确，其不服被上诉人常州市天宁区政府作出的 1 号补正告知书，提起本案诉讼。天宁区政府依据《政府信息公开条例》第 21 条第 4 项“对申请内容不明确的，行政机关应当告知申请人作出更改、补充”的规定作出 1 号补正告知书，该告知书对常州常豆豆制品有限公司的权利义务不产生实际影响	驳回上诉，维持原裁定（驳回起诉）	《行政诉讼法》（2014 年修正）第 89 条第 1 款第 1 项

续表

要点	案例判决书		案情简介	判决结果	裁判依据
十、被告之举证责任	信息不存在说明	张某阳、张某浪与西安市未央区三桥街道办事处政府信息公开二审行政判决书	行政机关在作出政府信息不存在答复时，必须对信息不存在的理由进行充分、合理的说明，而检索不能等同于合理说明，行政机关的举证活动应当围绕合理说明展开	驳回上诉，维持原判（撤销被告政府信息不存在告知书；责令被告重新作出答复）	《行政诉讼法》第89条第1款第1项
	拒绝提供理由	武汉市国土资源和规划局、刘某庆资源行政管理：土地行政管理（土地）再审审查与审判监督行政裁定书	武汉市国土规划局作为上级土地管理部门，即使本机关不掌握相关政府信息，也应当通过法定方式对当事人作出告知和说明。但该局在原审过程中未举证证明其履行了法定告知和说明理由义务的情况，原审法院判决其对刘某庆申请公开的“武汉市东湖新技术开发区何刘村集体土地征地补偿款的发放、使用情况重新作出答复”并无不当	驳回再审申请	《最高人民法院关于适用〈中华人民共和国行政诉讼法〉的解释》第116条第2款
	涉及国家秘密证明	苏某英与国土资源部信息公开一审行政判决书	虽然根据案件的具体情况，在已经能够证明政府信息涉及国家秘密的情况下，被告可以请求在诉讼中不予提交涉案的政府信息，但前提应当是被告已经能够证明政府信息涉及国家秘密	撤销行政复议决定书；责令被告重新作出复议决定	《行政诉讼法》（2014年修正）第70条第1项

（二）实务中消费与零售行业行政司法案例解读

1. 盐城市奥康食品有限公司东台分公司诉盐城市东台工商行政管理局工商行政处罚案

【裁判要旨】

（1）食品经营者在食品标签、食品说明书上特别强调添加、含有一种或多种有价值、有特性的配料、成分，应标示所强调配料、成分的添加量或含量，未标示的，属于违反《食品安全法》的行为，工商行政管理部门依法对其实施行政处罚的，人民法院应予支持。

（2）所谓“强调”，是指通过名称、色差、字体、字号、图形、排列顺序、文字说明、同一内容反复出现或多个内容都指向同一事物等形式进行着重标识。所谓“有价值、有特性的配料”，是指不同于一般配料的特殊配料，对人体有较高的营养作用，其市场价格、营养成分往往高于其他配料。

【相关法条】

《食品安全法》第20条、第42条第1款（2006年，新法相关法条为第26条、第67条第1款）

【基本案情】

法院经审理查明：2011年9月1日至2012年2月29日，盐城市奥康食品有限公司东台分公司（以下简称奥康公司）购进净含量5升的金龙鱼牌橄榄原香食用调和油290瓶，加价销售给千家惠超市，获得销售收入34,800元，净利润2836.9元。而奥康公司销售的该批调和油的标签上，未标示橄榄油的添加量。该批调和油名称为“橄榄原香食用调和油”，其标签上有“橄榄”二字，配有橄榄图形，标签侧面标示“配料：菜籽油、大豆油、橄榄油”等内容，吊牌上写明：“金龙鱼橄榄原香食用调和油，添加了来自意大利的100%特级初榨橄榄油，洋溢着淡淡的橄榄果清香。除富含多种维生素、单不饱和脂肪酸等健康物质外，其橄榄原生精华含有多本酚等天然抗氧化成分，满足自然健康的高品质生活追求。”

东台工商局认定原告经营的标签不符合《食品安全法》规定的食品，属于食品标签上特别强调添加某种有价值、有特性配料而未标示添加量的情形，依照《行政处罚法》《食品安全法》的规定，作出责令改正、没收违法所得2836.9元和罚款57,163.1元的行政处罚。盐城市工商行政管理局复议维持对奥康公司的行政处罚决定。

【裁判结果】

江苏省东台市人民法院判决维持东台工商局2012年5月15日作出的东工商案字（2012）第00298号行政处罚决定书。宣判后，奥康公司向江苏省盐城市中级人民法院提起上诉。江苏省盐城市中级人民法院维持了一审判决。

【裁判理由】

法院生效裁判认为：《食品安全法》第20条第1款第4项规定，食品安全标准应当包括对与食品安全、营养有关的标签、标识、说明书的要求。第22条第2款规定，本法规定的食品安全国家标准公布前，食品生产经营者应当按照现行食用农产品质量安全标准、食品卫生标准、食品质量标准和有关食品的行业标准生产经营食品。《预包装食品标签通则》（GB 7718—2004）由国家质量监督检验检疫总局和国家标准化管理委员会制定，于2005年10月1日实施；《食品安全法》于2009年6月1日实施，新版的《预包装食品标签管理通则》（GB 7718—2011）是由国务院卫生行政部门制定，且明确是食品安全国家标准，于2012年4月20日实施。本案原告奥康公司违法行为发生在2011年9月至2012年2月，《预包装食品标签通则》（GB 7718—2004）属于当时的食品安全国家标准之一。因此，被告东台工商局适用《预包装食品标签通则》（GB 7718—2004）对原告作出行政处罚，并无不当。

《预包装食品标签通则》（GB 7718—2004）规定："预包装食品标签的所有内容，不得以虚假、使消费者误解或欺骗性的文字、图形等方式介绍食品；也不得利用字号大小或色差误导消费者。""如果在食品标签或食品说明书上特别强调添加了某种或数种有价值、有特性的配料，应标示所强调配料的添加量。"这里所指的"强调"，是特别着重或着重提出，通常来说，可以理解为通过名称、色差、字体、字号、图形、排列顺序、文字描述等形式对某事物的强调，相同内容的重复出现或多个内容都指向同一个内容事物。"有价值、有特性的配料"是指对人体具有高度营养作用的特殊成分，成分本身不同于一般成分。一般认为，此类成分的市场价格应高于其他成分。本案中，原告奥康公司认为，"橄榄原香"是对产品物理性质的客观描述，并非对某一种成分的强调。在标签上，通过图形、字体、文字说明等方式突出"橄榄"二字，强调食用调和油中添加了橄榄油，吊牌（食品标签的组成部分）上，有“来自意大利。100% 特级初榨橄榄油”等文字表述清楚地向消费者强调了产品含有橄榄油作为成分，这本身实际上是在强调产品中“橄榄”的价值和特性。一般来说，橄榄油的市场价格或营养作用高于一般豆油、菜籽油等。因此，如果在食用调和油中加入橄榄油，就可以确定橄榄油是“有价值的、有特色的成分”。因此，奥康公司没有标明橄榄油的添加量，违反了食品安全标准。东台工商局所作行政处罚决定具有事实和法律依据，应予维持。

2. 北京希优照明设备有限公司不服上海市商务委员会行政决定案

【裁判摘要】

电子政务有别于传统行政方式的最大特点，体现在行政方式的无纸化、信息传递的网络化等方面。当事人在接受电子政务化的行政处理方式后，又以行政机关未向其送达书面处理决定书为由主张行政程序违法的，人民法院不予支持。

【相关法条】

《机电产品国际招标投标实施办法（试行）》（2004 年修订，商务部 2004 年 13 号令）第 6 条、第 41 条第 3 款；《进一步规范机电产品国际招标投标活动有关规定》第 33 条

【基本案情】

一审法院经审理查明：第三人机场集团公司委托第三人浦东机场公司通过国际招标采购某国际机场扩建工程所需高杆灯，该招标项目于 2008 年 9 月 8 日开标，共有艾伯克斯公司、E 灯具厂及原告希优公司三家企业参与投标。经招标机构组织的评标委员会评审，推荐艾伯克斯公司中标，该评标结果于 2008 年 10 月 7 日在招标网上进行公示。评标委员会对原告的评审结论为：技术废标，理由为：站坪与航站楼间路面等区域的照度均匀比大于4∶1，不满足招标文件第八章有关条文要求。原告不服评标委员会的评标结果，认为招标文件中并没有对站坪与航站楼间路面等区域的照度均匀比作出要求，废标理由不成立，故于 2008 年 10 月 13 日、28 日两次向被告上海市商务委员会提出书面质疑，要求重新评标。

被告于 2008 年 12 月 10 日在招标网上作出重新评标的质疑处理决定，要求招标机构严格按规定组织专家重新评标。招标机构根据被告要求组织了新的评标委员会进行了重新评标，新的评标委员会评审结论仍为技术废标，理由为投标文件

中照度计算书部分区域的照度均匀比不满足招标文件和强制性民用航空行业标准的规范要求。被告收到招标机构提交的重新评标专家报告后，作出了“同意专家复评意见，维持原评标结果”的决定，并于同年12月29日对重新评标报告予以网上备案，招标网当即自动生成高杆灯中标公告，公告显示：“经重新评标，艾伯克斯公司为某国际机场扩建工程西航站楼站坪工程、维修机坪、货机坪工程高杆灯国际招标项目的最终中标人。”被告于12月31日通过招标网出具国际招标评标结果通知，招标机构凭该通知向中标人发出中标通知书，并将结果通知其他投标人，同时将投标保证金退还各投标来中标人。原告不服，提起涉案行政诉讼。以上事实，有原告、被告双方提交的证据予以证实。

【裁判结果】

一审法院认为：

依据《招标投标法》、《机电产品国际招投标实施办法（试行）》、《进一步规范机电产品国际招标投标活动有关规定》以及其他相关法律规定，被告上海市商务委员会作为机电产品国际招标投标活动行政主管部门，依法具有受理质疑、作出行政决定等的职权。

本案系电子政务引发的新类型案件，原告、被告双方对被诉具体行政行为是否符合法定程序的争议，实质上是基于对传统与现代政府行政方式的不同认识。随着当今社会信息技术的飞速发展，信息技术与政府管理方式相结合，产生了电子政务。电子政务属于现代政府管理的一种新的途径。这种信息化的应用方式有利于改善公共服务，增强政府事务的公众参与感，有益于政府信息的公开和促进民主建设，并促进政府办公自动化、电子化、网络化和信息化。公共管理的全面共享有利于提高公共管理的效率和公共决策的科学性。电子政务区别于传统行政方式的最大特点是行政无纸化、信息传输网络化、行政法律关系虚拟化。本案中，《机电产品国际招投标实施办法（试行）》第6条已明确规定机电产品国际招标应当在招标网上完成评审专家抽取、评标结果公示、质疑处理等招标业务的相关程序，且本案所涉的《机电产品采购国际竞争性招标文件》也明确规定，机电产品国际招标在招标网上进行招标项目建档，招标公告发布、评标结果公示、质疑处理等招标程序，投标人必须于投标截止期前在招标网上成功注册。因此，原告希优公司对于机电产品国际招标、质疑处理采用网络化方式是明知的。原告选择本涉案投标项目，就表明其接受网络化的招投标方式和相关质疑处理的电子政务化行政处理方式。行政处理决定可以有多种载体，可以是电子的，也可以是书面的。行政机关作出行政决定后，可以将纸质文书送达行政相对人，也可以通过电子设备等方式以电子行政决定的形式送达相对人。电子政务的初衷就是为了提高行政效率，节约行政成本。当然，自动设备作出的行政行为的形式也应当符合《行政诉讼法》关于形式的一般规定。被告上海市商务委员会对重新评标进行审核后，以公告形式在网络上作出的行政决定，符合《机电产品国际招投标实施办法（试行）》有关程序的规定。《机电产品国际招投标实施办法（试行）》也没有规定以网络方式作出行政决定的，还要另外向相对人送达书面的处理决定书。原告在接受电子政务化的行政处理方式后，又以被告未向其送达书面的处理决定书为由主张被告程序违法，缺乏法律依据，不予采纳。

判断被告市商委作出的重新维持评标结果的处理决定是否合法，还应当分析以下问题：一是对重新评标理由的审核；二是对重新评标专家抽取的审核；三是对招标文件的审核。

关于对重新评标理由的审核问题。《机电产品国际招投标实施办法（试行）》第 41 条规定："在评标结束后，招标机构应当在招标网进行评标结果公示，公示期为七日。招标机构应按商务、技术、价格评议三个方面对每一位投标人的不中标理由在《评标结果公示表》中分别填写。填写的内容必须明确说明招标文件的要求和投标人的响应内容，评标结果公示表中的内容包括'推荐中标人及制造商名称'、'评标价格'和'不中标理由'等，应当与评标报告一致。评标结果公示为一次性公示，凡未公示的不中标理由不再作为废标或不中标的依据，因商务废标而没有参加技术评议的投标人的技术偏离问题除外。"该条主要是关于首次评标结果公示时间、公示内容的规范性要求，而不是针对重新评标的要求。《机电产品国际招投标实施办法（试行）》第 41 条第 3 款的立法用意，在于制约首次评标委员会的评审行为，要求其在作出决定后不得随意更改，不中标理由必须公示，以此使评审委员会审慎对待评标过程。从《机电产品国际招投标实施办法（试行）》的行文体系来看，第 41 条至第 51 条是以时间为线索的程序法规则。《机电产品国际招投标实施办法（试行）》第 50 条第 2 款规定，"主管部门对质疑的处理意见一经作出立即生效并进行公示结果公告"。若投标人仍有异议，只能寻求复议或诉讼的救济方式，而不能循环往复地适用第 41 条至第 50 条。因此，一个招投标项目最多只能经历一次重新评标，第 41 条第 3 款关于"评标结果公示为一次性公示，凡未公示的不中标理由不再作为废标或不中标的依据”的规定显然只适用于第一次评标，并不适用于重新评标。设置重新评标这一程序的用意，就是使评审委员会完全不受第一次评标的影响重新作出评价。对于一个完全独立的重新组成的评审委员会而言，其评审结果如果要受制于前一次评审结果，显然不合理，也与《机电产品国际招投标实施办法（试行）》的立法目的相违背。原告希优公司以重新评标违反《机电产品国际招投标实施办法（试行）》第41条第3款的规定而要求撤销被告上海市商务委员会作出的具体行政行为，其理由不能成立。

关于对重新评标专家抽取的审核问题。《机电产品国际招投标实施办法（试行）》第33条第1款规定：“评标委员会由具有高级职称或同等专业水平的技术、经济等相关领域专家、招标人和招标机构代表等5人以上单数组成，其中技术、经济等方面专家人数不得少于成员总数的三分之二。”第49条第2款规定：“重新评标的专家应从国家级专家库中重新随机抽取，国家级专家不足时，可由地方级专家库中补充，但国家级专家不得少于三分之二，参加重新评标的专家人数不得少于前一次参与评标的专家人数。重新评标的评标结果需报送相应主管部门备案。”根据被告上海市商务委员会提供的证据，本案所涉重新评标的评标委员会共由5人组成，包括专家4人和招标人、招标机构代表1人，4名专家均是国家级专家，达到了成员总数的2/3，也没有少于首次评标4名专家的人数。《机电产品国际招投标实施办法（试行）》规定的评标委员会由专家、招标人和招标机构代表五人以上单数组成，并非原告希优公司所理解的5名专家组成评标委员会，招标人、招标机构的代表也是评标委员会的成员之一。商务部印发的《进一步规范机电产品国际招标投标活动有关规定》第34条规定：“经主管部门审核，要求重新评标的招标项目，重新评标专家不得包含前一次参与评标和审核招标文件的专家。”该规定仅是针对专家而言，对评标委员会中的招标人、招标机构代表并未提出要求。居某在首次评标的评标委员会和重新评标的评标委员会中的身份均是招标人、招标机构代表，上述法律、法规没有规定招标人、招标机构的代表参加了第一次评标就不得参加重新评标。原告关于参加过第一次评标的招标人、招标机构代表再次参加重新评标有失公正的意见，缺乏法律依据。

关于对招标文件的审核问题。《商务部关于印发〈进一步规范机电产品国际招标投标活动有关规定〉的通知》第33条明确规定：“在质疑处理过程中，如发现招标文件重要商务或技术条款（参数）出现内容错误、前后矛盾或与国家相关法律法规不一致的情况，影响评标结果公正性的，当次招标视为无效，主管部门将在招标网上予以公布。”虽然根据《机电产品国际招投标实施办法（试行）》第33条规定，评标由评标委员会负责，但是被告市商委作为主管部门对招标文件负有审查的义务。涉案招标文件中，对“站坪其他地区照度均匀比”没有明确提出要求，但招标文件明确规定“所有提供设备的设计、制造、检验、测试、验收等标准应符合国际标准化组织及国际、国内相关行业已实施的标准”，其中《民用机场飞行区技术标准》系在招标文件中被引用的标准之一，该标准由中国民用航空总局发布，且中国民用航空总局于2006年6月1日颁布施行的《关于发布〈民用机场飞行区技术标准〉的通知》中明确写明该标准为“强制性民用航空行业标准”，即必须执行的标准。虽然招标文件中对“站坪其他地区照度均匀比”没有明确提出要求，但鉴于《民用机场飞行区技术标准》对照度均匀比有明确的要求，两者并不矛盾，因此招标文件并未出现“重要商务或技术条款（参数）内容错误、前后矛盾或与国家相关法律法规不一致的情况”。原告希优公司的诉讼主张不能成立。

综上所述，被告市商委作出的维持原评标结果的具体行政行为，认定事实清楚，证据确凿，行政程序合法，适用法律正确。原告希优公司认为被诉具体行政行为违法，要求撤销被诉维持原评标结果具体行政行为的诉讼请求，因缺乏相应的事实证据和法律依据，不予支持。据此，上海市长宁区人民法院根据《最高人民法院关于执行〈中华人民共和国行政诉讼法〉若干问题的解释》（2000年）第56条第4项之规定，于2010年1月15日判决：驳回原告希优公司的诉讼请求。

希优公司不服一审判决，提起上诉。上海市第一中级人民法院根据《行政诉讼法》（1990年）第61条第1项之规定，维持原判。

3. 上海罗芙仙妮化妆品有限公司诉上海市工商行政管理局金山分局工商行政处罚案

【裁判摘要】

（1）《反不正当竞争法》（1993年）第5条规定：“经营者不得采用下列不正当手段从事市场交易，损害竞争对手广……（三）擅自使用他人的企业名称或者姓名，引人误认为是他人的商品……”据此，使用他人企业名称构成不正当竞争的，应当具备以下要素：使用者与被使用者一般存在同业竞争关系；使用行为未征得被使用人的许可，属擅自使用；被使用的企业名称在市场上具有一定的知名度，为相关公众所知悉；使用行为易使相关公众将使用人提供的商品误认为是被使用人的商品。

（2）根据《最高人民法院关于审理不正当竞争民事案件应用法律若干问题的解释》第6条第1款的规定，具有一定的市场知名度、为相关公众所知悉的企业名称中的字号，可以认定为《反不正当竞争法》第5条第3项规定的“企业名称”。

（3）在境外注册企业，再授权其控制的境内企业使用境外企业的名称，避免了我国企业注册的审查，从而间接实现了对某知名企业名称的擅自使用，使得公众对产品产生误解，同样属于《反不正当竞争法》第5条第3项规定的不正当竞争行为，应当依法承担相应的法律责任。

【基本案情】

上海市金山区人民法院查明以下事实：

2004年5月27日，原告罗芙仙妮公司法定代表人才某晶在香港注册登记了“法国欧莱雅集团有限公司”。同年8月28日，才某晶以个人名义在国家商标局注册了“RoyalShe罗芙仙妮”商标。同年9月14日，罗芙仙妮公司成立，其经营范围为从事化妆品、化妆品原料、美容仪器等销售，法定代表人为才某晶。同年9月17日，法国欧莱雅集团有限公司签署了授权书，授权原告作为该集团下属“罗芙仙妮”品牌在中华人民共和国的全权代理，并允许原告宣传使用该公司的企业徽标、企业名称、公章等。2005年至2006年，原告委托豪生公司印制标有“法国欧莱雅集团有限公司授权监制”等字样的“罗芙仙妮”化妆品外包装。2006年3月23日至2007年3月2日，原告委托嘉妮公司代为加工“罗芙仙妮”“碧优泉”系列化妆品，并向该公司提供加工上述化妆品的内外包装及配套材料，共计委托生产上述化妆品21种36,319个（瓶）。

2004年11月19日，原告罗芙仙妮公司法定代表人向国家商标局提出“碧优泉”（中文文字组合）和“OREAL”（英文字母组合，其中R的上半部分半圆内涂黑，A的上半部分三角内涂黑）商标注册的申请，该注册申请受理后，至本案审理期间未获准注册。在涉案“碧优泉”系列化妆品的包装容器上，原告标注了“OREAL”商标标记和波浪形飘带标志。在实际使用中，原告去掉了“OREAL”商标中的涂黑部分，并将“O”作了放大使用，还将“OREAL”与“法国欧莱雅集团有限公司”等连用。

还查明：“L’OREAL”公司（译为欧莱雅股份有限公司或莱雅公司）于1907年在法国成立，是一家以生产美容美发产品并提供相应服务为主的知名公司。20世纪90年代，同名的“L’OREAL”化妆产品进入中国市场时，中文译名“莱雅”同时用于其企业字号和注册商标。1997年起，该公司统一使用“欧莱雅”作为“L’OREAL”的中文译名。自1998年起，中文“欧莱雅”及与“L’OREAL”组合的商标先后获准在第3类商品上注册。2000年6月和2006年6月，国家商标局将“欧莱雅 L’OREAL”商标列入全国重点商标保护名录。2001年7月，国家商标局针对其他单位申请在自行车类别上注册“欧莱雅 OULAIYA 及图”商标异议作出了（2001）商标异字第1211号商标异议裁定。裁定书指出：“异议人商标‘L’OREAL’及其中文音译‘欧莱雅’在化妆产品领域享有一定知名度，并已在中国获准商标注册。其商标中文‘欧莱雅’为异议人法文商标音译，为自创无含义词汇。该文字组合通过异议人在中国的广告宣传，已成为标注异议人产品的显著标识，消费者一般将该文字组合与异议人相联系。”因此对该“欧莱雅 OULAIYA 及图”商标不予核准注册。2006年6月，国家商标局在商标异议裁定中，认定“L’OREAL 欧莱雅”商标为驰名商标。

第三人欧莱雅公司成立于2000年9月，系欧莱雅股份有限公司投资的外商投资企业，其在中国大陆生产和销售、代理包括“欧莱雅 L’OREAL”“碧欧泉”等品牌的化妆品。该公司成立后，先后获得过“2002年中国人喜爱的外国商标”“2003年度‘欧莱雅’牌美容品市场综合占有率前三位”“‘欧莱雅’牌护肤品市场综合占有率前六位”等荣誉。

2007年10月19日，根据第三人欧莱雅公司的举报，被告工商金山分局执法人员对存放在上海市金山区吕巷镇复杉公司（原告罗芙仙妮公司法定代表人为复杉公司唯一的股东、法定代表人）仓库内的化妆品进行了现场检查。经检查，所涉品牌为“罗芙仙妮”“碧优泉”两个系列化妆品。在“罗芙仙妮”系列化妆品的外包装上印有“法国欧莱雅集团有限公司授权监制”字样，化妆品容器上贴有“法国欧莱雅集团有限公司”字样标签；在“碧优泉”系列化妆品的外包装上标注有“法国欧莱雅集团有限公司监制”字样，化妆品产品说明书上印有“法国欧莱雅集团有限公司”字样，化妆品的外包装箱上标有“法国欧莱雅集团有限公司”字样。被告执法人员对复杉公司仓库内的化妆品进行了封存、扣留，数量为

35,712个（瓶）和9盒“OREAL”礼品套盒，货值2,760,214元。被告另发现，原告在其招商手册中，每页都写有“源自法国的顶级品牌”，使用了“法国欧莱雅集团有限公司”的企业名称；在原告网站上出现了“法国欧莱雅集团有限公司”“源自法国的顶级品牌ROYALSHE研究所”“法国欧莱雅你值得信赖的化妆品供应商”等内容，使用了“法国欧莱雅”等字样。

2007年9月10日，《解放日报》第7版刊登了一则内容为“法国欧莱雅”在上海金山区投资兴建“罗芙仙妮”流水线的报道。根据上述检查发现的情况，被告认定原告生产、销售涉案两个系列化妆品的行为，违反了《反不正当竞争法》第5条第3项的规定，遂向原告发出了听证告知书。因原告未提出听证申请，被告遂依据反不正当竞争法和《产品质量法》的相关规定，于2008年1月17日作出了涉案行政处罚决定。涉案行政处罚决定作出后，原告不服，向上海市工商行政管理局申请复议，该局于2008年4月21日作出沪工商复决字（2008）第7号复议决定，维持涉案行政处罚决定。原告仍不服，遂提起本案诉讼。

【裁判结果】

根据《反不正当竞争法》第3条第2款之规定，被告工商金山分局具有在本行政区域内对不正当竞争行为进行监督检查的行政执法职权。被告基于鼓励和保护公平竞争，制止不正当竞争行为，保护经营者和消费者的合法权益，维护正常的市场竞争的目的，作出涉案行政处罚决定，其执法目的正当。被告在接到举报后，对原告罗芙仙妮公司的涉案化妆品进行了封存和扣留，经过现场检查，并经过调查取证，依法履行了向原告告知行政处罚的事实、理由及依据，告知原告享有陈述、申辩和听证的权利等法定程序，据此作出涉案行政处罚决定的具体行政行为，其执法程序合法。

关于被告工商金山分局将原告罗芙仙妮公司认定为涉案行政处罚决定的相对人是否正确的问题。违法行为人应当成为行政处罚的对象。本案中，涉案化妆品的生产，系由原告委托豪生公司印制包装盒，再由原告提供加工上述化妆品的内外包装及配套材料，委托嘉妮公司定牌生产，销售也由原告以其和法国欧莱雅集团有限公司的名义在各省市征召代理商进行代理销售，货款亦由原告收取。因此，原告是涉案化妆品的生产组织者和销售者，被告以其作为涉案行政处罚决定的相对人并无不当。

关于被告工商金山分局认定原告罗芙仙妮公司的行为构成不正当竞争是否正确的问题。判断该问题必须明确以下几点：（1）被告认定原告使用“欧莱雅”属于“使用他人的企业名称”是否成立。“欧莱雅”商标权和企业名称权属于欧莱雅股份有限公司和第三人欧莱雅公司，第三人成立后，“欧莱雅”又成为其企业字号，并且通过在中国大陆市场的销售行为获得相当的市场占有率和知名度，对此第三人享有“欧莱雅”知名企业名称权。“欧莱雅”作为商标和企业字号均享有相当的市场知名度，成为我国诸多消费者所熟悉的化妆品品牌和企业。“欧莱雅”商标先后被国家商标局列为重点保护商标名录，被认定为驰名商标。“欧莱雅”作为国际品牌的商标，早已受到我国商标法的保护。因此，被告关于原告使用“欧莱雅”属于使用他人企业名称的认定正确。（2）被告认定原告的行为属于“擅自使用他人企业名称”是否成立。原告以“法国欧莱雅集团有限公司”的名义宣传其“罗芙仙妮”系列和“碧优泉”系列化妆品，在其产品上标注该企业名称，但该授权使用应当遵守我国相关法律、法规的规定，不应侵害他人的合法权益。

首先，企业法人的名称权属于法人的人身权范畴，按照人身权的一般原理，人身权具有专属性，不得任意授予他人使用；其次，由于知名企业名称的特殊性，擅自使用知名企业名称中的字号可被认定为擅自使用他人的企业名称，这已经为《最高人民法院关于审理不正当竞争民事案件应用法律若干问题的解释》第6条第1款明确规定；最后，该授权系原告关联企业间的授权，表面上似乎是使用中国香港地区“法国欧莱雅集团有限公司”的企业名称，但其本质，是通过使用“法国欧莱雅集团有限公司”的企业名称，间接达到使用第三人欧莱雅公司企业名称的目的。在实际使用中，原告还将“OREAL”与“法国欧莱雅集团有限公司”等不规范连用，对此原告不能说明该使用系合法。

综上所述，被告认定原告的行为属于“擅自使用他人企业名称”是正确的。被告认定原告的行为造成消费者对商品的误认和混淆是否成立。原告使用“法国欧莱雅集团有限公司”的企业名称，不但含有第三人企业名称中字号的核心文字，又有第三人投资人所属国名，作为普通消费者，显然难以将原告与欧莱雅股份有限公司和第三人加以区分。除了标注上述企业名称外，原告又在其“碧优泉”系列化妆品的包装容器上标注了“OREAL”标记，该商标与“L’OREAL”注册商标相近，其“碧优泉”商标及波浪形图形，与第三人代理的“碧欧泉”

商标一字之差，所标记的波浪图形也相近，再结合原告在其招商手册、网站上以“法国欧莱雅集团有限公司”名义所作宣传，已经足以使消费者产生混淆和误解。被告据此认定原告的行为会导致消费者的误认和混淆是正确的。

综上所述，被告工商金山分局依据所收集的证据，认定原告罗芙仙妮公司擅自使用他人的企业名称，并足以导致消费者的误认和混淆，违反了《反不正当竞争法》第5条第3项的规定，构成对第三人欧莱雅公司的不正当竞争，具有充足的事实依据和法律根据，并无不当。由于涉案化妆品的案值为2,760,214元，根据《产品质量法》第53条的规定，被告作出没收涉案化妆品，并对原告处以罚款450,000元的涉案行政处罚决定，并无不当。

据此，上海市金山区人民法院根据《反不正当竞争法》第5条第3项、第21条第1款，《产品质量法》第53条，《最高人民法院关于审理不正当竞争民事案件应用法律若干问题的解释》第6条第1款及《行政诉讼法》第54条第1项之规定，于2008年9月23日判决：

维持被告工商金山分局作出的涉案行政处罚决定。

罗芙仙妮公司不服一审判决，向上海市第一中级人民法院提起上诉。其主要上诉理由是：罗芙仙妮系列化妆品拥有合法授权，碧优泉系列化妆品标识是上诉人的法定代表人才某晶向国家商标局申请注册的商标，上诉人不存在擅自使用他人企业名称等行为。被上诉人工商金山分局作出的涉案行政处罚决定没有法律依据，执法程序违法，请求撤销一审判决，撤销涉案行政处罚决定。

被上诉人工商金山分局辩称：上诉人罗芙仙妮公司的法定代表人才某晶在中国香港地区注册的法国欧莱雅集团有限公司实际并不从事生产，设立法国欧莱雅集团有限公司并授权上诉人使用该公司企业名称的实质，是想不正当使用原审第三人欧莱雅公司的企业名称，造成公众对其商品的误解。涉案行政处罚决定正确，请求二审法院维持原判。

原审第三人欧莱雅公司述称：2004年才某晶在中国香港地区注册法国欧莱雅集团有限公司之时，原审第三人在中国已经具备了相当的知名度，才某晶注册法国欧莱雅集团有限公司的实质目的就是“傍名牌”，其对上诉人罗芙仙妮公司的授权侵犯了原审第三人的企业名称权，涉案行政处罚决定正确，请求维持原判。

上海市第一中级人民法院经二审，确认了一审查明的事实。

上海市第一中级人民法院依照《行政诉讼法》（1989 年）第 61 条第 1 项之规定，判决驳回上诉，维持原判。

（三）大数据时代下消费与零售行业合规行政司法变革

1. 通过互联网技术创新服务与治理形态

随着经济全球化和信息技术的深入发展，各个领域开始与互联网相结合，大数据技术无孔不入，司法领域也概莫能外。“司法大数据是法官裁判的‘校准器’，关注经济发展的‘晴雨表’，推进社会治理的‘方向标’，规范人们行为的‘指南针’。”开展对司法大数据的实践探讨是具有战略意义的。我们只有探索和挖掘司法大数据的潜在价值，才能解释和总结司法活动的一般规律，从而进一步弥补企业与政府信息的不对称，提高整个社会的法律遵循度。

在互联网和大数据时代背景下，利用互联网技术与司法行政工作相融合，利用司法大数据提升司法行政服务工作能力。

司法大数据为超越对行政诉讼的单维度理解提供了良好契机，进而为从多主体、多维度角度开展实证研究提供了可能。自裁判文书公开制度实施以来，依托海量裁判文书理解司法制度及其运行机制得到了广泛认可，有助于发掘潜藏于司法裁决中的微观机制和宏观转型趋势。此外，司法大数据分析不仅需要全面的数据开放，更有赖于演进的研究设计和适用的算法应用，以准确解码司法裁判文书的维度。结合经济社会数据，司法裁判文书的总体公开率从 50% 上升至 70%，但公开率仍然存在地区差异。

2. 数字赋能监管方式，行政执法提质增效

以数字化改革引领行政执法全方位变革、系统性重塑。在综合行政执法改革背景下，基层执法部门人少事多的现状使其在面对如天女散花般的执法事项下放时应接不暇，既接不住也做不好。

通过数字赋能，在技术层面补强了执法人员数量不足和执法队伍质量短板，在相当程度上为行政执法提质增效。

此外，应与时俱进革新行政执法方式，依托互联网数字技术，优化行政执法流程，大力提高行政执法能力水平，提升执法效能。

行政执法部门探索利用互联网平台开展执法活动，通过网络监管方式，将协

同范围扩大到当事人，以数字执法突破时空限制，通过大数据运用让群众尽可能少跑腿，使行政执法更加高效便民，真正做到让执法“既有力度又有温度”。

3. 行政审判资源配置优化，行政争议实质化解

我国2014年启动的深化司法体制改革为更加全面、科学地审视行政诉讼制度的运行提供了重要契机。司法改革既从制度层面推进了立案、管辖、责任制等改革以改善司法质量、提升司法公正，又从技术层面借助互联网红利创设裁判文书网等在线公开平台将复杂的司法过程直观地向社会公开。同时，海量数据有利于基于行政纠纷事实破解政府与社会互动的“黑匣子”。

长期以来，最高人民法院高度重视行政诉讼繁简分流工作。2010年，最高人民法院发布《关于开展行政诉讼简易程序试点工作的通知》；2016年，最高人民法院发布《关于进一步推进案件繁简分流优化司法资源配置的若干意见》，明确提出简化行政案件审理程序、径行裁定驳回起诉以及探索建立行政速裁工作机制等内容；2021年，最高人民法院根据《行政诉讼法》及其司法解释的规定，结合审判工作实际，制定了《关于推进行政诉讼程序繁简分流改革的意见》，有利于推进行政诉讼程序的改革。

繁简分流改革以来，司法确认程序得以优化，当事人想要解决纠纷，不用非得对簿公堂、争得面红耳赤；实现了“简案提速”，加强了小额诉讼程序适用，扩大了简易程序、独任制的适用范围，部分案件甚至当天就能调解好并履行；实现了“一网通办”，通过云端开庭、电子送达，当事人足不出户就能化解纠纷。繁简分流机制改革有效推动了各类案件的科学分流、高效办理。

《国民经济和社会发展第十四个五年规划和2035年远景目标纲要》中，第五篇重点提到了数字化建设：“迎接数字时代，激活数据要素潜能，推进网络强国建设，加快建设数字经济、数字社会、数字政府，以数字化转型整体驱动生产方式、生活方式和治理方式变革。”数字化浪潮滚滚而来，对法院而言，如何踏浪而行？对此，全国各地法院也展开了数字化法院的建设探索，试图通过信息化诉讼平台以及试点无纸化办案等信息化建设手段推进改革的深度。

六、针对各类知名品牌的监管案例及上述企业的合规路径

（一）各类知名品牌监管案例

1. 学而思教育等诉乐课力等侵权、不正当竞争纠纷案

【基本案情】

上海学而思公司成立投资开办了包括长宁学而思学校、闵行学而思学校在内的多家学而思学校，在上海地区开展中小学课外教育培训服务。乐课力投资公司、乐课力文化公司系近两年设立的公司，亦在上海地区开展中小学课外教育培训服务。张某、安某、王某、王某等老师曾任教于各个上海学而思学校，现均已离职加入乐课力文化公司。

2015 年 11 月 10 日，乐课力投资公司主办的“乐课力培优”微信公众号，在《乐课力最强师资团队重磅来袭……》一文中对张某、焦某等 19 位老师的简介首句即使用了“原学而思顶级明星老师”“原学而思顶级小升初名师”等类似表述；在《课程内容》一文首段称“教材内容，博采众长……主要参考熊斌奥数教程、学而思思维汇编、明心资优教程……”；在《重磅消息？乐课力培优 2016 年超常选拔暨寒春招生简章》一文的“学校概况”称“乐课力培优是由原 XRS 顶级老师组建”，“百问百答”中称乐课力的师资较其他机构的优势在于“乐课力老师是由原 XRS 顶级老师组建”。

2015 年 12 月 14 日，上海学而思公司的委托代理人发现张某等 4 位老师的个

人微信朋友圈于2015年11月6日转发了标题为《重磅消息？乐课力培优2016年超常选拔暨寒春招生简章》以及《乐课力最强师资来袭……》的文章。此后，上海学而思公司的代理人发现乐课力的多个培训点现场的宣传材料中对老师的介绍中也使用了“原学而思顶级小高名师”“原学而思顶级金牌教师”等类似表述。

2016年2月26日，再次进入“乐课力培优”公众号，《乐课力最强师资团队重磅来袭……》一文中除朱某老师的简介中仍有“原学而思顶级小高名师”的表述外，其他老师简介中“原学而思顶级明星老师”等表述均已变更为“曾在沪上知名教育机构任教”。

【裁判结果】

上海市徐汇区人民法院经审理认为，关于不正当竞争行为，乐课力投资公司、乐课力文化公司在主观上显然具有攀附学而思通过多年经营累积的良好商誉的意图，其行为客观上会使教育市场中的家长、学生产生乐课力学校任教的老师曾是学而思顶级名师，使用的教材包含了学而思思维汇编的内容的错误认识，使其认为选择乐课力学校亦可获得在学而思学校相同甚至更优的学习体验，其行为有违诚实信用原则以及公认的商业道德，构成虚假宣传的不正当竞争行为。此外，关于教材侵权，法院认为乐课力文化公司制作、发放侵权教材的行为侵害了涉案教材的复制权、发行权，乐课力投资公司、张某、安某、王某、王某未参与侵权教材的制作、发放，不构成对涉案教材的共同侵权。关于试题解析，法院认为著作权法只保护表达，不保护思想。对于涉案的试题，通常来说，能够描述做题方法的词汇和方式较为有限，这种描述将表达和思想进行了混同，故对于原告要求保护试题解析的主张，不予支持。

【案件评析】

宣传是商家为其销售的商品或提供的服务提升人气、促进销售的一种手段，宣传应当向相关公众传递有关商品或服务真实的信息，如果在宣传中进行了误导，就会构成不正当竞争行为，我国《反不正当竞争法》第8条即作了相应规定。

（1）虚假宣传行为的法律适用

一是有效区分反不正当竞争法与广告法的关系。我国《反不正当竞争法》和《广告法》都对虚假宣传进行了规范，但两者在很多方面存在差异。《广告法》

是一部规范广告活动的专门法律，着眼于规范宣传的载体，而《反不正当竞争法》则是一部旨在禁止不正当竞争、维护市场竞争秩序的法律。因此，就构成要素而言，只要广告中含有虚假内容，都可以受到《广告法》的规范，但《反不正当竞争法》所规范的宣传内容可能是虚假的，也可能是真实的。本案系不正当竞争纠纷。原告称，被告的宣传语违反了《广告法》对广告语中最高级词语的限制，是被告的行为构成虚假宣传的原因之一。对此，法院认为，虽然被告的宣传语本身违法，但不能认定该宣传语构成虚假宣传，还应审查其行为是否符合《反不正当竞争法》规定的虚假宣传的元素。

二是要明确《反不正当竞争法》（1993 年）第 2 条与第 9 条适用上的优先与选择关系。《反不正当竞争法》第 2 条第 1 款规定，经营者在市场交易中，应当遵循自愿、平等、公平、诚实信用的原则，遵守公认的商业道德，该条款是对市场竞争行为所应遵循的基本原则。该条第 2 款是对于不正当竞争行为定义的规定，具有一般条款的性质。在司法实践中，为适应经济发展的不断涌现，除《反不正当竞争法》明确规定的不正当竞争行为外，其他可能涉及不正当竞争的行为，可依据一般性条款予以认定和制止。但一般性条款的使用也会带来法律适用的不确定性，因此应限制其适用范围，即只有在认定法律未列明的不正当竞争行为时才能适用，并且使用条件也应严格限制。就本案而言，原告除了主张被告的行为构成《反不正当竞争法》第 9 条规定的虚假宣传行为外，还主张被告的行为攀附原告商誉，故根据《反不正当竞争法》第 2 条的规定构成不正当竞争行为。对此，法院认为，被告其主观确实存在借由学而思的声誉提升自身的竞争优势以增加交易机会的意图，客观上采用了虚假的内容用语宣传，该行为违背了《反不正当竞争法》第 2 条规定的基本原则，也损害学而思的合法权益，扰乱了社会竞争秩序，但该行为已符合《反不正当竞争法》第 9 条规定的虚假宣传行为的构成要件，可依据该明确的法律规定对其行为进行认定和制止，学而思再要求同时适用第 2 条，不应再予以支持。

（2）规制虚假宣传行为的价值取向：鼓励自由竞争

《反不正当竞争法》是规范市场竞争的法律。自由和公平是法律的两大追求，但两者有时会发生冲突。竞争自由代表了市场经济的效率，一切自由竞争都是市场经济的基本取向，但必须限于维护必要的公平。我国《反不正当竞争法》也是以维护市场竞争的公平为基础。

本案涉及的不正当竞争行为涉及教育培训市场的竞争。随着生活水平的提高和人才竞争的日益激烈，父母对孩子的教育成为每个家庭最关心的问题。为了满足更多学生的教育需求，教育市场应鼓励更多社会力量的参与，促使市场上的教育培训机构通过公平合理的竞争，不断优化教育服务。在上述价值取向的指导下，按照《反不正当竞争法》的规定规范教育培训市场的不正当竞争，要把握好自由与公平的关系。

此外，侵权责任方式的判断和不正当竞争主体应承担的赔偿金额，也应平衡激励创新与维护公平竞争的关系，有利于营造宽松的创新环境。本案中，乐课力投资公司和乐课力文化公司作为初创公司，利用广告提升知名度，扩大市场，这也是正常的商业行为。商品宣传往往有一定的夸张，而广告则需要有一定的艺术夸张，为此，应给予经营者一定的宣传空间。只要所采取的夸大宣传不足以引起误解，就没有必要遵循误解的原则。但一旦宣传行为越界，就应该制止。

（3）《反不正当竞争法》中虚假宣传行为的司法认定

一是虚假宣传纠纷应以是否存在“竞争关系”认定诉讼主体资格。所谓竞争关系，就是取得经营资格的平等市场主体在竞争过程中形成的社会关系。从民事诉讼的角度看，竞争关系是经营者因其他行为人的行为受到竞争损害而形成的关系。竞争关系的存在是认定不正当竞争的条件之一。首先，一般情况下，《反不正当竞争法》规定的竞争关系主体应限于市场经营者，非市场经营者之间不存在竞争关系。因此，只能将经营者视为不正当竞争纠纷诉讼中的合格主体。如果法律另有规定，或者需要按照法律精神进行解释，不排除某些特殊的法律主体可以被视为经营者。其次，竞争关系存在于经营者经营类似的商品或者服务活动中，或者经营活动虽然不同，但其行为违反了《反不正当竞争法》第2条规定的竞争原则。最后，有权提起不正当竞争诉讼的人，必须与被告具有特定的竞争关系。据此，市场上的经营者应当符合上述条件，才可以主张《反不正当竞争法》第9条规定的权利。

二是虚假宣传行为的本质是引人误解。根据《反不正当竞争法》第9条第1款以及《最高人民法院关于审理不正当竞争民事案件应用法律若干问题的解释》第8条规定，虚假宣传行为总共有三种：第一，对其产品或服务进行虚假陈述，使人们对所宣传的产品和商品的质量、功能等产生误解，属于虚假宣传，但明显夸张是不足以引起相关公众的误解除外；第二，陈述内容属实，但因选择的角度、宣传方式等原因仍有误导性，亦属虚假宣传；第三，利用科学上证实的观点作为事实进行产品宣传，使得相关公众对产品质量存在误解，也属于虚假宣传。上述三类虚假宣传均具有“误导性”性质，判断标准应根据日常生活经历、相关公众的普遍关注度、发生的事实、被误导对象的实际情况等因素综合判断。

本案中，在乐课力投资公司、乐课力文化公司发布的宣传材料中使用了“原学而思顶级明星老师”“原学而思顶级小升初名师”“原XRS顶级老师”“原XES顶级老师”“学而思思维汇编”等宣传用语。首先，乐课力投资公司、乐课力文化所提供的证据不能证明上述宣传内容有事实依据，因此被认定为虚假陈述。其次，虚假内容没有达到明显夸大但不足以引起相关公众误解的程度。客观上，还是会使家长和学生陷入认为乐课力学校的教材包含学而思编纂的内容的误区，让人误以为选择乐课力学校也能获得在学而思学校获得相同甚至更好的学习体验。因此，乐课力投资公司、乐课力文化公司的宣传行为符合上述第一类虚假宣传的要件，应依法予以制止。

三是需要有效认定虚假宣传行为的法律责任。根据《侵权责任法》《反不正当竞争法》的相关规定，权利人可以要求实施虚假宣传行为的经营者承担停止侵权、消除影响、赔偿损失等侵权责任，但并非实施了不正当竞争行为就必须承担上述所有的民事责任，应当根据具体的侵权行为判断侵权责任。本案中，虽然乐课力学校有很多原任职于学而思的老师，其称该老师系“原学而思老师”有一定的事实依据，但是其使用“顶级名师”等类似修饰词，并且在使用方式上的不当选择，易引导相关公众产生错误的认识，应予以纠正。而对于本案中应承担的侵权责任，应当在遵守法律规定的基础上，结合《反不正当竞争法》所倡导的价值取向、教育市场的行业特点以及本案中虚假宣传行为的实际情况等进行综合考量。

对于消除影响的诉讼请求，法院认为，乐课力投资公司等虽使用了虚假内容的宣传用语，使相关公众产生了一定的误解，但其行为并不足以使学而思商誉受到负面影响，且持续时间不长，故法院并未予以支持。关于赔偿损失，根据《反不正当竞争法》第20条的规定以及《最高人民法院关于审理不正当竞争民事案件应用法律若干问题的解释》第17条的规定，确定《反不正当竞争法》第9条规定的不正当竞争行为的损害赔偿额，可以参照确定侵犯注册商标专用权的损害赔偿额的方法进行。上海学而思公司等欲通过被告的获利来计算原告的经济损失，但其主张被告的收入从时间上缺乏对应性，相应的利润率也缺乏事实依据，且侵权行为对于收入的贡献率也难以准确确定，故法院综合考虑学而思品牌的知名度、影响力、具体侵权行为的性质、情节、主观过错、给上海学而思公司等造成的影响确定乐课力投资公司、乐课力文化公司的赔偿责任。

其中需要指出的是，法律允许经营者在广告中使用一定程度的夸张，但夸张不应具有误导性。就本案而言，法院认为，无论从虚假内容背离事实的程度还是虚假内容导致误解的严重程度，该虚假宣传对于招生起到的作用还是较为有限，因此原告主张的高额赔偿与其因侵权受到的损失相距甚远，法院依法酌情予以支持。

2. 宜家“空气净化窗帘”违法广告案

【基本案情】

（1）广告投放情况

宜家（中国）投资有限公司为（以下简称宜家或当事人）推广其“GUNRID古恩里德”窗帘产品，自行设计主要内容为“旧材料，带来新空气”“空气净化窗帘 GUNRID 古恩里德￥299/2 幅”“由回收 PET 瓶制成”等的广告，并于 2020 年 8 月 29 日至 10 月 13 日在上海地铁灯箱和小红书 APP 对外发布，广告费用共计人民币 575, 059. 7 元。

（2）违法行为描述

当事人在上述广告中宣传的“空气净化”功能，是基于对窗帘样品在有限的测试条件下对特定目标污染物进行测试得到的理想状态下的净化结果报告，但窗帘的实际居住环境条件与试验条件相差甚远，窗帘的空气净化功能无法有效发挥。

消费者调查显示，“空气净化”功能是消费者购买广告窗帘的主要因素，消费者了解测试条件后购买意愿发生了很大变化。

【裁判结果】

当事人的宣传，是基于在限定的测试条件下，对于特定污染物的检测的试验结果，这种结果在实际使用中是无法实现的，使消费者误认为自己使用中也可以实现该结果，对消费者的购买行为有实质性的影响。当事人为推销“GUNRID 古恩里德”窗帘，自行设计上述广告内容，并委托他人在上海地铁和小红书发布，符合《广告法》第2条第2款“本法所称广告主，是指为推销商品或者服务，自行或者委托他人设计、制作、发布广告的自然人、法人或者其他组织”之规定，系本案广告主。

当事人发布上述广告的行为，违反了《广告法》第4条第1款“广告不得含有虚假或者引人误解的内容，不得欺骗、误导消费者”之规定，构成第28条①第1款、第2款第2项规定的发布虚假广告的行为。鉴于当事人积极配合案件调查，如实陈述违法事实，提供相关证据材料，违法行为持续时间较短，根据《广告法》第55条第1款②之规定，上海市市场监督管理局责令当事人停止发布违法广告，在相应范围内消除影响，并决定对当事人作出罚款人民币1,725,179.1元的行政处罚。

（1）处罚力度加大

近年来，随着消费者健康意识的不断提升以及对居住环境、空气质量的持续关注，越来越多的家居、装修行业的企业将“空气净化”“净醛”“除甲醛”“0甲醛”“抗甲醛”作为卖点来进行营销。

然而，此次宜家的翻车不禁让人反思，相关企业大打“环保营销牌”的同时是不是也在给自身疯狂“埋雷”？特别是在目前“严监管”的大环境下，时不时就来一个顶格处罚——广告费用的10倍或者200万元，不仅会对涉案企业造成巨额的经济损失，还会对其自身商誉造成不利影响。

---

① 《广告法》第28条规定：广告以虚假或者引人误解的内容欺骗、误导消费者的，构成虚假广告。广告有下列情形之一的，为虚假广告：
（1）商品或者服务不存在的；
（2）商品的性能、功能、产地、用途、质量、规格、成分、价格、生产者、有效期限、销售状况、曾获荣誉等信息，或者服务的内容、提供者、形式、质量、价格、销售状况、曾获荣誉等信息，以及与商品或者服务有关的允诺等信息与实际情况不符，对购买行为有实质性影响的；
（3）使用虚构、伪造或者无法验证的科研成果、统计资料、调查结果、文摘、引用语等信息作证明材料的；
（4）虚构使用商品或者接受服务的效果的；
（5）以虚假或者引人误解的内容欺骗、误导消费者的其他情形。

② 《广告法》第55条第1款规定：“违反本法规定，发布虚假广告的，由市场监督管理部门责令停止发布广告，责令广告主在相应范围内消除影响，处广告费用三倍以上五倍以下的罚款，广告费用无法计算或者明显偏低的，处二十万元以上一百万元以下的罚款；两年内有三次以上违法行为或者有其他严重情节的，处广告费用五倍以上十倍以下的罚款，广告费用无法计算或者明显偏低的，处一百万元以上二百万元以下的罚款，可以吊销营业执照，并由广告审查机关撤销广告审查批准文件、一年内不受理其广告审查申请。”

致歉

对于“GUNRID 古恩里德”窗帘产品广告中“空气净化”功能的宣传对消费者存在误导一事，宜家中国高度重视。基于与相关部门的紧密沟通，宜家中国已积极配合相关部门的有关决定，并已于2020年10月28日停止该产品的销售。

“GUNRID古恩里德”窗帘产品广告宣传中所提及的“空气净化”功能是在限定的试验条件下针对特定目标污染物进行检测而得到的净化结果，在实际生活环境条件下净化效果可能会因环境条件的变化而不同。我们对相关广告宣传中未能清晰注明“空气净化是基于限定条件的实验结果”这一疏忽深表歉意。作为全球家居零售行业的领导者，宜家的愿景是为大众创造更美好的日常生活。提供安全且合规的产品是我们工作的重中之重，同时我们也不断研发更可持续、可负担的创新且高质量的产品。我们将坚守承诺，继续为中国消费者提供高质量的家居产品和解决方案。

图 12　宜家微信小程序上关于本案的致歉声明

（2）法律依据解读

分析此类案件我们可以发现，主管机构处罚所依据的主要法律条款是《广告法》的第 4 条第 1 款①、第 28 条第 1 款②、第 28 条第 2 款第 2 项③。特别是第 28 条第 2 款第 2 项，范围几乎囊括了广告文案可能涉及的所有情形，而本条的构成要件主要有两项：A. 广告信息与实际情况不符；B. 对购买行为有实质性影响。

在司法实践中，对于 A 项的认定门槛非常之低，而对于 B 项的认定门槛却

① 《广告法》第 4 条第 1 款规定：“广告不得含有虚假或者引人误解的内容，不得欺骗、误导消费者。”

② 《广告法》第 28 条第 1 款规定：“广告以虚假或者引人误解的内容欺骗、误导消费者的，构成虚假广告。”

③ 《广告法》第 28 条第 2 款第 2 项规定：“广告有下列情形之一的，为虚假广告：……（二）商品的性能、功能、产地、用途、质量、规格、成分、价格、生产者、有效期限、销售状况、曾获荣誉等信息，或者服务的内容、提供者、形式、质量、价格、销售状况、曾获荣誉等信息，以及与商品或者服务有关的允诺等信息与实际情况不符，对购买行为有实质性影响的……”

异常严格。所以，一旦广告内容落入到该条所列举的范围以内的，只要企业无法提供“实锤”的证据来证明其广告内容的真实性和合法性，则该则广告被认定为虚假广告而被行政处罚的概率将非常高。

（3）主要合规建议

就环保营销类广告来说，其内容主要涉及的是商品性能、功能、用途、质量及成分等，因此相关企业在制作、发布此类广告时，主要应当注意以下几点：

A. 相关企业在对产品性能、功效、用途、质量等内容进行宣传时，应当具备清晰明了的证明文件，该证明文件应当是由权威专业机构直接针对该产品出具的功能检测报告。

B. 相关企业的宣传文案的编撰过程中，不得对证明文件中的结论进行夸大、以偏概全地使用。

C. 另外，建议相关企业聘请专业的合规律师，在广告发布前对其文字、图片、视频等内容进行合规审查，提示相关风险点并提供具体的合规建议，以做到将广告违法的风险扼杀在摇篮中，避免企业遭受消费者投诉、竞争对手恶意举报、监管部门行政处罚、民事赔偿责任甚至是刑事责任。

3. 上海益力多乳品有限公司虚假宣传案

【基本案情】

上海市市场监督管理局发布的一则行政处罚信息显示，2021 年 8 月 31 日，养乐多关联公司上海益力多乳品有限公司因违反《反不正当竞争法》的有关规定，构成虚假宣传行为，被上海市浦东新区市场监督管理局处以罚款 45 万元的行政处罚。(见表 23)

表 23　行政处罚决定书

行政处罚决定书文号	〔2021〕第 152020002062 号
处罚类别	罚款
处罚决定日期	2021 年 8 月 31 日
处罚内容	罚款 450, 000 元
罚款金额（万元）	45
违法行为类型	《反不正当竞争法》

续表

违法事实	当事人在我国新冠病毒肺炎疫情尚未结束之前，宣传“益生菌在新冠病毒防治中有重要作用”，并引用《新型冠状病毒感染的肺炎诊疗方案》为依据，极易增加消费者对其养乐多乳酸菌产品的关注度和信任度，误以为益生菌对新冠病毒有防治作用；宣传“肠道内的有益菌会随人体正常排泄而流失，所以需要每天补充活性益生菌，保持肠内菌群平衡”，会使人误以为不每天服用益生菌会对身体通成不利影响；宣传“养乐多100毫升的小小一瓶足足含有100亿个以上的干酪乳杆菌代田株，每天一瓶可满足成年人一天所需的益生菌”，会使人误以为每天喝一瓶养乐多乳酸菌就会满足人体所需益生菌，而忽略对除干酪乳杆菌以外其他品种益生菌的补充，当事人的宣传行为有利于提高养乐多乳酸菌的销量，获取竞争优势，排除或者妨碍其他品种益生菌饮品的竞争
处罚依据	《反不正当竞争法》第20条第1款
处罚机关	上海市浦东新区市场监督管理局

处罚决定书显示，本次处罚的依据为《反不正当竞争法》第20条第1款，被处罚人的违法事实主要包括以下三方面内容：第一，被处罚人在新冠肺炎疫情结束之前，宣传“益生菌在新冠病毒防治中有重要作用”，并引用《新型冠状病毒感染的肺炎诊疗方案》为依据，容易使消费者误以为益生菌对新冠病毒有防治作用。第二，被处罚人宣传“肠道内的有益菌会随人体正常排泄而流失，所以需要每天补充活性益生菌，保持肠内菌群平衡”，会误导消费者认为每天必须服用益生菌，否则会对身体造成不利影响。第三，被处罚人宣传“养乐多100毫升的小小一瓶足足含有100亿个以上的干酪乳杆菌代田株，每天一瓶可满足成年人一天所需的益生菌”，会误导消费者认为每天喝一瓶养乐多乳酸菌就会满足人体所需益生菌，而忽略对除干酪乳杆菌以外其他品种益生菌的补充。行政处罚决定书称，“当事人的宣传行为有利于提高养乐多乳酸菌的销量，获取竞争优势，排除或者妨碍其他品种益生菌饮品的竞争”。

【评析】

本案争议焦点在于益生菌是否有助于新冠病毒的预防治疗。从医学角度来说，益生菌有助于维持肠道微生态平衡，预防细菌感染，但对于新冠病毒的预防治疗并无作用。

不可否认，好的广告文案确实能引起消费者的共鸣，提升品牌影响力。但是宣传这个度，如果把握不好，真是“赔了夫人，又折兵”。俗话说“酒香不怕巷子深”，企业刷存在感、抓热点、找噱头的内容更容易传播。事实上，传播只是营销的一部分，过硬的产品质量、好的美誉度，才是品牌立身之本。

从法律层面来讲，广告应当真实有效。根据《广告法》第17条的规定，除了医疗、药品、医疗器械广告外，其他产品的广告不得包含疾病治疗功能。本案的广告中引用《新型冠状病毒感染的肺炎诊疗方案》，会误导消费者认为产品有助于新冠病毒的防治，导致消费者对新冠肺炎的真实防治途径产生误识，引起社会混乱。

另外，“养乐多”所宣传的“养乐多100毫升的小小一瓶足足含有100亿个以上的干酪乳杆菌代田株，每天一瓶可满足成年人一天所需的益生菌”，可能误导消费者将其理解为每天喝一瓶养乐多乳酸菌就可以满足人体所需益生菌，而忽略对除干酪乳杆菌以外其他品种益生菌的补充。

根据《消费者权益保护法》第20条第1款①的规定，企业虚假宣传对消费者造成欺诈，应当承担一定的侵权责任。

养乐多的宣传行为可能有利于提高养乐多乳酸菌的销量，获取竞争优势，但是其广告语在一定程度上不利于市场环境中其他品种益生菌饮品的竞争，一定程度上破坏了市场经济健康发展。

根据《反不正当竞争法》的相关规定，经营者违反法律规定对其商品作虚假或者引人误解的商业宣传，或者通过组织虚假交易等方式帮助其他经营者进行虚假或者引人误解的商业宣传的，由监督检查部门责令停止违法行为，根据情节轻重的不同处罚款，可以吊销营业执照，故45万元罚款合理合法。

此次事件的发生，也给一些商家以警醒。商家做广告不得随心所欲，广告语不得虚假，功效产地不得乱用，不得存在任何打营销擦边球的行为，产品自身过硬才是根本。

---

① 《消费者权益保护法》第20条第1款规定：“经营者向消费者提供有关商品或者服务的质量、性能、用途、有效期限等信息，应当真实、全面，不得作虚假或者引人误解的宣传。”

抛却热度，实践中发布食品广告到底需要注意哪些问题呢？

（1）发布食品广告的必要性规定

A. 食品广告使用数据、统计资料、调查结果、文摘、引用语等引证内容的，应当真实、准确，并标明出处。引证内容有适用范围和有效期限的，应当明确表示。

B. 食品广告的内容应当真实合法，不得含有虚假内容，食品生产经营者对食品广告内容的真实性、合法性负责。

C. 食品广告中表明推销食品附带赠送的，应当明示所附带赠送商品或者服务的品种、规格、数量、期限和方式，优惠价格或者促销活动有限制或者附加条件的，应当在广告中明确表明。

D. 食品广告中涉及的名称、地址、联系电话及食品功能、产地、用途、质量、成分、价格、允诺等内容，应当准确、清楚、明白。

E. 发布食品广告应依据法律、行政法规查验有关证明文件、核对广告内容，对内容不符或者证明文件不全的广告，不得设计、制作、代理、发布。

F. 食品广告不得使用“最高级”“最佳”“国家级”“最新科学”“最新技术”“最先进加工工艺”等用语及国家机关、国家机关工作人员的名义和形象。

（2）发布食品广告的禁止性规定

A. 广告代言人在食品广告中对食品作推荐、证明，应当依据事实，符合有关法律、行政法规规定，并不得为其未使用过的食品作推荐、证明。

B. 禁止在大众传播媒介或者公共场所发布声称全部或者部分替代母乳的婴儿乳制品、饮料和其他食品广告。

C. 大众传播媒介不得以新闻报道形式变相发布食品广告。通过大众传播媒介发布的食品广告应当显著标明“广告”，与其他非广告信息相区别，不得使消费者产生误解。

D. 禁止食品广告涉及疾病治疗、预防功能，并不得使用医疗用语或者易使推销的食品与药品、医疗器械相混淆的用语。

E. 食品广告不得损害未成年人和残疾人的身心健康；不得贬低其他生产经营者的商品。

（3）保健食品广告的特殊规定

A. 保健食品广告不得含有下列内容：a. 表示功效、安全性的断言或者保证；b. 涉及疾病预防、治疗功能；c. 声称或者暗示广告商品为保障健康所必需；

d. 与药品、其他保健食品进行比较；e. 利用广告代言人作推荐、证明；f. 法律、行政法规规定禁止的其他内容。保健食品广告应当显著标明“本品不能代替药物”。

B. 保健食品广告必须标明保健食品产品名称、保健食品批准文号、保健食品广告审查批准文号、保健食品标识、保健食品不适宜人群。

C. 保健食品广告内容应当经生产企业所在地省、自治区、直辖市人民政府食品药品监督管理部门审查批准，取得保健食品广告批准文件。

D. 广播电台、电视台、报刊音像出版单位、互联网信息服务提供者不得以介绍健康、养生知识等形式变相发布保健食品广告。

4. 迪士尼上海国际主题乐园有限公司销售不合格产品案

【基本案情】

上海市市场监督管理局发布的一则行政处罚信息显示，2021 年 10 月 21 日，迪士尼关联公司上海国际主题乐园有限公司新增一条行政处罚信息，处罚事由为当事人销售的长袖 T 恤抽检被判定为不合格，处罚结果为没收不合格产品 13 件，迪士尼被处罚的相关结果为没收违法所得 83, 683. 06 元，并罚款 202, 738. 34 元。处罚单位为上海市浦东新区市场监督监管局。(见表 24)

表 24 行政处罚决定书

行政处罚决定书文号	〔2021〕第 152021000473 号
处罚事由	2019 年 5 月 1 日，当事人以 × ×. × ×元/件（含税）的价格，委托 × ×公司生产了 1008 件型号为 111Q120D275 的长袖 T 恤（以下简称长袖 T 恤）。2020 年 10 月 10 日，浦东新区市场监督管理局委托上海远东正大商品检验有限公司，对当事人销售的长袖 T 恤进行抽样检验。经检验，上述长袖 T 恤耐干摩擦色牢度及耐湿摩擦色牢度两个项目被判定为不合格。至查，当事人在其各销售终端，售出涉案长袖 T 恤 610 件，销售过程中，共损耗 3 件涉案长袖 T 恤。另查，当事人经由 × × ×公司售出涉案长袖 T 恤 382 件。当事人生产、销售不合格产品的货值金额 126, 711. 46 元，违法所得 83, 683. 06 元
处罚结果	没收不合格产品（型号为 111Q120D275 的长袖 T 恤）13 件；没收违法所得 83, 683. 06 元；罚款 202, 738. 34 元
处罚单位	上海市浦东新区市场监督管理局
处罚日期	2021 年 10 月 21 日

行政处罚决定书显示，2019 年 5 月 1 日，上海国际主题乐园有限公司委托某公司生产了 1008 件型号为 111Q120D275 的长袖 T 恤。

2020 年 10 月 10 日，上海市浦东新区市场监督管理局委托上海远东正大商品检验有限公司，对该款产品进行抽样检验。经检验，上述长袖 T 恤耐干摩擦色牢度及耐湿摩擦色牢度两个项目被判定为不合格。

上海市浦东新区市场监督管理局查出，该公司在其各销售终端，售出涉案长袖 T 恤 610 件，销售过程中，共损耗 3 件涉案长袖 T 恤。另外，该公司经由另一公司售出涉案长袖 T 恤 382 件。上海国际主题乐园有限公司生产、销售不合格产品的货值金额 126, 711. 46 元，违法所得 83, 683. 06 元。

【评析】

以次充好的法律后果如下：

依据《产品质量法》第 13 条第 2 款①、第 49 条②，可知生产、销售质量不合格产品的法律后果，轻则受以行政处罚，重则一样可以构成刑事犯罪。此时，在了解具体的违法后果前，先了解下何为“产品”，何为“产品质量不合格”。

根据《产品质量法》第 2 条第 2 款、第 3 款之规定，“产品”是指经过加工、制作，用于销售的产品，而建设工程则不适用该法规定，但是建设工程使用的建筑材料、建筑构配件和设备属于产品范围。对于不能满足使用者对产品在适用性、安全性、可靠性、耐用性、可维修性、经济性等方面的合理需求的，则称为“产品质量不合格”。

企业生产、销售不符合保障人体健康和人体、财产安全的国家标准、行业标准的产品，将会受到行政处罚。

若产品因缺陷造成受害人人身、财产损害的，依据《产品质量法》第 44 条③

① 《产品质量法》第 13 条第 2 款规定：“禁止生产、销售不符合保障人体健康和人身、财产安全的标准和要求的工业产品。具体管理办法由国务院规定。”

② 《产品质量法》第 49 条规定：“生产、销售不符合保障人体健康和人身、财产安全的国家标准、行业标准的产品的，责令停止生产、销售，没收违法生产、销售的产品，并处违法生产、销售产品（包括已售出和未售出的产品，下同）货值金额等值以上三倍以下的罚款；有违法所得的，并处没收违法所得；情节严重的，吊销营业执照；构成犯罪的，依法追究刑事责任。”

③ 《产品质量法》第 44 条规定：“因产品存在缺陷造成受害人人身伤害的，侵害人应当赔偿医疗费、治疗期间的护理费、因误工减少的收入等费用；造成残疾的，还应当支付残疾者生活自助具费、生活补助费、残疾赔偿金以及由其扶养的人所必需的生活费等费用；造成受害人死亡的，并应当支付丧葬费、死亡赔偿金以及由死者生前扶养的人所必需的生活费等费用。因产品存在缺陷造成受害人财产损失的，侵害人应当恢复原状或者折价赔偿。受害人因此遭受其他重大损失的，侵害人应当赔偿损失。”

的规定，消费者主张维权，侵权人应当承担民事赔偿责任。造成人身伤害的赔偿包括医疗费、护理费、误工费；造成残疾的，还应支付残疾者生活辅助具费、生活补助费、残疾赔偿金、其抚养的人所必需的生活费用等；造成死亡的，还应支付丧葬费、死亡赔偿金、死者生前抚养的人所必需的生活费等费用。造成财产损失的，需承担恢复原状或者折价赔偿的民事责任。

若因产品质量不合格构成犯罪的可能会构成生产、销售伪劣产品罪。《刑法》第140条①规定了生产、销售伪劣产品罪，其根据不同的销售金额分别处相应的刑期和罚金。

对于消费者而言，当购买到质量不合格的产品时，消费者可以选择协商、调解、仲裁等非诉途径，也可以选择向人民法院提起诉讼，要求生产商或经销商赔偿。若是网购到质量不合格的产品，商家也注销了平台账号，此时消费者可以向网购平台投诉，要求平台提供商家的真实信息。如网购平台不配合，可委托律师寄送律师函。

5. 加拿大鹅虚假宣传行政处罚案

【基本案情】

“加拿大鹅”虚假宣传，当事人被行政处罚45万元（以下简称加拿大鹅行政处罚案)。行政处罚决定书显示“加拿大鹅”被处罚45万元，是因为当事人在旗舰店网页上的以下内容：(1)“……被誉为‘最佳越野夹克’”；(2)“涉及已损坏或者已使用过的商品，若因质量问题退货，如有必要需要权威质检部门或者CANADA GOOSE质检部门鉴定，CANADA GOOSE保留最终判定权”；(3)“我们的所有羽绒混合材料均含有Hutterite羽绒，这是优良且最保暖的加拿大羽绒”。

行政处罚书显示，上述网页内容违反了《广告法》第9条第3项的规定以及《消费者权益保护法》第26条第2款的规定，广告中使用了“国家级”“最高级”“最佳”等用语以及构成经营者对消费者权利排除。另外，当事人在没有调查研究、

① 《刑法》第140条规定：“生产者、销售者在产品中掺杂、掺假，以假充真，以次充好或者以不合格产品冒充合格产品，销售金额五万元以上不满二十万元的，处二年以下有期徒刑或者拘役，并处或者单处销售金额百分之五十以上二倍以下罚金；销售金额二十万元以上不满五十万元的，处二年以上七年以下有期徒刑，并处销售金额百分之五十以上二倍以下罚金；销售金额五十万元以上不满二百万元的，处七年以上有期徒刑，并处销售金额百分之五十以上二倍以下罚金；销售金额二百万元以上的，处十五年有期徒刑或者无期徒刑，并处销售金额百分之五十以上二倍以下罚金或者没收财产。”

没有事实依据的情况下声称，其所销售的产品所用的羽绒混合材料是“均含有Hutterite羽绒”“这是优良且最保暖的加拿大羽绒”与事实不符，对消费者的购买行为产生影响，违反了《广告法》第4条的规定，构成虚假广告行为。

【评析】

就加拿大鹅行政处罚案件，当事人在旗舰店网站上的内容违反《消费者权益保护法》第26条第2款的规定构成经营者对消费者权利限制的处罚，本篇文章不予讨论。本篇文章主要讨论违反《广告法》的情形。

就加拿大鹅案件中，当事人网页中“……被誉为‘最佳越野夹克’”内容而言，问题在于使用了《广告法》第9条第3项中禁止用语“最佳”。第9条第3项的禁止用语，除了“最佳”还有“最高级”“国家级”。实际上，在经营中，除了以上三个带“最”的词语外，其他表示最好，最优等意思的都不能使用，比如世界级、宇宙级、最棒、极品、极致、顶级，最强等。这些词语不能使用的原因在于比较，说自己好的同时，涵盖了别人的差，而且没有事实依据，因此予以禁止。

因此，对于企业而言，在广告宣传中绝对禁止使用上述的“最”字词语，同时谨慎使用其他含“最”的词语，比如“最低”“最大”“最新”“最高”等。拿“最低价格”来说，一定要有明确的限定词语，并且有事实依据支持。比如“本店至今最低价”加上可查的事实依据就可以使用，但如果是“全网最低价”因为太笼统且没有事实依据，可能被判定违反广告法。

除了“最”以外，我们还会遇到像“第一”“唯一”这样表示类似意思的用语。比如，加多宝的“加多宝连续7年全国销量第一”广告宣传语，“第一”不是禁止使用的广告词语，但是使用必须有事实依据，必须有证据证明确实“销售第一”，且也需要有明确、真实的关联关系。虽然根据中国行业信息发布中心的回复函加多宝集团生产的凉茶在2007—2013年销售额或者销售量是第一，但是该销量“第一”不能指向“加多宝”品牌，因为“加多宝”品牌2012年才开始独立使用，因此这条广告语虽然有数据支撑，但该数据并不属于“加多宝”品牌，这样的宣传会让消费者认为是“加多宝”品牌连续销量第一，因此构成虚假宣传的不正当竞争。

综上所述，我们给企业的第一个建议是不在广告宣传中使用“最高级”“国家级”“世界级”“最佳”“最好”“最优”“最棒”“顶级”“极品”“宇宙级”

等词语；同时，谨慎使用其他含“最”的词语，以及“第一”“唯一”的词语，如果要使用，那使用必须有事实依据或者调查数据等的支撑。

就关于“加拿大鹅行政处罚案”当事人在网页上使用“我们的所有羽绒混合材料均含有 Hutterite 羽绒，这是优良且最保暖的加拿大羽绒”而言，行政处罚书已经说得非常清楚，问题在于没有事实依据也没有调查研究，构成虚假宣传。虚假宣传是《广告法》第 4 条第 1 款的内容，说的是“广告不得含有虚假或者引人误解的内容，不得欺骗、误导消费者”。就本条内容而言，其和《广告法》第 9 条第 3 项一样都是经营主体最可能违反的条款。我们着重从上海工商局的行政处罚书入手讨论这个条款。

首先，上海工商局在判定“我们的所有羽绒混合材料均含有 Hutterite 羽绒，这是优良且最保暖的加拿大羽绒”是否违反《广告法》第 4 条第 1 款时，进行了市场调查，咨询了相关专业人士的意见，确定了以下两个内容：(1) 什么决定羽绒的品质；(2)“加拿大鹅行政处罚案”当事人产品原材料构成情况。其次，就第 1 项内容而言，经过调查确认羽绒的品质和蓬松度指标直接相关，蓬松度与水禽品种、成熟度及饲养环境等因素有关，和产地并无直接关系，因此加拿大鹅强调“Hutterite”产地来彰显羽绒的保暖性无事实依据。就第 2 项内容而言，当事人加拿大鹅旗舰店销售的大部分羽绒服并非使用了保暖性能更好的鹅绒，而是使用了等级较低的鸭绒，且蓬松度 625 的鸭绒产品占比 69%，与其宣称的“均含有 Hutterite 羽绒，这是优良且最保暖的加拿大羽绒”不符。

以上调查过程展示了上海市工商局严谨的办案过程，同时向我们表明了企业在广告宣传时，想要体现产品优势和优点的用语必须有事实、证据、数据的支持。关于此，我们建议企业注意以下几点：

A. 广告中宣传产品优秀品质特点的，用语应当实事求是，以事实、数据或者证据为依据，不能捏造、臆造。“加拿大鹅行政处罚案件”中，当事人称“其产品均含有 Hutterite 羽绒，这是优良且最保暖的加拿大羽绒”，但实际其产品羽绒含量 69% 是蓬松度为 625 的鸭绒产品，即其大多产品的保暖性能并不好，因此其宣传与事实不符。

B. 用于支撑产品优秀品质的事实也必须有相应的证据支撑，不能属于臆想或者臆造的。“加拿大鹅行政处罚案件”中，当事人用“Hutterite”产地来凸显羽绒的保暖性，但是“Hutterite”产地的羽绒是否优于其他产地的羽绒，并无事实依据或者调查数据予以支撑，因此当事人的说法就构成了虚假的宣传。类似的案例还有加多宝的“中国每卖10罐凉茶7罐加多宝”，该广告中的因为数据没有相应的统计数据支撑，因此，被法院判定为虚假宣传。

相反，如果广告宣传是对客观事实的描述、是真实的，那么就不会构成虚假宣传。比如，加多宝的广告“全国领先的红罐凉茶改成加多宝”。虽然一审和二审法院均认定其构成虚假宣传，但最高人民法院在再审中明确指出，“王老吉”凉茶罐头在2007年至2012年获得市场销量或销售额第一名。而在这期间是由加多宝公司进行生产和销售，不是广药集团生产或销售。2012年5月9日，“王老吉”商标许可协议被中国国际经济贸易仲裁委员会裁定无效，后加多宝公司开始生产“加多宝”凉茶。因此，广告标语是对客观事实的描述，不构成虚假宣传。

C. 除了以上两点外，在广告宣传文案确定后，对于具体的内容，也可以通过寻找特例的方式进行检验，如果能够找到与文案相反的例子，那就说明广告存在违法的可能。比如本案中当事人称“其产品均含有Hutterite羽绒，这是优良且最保暖的加拿大羽绒”，因此只要拿出其含鸭绒的产品就可以说明其广告宣传并不属实。

总之，其实无论是《广告法》第9条第3项还是第4条，都可以归纳为广告必须实事求是、有据可依。广告是“实事求是、广而告之，不是夸大宣传、不是吹嘘”。因此企业在宣传时必须坚持实事求是、有据可依，避免违反法律。

（二）企业合规路径构建

完善的合规管理体系，对企业长远发展至关重要。新形势下，企业应当重视合规环境的变化，准确识别评估企业面临的合规风险，重点针对与企业主营业务相关的外部合规风险，建立务实高效的合规管理体系。

1. 认识合规环境，实现合规预期

谈到合规，不少人会觉得无关紧要，甚至有人觉得，如果过于强调合规，很多事都做不了，以至于将合规作为业务开拓的绊脚石。或许在某种特定的条件下，这类观点也得到了某些实践操作的印证。但是，合规环境已经发生根本变化。新形势下，推进合规管理体系建设，首先就要对当前合规管理所处的大环境有清醒的认识，破除陈旧的思维观念，树立合规经营的理念。

（1）监管日趋严格，执法力度持续增强

法律的生命在于执行。但在一些情形下，国家不少法律规定，只是停留在纸面上，没有得到强有力的执行，使很多人觉得那些法律规定根本不必在乎。但是，近年来，很多领域的执法力度都在持续增强，因合规问题受到行政处罚甚至刑事追责，或者导致项目停滞甚至终止，都屡见不鲜。例如，2019 年，证监会对各类违法行为共做出行政处罚决定 296 件，罚没款金额达到 41.83 亿元。

（2）法规动态变化，业务模式受到挑战

政策法规不是一成不变的，会随着社会经济形势的变化进行调整。其中，与业务模式相关的政策法规变化，是企业合规管理面临的重要挑战。例如，蚂蚁集团上市前夕，国家关于网络小额贷款业务的监管规则出现重大变化，直接导致该公司上市受挫。又如，政企合作项目领域，国家对《预算法》的修订、隐性债务的监管，使得 BT 模式［是英文 Build（建设）和 Transfer（移交）缩写形式，意为“建设——移交”，是政府利用非政府资金来进行非经营性基础设施建设项目的一种融资模式］由合规变为违规，政企合作项目的多种投资模式都面临合规性风险。

（3）合规风控能力是企业核心竞争力之一

合规管理不是简单地将风险拒之门外，而是重在提升控制合规风险的能力，将合规风控体系打造成为企业的核心竞争力。这要求合规管理不是简单地“say no”，而是要围绕企业的发展目标，探索实现目标的合规路径。同样的项目，可能有的企业觉得不合规而无法实施；但合规风控能力强的企业，就可以找到合规实施的路径。如果企业的合规风控能力足够强，就可以实施别的企业做不了或不敢做的项目，从而取得竞争优势。

2. 解析企业合规风险，实现合规自查

普通企业所处的行业，一般不是受到专门监管的如金融、医药等特定行业；如果不从事海外业务，也会不涉及境外合规管理要求。但是，这并不意味着企业不存在合规风险，而是要有针对性地加强合规管理。

（1）区分日常合规风险与业务合规风险

日常合规风险是指公司日常管理活动中存在的合规风险，例如：财务、人力、招标、采购、工程建设等。任何企业日常管理工作中均可能存在违反法律法规的风险。所谓业务合规风险，是指公司主营业务产品或服务存在的特定合规风险，例如，基建投资公司从事的政企合作项目中，投资模式是否合规的风险。控制日常合规风险，重在规范相关职能部门。

针对业务合规风险的控制，则需要公司业务部门和相关职能部门共同加强研究，为业务模式创新及规范实施，提供支撑和保障。

（2）区分一般合规风险与重大合规风险

一般合规风险是指虽然可能对公司造成不利后果，但总体能够承受，不会伤筋动骨。所谓重大合规风险，是可能对公司、项目或某类业务造成颠覆性影响的风险。举例来说，华为、中兴这类公司，海外业务占比较高，美国贸易制裁的风险就是重大合规风险。这类风险一旦发生，将可能使公司立刻停止运转。再如，政企合作项目，如果投资模式出现重大合规风险，就可能停滞或终止。但是，如果工程项目的建设手续不够完善，虽然也会有不利后果，但一般不会造成颠覆性影响，可以逐步整改完善，故其属于一般合规风险。实践中，一般合规风险与重大合规风险的界定，可能因外部监管尺度的变化而需要相应调整。

（3）区分内部合规风险与外部合规风险

广义的合规，是将内部制度的执行与外部法规的遵循，均纳入合规管理体系的范畴。所谓内部合规风险，是公司内部规章制度得不到执行的风险，一般为内控体系建设的管理领域。所谓外部合规风险，是公司及其员工的行为违反外部法律法规或监管要求的风险，应属合规管理的重点。

但是，内部合规风险与外部合规风险并非毫无关联。内控体系不健全，也可能导致违反外部监管要求。比如，法国阿尔斯通因海外行贿被美国利用《反海外腐败法》重点打击，原因之一就是阿尔斯通内部未能建立并有效执行禁止商业贿赂的管控体系。

综上所述，企业面临的合规风险，主要是与主营业务相关的外部重大合规风险。日常管理工作中的一般性合规风险，应当重在通过规范职能管理予以控制。

3. 推进合规制度建设，实现系统规制

合规制度对企业经营有着绝对的重要作用。而目前中国的企业合规管理体系建设普遍还停留在起步阶段。比如，华为公司的合规管理体系，在中美贸易摩擦的大背景下，经受住了严峻考验，发挥了良好的保障作用。反观中兴通讯，因合

规问题遭到巨额处罚，在中美贸易摩擦中处处受制于人，是典型的合规管理失败案例。企业开展合规管理工作，需要总结失败案例的经验与教训，借鉴先进的合规路径，结合实际情况稳步推进。

（1）建立合规管理制度体系

合规管理需要以完善的制度体系为基础。企业合规管理制度可以分为基本制度和专项制度，还包括其他管理制度中涉及合规的内容。其中，最重要的是，要结合企业重大合规风险管理需要，制定专项合规管理制度或者操作指南。实践中，制度体系方面最常出现的问题是“假大空”，脱离实际业务需要，增加了管理成本，却达不到合规目标。解决这一问题，要求合规管理制度的起草者，对企业的业务实质及关键风险要有深刻认识，而非照搬其他企业的制度模板。

（2）建立合规管理组织体系

健全的组织体系是合规管理工作落地的关键。对此，一是要明确董事会、高管层及全体员工的合规管理职责；二是要建立专门的合规领导机构，即合规委员会；三是要厘清合规管理部门与业务主管部门的职责分工，确立“业务谁主管、合规谁负责”的原则；四是要加强合规管理人才建设，在企业各级机构配备符合业务需要的法务合规专员。实践中，组织体系方面最常出现的问题是，大家都把合规管理当作合规部门的事儿，未能形成合力，导致合规体系漏洞百出。制度建设要靠专业人士，但制度执行要靠全员协同，尤其是高管层的有力推动，否则这种组织体系就会成为摆设。

（3）加强合规风险评估应对

合规风险评估应对是合规管理的主要内容。企业开展合规风险评估，就要持续关注本企业主营业务相关法律法规、监管要求的变化，定期对照有关合规要求，系统梳理、识别经营管理活动中可能触发的合规风险，建立并及时更新合规风险清单。并且，针对评估确定的重大合规风险，制定合规应急预案，明确应急处置职责、路径和要求，最大限度地化解风险、降低损失。实践中，风险评估应对方面最常出现的问题是浮于表面，致使未发现重大的合规风险，或者即使发现了也没有采取有效的应对措施。风险评估应对不能拍脑袋，而是要依靠专业人士，采用专业方法，否则很可能就只是做了一堆表格和方案，发挥不了实际作用。

（4）把握合规管理重点领域

前文已经提到，开展合规管理要区分日常合规风险与业务合规风险、一般合规风险与重大合规风险、内部合规风险与外部合规风险，区分不同风险的核心就在于要“抓重点”，把握合规管理的重点区域。从理论上来说，合规管理只有实现全覆盖，才能完全避免风险。但如果过于强调全覆盖，将分散合规管理的注意力，并可能对一些日常管理工作造成负担。实践中，在华为等先进企业的合规管理实践中，一般根据企业的经营情况，将出口管控、反垄断、反商业贿赂等作为合规管理的重点。但是，正如任正非所说，“对合规风险进行程度等级的划分，并不意味着可以接受这些合规风险”。对于程度等级较低的合规风险，要通过加强日常管理实现有效控制。企业合规管理体系是由各种要素组成的复杂有机整体，而这个整体中最基本的要素是企业管理层和全体员工都能够将合规视为企业管理的刚性要求，将遵纪守法作为原则和红线。面对新形势下的挑战，合规管理体系建设的有效推进，将有助于企业保持定力、行稳致远。

4. 强化企业合规培训，实现全员管理

通过合规培训，可以将公司的合规义务准确、明晰地传递给员工，不断教育、提示、引导员工恪守合规义务，确保员工熟悉、理解合规内容，避免出现“不知法而违法、不懂规而违规”的遗憾情况。

目前，纵观国内外市场竞争，合规已成为公司对内增强软实力、对外提升竞争力的有效手段。合规培训既是企业合规建设的起点，也将贯穿企业合规管理的全程。

企业通过建立有效的合规培训体系，营造深厚的合规文化氛围，使员工充分了解企业合规要求，自觉践行与遵守企业的合规目标与规范。

建立完善的合规管理体系，有助于防范企业自身以及企业员工的违法违规行为导致的风险。因此，建立合规管理体系首先要培育合规的理念，如何开展合规培训便成为企业合规建设过程中必须关注的话题。

（1）什么是合规培训？

企业要做好合规管理，首先要具备完善的合规意识。而目前国内企业的合规意识还未被普及、建立。合规理念的导入是合规文化培育的基础，是企业合规管理建设和运行的前提。因此，如何开展合规培训成为企业合规建设过程中必须关注的话题。

做好一次高效能合规培训的前提是：必须对合规培训具有一个正确、清晰的认识。

合规培训是建立合规理念的重要途径，也是建立合规管理体系的重要组成部分。企业在建设合规文化，完善合规规范时，离不开合规培训工作。良好的合规培训工作对企业合规管理体系建成和有效运行有着不可或缺的作用。

合规培训更是企业进行合规管理的一种有效方式，也是提高员工合规认知的重要方法。它以简便性、高效性、集中性等优点目前被众多合规部门所采用，作为推进合规工作的重要手段。

（2）通过合规培训实现什么目的？

合规培训的目的在于将企业的合规理念通过培训传达给全体员工，使员工逐渐形成企业的合规价值观，遵守企业的合规规则，确保在合规管理中所有人员统一思想、规范行为，最大限度规避合规风险。

《合规管理体系指南》（GB/T 35770—2017）指出："培训项目的目标是确保所有员工有能力以与组织合规文化和对合规的承诺一致的方式履行角色职责。"

根据该条款表述，可以将合规培训的目的总结为两点：第一，要通过合规培训向员工传达企业合规的目标与规范，使员工建立起企业的合规价值观与合规理念，能够在平时工作中自觉遵守企业合规要求；第二，对于部分重要职位的员工，需要通过合规培训使其具备识别重大合规风险并采取有效防范措施的能力，并使其具备包含反腐败、反垄断、反贿赂、劳动、环境、知识产权保护以及财税等方面的法律知识。

只有通过持续、有效的合规培训，才能保障员工掌握履行合规职责的相应业务能力和行为准则。

（3）如何组织一场高效能的合规培训？

作为一种常见的合规措施，合规培训具有较强的系统性、操作性，需要精心设计、严密组织、有效实施以及科学评估。因此，高效能合规培训的背后，需要一份"完美"的合规培训方案。

A. 制订合理的培训计划

如何针对企业特定的合规风险制订一套有效的并且可以被执行到位的合规培训计划，是对合规官的考验。

首先，识别出来本企业主要的合规风险点；

其次，要和企业的最高管理层保持良好的沟通，得到管理层包括时间、资源等的充分支持；

最后，根据企业年度大概的时间表，拟订可行的培训计划。

B. 准备有效的培训内容

好的培训不在于讲者讲了什么，也不在于现场热闹与否，而在于培训对象记住了什么，能带走什么。因此，在内容方面，尽可能多用案例。比如，可以用我们身边的案例，脱敏后其就能成为很好的素材，特别是用企业内部合规事件调查中发现的案例，匿名化后可以成为内部合规培训的典型案例。在内容主旨方面，可以考虑以某个主题定位某次培训活动。

C. 争取充分的资源支持

如果合规部门人力有限，可以聘请外部专业机构进行合规培训。如果预算非常有限，可以跟其他部门做一些联合，比方说财务部门、审计部门、风控部门和监察部门，甚至有些企业的人力部门也有针对培训的预算。

D. 开展有序的培训活动

合规培训一般需要专人来负责，包括安排培训场所和讲师、准备培训资料、现场音频视频设备的调试、邀请员工、跟踪员工培训完成情况、提醒员工按时参加培训并完成测验等。

E. 保持完整的培训记录

保持完整的合规培训记录对企业来讲是一个自我保护的重要手段。当发生违规事件，被外部执法机构挑战的时候，企业可以向执法机构递交这些培训记录，以证明对员工进行了充分的合规培训，尽到了企业的责任。当然，监管部门还需要结合合规培训和其他合规管理控制活动的内容及实施细节来判断其实质性的效果。

《中央企业合规管理指引（试行）》第 24 条规定："通过信息化手段优化管理流程，记录和保存相关信息。"《企业境外经营合规管理指引》第 16 条规定："合规培训应做好记录留存。"

因此，合规培训记录是企业开展合规管理、履行合规培训义务的重要证明，在企业人员涉嫌违规时，记录可以用于证明企业已向行为人开展了合规管理培训，以抗辩境外的司法机关、监管机构对企业提出的"违规"指控，如合规培训记录证明有效，企业只需承担较轻的处罚，有关高管人员被证明已履行合规管理义务的，则可以达到免除处罚的效果。

目前，国内尚未对合规管理进行强制性规定，但企业对员工实施了合规培训的证明，从中国法律的证据角度看，可以在一定程度上起到证明违规行为系行为人个人所为、不是职务行为的效果，从而减轻、免除企业被追究法律责任的风险。

从这个角度来说，需要务必重视包括合规培训在内的企业合规管理的归档工作。建议采用信息化系统留存包括合规培训记录在内的所有合规管理活动资料，这也是企业合规管理体系的重要保障措施之一。

F. 进行培训效果评估

企业已开展的合规培训是否能够实现合规培训的目的，需要对培训工作进行效果评估。通常情况下，效果评估方式可以从三个层面展开：

首先，可以将培训效果评估纳入个人绩效考核中。对员工参与合规培训情况进行综合评分，并将其作为绩效考核的重要指标之一，与员工的评优评先、职务任免、职务晋升以及薪酬待遇等挂钩。在管理人员职务晋升时，还可以将其下属参与合规培训结果是否达标作为指标之一。

其次，可以将培训效果评估纳入部门考核中。存在部门业绩考核的企业，可以将整个部门人员参加合规培训的结果作为部门绩效考核的重要指标之一，与整个部门的评优评先、年度奖金、薪酬待遇等挂钩。

最后，纳入企业合规管理体系评价中。可以将合规培训与合规管理体系其他要素进行对比、分析，比如培训内容是否涵盖了企业年度重大义务和风险、违规事项是否在合规培训内容中、违规人员是否接受过相关合规培训等，从合规管理体系的角度，作出企业合规培训工作的整体效果评估。

G. 持续改进培训计划和内容

持续的合规培训和教育是评估合规体系是否有效的重要标准，因为它能够促进员工对与企业相关法律法规的理解、明确员工的合规职责、增强员工识别潜在合规风险的能力。

因此，根据合规培训的评估情况，对合规培训的内容进行完善和更新，并结合外部合规环境和企业业务发展，不断调整培训的重点，保持合规培训的有效性，更好地发挥其作为合规管理工具的作用。

七、“宽进严管”监管体制下的合规战略

党的十九届三中全会将完善市场监管和执法体制作为改革的重要内容。通过对诸多监管部门的架构进行调整，工商、质检、食品、药品、物价、商标、专利等方面的行政执法力量得到了充分整合。市场监管力量得到整合后，政府可利用“宽进严管”的管理体制来管理企业经营行为。

“宽进”是指改革市场主体准入条件、登记服务方式和行政审批制度，减少市场主体受到的体制与机制的障碍，增加创业的动力与活力。

“严管”是指加强对于市场的监管，在部门间实现信息共享，强化对企业的信用监管。

2022 年 1 月 19 日，国家发展改革委等 9 个部门发布《关于推动平台经济规范健康持续发展的若干意见》（以下简称《平台发展意见》），《平台发展意见》第 7 条明确提出“强化数字化监管支撑，建立违法线索线上发现、流转、调查处理等非接触式监管机制，提升监测预警、线上执法、信息公示等监管能力，加强和改进信用监管，强化平台经济领域严重违法失信名单管理”①。发文机构由国家发展改革委、国家市场监督管理总局、中央网信办、工业和信息化部、人力资

① 《关于推动平台经济规范健康持续发展的若干意见》：（七）改进提高监管技术和手段。强化数字化监管支撑，建立违法线索线上发现、流转、调查处理等非接触式监管机制，提升监测预警、线上执法、信息公示等监管能力，支持条件成熟的地区开展数字化监管试点创新。加强和改进信用监管，强化平台经济领域严重违法失信名单管理。发挥行业协会作用，引导互联网企业间加强对严重违法失信名单等相关信用评价互通、互联、互认，推动平台企业对网络经营者违法行为实施联防联控。

源社会保障部、农业农村部、商务部、中国人民银行、国家税务总局9部门组成，《平台发展意见》涉及企业经营的诸多方面，企业尤其需要密切关注监管动态。

（一）消费与零售行业企业加强合规建设的必要性分析

在“宽进严管”监管体制下，企业的违法行为无处遁形，且企业难以承受违法后果。企业的竞争对手可以仅仅通过一张截图、一个电子文档就让企业承受沉重的合规风险。

1. 市场竞争层面，了解竞争对手

从市场竞争层面来看，竞争对手往往通过利用对手企业存在的合规漏洞，进行投诉举报，通过行政监管部门，让企业承受因违法所产生的巨额经济处罚，面临失信风险。尤其是在电商环境下，流量会带来巨大的销量，企业被行政处罚后，其爆款产品可能因失去头部流量导致销量大幅下跌。

2. 消费者层面，洞悉市场反馈

随着社会的发展，消费者的维权意识日益提高，当其合法权益受到侵害时，消费者往往会选择向市场监督管理局投诉或在互联网上曝光。为保障商誉，企业必须合规经营，向消费者提供合格的产品、服务。2020年1月1日开始施行《市场监督管理投诉举报处理暂行办法》（已修订），明确不予受理职业打假者的投诉（不以生活消费需要为目的的或不能证明与被投诉人之间存在消费者权益争议的）。但仍有较多职业打假人通过行政举报的方式获取利益，他们会通过线上线下等手段来挖掘企业的违法点，通过投诉举报的方式来谋取利益。比如，在新《广告法》公布后，遭遇“打假人”投诉举报的企业包括化妆品、烟草、酒类、食品等公司和电商平台。企业广告合规工作的缺失使企业需支付罚款或赔偿金，承担较大的损失。

3. 企业自身层面，强化自身目标

从企业自身层面，企业内部存在错综复杂的利益关系，往往因为内部利益冲突导致内部举报事件频发。员工等通过举报企业的违法经营行为与企业进行利益博弈，从而实现其不合理的利益诉求，使企业苦不堪言。

4. 国家管理层面，明确监管目标

从国家管理层面，国家已经建立了较为完善的市场监管体制，企业违法行为被发现的概率较高，如国家已经建立了全国性的广告监测系统，对各类传统媒体、电视、广播甚至是互联网广告都做了监控，对重点数据进行了存证，并会定时发布广告违法行为查处结果，使企业逃无可逃。

（二）消费与零售行业具体领域合规策略

在本书笔者已就2019年至2020年上海市场监管局的10万余份行政处罚决定书做统计分析，总结出近两年政府的行政执法趋势，共有以下五点：（1）处罚高发领域仍然集中在广告、产品质量、商标、价格等方面；（2）广告违法处罚略有下降；（3）价格违法案件数量显著上升；（4）清理六个月未经营企业成为监管重点；（5）现已进入信息化监管时代。

下文将结合以上特点，从市场监管、税务、广告、数据四个企业经营角度以及刑事、行政司法两个法律规制层面主要阐述消费与零售行业企业的合规策略。

1. 消费与零售行业企业市场监管合规策略

2022年3月19日，国家市场监督管理总局公布的《"十四五"市场监管科技发展规划》（以下简称《市场监管规划》），旨在提升市场监管创新基础能力、科研攻关能力、科技服务能力，营造良好市场监管科技创新生态，完善规划配套保障措施。中央全面深化改革委员会第二十五次会议审议通过的《关于加强数字政府建设的指导意见》（以下简称《数字政府建设指导意见》）倡导各级政府发挥数字化在智慧市场监管中的重要作用，构建协同高效的政府数字化履职能力体系。这意味着为了服务国家战略实现，市场监管将获得科技赋能和强国建设的双重支持。消费与零售行业企业需与时俱进，根据《市场监管规划》作出相应调整，应对标准数字化技术，核心检测技术，安全监管技术，认证认可新技术、新方法带来的合规要求的改变，提升自己的商业效能，打造企业的核心竞争力。

（1）平台经济数字化监管系统剖析

2017年，原国家工商总局与浙江省政府正式签署了《共同推进浙江网络经济健康发展战略合作协议》，在浙江建设全国电子商务监测中心。市场监管总局委托浙江省市场监管局开发建设全国网络交易监测平台。平台目标是在监管实践及执法实际中获得的各类数据及成功经验的基础上，采用建模并不断修正迭代开发的模式，在上线过程中结合实际执法情况不断完善应用，进而做到“边实践总结，边优化完善”。2019 年 11 月 5 日，全国网络交易监测平台启动上线。该平台以大数据为核心要素，运用分布式采集和爬虫技术，多方位采集海量信息数据，将大数据、人工智能、区块链等最新技术深度应用于市场监管前沿领域。此平台的正式上线运行使得市场监管部门在发现违法线索、查处违法行为、维护网络市场秩序、提升网络市场方面的监管能力和风险预控能力方面有了巨大的提升与进步。① 全国网络交易监测平台运用数字化智能识别模型，重点监测“网络禁限售”“虚假宣传”“价格违法”“网络传销”“知识产权侵权”“主体违规”六类行为，使线上市场监管发挥重大效用。因此，该平台监测范围覆盖全国主要电商平台。

2021 年 2 月 26 日，立足于全国网络交易监测平台，浙江省市场监管局正式上线了平台经济数字化监管系统“浙江公平在线”。除了全国网络交易监测平台监测的六类行为，“浙江公平在线”还监测“二选一”“大数据杀熟”“低于成本价销售”“纵向垄断协议”“违法实施经营者集中”五类违法行为，监测面扩大，监测力度升级。“浙江公平在线”更加侧重于不正当竞争及垄断等不当行为，通过不同的数据抓取规则和识别模型对五种行为借助数据比对模型进行校对，效率较高，增加了平台经济数字化监管效能，平台经济数字化智慧监管成果突出。全国网络交易监测平台与“浙江公平在线”是动态监测市场交易的初步尝试，根据《市场监管规划》的要求，下一步智慧监管将扩展到大数据监控、风险预警、线索核查、投诉处理，形成全方位、各层次的市场监管体系。

（2）消费与零售行业企业市场监管合规建议

A. 借助智能合规引擎

后疫情时代，线上电商与线下零售渠道的交易量发生了改变。在疫情仍是零星式暴发的背景下，消费与零售行业的消费者动向及趋势仍存在极大不确定性，消费者更加注重交易的安全、真实与诚信。企业应不断优化管理制度体系，借助

① 《全国网络交易监测平台正式上线 秦宜智 王文序出席启动仪式》，载国家市场监督管理总局，https://www.samr.gov.cn/xw/zj/201911/t20191106_308208.html。

数字化进程带来的竞争优势，提升敏捷和创新能力，更好地应对疫情和其他突发变化。鉴于市场监管部门对于企业常见频发违法点及高频违法行为已经建模，数字化监测系统具备迭代功能，对于诸如市场监管常见违法情形以及对应行为特征表现，企业应利用智能合规引擎，对行为进行校对，判断可能存在的风险。同时，借助大数据合规引擎，形成数据流、业务流、资金流、发票流、合同流、进销存流，六流合一，做到合规数据留痕，以批零驱动、消费驱动、升级驱动、赋能驱动为四大市场增长动能，让好产品实现好销量，合规裂变、持续增长。

B. 保证消费者的自由选择权

企业在制定经营策略时，应当避免"二选一"的情况出现，保障商品服务和资源要素的自由流通，维护市场秩序，给予消费者充分的自由选择权。2020 年 12 月，国家市场监督管理总局依据反垄断法对阿里巴巴集团控股有限公司（以下简称阿里巴巴集团）在中国境内网络零售平台服务市场滥用市场支配地位行为立案调查。经查，阿里巴巴集团在国内的网络零售平台服务市场具有支配地位。2015 年以来，阿里巴巴集团滥用市场支配地位，要求平台内的经营者不得在其他竞争平台进行开店或参与促销活动。此外，阿里巴巴利用市场支配地位带来的资源，平台规则和数据、算法等技术手段，采取多种奖惩措施，严格监督平台经营者执行其要求。该行为损害了消费者利益，侵犯了平台商家的商业利益，不利于我国网络零售平台服务市场的公平竞争，阻碍商品、服务和资源要素自由流通，影响平台经济创新发展，构成《反垄断法》（2007 年）第 17 条第 1 款第 4 项禁止"没有正当理由，限定交易相对人只能与其进行交易"的滥用市场支配地位行为。①

C. 规范使用商业数据

2022 年 3 月 1 日，国家网信办等四部门联合发布的《互联网信息服务算法推荐管理规定》（以下简称《互联网算法规定》）将正式施行。大数据杀熟已经成为市场监管的重点对象。《互联网算法规定》明确要求保障用户的算法知情权和算法选择权，应当向用户提供不针对其个人特征的选项，或者便捷的关闭算法推

---

① 《市场监管总局依法对阿里巴巴在中国境内网络零售平台服务市场实施"二选一"垄断行为作出行政处罚》，载 http://www.xinhuanet.com/video/2021-04/12/c_1211106760.htm。

荐服务的选项。《互联网算法规定》要求算法推荐服务提供者应当坚持主流价值导向，积极传播正能量，建立完善人工干预和用户自主选择机制，不得利用算法实施影响网络舆论、规避监督管理以及垄断和不正当竞争行为。价格歧视让消费者非常地反感，消费与零售行业企业应当避免算法歧视，不能因消费者不同的消费习惯对其进行不合理的区别对待。算法是辅助商业发展的工具，而非制衡、谋利的产品。企业应规范使用商业数据，否则可能构成欺诈行为。

D. 转售价格合规

企业在销售过程中，经常签订固定转售价格的经销协议，该协议事实上限制了经销商转售商品的价格，且这种行为存在被认定为纵向垄断的风险。对此，企业应当注意在其经销合同、销售政策、考评标准中，避免对经销商转售价格、折扣或者定价方式进行限制，并且在实际经营中避免提出类似要求。但是，从合规的角度，公司仍可以自主决定其出厂价格和定价方式，并可以设定产品销售给最终消费者的推荐零售价（但是不得通过处罚或激励使得推荐零售价实质上变为固定零售价格）。

2. 消费与零售行业企业税务合规策略

2021 年 11 月 30 日，为落实中共中央办公厅、国务院办公厅印发的《关于进一步深化税收征管改革的意见》要求，全面推进税收征管数字化升级和智能化改造，降低征纳成本，上海市税务局发布了《国家税务总局上海市税务局关于开展全面数字化的电子发票试点工作的公告》（以下简称《电子发票试点公告》）。

自 2021 年 12 月 1 日起，依托全国统一的电子发票服务平台，将实现发票全领域、全环节、全要素电子化，这体现了上海科学有序推进税务领域全面数字化转型，对接上海政务云，积极融入数字政务体系，夯实智慧税务技术支撑的后续发展趋势，明确了推进上海一体化智慧税务建设领跑全国的主要任务，也向企业的税务合规工作发起了挑战。

（1）发票数字化试点工作对企业财税合规管理的深远影响

A. “以数治税”拼图继续完善

全国统一的电子发票服务平台 24 小时在线免费为纳税人提供全面数字化的电子发票（以下简称全电发票）开具、交付、查验等服务，是落实税收征管数字化升级和智能化改造的重要抓手。使用全电发票能进一步强化发票记录交易信息的本质，实现经济交易信息"一票式"集成，有利于降低征纳成本。

在大数据快速发展的时代，要以全电发票工作的试点为起点、以税收大数据为驱动力，建成具有高集成功能、高安全性能、高应用效能的智慧税务，全面推进税收征管数字化升级和智能化改造。税务监管也将全面联动线下的监管与线上的大数据监管，覆盖企业运营各方面的大数据网络不断完善。全电发票的出现，意味着企业的全产业链条的交易、发票开具、查验都将处于税务局的监管之下。

B. 强化"真实业务"的稽查逻辑

在"以票控税"的税收管理模式下，发票的合规问题是税务稽查的重点。稽查部门会针对企业的发票流、业务流、现金流是否存在一致性进行审查，随着"以数治税"的发展，对"三流"之外的"真实业务"审查也能实现，这使得企业需要对财税进一步加强管理。在全电发票的控制下，在开具发票、交付发票、查验发票过程中，税务部门均可通过大数据监察网络进行审查，对企业的任何违规行为进行稽查。此种模式利用海量政府数据的匹配和互通，能够做到精准预警和管理，与只能依靠传统的人工线下审查相比，稽查覆盖面更宽，稽查力度更深。企业亟须改变传统的应对模式，快速适应全电发票改革。

C. 实现规范监管与打击违法并重

无论是国家税务总局发文中提到的"坚持风险导向，以'信用＋风险'监管为基础，针对上述重点领域，强化税收大数据风险分析"，还是上海市税务局发布的《电子发票试点公告》，都充分印证了在企业税务管理和税务局行政执法过程中的数字化转型的必然趋势。

随着《国家税务总局关于修订部分税务执法文书的公告》的发布，税务局的税务稽查将会更加规范化、标准化。为响应上述公告，上海市税务局也发布了《上海市重大税务案件审理办法》，国家税务总局的王军局长在"规范监管与促进发展并重，想方设法营造公平竞争税收环境"发言中提到"想方设法堵漏增收，把实际征收率提上去，想方设法严查快查，把偷逃税行为打击掉，以公正监管促公平竞争"。

数字化稽查以及大量违法税务案件的处理，给企业家敲响了警钟："合规治理"是个系统性工程，需要做好过程防范、细节留痕以及前景展望。

D. 法律 + 信用 + 风险的一体化监管

《行政处罚法》第 36 条①与《税收征收管理法》第 52 条②明确规定，涉及企业财税领域的经营合规风险期间，追溯期限短则 2 年长则不受前款规定期制。从大数据分析的角度来看，正常的分水岭是 5 年，也就是企业必须关注自身 5 年的财税经营合规风险。

此外，随着国家加速推进"信用社会"进程的发展，以"信用 + 风险"监管为基础的治理模式日益成为国家财税治理的基本模式。针对重点风险领域，税务机关强化税收大数据风险分析。在大数据的基础上，税务局在稽查时会以大数据监控的实时信息和过去的企业信用信息为基础，针对 D 级纳税人、失信企业和个人进行重点监管并及时对违法行为进行处罚。企业"一处违法"，则"处处受限"。在这种情况下，企业损失的不单是企业声誉，还有后续大量的交易机会。目前，已经有大量企业因信用不良导致其经营十分困难。

（2）面对政府数字化监管的升级迭代，企业数字化合规能力缺失

A. 针对企业合规管理的数字化产品匮乏

2021 年 3 月 18 日，人力资源社会保障部同国家市场监督管理总局、国家统计局向社会正式发布包括企业合规师在内的 18 个新职业。企业的合规管理逐渐被重视起来，但针对企业合规管理的产品比较少，尤其是在现在数字化监管下的数字合规产品。退一步来讲，即使拥有大量的企业合规师，但是合规咨询作为主要的服务方式还是无法满足社会的大量合规需求，尤其是企业在日常经营过程中已经使用了诸如 RRP（Enterprise Resource Planning，企业 ERP 系统是一个对企业资源进行有效共享与利用的系统，通过信息系统对信息进行充分整理、有效传递，使企业的资源在购、存、产、销、人、财、物等各个方面能够得到合理地配置与利用，从而实现企业经营效率的提高）、CRM（Customer relationship

① 《行政处罚法》第 36 条规定："违法行为在二年内未被发现的，不再给予行政处罚；涉及公民生命健康安全、金融安全且有危害后果的，上述期限延长至五年。法律另有规定的除外。前款规定的期限，从违法行为发生之日起计算；违法行为有连续或者继续状态的，从行为终了之日起计算。"

② 《税收征收管理法》第 52 条规定："因税务机关的责任，致使纳税人、扣缴义务人未缴或者少缴税款的，税务机关在三年内可以要求纳税人、扣缴义务人补缴税款，但是不得加收滞纳金。因纳税人、扣缴义务人计算错误等失误，未缴或者少缴税款的，税务机关在三年内可以追征税款、滞纳金；有特殊情况的，追征期可以延长到五年。对偷税、抗税、骗税的，税务机关追征其未缴或者少缴的税款、滞纳金或者所骗取的税款，不受前款规定期限的限制。"

management 客户关系管理系统，是指利用软件、硬件和网络技术，为企业建立一个客户信息收集、管理、分析和利用的信息系统）以及各类管理软件时，在合规治理上的数字化应用还是处于萌芽阶段，完全不能满足市场需求。

B. 中小企业面临合规与成本之间的艰难平衡

在面对税务局的日常检查以及大数据稽查时，无论是事前、事中、事后，都会涉及具体的税务专业问题，中小企业自身专业人员储备不够，一般会计人员无法解决上述问题，因此专业税务人员提供的税务咨询服务对企业来说十分有必要。但聘请专业人员就意味着支付高额的人工成本如咨询服务费、法律服务费等，企业将会面临因涉嫌违规的问题被税务稽查的代价与高昂的咨询服务费之间的权衡，步履维艰。而海量的中小企业客户，因为缺乏专业的咨询服务机构和人员的实时、专业以及数据化的服务，导致合规风险无处不在。

C. 企业风险的事中管控缺失尚无解决方案

随着政府部门数字化监管逐渐完善，企业与政府之间信息不对称加剧，企业经营数据暴露在大数据监管之下。顺应数字化监管做到合规的企业往往可以避免被处罚。即使企业被查，若事后积极进行合规建设，也存在适用“合规不起诉”使得企业免于被起诉的可能。但无论是何种方式，事中管控具有十分重要的地位。事中管控相对事前准入而言更加具有科学性，能够实现动态管理；事中管控相对事后救济而言成本更低，能够减少违规风险，进而减少因处罚等引发的后续大量的负面舆论及信誉问题。但是面对动态、高频以及复杂的财税合规管理需求，政府、企业以及服务方尚未有一个满足各方需求的解决方案。从目前的现状来看，企业尤其是中小企业对自身财税风险的事中管控缺失已是常态，市场需求强烈。

（3）企业合规数字化的道路探索——大数据智能合规财税工具

A. 以发票为切入点，遵循“以票控税”到“以数治税”的路径变迁

发票是记载企业日常经营的“红细胞”，数量多，频率高，内容杂，管理复杂，但是其又是企业正常经营的基本指标，以“发票”为合规切入点，能够做到实时洞察企业日常经营的方方面面。同时，目前 OCR（optical character recognition，文字识别）技术的成熟，使利用 OCR 技术可识别原始票据，精准快捷识别发票，并保存原始票据，便于后期溯源。此外，票据数据库提供溯源保障，通过建立电子票据数据库和原始票据数据库等为后续企业票据溯源以及数字

化管理提供数字支撑。

在推行电票一体化中，通过更加便捷的方式获取发票信息，建立企业自身的进项发票池，对自身风险进行实时评估和预警。技术的成熟、数字化监管的导向性倒逼企业数字化管理。尽管企业需要一段时间改变传统的模式，但数字化管理工具将给企业带来诸多便捷。通过数字化监管工具可以实现发票信息全面的数字化，进而便于掌握各类经营核心信息，便于事后的票据多维度检索；实现发票票面的风险评估，对票据潜在的风险提前预警；还可以核查原始票据与电子票据，便于随时查证。

B. 通过独创的底层合规架构实现合规数字化管控

面对税务稽查从“以票控税”到“以数治税”的转变，企业需要运用大数据数字化票据管理工具来实现其合规需求，大数据工具能够提供多维度解决方案：

一是盘活历史数据，实现分类管理。使用数字化票据工具可以终结杂乱票据，提高管理效率；盘活历史票据，降低合规风险；通过发票查重，避免资金风险。通过分类管理发票，提升票据管理水平，在发票的底层合规系统中，杜绝不合理和不合规的发票类目，形成内部良性票据循环；缓解财务部门的执行问题，实现由传统低效的咨询方式（如向员工重复解释不允许录入的规定等）向借助高效数据化工具的转变；对发票重点类目控制，优化财务管理，提升公司的数据化财税管理水平。

二是强化风险管理，利用规则引擎防范风险。通过特有的风险规则库、外部风险数据库，建立大数据的风险规则引擎，结合当前的监管重热点，重点防范与企业有经济往来的上游企业的合规问题，落实数据化票据管理责任，提前预警虚开风险，大幅降低虚受风险，减少单位犯罪的主观故意，为有效应对和查处税务（虚受发票）、市场监管（商业贿赂）、刑事舞弊（职务侵占、挪用资金、串通招投标、经营同业业务）等各类重点违法行为提供强有力的数据支撑。

三是强化供应商管理，精准核算成本。数字化工具实现了发票与供应商信用的多频、高效的合规流转。从合规、效率以及发展的角度来看，强化供应商管理，及时全方位了解供应商状态非常重要。数字化工具从供应商基本状态、供应商负面风险、供应商经营异常信息、供应商股东核查，供应商存续状态及刑事风险等多维度为企业提前洞悉供应商的全方位风险提供了评估和风险预警解决方案。数字化的工具使用，同时也更有利于数据化精准统计企业各类成本及费用，为成本核算提供数据支撑，因为可以穿透到底层，实现了对风险的追溯跟踪。

C. 建立大数据财税合规监管，提高合规管控水平

一是依托处罚大数据，从执法逻辑倒推合规路径，更有应用和数据价值。充分利用处罚大数据来勾勒行政处罚的常见模式，实现合规风险可识别。如 2021 年行政处罚重点集中于 8 个重点行业及 5 大涉税风险，为企业经营者提供行为模式及处罚额度的参考，避免遭受行政处罚。通过最新监管动态进行风险提示分析，从执法逻辑倒推合规逻辑，可帮助从源头进行风险预防。通过对行政复议、行政诉讼案例进行大数据解析，为企业在与行政部门博弈中提供强有力的专业支撑或许是企业合规的未来发展路径。

二是在“三流合一”的基础上，落实“真实业务”的稽查逻辑。顺应税务局“以票控税”到“以数治税”的稽查思路的转变，在保障企业的交易做到发票流、资金流、业务流“三流合一”的前提下，企业应强化“真实交易”背后的材料收集和规整，形成一整套备查的合规档案。通过税务和市场监管等多部门合规数据的跨界整合，在企业与政府之间建立数据的桥梁，利用大数据风控软件，实现企业的每个经营行为都能够被合规模型所印证，真正落实责任。

三是强化事中管控，形成管理闭环。实现财税合规系统一体化集成，能够对风险做到全周期闭环处理。企业应强化事中管控，形成管理闭环，基于发票流程的全生态合规管控，结合大数据的分析，进行事前预警、事中管控以及事后处置；对合规管理的流程进行拆分，实现管理要素细胞化，落实到企业日常每个合规点，进而实现有的放矢，借助大数据工具实现要素管理的全链路追溯机制，包括但不限于人员、业务团队、合同、供应商的全链路追溯，从而不留合规“死角”，形成颗粒度极细的合规预警方案。

四是要长远和辨证角度看待数字化企业财税合规体系的建立。企业合规建设需要有前瞻性和实操性，尤其是在财税合规领域，企业还应该有紧迫性。从长远角度来看，必须要摒弃以往粗制野蛮的税务筹划方式，构建数字化基础上的企业经营的精准管控与预决算制度。只有这样，才能应对此次全电发票试点工作的挑战，才能在应对税务局的稽查时更加从容，更有利于获得良好的信用等级，从而获得更多的市场交易机会。

总体而言，充分发挥大数据财税合规工具的各项功能，借助可视化方式让企

业的管理层迅速了解企业经营状况，通过综合风险分类让管理层充分理解风险所指，利用违法案例大数据勾勒出执法逻辑和逻辑模型，凭借精确的大数据算法为企业勾勒出便捷易懂的合规路径和实现方案，这将是企业财税合规的坚定依靠和未来方向。面对政府大数据监管的转型，企业应当顺应执法趋势，积极探索高效高性价比的合规路径，构筑企业数字化合规监管体系，进而减少企业合规风险，做到“营收增速，风险可控”。

3. 消费与零售行业企业广告合规策略

（1）消费与零售行业广告合规态势

2016 年 7 月，原国家工商行政管理总局发布了《互联网广告管理暂行办法》，规定了互联网广告的概念、规制要求。继浙江省市场监督管理局于 2021 年 10 月 29 日发布《明星商业广告代言行为合规指引》后，2022 年 2 月 7 日上海市市场监督管理局印发关于《商业广告代言活动合规指引》的通知，进一步明确了商业广告代言人的责任、年龄限制、代言活动的负面清单等事项。近年来，国家出台的对于商业广告的规制文件越来越多，体现出对商业广告监管从严、合规从紧的态势。现有法律法规已经明确了广告活动的实质和形式要求，规定了广告主体的相关责任。今后，对于商业广告的合规要求将会越来越多，消费与零售行业企业需重点关注。

（2）消费与零售行业企业广告合规建议

A. 特殊品类产品广告内容合法

我国《广告法》明文禁止发布特殊商品的广告，并对广告内容设置了限制。为了给青少年塑造良好的成长环境，我国《广告法》禁止利用互联网发布处方药和烟草的广告，电子烟虽未被确认为烟草的一种，但法律已经确定不得利用互联网对电子烟进行广告宣传和销售。酒类广告需要特别注意以下几种情况：不得诱导、怂恿饮酒或者宣传无节制饮酒；不得出现饮酒的动作；不得表现驾驶车、船、飞机等活动；不得明示或者暗示饮酒有消除紧张和焦虑、增加体力等功效。因此，出现举杯畅饮的画面的酒类广告属于违法广告。之前，百威啤酒就因广告中出现碰杯饮酒动作被罚 25 万元。

B. 避免效果承诺

商品的使用效果因人而异。明确保证商品使用效果的做法并不理智，也无益于商品口碑和商业信誉的塑造。因此《广告法》规定在招商等有投资回报预期的商品或者服务广告中，应当对可能存在的风险以及风险责任的承担进行合理提示或者警示，并不得含有下列内容：对未来效果、收益或者与其相关的情况作出保证性承诺，明示或者暗示保本、无风险或者确保收益等，但国家另有规定的除外。因此，销售护肤品的商家应当避免设计、发布承诺美白、祛斑、年轻肌肤效果的广告。很多食品广告公司为宣传自己食品的良好效果，经常会在广告中列举使用本产品能够实现养生、医疗的效果，但该广告属于违法广告。食品广告不得出现与药品相混淆的用语，不得直接或者间接地宣传治疗作用，也不得借助宣传某些成分的作用明示或者暗示该食品的治疗作用。《广告法》明确规定保健食品的广告内容应当以国务院卫生行政部门批准的说明书和标签为准，不得任意扩大范围；此外，保健食品不得与其他保健食品或者药品进行功效对比。例如，某保健品以培训会形式进行宣传，声称“日加利酵素胶原低聚肽饮品”比普通饮品具有预防癌症等功效，被处罚款 80 万元。

C. 符合社会主义核心价值观

广告面向的是不特定广大人群，广告在内容上必须满足国家要求价值观的正面导向性，不得出现宣传封建迷信之类的内容。因此，根据《广告法》的规定，房地产广告不得含有风水、占卜等封建迷信内容，对项目情况进行的说明、渲染，不得有悖社会良好风尚。

D. 广告形式规范

互联网广告应当具有可识别性，显著标明“广告”，使消费者能够辨明其为广告。付费搜索广告应当与自然搜索结果明显区分。《广告法》之所这么规定就是因为广告在推荐商品和服务过程中天然具有一些夸大和美化的成分。消费者在接受广告信息时，会自然地保持一定的警惕性。如果广告采用的形式没有显著特点，与以客观真实为主要特点的新闻报道相似，不将广告与常规信息进行区分，很容导致消费者被误导，最典型的就是魏则西百度医疗案。

4. 消费与零售行业企业数据合规策略

（1）针对在国内开展业务的零售和消费品企业

A. 明确个人信息处理合法性和必要性依据

企业应当避免在用户“被动”的情况下收集个人信息，例如某零售行业 APP

通过获取手机地理定位信息实现“查找附近门店”功能，然而当用户进行其他操作或将 APP 推至后台时，依然不断收集用户的地理定位信息以进行行为分析。这一方面违反了合法性要求，用户的授权仅为了实现门店查找功能，未对其他业务目的进行授权；另一方面，其对地理定位信息的收集频率和次数过高，远超业务必要。

B. 保障用户数据主体权利

用户在个人信息收集、使用、存储、分享等环节均具有相应的权利，包括同意撤回权、访问权、修改权、删除权等，企业应当保证用户主体权利的实现渠道便捷易操作，且能够得到及时的响应。例如，很多零售企业会对用户建立画像并进行个性化的商品、广告推送，在这种场景下，企业除了告知个性化推送的方式和内容外，还应提供用户退出个性化推送的方式，赋予用户自主选择的权利。

C. 与受托人约定必要保护义务

正如上文提到，零售和消费品企业所涉及的上下游供应商众多，存在各式各样的数据委托处理活动，如数据分析、订单处理、数据运维等。企业在业务委托合同中应与受托的供应商约定好数据处理目的、期限、处理方式、信息种类、保护措施以及双方的权利与义务。此外，企业应当安排对受托的供应商的信息处理活动的日常监督工作，避免其暗自违规处理个人信息。监督行为可通过对受托人的现场审查、发放评估问卷等形式定期开展，同时保留记录存档。

D. 履行数据安全影响评估控制风险

面对零售行业不断推陈出新的场景、技术，企业应当制定数据安全，尤其是个人信息安全影响评估流程，围绕数据处理目的、方式等的合法、正当、必要性展开，对于企业自身处理个人信息活动的风险进行评估，并检查企业所采取的信息保护措施的实施。比如，当企业将已收集的用户行为数据分享给第三方媒体平台进行精准广告投放时，应评估业务目的、数据分享是否已获取用户授权，第三方媒体平台的数据使用方式是否存在安全和合规风险等。

E. 个人信息出境遵循评估原则

企业涉及个人信息出境时，应当注意对法律规定应当储存在境内的信息，遵循“境内存储”原则。确有必要向境外提供个人信息的，应当做好合规风险检查以及评估工作，避免违反相关法律法规。尤其对于跨国公司、境外企业而言，个人信息出境在当前法律环境中是需要引起重视的问题，例如，某零售企业的总部在欧洲，为了销售分析统计，需要将销售数据传输给总部系统，为了实现该业务目的，消费者个人级别的信息并不需要传输至境外，仅需要传输销售相关的商品信息、数量、金额等数据。

（2）针对涉及跨境业务的零售企业

A. 数据收集

线下场景中，门店可能会对消费者进行人脸、语音识别，此类可能属于敏感个人信息，收集要征得用户的明示同意或符合 GDPR（欧洲通用数据保护法规的缩写，即通用数据保护条例。该条例于 2016 年 4 月由欧洲议会和理事会通过，并于 2018 年 5 月生效）第 9 条规定的其他情形。

线上场景中，在 APP 使用前，应向用户展示用户协议与隐私政策，明确告知用户所收集信息的种类、目的、用途和与第三方合作伙伴分享的场景等，征得用户同意与授权。

B. 数据使用

GDPR 明确数据主体有权反对数据控制者或处理者的特定数据处理活动。因此，建议零售业企业应建立特定的机制或为数据主体提供特定的途径以确保数据主体在特定情形下有权反对对其进行的特定的数据处理活动，包括以直接营销为目的的数据处理、数据画像等。

对于自动化决策，应提供有关决策过程涉及的逻辑、对数据主体的重要性和预期后果有关的信息；使用适当的数学或统计程序；确保数据主体可以进行人工干预、表达观点、获得该决策的解释并对其质疑；采取适当的技术和组织措施，以便企业可以纠正不准确之处并将错误风险降至最低；采用与数据主体权益风险成比例的方式保护个人数据，并防止歧视性影响。

C. 数据泄露等安全事件应对

根据 GDPR 的要求，零售业企业应提高技术手段和做好组织规划，适应 GDPR 对于数据保护的要求。发生个人信息泄露的安全事件时，企业应当及时响应应急预警措施，并在 72 小时内向有关监管机构通知。同时，建议企业一旦发生个人信息泄露事件，不论该影响是否会导致自然人权利和自由遭受严重侵害，都立即采取以网络公告、邮件、短信、APP 通知推送等多种方式通知个人数据泄露主体的措施，避免因初步评估结果与网络安全事件客观发展势态出现偏差，使个人信息主体因不知情而遭受损失，继而引起纠纷。

（3）消费与零售企业的数据合规治理体系建议

随着所面临的数据安全威胁愈加严峻，监管合规要求日益严厉，企业要建立符合《数据安全法》《个人信息保护法》这两大新法案的治理体系，自上而下地从战略、高级管理层责任制方面进行配套设计，以及为人员、组织、技术和新流程提供计划资金。同时，数据安全和合规也要求企业思考和转变处理数据尤其是个人信息的方式，将数据的全生命周期保护嵌入从前台服务至后台管理的方方面面，使数据安全与合规成为企业的内生能力和企业文化的一部分。

A. 人员组织架构建设

数据安全和合规是一项在企业范围内具有影响的转型工作，涉及多个职能、组织和角色，提高数据安全能力，需要企业进行有效的跨职能协作，并且对员工实行问责制。因此，企业应当：第一，设立一个角色和组织，负责数据合规性的治理和管理；第二，建立不同团队之间的协调机制，如客户支持、法律、运营、IT 等。

B. 管理制度流程明确

数据合规治理体系的基础是完善明确的管理制度与流程。大部分企业在启动数据安全和合规工作时，主要会从制度与流程建设着手，对内部管理进行标准化、规范化，设立运营流程以保证数据处理活动符合相关法律法规要求，包括：第一，建立内部数据安全相关流程，如数据分级分类、跨境传输、隐私影响分析、供应商管理等；第二，建立保护数据主体权利的程序，如响应数据主体请求、确保数据的准确性等；第三，建立程序以确保隐私在默认情况下是嵌入式的，例如隐私保护设计。管理制度流程是企业履行数据安全和合规职责的关键支撑，除了制度流程的建设、流程的履行，关键控制点也应形成有效的证据链。

C. 技术管控能力

一个全面有效的数据安全和合规治理体系，技术的支撑必不可少，尤其在当今大数据时代，海量的数据、复杂的场景，需要采用技术手段实现弹性、主动的管控效果，实施有效的安全控制措施，例如访问控制、去识别化、漏洞管理等；考虑部署新兴隐私技术的可能性，如数据发现工具、数据动态脱敏工具等。

5. 消费与零售行业企业刑事合规策略

“企业刑事合规”是近年来重大理论课题与实务热点，从理论学界的研究与探讨、司法机关的试点与规范，到行业协会的调整与规划，设计合规策略，防控现实风险，已经逐渐成为趋势。企业应当在设立、经营、发展过程中全面、细致、具体地做好合规性布局，从管理与决策、资源配置与整合等各个层面开展合规性工作。

（1）法规体系建设完备

基于合规的本义，企业应考虑在创业之初建立与企业存在相关的法律法规数据库，作为企业发展的参考体系，符合企业原有的规章制度。法律、法规、政策、方针等规范性文件的构成，必须符合公司自身定位、行业发展、国家政策、司法认知和立法精神。企业在经营过程中，要明确法律体系框架下的相关红线，哪些方面是政府和社会鼓励的，哪些是禁止的。政府对市场和行业的管控仍处于不断试验和发展的过程中，相应的监管体系也将发生变化和更新。因此，监管体系的建设不是一劳永逸的，而是要灵活适用。

建立法律制度是一个相对系统和复杂的过程。为了避免给企业增加过多的负担和不必要的麻烦，刑事合规的法律制度要求是最清晰、最简洁的。首先，我国是成文法国家，各项法律法规政策一目了然。其次，刑事规范的渊源也很清楚。目前履行国家监督职能的机构，除了我国的立法机关、全国人大和省人大之外，还有最高人民法院、最高人民检察院、公安部、司法部等主要与司法有关的机关，以及监察机关。因此，企业主要关注上述机关发布的相关刑事规范性法律文件，就能够基本完成一般法律体系的知识储备。最后，企业要重点了解和参考与自身经营相关的法律法规的制定和颁布、社会管控趋势以及典型案例的发布。

（2）内外人员设置联动

企业合规的实现需要依靠专门人才，企业经营者要从思想认识的角度充分重视合规工作。只有在安全稳定的前提下，企业的发展才能实现效益最大化，防范风险，减少无谓损失。为实现有效而有力的合规，需要持续投入人力、财力、物力，以及各方面的协调配合。在实践中，特别是在法治深入、系统治理的背景下，监管和司法部门将合规工作的完整性和有效性作为评估企业安全责任的重要因素，也将其作为衡量企业安全责任的标准。因此，必须专人专责。在现代企业的岗位设置和人员配备中，会有专门的法律人员解决企业的一般法律问题。根据社会发展和市场经营的要求，企业逐步设立了风控、资产保全、纪检监察等专职人员，企业法律服务部门日益完善。但是，并不是每个企业都需要一个单独的岗位，这增加了企业的成本负担。合规本质上是对企业法律服务部门的科学设置，以适当的法律指引进行统筹安排。因为合规是一个具有统一效力的综合概念，它要求重大业务事项依法合规开展，这是企业安全生产的基本要求。

在人员安排上，法务部负责人为合规负责人。要求法务部人员掌握企业必要的法律规范，能够敏锐地把握行业政策变化、企业经营指引、热点案例信息、监管机构情况等，并协助负责人对企业及时进行合规预测和决策，监督合规措施的执行。法务部的人员配备和分工要根据合规要求，以及合规所需的监管案例检索、风险事项的筛选和报告、业务决策和执行的合规审查等情况及时安排和调整，以及做好风险出现后的应急响应。对侦查机构运作和监督的衔接和反馈，以及对这些基本事项的日常管理、记录、操作、报告和衔接，要明确、严格。法律专家应参与合规工作，对涉及企业生产发展的重要领域和事项，应当由专业律师、法律顾问、咨询机构参与，为企业法律服务部门提供法律制度完善、法规变更解释、重大风险评估、应急预案测试、知识技能培训、关键关系协调等专业工作。内外协调同步，确保合规效果。

（3）合规方案设计应用

合规工作要求企业制定应急预案。对于合规工作而言，法规梳理、机构设置、人员配备只是硬件要求，真正实现合规目标与合规操作还需要有具体的应对机制。因为刑事合规在传统概念中并不是常态性合规，企业行为只有在严重违法或者损害重大利益时才可能有刑事风险。因此，刑事合规在整个合规体系中应是一种预警式的存在，即出现刑事法律风险触动了企业合规体系网，从而引起刑事合规工作的启动与展开。基于此，刑事合规预案应由几个关联性机制组成。

一是风险预警机制。企业刑事法律风险的预警是多方面的。在实践中，除了日常检查、审计、内控、合规等主动发现外，很大程度上是由于外部信息的传递而被发现的。这种外部信息不仅包括执法、司法机关的询问、调查和干预，还包括利益相关方的通报、受害人的举报，甚至公司所在地区的行业整体风险，或市场监管和经济政策发生重大变化。企业应密切关注此类信息的收集、整理和传递，设置专人、专门程序对其进行整理和分析，并及时形成记录和报告，传递给合规监管人员。经企业管理层、合规委员会、法律顾问等分析判断，认为存在刑事法律风险的，需要启动刑事合规专项应对。

二是综合防控机制。刑事法律风险是企业的破坏性风险。因此，一旦存在刑事法律风险的可能性，或者出现了可以通过刑法评估的行为或后果，企业必须认真对待，集中各方力量和资源消除或减轻刑事责任。总体而言，刑事法律风险防控需要尽快组织专业法律团队，对行为的性质和后果进行预测，收集、保存、固定相关证据材料，梳理相关责任人信息，并尽快了解和分析；就一切可能的法律程序，积极与公安、监察、司法等机关沟通协调，做好全面应对准备，并根据案件进展情况进行调整。

三是风险消除机制。合规措施和风险控制措施既相关又不同，主要是因为合规涵盖风险防范、风险控制和风险消除等全方位措施，是一个系统的预防工程。在发现和控制风险的同时，也要努力消除风险。这与各国在刑事合规影响企业刑事责任认定和惩处的大趋势下的做法是一致的，具体体现在企业应对调查和参与诉讼方面。

（4）专项物资储备使用

合规体系的建立需要物质基础，因为无论是人员消耗还是协同投资，公司都需要安排专项资金、设施和物资进行保障。不仅如此，出于对合规工作的统筹考虑，企业还可能因经营过程中的风险而出现生产经营中断、企业资产冻结等各种程序难题。在这种情况下，必要的储备资金和物资是非常必要的，甚至起到决定性的作用。

根据各企业的整体规模和经济实力，建议在企业经营流动性的基础上，通过资金监管或对外投资设立企业风险保障基金，也称为风险应急基金。这类基金的规模不需要太大，但要保证基金的独立性、排他性和安全性，要建立基金的保障机制和制定使用方案，保证基金能安全有效地使用。除了资金储备外，企业办公设施和生产资料的储备也是非常必要的。为确保合规工作有序进行，需要为合规人员提供专门的办公场所和工作设施。同时，合规工作的安全设置也将成为未来评价企业是否合规有效的重要指标。此外，部分生产资料的储备对生产加工制造和资源投入企业在特殊时期不中断经营、快速恢复生产或适时转型重组具有保障作用。

6. 消费与零售行业企业合规行政司法应对策略

新《行政处罚法》于2021年7月15日正式生效，对适应新时代要求，推进严格规范公正文明执法，切实保护行政管理相对人的合法权益具有重要意义。新法相较于旧法对于承担行政责任方面有诸多宽松之处，并规定了诸如轻微不罚、初次不罚、无错不罚、变通履行。企业应恰当利用新《行政处罚法》的相关规定，通过提出合理陈述、申辩意见的方式，与行政机关积极沟通，进而达到更好地维护企业自身的合法权益的目的。

（1）证明主观无过错，避免行政处罚——“无错不罚”

A. 无错不罚的申辩思路

新《行政处罚法》第 33 条第 2 款规定：“当事人有证据足以证明没有主观过错的，不予行政处罚。法律、行政法规另有规定的，从其规定。”此为《行政处罚法》修订新增内容，系对当事人无主观过错不罚规则的确定。主观过错包括故意和过失。原《行政处罚法》未对行政处罚是否须以当事人具有主观过错为前提作出规定，实践中，行政部门认为当事人有违法行为，只要当事人的行为在客观上违反了法律规定，不用过多考虑其是否主观具有过错，均可加以处罚。新《行政处罚法》明文规定当事人无主观过错的不予处罚（法律、行政法规另有规定的除外），确立了“推定过错原则”。

过错原则与推定过错原则的区别在于举证责任分配的不同。在“过错原则”中，必须由执法机关来承担举证责任，只有在证明当事人存在主观过错的前提下，执法机关才可对当事人进行处罚；而在“推定过错原则”中，执法机关对当事人违法存在主观过错不负举证责任，当事人违法行为发生即推定为存在主观过错，执法机关均可依法处罚，只有当事人能够证明自身主观没有过错，执法机关才不予处罚。

B. 无错不罚的证明要点与证据准备

根据新《行政处罚法》，需要当事人以充分的证据证明“没有主观过错”。如何证明则需要根据企业具体的违法行为加以确定，企业事前做好合规并做好证据留痕极为重要，此为免责的前提。以企业在接受涉嫌商业贿赂的调查为例，若做好前期证据梳理和保存工作，如员工培训、经销商管理等并进行文件留痕以表明企业已经对相关员工进行了管理与规范，进而证明企业员工的行为、经销商的行为与企业无关。鉴于企业主观上已经尽到相应约束义务，并不存在主观过错等，进而排除企业相关责任。同时企业方准备相应的表明对经销商合同进行约束的合同、对员工培训的记录等证据加以支撑，以实现免责。

以税务处罚为例，根据《关于进一步做好税收违法案件查处有关工作的通知》（税总发〔2017〕30号）：对税收违法企业，实施税务行政处罚时要综合考虑其违法的手段、情节、金额、违法次数、主观过错程度、纠错态度。对未采取欺骗、隐瞒手段，只是因理解税收政策不准确、计算错误等失误导致未缴、少缴税款的，依法追缴税款、滞纳金，不定性为偷税。

在涉及税务处罚与新行政法衔接的过程中，适用“无错不罚”原则，应当由当事人而非税务机关对过错进行举证。以偷税为例，税务机关仅须举证当事人实施了违法行为及相应的后果，而当事人需要对其主观无过错进行举证，若无法证明，则须承担举证不能的法律后果。因此，积极证明主观不存在过错，做到合规免责系企业应对行政处罚的重要合规策略。

（2）积极抗辩违法行为轻微、及时纠正，没有造成危害后果——“轻微不罚”

新《行政处罚法》第33条第1款第1句规定：“违法行为轻微并及时改正，没有造成危害后果的，不予行政处罚。”该条文前身是借鉴了上海、江苏、浙江、辽宁等地对于包容免罚清单的运用实践。

A. 从处罚案例看轻微不罚中“轻微”的认定——以上海市长宁区为例

2020年6月12日，长宁区市场监管局正式发布《上海市长宁区市场监管轻微违法违规经营行为免罚清单》（以下简称《免罚清单》）。

根据上海市长宁区市场监管局公布的典型案例：2020年，B公司的车用空气净化器在一次产品质量监督检查中被查出洁净空气量项目和净化能效项目不符合相关标准。经查，该款产品是B公司委托另一公司生产，产品除内部样品及试用赠品外，其余都以低价销售给经销商。鉴于B公司在产品包装上注明的标准不在国家强制认证产品和工业产品许可证目录内，属于“合格级”未到达企业标称的“高效级”。根据其首次抽检不合格，但不合格指标不涉及人身财产安全，案发后也主动召回产品，消除影响等情况，长宁区市场监管局依据《免罚清单》的相关规定，以及《行政处罚法》（2017年修订）第27条第2款“违法行为轻微并及时纠正，没有造成危害后果的，不予行政处罚”的规定，对B公司作出不予行政处罚的处理决定。

据统计，自《免罚清单》正式启用以来，长宁区市场监管局适用《免罚清单》予以免罚的案件总共130余件，其中涉嫌发布违法广告类案件最多，比较常见的有使用“最高级”广告用语，发布专利产品广告未标注专利号和专利种类等。除此之外，长宁区《免罚清单》适用的市场执法领域不仅仅局限于传统的广告监管、市场主体登记领域，还大胆探索价格监管、电子商务等新兴领域。

B. 后续基调——包容免罚清单扩大运用

现司法部行政执法协调监督局副局长徐志群明确指出“下一步，司法部将认真组织推动落实新修订的行政处罚法的这项规定，总结辽宁、上海、浙江、江苏等地的好经验、好做法，以推行多领域实施包容免罚清单模式工作为契机，切实转变工作作风，提升执法服务水平，维护经济和社会秩序，优化法治化营商环境”。

（3）初次违法、后果轻微、及时改正——“首违不罚”

2020 年《国务院关于做好自由贸易试验区第六批改革试点经验复制推广工作的通知》（国函〔2020〕96 号）规定，司法部负责推进多领域实施包容免罚清单模式即“对市场主体符合首次违法、非主观故意并及时纠正、违法行为轻微、没有造成危害后果的行政违法行为，制定并发布多个领域的包容免罚清单，明确免除罚款的行政处罚。在规定期限内，动态调整免罚清单。对未在规定期限内整改或整改不到位的市场主体，行政监管部门可以依据行政处罚法等予以处罚”。在总结实践经验的基础上，新修订的《行政处罚法》对“首违不罚”作出了细化规定。

行政机关实施“首违不罚”必须符合新《行政处罚法》第 33 条规定的三个要件，即初次违法、危害后果轻微、违法行为人及时改正。“初次违法”主要是指当事人在一定时间范围内，在同一领域、同一空间内第一次有某种违法行为。执法机关系根据一定时间、空间和领域等实际情况，合理确定“首违”。因此有一定的申辩空间。

对于“一定时间、空间和领域”的确定，需要企业与监管部门进行沟通，积极寻找证据证明自身的行为属于首次。“危害后果轻微”则需要从多方面进行证明，以涉嫌违法广告的申辩为例，危害后果轻微可以从广告受众较少、网页浏览量较少、对消费者购买未产生实际影响等方面进行论证。

（4）行政处罚程序的错误及瑕疵——“行政处罚无效”“非法证据排除”的应用

新《行政处罚法》第 38 条规定，行政处罚没有依据或者实施主体不具有行政主体资格的，行政处罚无效。违反法定程序构成重大且明显违法的，行政处罚无效。由此可见“行政处罚没有依据”“实施主体不具有行政主体资格”“违反法定程序构成重大且明显违法”均可以构成行政处罚无效。

此外，值得关注非法证据的排除。新《行政处罚法》第46条明确规定了8种行政处罚的证据种类，第2款规定，“证据必须经查证属实，方可作为认定案件事实的根据”；第3款规定，“以非法手段取得的证据，不得作为认定案件事实的根据”。

根据《最高人民法院关于行政诉讼证据若干问题的规定》第57条的规定，下列证据材料不能作为定案依据：①严重违反法定程序收集的证据材料；②以偷拍、偷录、窃听等手段获取侵害他人合法权益的证据材料；③以利诱、欺诈、胁迫、暴力等不正当手段获取的证据材料；④当事人无正当事由超出举证期限提供的证据材料；⑤在中华人民共和国领域以外或者在中华人民共和国香港特别行政区、澳门特别行政区和台湾地区形成的未办理法定证明手续的证据材料；⑥当事人无正当理由拒不提供原件、原物，又无其他证据印证，且对方当事人不予认可的证据的复制件或者复制品；⑦被当事人或者他人进行技术处理而无法辨明真伪的证据材料；⑧不能正确表达意志的证人提供的证言；⑨不具备合法性和真实性的其他证据材料。

企业在接受违法调查时，还需要注意行政程序的正当性问题，即需要及时记录接受调查的时间、地点以及证据提供的相关细节信息，考虑到基层执法人员的执法素质存在差异，很多时候并不按照法定的行政程序来处理，在这种情况下，只要企业掌握了诸多执法人员的执法程序瑕疵问题，就在一定程度上掌握了执法程序不规范的证据，也能够在后续在行政救济中提供更多有用证据。(见表25)

表25　行政处罚场合中可作为诉讼策略以争取减轻、从轻处罚的要点

	项目	案例	基本案情	判决所依据法律法规	判决结果
行政处罚的原则	处罚与教育相结合原则	关于福泉市小吴烟酒副食批发零售部行政处罚公告	鉴于当事人在调查中能积极配合工商机关调查，且销售不合格食品并无主观故意，本着以人为本、处罚与教育相结合的行政处罚原则，可以从轻处罚	《食品安全法》第28条、第85条	没收过期食品，罚款人民币2000元

续表

	项目	案例	基本案情	判决所依据法律法规	判决结果
	过罚相当原则				
立案	处理时限	徐玲君与宁波市鄞州区市场监督管理局行政处罚一审行政判决书	被告收到第三人于2016年4月28日递交的投诉书后，于2016年5月9日登记案件来源，于2016年5月10日现场调查，并于同日立案。被告应在收到投诉书之日起7个工作日内，也即2016年5月9日前决定立案；在特殊情况下，可以延长至15个工作日内，也即2016年5月19日前决定立案，本案被告于2016年5月10日立案，而在立案审批表中未载明特殊情况，本院对此予以指正	驳回原告诉讼请求	《行政诉讼法》第69条
	不予立案告知	浙江天韵建筑设计有限公司与西宁市城西区食品药品和市场监督管理局行政确认一审行政判决书	被告如果认为原告的申请不符合立案条件，应当以规范的形式将结果告知原告，并留存书面记录。被告在本案诉讼过程中并未提交此项内容的相关证据，无法证明被告向原告口头答复不予受理符合法律法规，应认定被告口头答复不予受理程序违法	确认被告程序违法	《行政诉讼法》第74条第2款第1项、第102条

续表

	项目	案例	基本案情	判决所依据法律法规	判决结果
调查取证	程序违法	原告萧县佳柏销售有限公司不服被告萧县市场监督管理局行政处罚一案行政判决书	被告萧县市场监督管理局在本案行政行为过程中，没有依法遵守立案、调查取证的相关程序规定，且认定事实依据不具有合法性，其行政处罚事实不清，程序违法，依法应予撤销	撤销行政处罚决定书	《行政诉讼法》（2014年修正）第70条第1项、第3项
行政处罚决定	审委会讨论	江苏沁尔康环境电器有限公司与松滋市工商行政管理局工商行政管理（工商）一审行政判决书	工商行政管理机关对重大、复杂案件，或者重大违法行为给予较重处罚的案件，应当提交工商行政管理机关有关会议集体讨论决定。虽然被告提交的案件审核表载有“建议提交市局案件审理委员会讨论”，并在庭审中辩称已履行了该程序，但因未提交任何证据证明，应视为其尚未履行此程序，亦属于程序违法	撤销行政处罚决定	《广告法》第28条第2款第2项、《行政处罚法》第38条第2款、《行政诉讼法》第70条第1项、第3项、第6项

（三）大数据时代下企业合规发展趋势——以执法监管倒推合规逻辑

强化合规建设。对于合规建设，企业投入与产出的平衡点就是企业自身利益的综合博弈。在企业与政府部门的关系中，企业处于信息不对称的弱势地位。因此，企业必须强化自身合规建设，充分利用外部大数据资源，以执法监管倒推合规逻辑，才能做到“知己知彼，百战不殆”。

1. 面对持续升级的监管企业大数据合规治理的必要性

（1）大数据案例下企业的违法分类统计

A. 2016—2020 年税务行政处罚案件分析

大数据初步统计，2016 年至 2020 年位于前列容易被税务部门处罚的违法点中发票管理类违法增长较快。与税务登记类常规违法相比，发票管理类违法往往会承担刑事责任，风险较大。进项发票合规管理的缺失是重大问题，伴随发票监管系统的升级改造，后续会有大量的行政处罚案件的发生（见图 13）。

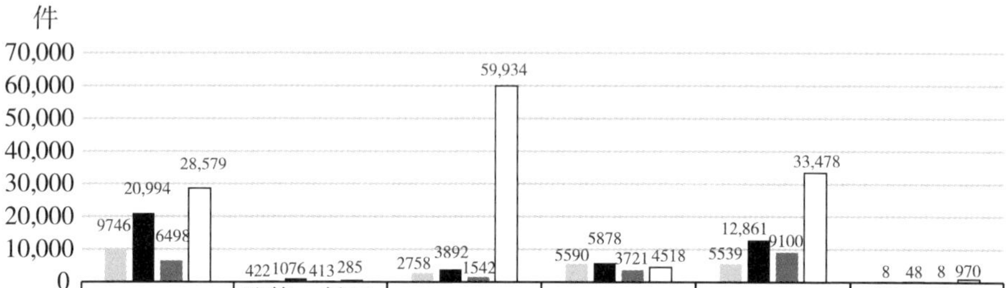

	税务登记	账簿、凭证管理	纳税申报	税款缴纳	发票管理	违反税务检查
2017	9746	422	2758	5590	5539	8
2018	20,994	1076	3892	5878	12,861	48
2019	6498	413	1542	3721	9100	8
2020	28,579	285	59,934	4518	33,478	970

2017 ■2018 ■2019 □2020

图 13　2016—2020 年各类税务行政处罚案件数量

B. 2016—2020 年涉税刑事处罚案件分析

2016 年至 2020 年涉税刑事案件主要涉及骗取出口退税罪、虚开增值税专用发票、用于骗取出口退税、抵扣税款发票罪、逃避缴纳税款罪。其他犯罪行为比例相对较少。虚开发票罪，伪造、出售伪造的增值税专用发票罪一直是高频违法点。

随着当前专票电子化的进程加快，该类违法更加趋于隐蔽性，危害更大，企业往往无所适从又无所凭借。随着发票管理系统的升级改造，刑事违法案件也会大量激增（见图 14）。

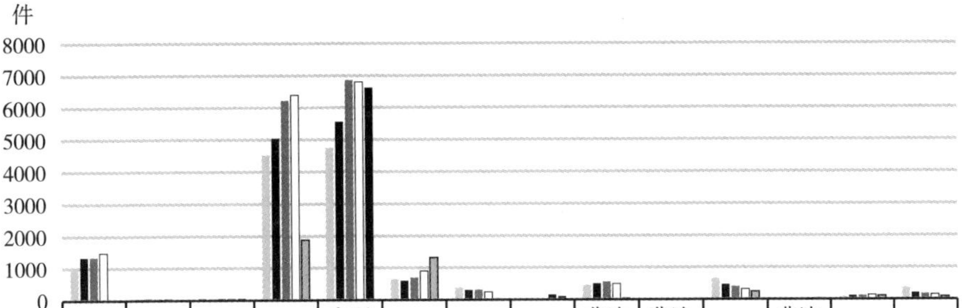

	逃避缴纳税款罪	抗税罪	逃避追缴欠税罪	骗取出口退税罪	虚开增值税专用发票、用于骗取出口退税、抵…	虚开发票罪	伪造、出售伪造的增值税专用发票罪	非法出售增值税专用发票罪	非法购买增值税专用发票、购买伪造的增值…	非法制造、出售非法制造的用于骗取出口退税…	非法制造、出售非法制造的发票罪	非法出售用于骗取出口退税、抵扣税款发票罪	非法出售发票罪	持有伪造的发票罪
2016	1006	16	20	4516	4745	642	378	41	448	10	654	4	79	365
2017	1346	20	18	5039	5559	598	306	47	502	2	467	3	115	205
2018	1351	16	26	6225	6861	694	313	43	552	7	400	6	121	174
2019	1486	21	25	6398	6805	899	246	156	491	9	319	10	140	149
2020	6	2	62	1884	6630	1315	19	106	58	2	244	18	109	84

■2016 ■2017 ■2018 □2019 ■2020

图 14　2016—2020 年涉税刑事案件数量

（2）大数据案例下企业面临的四大困境

在系统完成升级后，企业将会面临大量的困难，主要包括以下的四个方面：

A. 税控方面

在税控上，由于系统存在多种模块的监查与查询，企业在新系统上线后将会存在一段时间的空窗期，企业需要在这段空窗期内去适应新系统，同时企业内部的会计人员需要实时更新企业内部的税控系统。在没有专业的税务合规人员或者专业的税务审查系统的情况下，这对于企业来说将会面临巨大的困难。

B. 监管方面

在监管方面，由于新系统的升级，五大预警模块和三大查询模块的运用，将会使税务稽查部门的稽查更加快速便捷。但这对于企业来说，在没有专业的税务审查或相对的发票审查系统的情况下，企业将难以面对税务稽查部门的快速审查，且考虑到系统的动态更新政策，企业难以做到实时与国家的税务政策对应，可能会无法做出准确的税务筹划，有很大可能面临税务处罚。

C. 信用围栏

在新系统的推进下，系统会实时更新稽查部门稽查对象的最新的企业处罚数据。而随着国家加速推进“信用社会”进程的发展，以“信用＋风险”监管为基础的治理模式日益成为国家财税治理的基本模式。针对重点风险领域，税务机关强化税收大数据风险分析。在大数据的基础上，税务局在稽查时会以大数据监控的实时信息和过去的企业信用信息为基础，针对D级纳税人、失信企业和个人进行重点监管并及时对违反行为进行处罚。企业“一处违法”，则“处处受限”。在这种情况下，企业损失的不单是企业声誉，还有后续大量的交易机会。目前已经有大量企业因信用不良导致经营十分困难。

D. 数据囚笼

考虑到现在新系统的大数据分析能力，企业在新系统面前可以说是无所遁形，企业的所有信息包括处罚信息、企业的发票流、现金流、交易流都将被税务部门实时监控。而现在针对企业合规管理数字化的产品比较稀缺，在合规治理上的数字化应用还是处于萌芽阶段，当前的数字化合规服务无法满足绝大多数企业的合规需求。面对以上情形，企业在新系统实施后将会陷入无法摆脱的“数据囚笼”。

2. 有效应对“虚开发票”的数字化合规策略

深圳发票风险防控项目主要由五大预警模块、三个查询模块组成，企业可以从执法逻辑倒推合规路径，通过采取与税务局发票风险对比发现类似逻辑的方式，提前落实企业自检、自查，完成风险发票的发现、监控，对于确实属于风险发票的，做出及时进项转出等处理，进而防范企业被认定为虚开发票的相关风险。

按照深圳增值税发票风险防控预警升级项目的执法逻辑，企业可以采取的具体应对如下：

（1）发票总览与各类发票统计分析——单张或总额的发票是否超过规定的限额值

针对系统会通过稽查企业在开具发票过程中单张或总额的发票是否超过规定的限额值来判断发票的有效性的稽查逻辑，企业可以预先对现有发票进行统计分析，做到对发票总额、单张发票的具体金额全面掌握，进而快速发现超过发票规定限额值的单张发票。同时企业应做好预决算，实时了解发票总额情况，以避免总额的发票超过规定的限额值。

（2）多维度供应商管理，全方位发票合规，实现发票与供应商管理的多频、高效、合规流转

针对系统会从纳税人的角度来判断开具发票的纳税人的风险级别的稽查逻辑，企业可自行对供应商风险进行核查，对供应商相关风险进行预判。

企业需要及时全方位了解供应商状态：一是通过供应商基本状态、供应商负面风险、供应商经营异常信息、供应商股东核查供应商存续状态及刑事风险等方面，提前对供应商进行评估以及风险预警；二是通过特有的风险规则库、外部风险数据库，结合当前的监管重热点，重点防范与企业有经济往来的上游企业的合规问题，落实数据化发票管理责任，提前预警虚开风险，大幅降低虚受风险，减少单位犯罪的主观故意，为有效应对和查处税务（虚受发票）、市场监管（商业贿赂）、刑事舞弊（职务侵占、挪用资金、串通招投标、经营同业业务）等各类重点违法行为提供强有力的数据支撑。

对供应商的评估具体可以包含如下方面：

第一，经营异常企业核查，即核查供应商（销方）是否注销、或者被吊销营业执照等基本市场主体登记注册状态。

第二，供应商负面风险预警。核查供应商是否存在失信公告、执行公告、查封冻结公告，是否存在重大发票违法信息，是否被列入政府采购领域黑名单、电子商务领域严重失信企业黑名单。并根据监管重热点，排摸供应商及供应商下游企业，获取企业相关负面信息。

第三，税务黑名单核查。核查供应商是否存在诸如偷税、逃避追缴欠税、骗取出口退税、抗税、虚开增值税专用发票、虚开普通发票、走逃（失联）等违法类型及其他黑名单风险评估项。

（3）以“发票”为切入点，发票数据库提供溯源保障

针对系统中“专用发票开具预警处理模块”——主要审查企业是否存在发票的异常状态如：失控、作废、顶额、红冲等，建立电子发票数据库和原始发票数据库，为后续企业发票溯源以及数字化管理提供数字支撑。利用大数据对发票信息进行查询与状态核验，确保发票真实有效，避免红冲、作废等异常状态。

企业发票数据库涵盖如下基础功能：第一，票面基本信息。发票收录、报销、审批等业务流程都能实现完整清晰展示并入库。发票信息储存于发票数据库中，票面基本信息及经办人信息一目了然，为事后发票多维度检索提供技术支持。储存经办人信息，对基于各类交易的风险事件，可以在系统中直接明确主体和人员，针对风险发票进行及时锁定，利于管理和确认责任。

第二，电子票面与原始凭证相互印证，以便于随时查证。通过 OCR 识别票面信息，完成发票管理的数字一体化。发票提供者在提供电子票面信息以方便企业复制、导出、统计分析的同时，还应帮助企业保存原始凭证，便于随时查证，同时通过批量导入凭证号，将发票数字库与会计凭证进行有效衔接，实现数据库、发票以及纸质凭证三位一体化管理。

第三，分类管理发票，提升发票管理水平。由于系统在数据查询上，具有开具高档手表、珠宝、金银首饰、二手车等发票的企业数据查询及预警功能，且系统还会按照政策的变化定制需求，来实时对企业进行核查，因此，企业通过自查杜绝内部不合理的商品明细及科目显得尤为重要，尤其是对“虚开发票”频发的商品或服务科目进行重点预警监控，如无实际业务支撑的“其他劳务服务”或者个人生活用品如高档手表、金银首饰等冲抵企业经营成本。此外，借助灵活用工平台，在无任何实际交易的情况下开具发票明细诸如“软件开发服务”“其他咨询服务”也属于重点监管的范围。

（4）强化事中管控，形成管理闭环

鉴于有较多企业尤其是中小企业，因为没有预决算机制，为了冲抵成本，减少企业表面利润少缴纳税款，在年末经常会因为所谓的税务筹划而通过购买无真实交易的发票来冲抵成本，此类行为均系企业虚开发票的违法行为。通过自动计算企业缺票量的大数据分析系统，企业可以缺票量为参考，提前规划有真实交易的进项发票作为成本的报销事宜，顺应“以数治税”对交易风险及对应的发票进行实时预警、监控、处置。

企业需要防范员工买票冲抵成本造成企业虚开发票导致高管担责的情况，需要建立进项成本发票的实时预警机制。对违法事件直接关联的相关发票，进行高风险预警，并对涉及的所有发票进行风险提示，用可视化方案解决动态管理问题，从而落实企业内部的财税大数据管理，实现与“以数治税”监管模式的有效衔接，从而进一步改善企业与政府之间信息不对称的局面。

3. 强化合规意识，构建合规体系

（1）利用处罚大数据，实现整体合规

充分利用处罚大数据来勾勒行政处罚的常见模式，实现合规风险可识别。我们通过对近25万个市场监管类行政处罚案例、150万个行政诉讼裁判文书进行大数据分析之后，概括出88个企业高频行政违法风险点，为企业经营者提供行为模式及处罚额度的参考，避免企业遭受行政处罚。

我们也通过对行政复议、行政诉讼案例进行大数据解析，为企业在与行政部门博弈中提供强有力的专业支撑。

（2）整合发票业务流，实现经营风险可把控

高频的经营行为都会通过大量的进项和销项发票来记录。企业可以税务发票为载体，通过税务合规和市场监管合规的跨界整合，利用大数据风控软件，让企业的每个经营行为都能够被合规模型所印证，掐断企业经营违规的源头。

目前，我们已经在紧锣密鼓地推进这类合规模型和软件的开发。

（3）辨证角度看合规，构建合规系统

合规建设需要有前瞻性和实操性，需要企业辨证对待。

从短期来看，需要强化合规资源配置，尤其是在出现应急合规事件后能够妥善处理内外部风险，利用强大的危机公关能力，实现合规有保障。

从中期来看，需要强化内部管理，提升日常合规水平和大数据应用水平，查漏补缺，能够系统性识别和解决合规问题，并且对潜在风险问题进行提前预判。

从长期来看，要有把握自身行业系统性合规风险和局部合规风险的能力，要有运筹帷幄之中，决策千里之外的战略合规意识。

八、热点问题分析及方案

（一）网络直播九大风险点

2021 年 12 月，薇娅因偷逃税款 6.43 亿元，其他少缴税款 0.6 亿元，被追缴并处罚款 13.41 亿元，而后，多位头部主播被浙江消费者权益保护委员会（以下简称浙江省消保委）点名，李佳琦等头部主播的直播间内被发现存在商品标签不规范问题。浙江省消保委发布 2021 年“双十一”期间对淘宝、拼多多、京东、快手、抖音五个平台的直播消费体察情况：近三成主播存在不合规现象，近四成直播商品不符合国家标准（见表 26）。

表 26　2021 年“双十一”电商直播消费体验问题汇总

平台	主播数量	检测有问题数量	体验有问题数量	涉嫌存在的问题
淘宝	7	11	3	主播拿其他平台作比较；宣传与实物不符；商品掉毛严重；检测材质成本不符合；假冒材质；耐磨、鞋帮拉出强度不符合
拼多多	4	10	5	少发漏发、发错尺码；宣传与实物不符；主播夸大宣传；水果短斤缺两；检测存在材质成分不符合；三无产品；耐折、色牢度不符合
京东	2	3	1	水果短斤缺两；检测存在人身安全隐患

续表

平台	主播数量	检测有问题数量	体验有问题数量	涉嫌存在的问题
快手	2	3	2	主播商品展示不全面；做出不雅行为；检测涉及人身安全、三无产品
抖音	2	2	1	少发漏发；标签不规范

浙江省消保委本次消费体察选择了包括淘宝、拼多多、京东、快手、抖音等平台在内的17位主播，其中包括网络人气排名前十位的李佳琦、薇娅、罗永浩、雪梨、烈儿宝贝、Timor小小疯等知名主播。浙江省消保委购买商品共80个批次，包括服装、鞋类、食品生鲜、玩具、电子商品等。并委托第三方权威机构就商品质量、标识标签、理化指标等按国家标准进行检测。检测后发现，购买的80个批次样品中，29个批次样品不符合国家标准，不符合率为36.25%。其中，三无产品10个，商品质量不符合国家标准9个（存在人身安全隐患4个），材质成分不符合国家标准7个（假冒材质1个），标签不规范3个。

浙江省消保委约谈以上五大平台及相关主播，就发现问题逐一通报，并要求其在3个工作日内提交正式的整改报告。

网络直播带货直播涉及选品（品控）——谈价（合同签订）——平台对接——直播推广——交易下单——商家发货——售后服务整个链条，涉及诸如广告、产品质量安全、商品外包装、标签规范、消费者保护、知识产权保护、反不正当竞争等诸多市场监管部门规范的内容，涉及的法律法规规范更是涵盖极广，后续会逐一阐述其中九大风险点。

1. 风险点一：虚假广告虚假宣传等直播宣传违规

虚假广告系直播间经营行为中的频发问题，主播为了达到增加销量的目的对产品予以夸大虚假宣传。虽然直播具有随机性的特点，但是主播带货的视频资料仍然可以被截取，直播间中对于产品的宣传，如果会误导消费者，仍然属于《广告法》与《反不正当竞争法》等法律法规规制的范围。

对于属于直播创意还是虚假宣传的边线界定，以是否能够被大众误导、使大众信以为真为原则。由于举证责任在主播及其背后的商家，市场监管部门对于虚假广告的认定及处罚相对容易。考虑到目前的监管形势，一旦主播行为被认定为虚假广告，那么处罚较重（见表27）。

表27　虚假宣传案例：辛巴直播带货即食燕窝事件、李佳琦关联公司虚假宣传被罚案详细情况

案号及当事人	违法事实	处罚决定
穗云市监处字〔2020〕583号 广州和翊电子商务有限公司	广州和翊电子商务有限公司安排主播“时大漂亮”通过快手直播平台推广商品“茗挚碗装风味即食燕窝”。在直播带货过程中，主播强调商品的燕窝含量足、功效好，未提及商品的真实属性为风味饮料，存在引人误解的商业宣传行为	其行为违反了《反不正当竞争法》第8条第1款的规定 罚款人民币90万元
沪市监长处〔2021〕052021000013号 美腕（上海）网络科技有限公司	安排公司旗下主播通过淘宝直播平台推广家用电器产品“初普stopvx美容仪”。在直播过程中，该主播使用“全脸激活胶原蛋白、提拉紧致、提拉淡纹，效果巨明显……坚持用了一个月，就相当于打了一次热玛吉，效果真的很可怕很神奇”等用语对上述产品进行引人误解的商业宣传。“初普stopvx美容仪”与“热玛吉”两者从定价、产品使用性能、功能、持续效果等方面都存在较大差异。当事人在无任何依据的情况下，将两者进行对比，容易引发受众不恰当的联想，足以对消费者造成误导	违法了《反不正当竞争法》第8条第1款 罚款人民币30万元

常见的网络直播中虚假广告的类型主要有如下几种：

第一，直播宣传的产品成分、功能并不存在，这是一种典型的虚假宣传行为，处罚相对较重。

第二，涉及商品的性能功能夸大宣传。此类是市场监管部门处罚较多的案件，主要判断的依据是“是否对购买产生实质性影响”。内容与实际情况不符的，都有可能构成虚假广告。

第三，虽然有真实依据，但是真实依据有一定的限制，直播宣传未说明该限制的。如宣传“销量第一”，但是此“销量第一”系在特定时间段和特定地区内，在直播中未明确说明该限制条件。此类案件，尽管有真实性依据，但是因为有一定的限制且真实依据与宣传不符合，也可能被认定为虚假广告。

为了防止直播中相关宣传涉嫌虚假广告，主播应将宣传的核心及重要用语事先提交专业人员审核，确保直播宣传的内容可以提供相应的证据加以印证，宣传内容可被证实。

2. 风险点二：侵犯知识产权行为

直播经营行为中侵犯知识产权的行为大致有两种类型：第一，直播带货商品侵犯他人的知识产权，包括商标、专利等；第二，直播过程使用的画面、播放的声音等侵犯他人的知识产权。

（1）直播带货产品侵犯他人商品知识产权

《市场监管总局关于加强网络直播营销活动监管的指导意见》（以下简称《网络直播指导意见》）中明确规定，依法查处侵犯知识产权违法行为。针对网络直播营销中售卖侵犯知识产权产品等问题，依据《商标法》《专利法》重点查处侵犯注册商标专用权、假冒专利等违法行为。

在长春查处直播带货销售侵权商品案中，当事人通过某直播平台对上述商品进行展示宣传和售卖，粉丝通过观看其直播视频或者短视频后，采取预留电话和加微信的方式，购买该批涉嫌侵权产品。截至案发时，当事人售出一级燃油滤清器芯总成（1105050C50A）8 个、一级燃油滤清器芯总成（1105050－61C/A）42 个，销售金额计 4410 元，未售出部分货值金额 882. 86 元，违法经营额合计 5292. 86 元。当事人销售侵犯注册商标专用权商品的行为，属于《商标法》第 57 条“有下列行为之一的，均属于侵犯注册商标专用权……（三）销售侵犯注册商标专用权的商品的”所列行为，已构成侵犯注册商标专用权的违法行为。

对于本案的查处主要是由于品牌商家的举报，案件介入前期，执法人员以游客身份详细查阅当事人直播平台信息及销售记录，并利用“市监保”电子数据在线取证平台，对当事人直播信息记录留存。案件介入后，执法人员通过当事人移动终端直播平台回放、短视频等信息，确认直播人员、直播地点、销售商品等信息，对直播过程进行现场还原，准确核实网络直播销售的“人、场、货”。执法人员通过比对直播平台销售记录和销售账目，最终确认商标侵权商品的销售情况。

带货主播在选品阶段应对产品进行审核，如销售方产品是否为正品、是否取得了品牌方的授权、合作方是否具有相关资质，并且通过与商家签订合同明确商家侵权或违约责任条款，以防范相关风险。

鉴于直播带货主要目的之一就是实现品牌的有效展示，因此不出现商家商标的情况几乎不存在，故务必要查验商标证或商标授权文件，且应特别注意商标有效期、注册的商标标识与广告中使用的商标标识是否一致、核定或授权使用的商品或服务项目是否包含广告中宣传的商品或服务项目。广告中声称享有某项专利的，应当审核是否具有相关的专利证书或专利授权，专利种类与广告中宣传的是否一致，专利是否已经终止、撤销、无效。

（2）直播过程侵权

直播平台需要加强对知识产权审查的意识，避免主播在直播时出现侵犯他人知识产权的行为。直播平台对直播背景音乐中使用他人音乐作品、播放的声音、宣传物料中使用他人摄影作品、背景板、宣传画、类电作品、美术作品（字库输出的单字）以及主播在直播展示的产品画面等应当进行严格筛查，确保其得到授权使用或者对展示的内容享有知识产权，否则，很可能因侵犯他人知识产权招致诉讼风险。此类侵权在直播带货的主播间较为少见，但是在诸如斗鱼等以直播收取打赏为主的平台频发。

在（2021）京73民终598号案中，斗鱼公司在未获得麒麟童公司授权、许可，其斗鱼直播主播演唱歌曲《小跳蛙》的直播视频全部侵权。该案中，主播演唱为全部时长演唱，且播放有涉案歌曲原版伴奏，并与在线观看粉丝实时互动，接受粉丝巨额打赏礼物，获得了巨大的经济利益。二审法院认定“斗鱼公司将前述直播过程形成的视频置于其经营的平台，供用户在个人选择的时间地点浏览观看时，应当有义务审查前述视频内容是否侵害他人的知识产权。斗鱼公司未尽到审查义务，将网络主播使用涉案歌曲《小跳蛙》的视频内容通过网络进行播放和分享，使公众能够在个人选定的时间和地点浏览视频内容，侵害了麒麟童公司对涉案录音制品的信息网络传播权。一审法院对此认定正确，本院予以维持”。

主播在设计直播活动总体进程安排时就应对直播间里使用的、产生的作品的相关知识产权归属赋予高度关注，确保直播中出现的诸如音乐作品、播放的声音、宣传物料中摄影作品、背景板、宣传画、类电作品、美术作品（字库输出的单字）等均取得相应授权。此外，主播还要做到不随意更改、修改、使用他人的作品。同时，做好自身内容的知识产权保护工作也是主播需要注意的重要方面。如广告中出现音乐、图片、独创性字体，主播需查验有无著作权登记证书或著作权授权文件；如使用他人名义或形象的，主播需查验有无该他人或者其监护人书面同意的文件。

3. 风险点三：直播间言语行为不规范

相关监管部门对直播的内容也有着明确的要求，例如符合社会主义核心价值观，不为违法失德艺人提供公开出镜发声机会等。对于多次出现问题的直播间和主播，采取停止推荐、限期整改等处理措施，严重者将被纳入黑名单永久不得再开展直播。

鉴于网络带货直播具有临时性、直播性的性质并与预先进行拍摄、剪辑的商业广告宣传片不同，网络直播带货亦属于《广告法》《反不正当竞争法》规制的范畴，常见主播违法类型主要包括：使用绝对化用语（使用“国家级”“最高级”“最佳”等用语），普通食品广告直播中宣传保健功能或者医疗作用（提高免疫力），语言有悖社会主义良好风尚，含有淫秽、色情、赌博、迷信、恐怖、暴力的内容（使用“增加事业运、招财进宝、化解小人、旺人、旺财、助吉避凶”等用语），损害国家的尊严或者利益，宣传酒类产品出现饮酒动作等。

网络主播应当做到熟悉风险、敏感、禁用词库，避免在直播中出现相应违规现象。

4. 风险点四：选品问题与消费者保护

《网络直播指导意见》要求压实有关主体法律责任，并对网络平台、商品经营者、商品经营者相关行为进行了规范。通过网络直播销售商品或提供服务，应按照《电子商务法》《消费者权益保护法》《反不正当竞争法》《产品质量法》《食品安全法》《广告法》《价格法》《商标法》《专利法》等相关法律规定，履行相应的责任和义务。市场监督管理部门依法查处侵犯消费者合法权益违法行为，针对网络直播营销中售后服务保障不力等问题，依据《消费者权益保护法》，重点查处对消费者依法提出的修理、重作、更换、退货、补足商品数量、退还货款和服务费用或者赔偿损失的要求，故意拖延或者无理拒绝等的违法行为。

因为网络主播直播带货涉及产品销售，其难以避免涉及消费者保护问题。主播在选品时应充分进行调查审核，要求经营者提供商品的价格、产地、生产者、用途、性能、规格、等级、主要成分、生产日期、有效期限、检验合格证明、使用方法说明书、售后服务，或者服务的内容、规格、费用等有关情况，保障消费者的知情权；与商家通过事先签订协议的方式约定产品责任归属问题，同时对七天无理由退换货等基本的消费者权益保障进行落实。

对于产品质量问题防范与消费者权益保护，相关主体可以采取如下方式避免相关风险：

第一，与商家订立详尽书面合同。在合同中载明广告主名称、地址和有效的联系方式，并要求商家提供企业法人营业执照等主体资格证明材料、工作联系单等。

第二，对于关系消费者生命健康的商品或者服务严格审查。对于“关系消费者生命健康的商品”（如食品、药品、保健品、健身用品、宠物、易燃易爆品、含有有毒有害物质的商品、日用工业品等）以及“关系消费者生命健康的服务”（如医疗、美容、护理、餐饮、交通、旅游、劳务等）应当予以严格审查，确保对卖家的资质资格尽到审核义务，对消费者尽到安全保障义务。

注：

直播经营行为可能涉及的法律法规及相关规范：

《中华人民共和国广告法》

《中华人民共和国反不正当竞争法》

《中华人民共和国产品质量法》

《中华人民共和国食品安全法》

《中华人民共和国消费者权益保护法》

《中华人民共和国价格法》

《中华人民共和国商标法》

《中华人民共和国专利法》

《规范有奖销售等促销行为暂行规定（征求意见稿）》，后出台《规范促销行为暂行规定》

《关于禁止有奖销售活动中不正当竞争行为的若干规定》（已废止）

《网络直播营销行为规范》

《互联网直播营销信息内容服务管理规定（征求意见稿）》

《中国银行保险监督管理委员会关于防范金融直播营销有关风险的提示》

《互联网用户公众账号信息服务管理规定》（2021 年修订）

《关于加强网络直播规范管理工作的指导意见》

《关于进一步加强网络直播营销活动监管的通知》

《网络直播营销管理办法（试行）》

《网络表演经营活动管理办法》

《互联网文化管理暂行规定》

《互联网直播服务管理规定》

《关于加强网络秀场直播和电商直播管理的通知》

《中华人民共和国网络安全法》

《中华人民共和国电子商务法》

《网络交易监督管理办法（征求意见稿）》

《网络信息内容生态治理规定》

《互联网直播营销信息内容服务管理规定（征求意见稿）》

《互联网信息服务管理办法（修订草案征求意见稿）》

《网络信息内容生态治理规定》

5. 风险点五：有奖销售行为——直播抽奖、锦鲤、清空购物车等促销行为

对直播间中抽奖、锦鲤、清空购物车等多种行为进行规范的法律法规主要有《反不正当竞争法》、《规范促销行为暂行规定》（以下简称《促销行为暂行规定》）、《消费者权益保护法》等。网络带货直播中，有奖销售包括抽奖、“办卡”、“锦鲤”等附条件提供物品、奖金的行为。总体而言，对于有奖销售行为应当注意如下合规要点：

（1）在抽奖页面需明示所设奖项的种类、奖金金额或者奖品等信息

根据《反不正当竞争法》第 10 条第 1 项的规定，“经营者进行有奖销售不得存在下列情形：（一）所设奖的种类、兑奖条件、奖金金额或者奖品等有奖销售信息不明确，影响兑奖”，《促销行为暂行规定》第 13 条第 1 款规定，“经营者在有奖销售前，应当明确公布奖项种类、参与条件、参与方式、开奖时间、开奖方式、奖金金额或者奖品价格、奖品品名、奖品种类、奖品数量或者中奖概率、兑奖时间、兑奖条件、兑奖方式、奖品交付方式、弃奖条件、主办方及其联系方式等信息”，网络直播带货主播在对于有奖销售信息阐明方面需要格外注意，因为由于屏幕大小、时间限制，往往很难对《促销行为暂行规定》第 13 条中罗列的

各项逐条予以详细阐明。一般而言，若直播带货主播能够给出抽奖的详情页面，并在详情页面对该抽奖信息予以阐明，使有奖销售信息明确，不影响兑奖往往可以认为是满足了《促销行为暂行规定》与《反不正当竞争法》的相关要求。

实践中较好的做法是对于抽奖单独开具相关商品链接，在链接中予以具体阐明，而非仅仅通过主播口头宣读的方式。

对于奖品价格应当予以公示。直播中容易出现奖品价格是浮动的，因为具体奖品在不同渠道的销售价不同。此时主播可以以“特定时间的官网或者官方旗舰店的售价”作为公示的参考，并注明时间点，进而能够对应到特定的价格，不影响兑奖。

对于特定的奖品如到直播间的明星的签名照等无可参考的同期市场同类产品，客观上标注奖品价格存在困难的情况，需要尽可能做到有条件公示的全部公示。若诸如明星的签名照等存在客观上计算具体价格的障碍，应向消费者说明具体情况，包括不能公布奖品价格的原因。同时奖品相关信息必须予以详细阐明，例如大小、样式、规格、种类等必要时可以附上相应照片加以说明，以确保能够使消费者确定可得到的具体奖品。

（2）奖品、赠品的质量应当合格

沪市监静处（2021）062020000907 号案件中，当事人提供的“欧缇丽葡萄籽赋颜肌活精华液（赠品）10ml”（备案文号：备进字 J20178680，批号 19865），产品限用使用日期为 2020 年 6 月 28 日，在促销活动开展时已过保质期，当事人基于以上违法行为被罚款人民币 40, 000 元。

在网络直播带货中附带相关赠品系网络直播带货常见方式。主播在选品谈判时应当不仅需要与品牌方对商品予以明确的约定，还应明确约定厂家对奖品、赠品的质量保证合格，防止奖品、赠品因质量问题侵犯消费者的合法权益。

（3）不得捏造有奖品的事实或内定人员中奖进行有奖销售

甬海市监处罚（2021）698 号案件中，当事人在抖音上注册的唐狮官方旗舰店通过直播对外销售的“唐狮”品牌服饰和配饰。在该场直播过程中，直播页面上标注了“全场抽免单”字样，而实际抖音直播过程中并没有免单的抽奖活动，当事人被处罚款 2 万元。

一旦主播预告在网络直播带货中予以抽奖，或者在直播前各种渠道（如微博预告、微信公众号预告）发布了抽奖信息，均需要在直播过程中予以抽奖，否则将被认定为虚假广告或者虚假宣传并予处罚。

（4）抽奖后不兑现或者仅部分兑现涉嫌虚假宣传或欺骗性有奖销售

甬北市监处（2018）189号案件中，当事人通过在惠尔顿官方微博平台及惠尔顿直播平台直播抽奖活动，其中一等奖奖品为欧洲十日游家庭旅游套餐。虽然在其于2017年6月23日向天一公证处申请抽奖活动公证时提供的抽奖活动材料中，以及在其天猫旗舰店举办促销活动前一天即6月17日的官方微博上，其对此次促销活动奖品均作了5000元的限制，但在其天猫官方旗舰店上没有作出任何关于只提供5000元奖励的说明。

（5）直播间抽奖式有奖销售的奖品金额不得超过5万元

株芦市监处字（2020）58号案件中，主播在抖音直播销售活动中举办了10场次直播抽奖赠送汽车的有奖销售活动，采取盲点式抽奖共送出汽车28辆。鉴于其赠送的宝马汽车价值达到145, 124元，已违反了国家法律的禁止性规定，因而被处罚款人民币15万元。

主播在设置抽奖式有奖销售奖品时，应当确保最高奖的金额不超过5万元。

（6）不得在有奖销售中宣传最终解释权归主播或商家所有

玄市监管案（2019）01949号案件中，苏宁易购在网站直播活动中、年货节促销活动中举行了金猪摇摇乐和打年兽等多种促销活动。其推出的猜红包赢好礼活动，活动规则第3条宣称“本游戏最终解释权归苏宁所有”；推出的金猪摇摇乐活动，活动规则右下方宣称“最终解释权归苏宁所有”；推出的打年兽活动，活动规则第3条宣称“本游戏最终解释权归苏宁所有”；推出的苏宁直播抽奖，在苏宁直播公约底端宣称“最终解释权归苏宁直播官方所有”。当事人在上述活动规则中均宣称解释权归苏宁所有，违反了《侵害消费者权益行为处罚办法》第12条“经营者向消费者提供商品或者服务使用格式条款、通知、声明、店堂告示等的，应当以显著方式提请消费者注意与消费者有重大利害关系的内容，并按照消费者的要求予以说明，不得作出含有下列内容的规定：……（六）规定经营者单方享有解释权或者最终解释权”的规定，被处罚款2万元。

6. 风险点六：价格促销行为——价格标注、比较价格、价格欺诈、最低价宣传

（1）宣称“原价”可能被认定为“虚构原价”

《关于〈禁止价格欺诈行为的规定〉有关条款解释的通知》规定，“虚构原

价”，是指经营者在促销活动中，标示的原价属于虚假、捏造，并不存在或者从未有过交易记录。所称“虚假优惠折价”，是指经营者在促销活动中，标示的打折前价格或者通过实际成交价及折扣幅度计算出的打折前价格高于原价。

主播直播时，往往倾向于强调减价力度以显示优惠，此时应慎用“原价”。根据《关于〈禁止价格欺诈行为的规定〉有关条款解释的通知》，“原价”是指经营者在本次促销活动前7日内在本交易场所成交，有交易票据的最低交易价格；如果前7日内没有交易，以本次促销活动前最后一次交易价格作为原价。

主播对未销售过的商品开展促销活动，避免使用“原价”“原售价”“成交价”等类似概念。所谓的“专柜价”“吊牌价”“正品零售价”“厂商指导价”，曾经展示过的销售价都不等同原价，在直播中使用“原价”应当尤为谨慎。

在上海绿地优鲜超市有限公司浦东金桥分公司广告违法案［案号：沪市监青处（2021）292021002802号］中，当事人通过平台开展直播。关于“南非JerryEnjoy牛肉4件套”，发布的直播中称“价格也是非常非常美丽，还是那句话，我们原价是290元，现在的价格是215元”。经查明，当事人实际未以上述直播活动中所称的“原价”价格在淘宝网店中销售过该“南非JerryEnjoy牛肉4件套”商品。

为了展示网络直播带货的促销力度，很多主播在宣传中采用了与“原价”进行对比的相关表述，但是此行为存在相应风险。主播需要确定在宣传中所表述的原价，是指在本次促销活动前7日内在本交易场所成交，系有交易票据的最低交易价格。主播可以使用其他词汇对“原价”进行替代，以避免被认定为“虚构原价”。还应注意，在寻找替代词汇或者展示时，不应当含有任何贬低其他经营者的相关情况，否则容易在对比中涉嫌违反《广告法》第13条“广告不得贬低其他生产经营者的商品或者服务”的规定。

（2）比较价格

在上海瑙大贸易有限公司互联网广告违法案［案号：沪市监奉处（2020）260201626940号］中，该公司给产品价格标签标注596元，促销价为298元，但未准确标明被比较价格的含义，存在使人误解的标价方式，被罚款1万元。

在上海静珈文化传播有限公司“不正当价格行为”价格违法案［案号：沪监管松处字（2019）第272018004506号］中，该公司对其发布的活动“39.8元起抢购88元广富林月饼礼盒”中进行的￥46.8与￥88.00的价格标示，未准确标明被比较价格 88 元的含义，罚款 3 万元，没收违法所得 429.5 元。

在案号为京东市监价罚字（2020）20 号的案件中，当事人销售的“华硕 TUF Gaming VG27AQE 27 英寸 144Hz 显示器超频 155Hz 2K IPS 广视角 HDR 电脑显示器自营 电竞小金刚显示器”标示价格为 2599 元，被比较价格为 3199 元，经查被比较价格 3199 元未销售过，因此被罚款 20 万元。

主播在带货中进行价格比较时，不管如何表述，都应该要做到以下两点：第一，在直播间或商品详情页中准确标明被比较价格含义。第二，被比较价格应当真实，并可以提供真实依据，包括但不限于相应的销售记录。

（3）“最低价”宣传风险

许多主播为了强调降价幅度很难得，有时会称“这个价格只在我们直播间有”“这个价格今天才有”等。若宣称不真实，如商家在直播前、直播后的几天以直播售价出售商品，则上述行为可能被认定为价格欺诈，违反《价格法》第 14 条“经营者不得有下列不正当价格行为：……（四）利用虚假的或者使人误解的价格手段，诱骗消费者或者其他经营者与其进行交易……”以及《禁止价格欺诈行为的规定》（现已失效）第 6 条“经营者收购、销售商品和提供有偿服务的标价行为，有下列情形之一的，属于价格欺诈行为：……（三）使用欺骗性或者误导性的语言、文字、图片、计量单位等标价，诱导他人与其交易的……”的规定。

在葛某经营的淘宝网店“its tong 原创设计品牌”价格欺诈案［案号：杭经开价罚决（2016）5 号］中，该案举报人于 2015 年 11 月 14 日在当事人经营的淘宝网店“its tong 原创设计品牌”中购买了名为“its tong 原创设计女装品牌羽绒服中长款加厚保暖轻薄连帽宽松外套”的商品，商品页面显示“价格 ¥2598.00 淘宝价 ¥1399.00 最后 3 天”。查阅该商品的成交记录发现该款商品从 2015 年 11 月 13 日至 19 日都是按照 1399 元的价格成交的，不符合当事人对该款商品价格在 11 月 14 日“最后 3 天”的宣传。该行为属于《价格法》中“利用虚假的或者使人误解的价格手段，诱骗消费者或者其他经营者与其进行交易”的违法行为。

网络主播应当谨慎使用“直播间最低价”“全年最大力度的优惠”等词汇，除非得到品牌方明确承诺并有相关证据加以证明，否则应当慎重使用上述及类似词汇。即使得到品牌方明确承诺，若主播在整个直播电商细分行业领域内可以达到或超过 1/2 以上的份额，或者 2 位主播能够达到 2/3 以上份额，很可能被认定为具备直播电商领域的垄断支配地位，此时可能还受到《反垄断法》相关规制。

“全网最低价”“史上最低价”“老板含泪最低价”风险较高、证明难度大，不建议使用。首先，使用绝对化用语，可能违反《广告法》。其次，可能违反《反不正当竞争法》第 8 条第 1 款，构成引人误解的虚假宣传。再次，可能违反《价格法》，可能构成价格欺诈。最后，可能违反《消费者权益保护法》，可能构成消费欺诈。

7. 风险点七：网络安全与个人信息保护、直播数据记录真实性

（1）直播数据的记录与管理

流量造假一直是网络直播领域的高压线。《反不正当竞争法》第 8 条规定了经营者不得通过对商品的销售状况、用户评价作虚假或者引人误解的商业宣传，欺骗、误导消费者。《网络交易监督管理办法》（2021 年）第 14 条明令禁止经营者以虚构交易、成交量或者虚假用户评价等形式提升商业信誉。后台数据造假，不但可能面临行政处罚，还可能被记入信用档案向社会公布，情节严重的可能导致被刑拘。

北京互联网法院判结的全国首例“暗刷流量案”中，法院认为，虚假流量会扭曲网络用户的决策机制。涉案合同当事人通过作弊造假行为进行欺诈性点击，违反商业道德底线，违背诚信原则。这一行为亦会同时侵害社会公共利益，既侵害了不特定市场竞争者的利益，又会欺骗、误导网络用户选择与其预期不相符的网络产品，侵害了广大网络用户的利益。基于此，法院认定，涉案合同无效，判决驳回常某的全部诉讼请求，对双方在合同履行过程中的获利予以全部收缴。

主播切忌流量造假，切忌通过不正当的方式提高直播间流量关注度，否则很可能因为涉嫌违反《反不正当竞争法》被处罚。此外，《网络信息内容生态治理规定》第 24 条明确规定“网络信息内容服务使用者和网络信息内容生产者、网络信息内容服务平台不得通过人工方式或者技术手段实施流量造假、流量劫持以及虚假注册账号、非法交易账号、操纵用户账号等行为，破坏网络生态秩序”。《网络直播营销管理办法（试行）》第 18 条也规定“直播间运营者、直播营销人员从事网络直播营销活动，应当遵守法律法规和国家有关规定，遵循社会公序良俗，真实、准确、全面地发布商品或服务信息，不得有下列行为：……（四）虚构或者篡改交易、关注度、浏览量、点赞量等数据流量造假……”

（2）非法获取用户信息

网络安全保障往往是直播平台容易忽略的一点，近期我国加快完善网络安全方面法律法规，网络安全执法从严亦成为趋势。《网络安全法》明确规定，网络产品、服务具有收集用户信息功能的，其提供者应当向用户明示并取得同意；涉及用户个人信息的，还应当遵守本法和有关法律、行政法规关于个人信息保护的规定；网络运营者不得收集与其提供的服务无关的个人信息，不得违反法律、行政法规的规定和双方的约定收集、使用个人信息，并应当依照法律、行政法规的规定和与用户的约定，处理其保存的个人信息。

网络运营者、网络产品或者服务的提供者违反上述规定，侵害个人信息依法得到保护的权利的，由有关主管部门责令改正，可以根据情节单处或者并处警告、没收违法所得、处违法所得1倍以上10倍以下罚款，没有违法所得的，处100万元以下罚款，对直接负责的主管人员和其他直接责任人员处1万元以上10万元以下罚款；情节严重的，并可以责令暂停相关业务、停业整顿、关闭网站、吊销相关业务许可证或者吊销营业执照。

在案号为杭西公（蒋）行罚决字（2020）03696号的案件中，公安部门针对未经用户同意收集使用个人信息的行为，认定构成网络运营者、网络产品或者服务提供者不履行个人信息保护义务从而做出处罚。

对于直播带货主播而言，此为较低频率的违法点，但是主播仍应当避免未经用户同意收集用户信息的相关行为。

8. 风险点八：流程+程序性需注意事项

（1）备案

主播如欲进行直播带货等主题电商活动，需提前14日进行备案。

根据《关于加强网络秀场直播和电商直播管理的通知》第7条的规定，以直播间、直播演出、直播综艺及其他直播节目形式举办电商节、电商日、促销日等主题电商活动，应按照网络视听节目直播服务管理的有关规定，提前14个工作日将活动嘉宾、主播、内容、设置等信息报广播电视主管部门备案。

（2）网上公示许可证

根据《互联网视听节目服务管理规定》第7条第1款和第2款的规定，从事互联网视听节目服务，应当依照本规定取得广播电影电视主管部门颁发的《信息网络传播视听节目许可证》（以下简称《许可证》）或履行备案手续。未按照本规定取得广播电影电视主管部门颁发的《许可证》或履行备案手续，任何单位和个人不得从事互联网视听节目服务。

（3）直播违规突发事件的处置情况进行上报

《网络表演经营活动管理办法》第14条明确要求，“网络表演经营单位应当建立突发事件应急处置机制。发现本单位所提供的网络表演含有违法违规内容时，应当立即停止提供服务，保存有关记录，并立即向本单位注册地或者实际经营地省级文化行政部门或文化市场综合执法机构报告”。

（4）知名人士、外籍境外主播

知名人士、外籍境外主播需取得工作许可，网络直播的表演者也需要实名注册。

根据《关于加强网络秀场直播和电商直播管理的通知》第3条的规定，“社会知名人士及境外人员开设直播间，平台应提前向广播电视主管部门报备”。在岳公（来榜）行罚决字（2020）384号案件中，MCN机构因非法聘用未取得工作许可的外籍主播而受到公安部门处罚。

根据《关于加强网络秀场直播和电商直播管理的通知》第8条的规定，“网络电商直播平台要对开设直播带货的商家和个人进行相关资质审查和实名认证，完整保存审查和认证记录，不得为无资质、无实名、冒名登记的商家或个人开通直播带货服务”。《网络表演经营活动管理办法》第9条规定，“网络表演经营单位应当要求表演者使用有效身份证件进行实名注册，并采取面谈、录制通话视频等有效方式进行核实”。

9. 风险点九：应对税务稽查风险

（1）税务稽查的方式与流程

税务机关一般会因四种事由对企业进行稽查：一是企业经营不规范、存在偷漏税嫌疑。随着金税工程计划第四期（以下简称金税四期）的上线，税务机关可以轻而易举通过大数据与工商、银行等多部门信息互联追查到不合规的企业。二是有人向税务机关实名举报。对于举报材料清楚、线索明确的举报，税务机关会依法受理。三是所在地税务机关通过抽号方式以《推进税务稽查随机抽查实施方案》为依据对企业进行随机稽查，一些地方的税务机关也会针对某个行业展开定期稽查。四是上游企业开票被认定虚开，上游税务机关向下游税务机关发送协查函，对上游企业开具给企业的增值税发票的合规性、业务真实性进行检查。

以对网络主播的稽查案件为例，税收大数据一般是通过这样五个流程对网络主播进行税收稽查：

第一步，从税收起点出发，通过大数据信息智能技术对网络主播的每场直播进行监测，统计直播销售数据，作为后续进行分析统计的基本依据。

第二步，基于监测统计的指定场次直播销售数据，结合该场次直播中每件商品的销售提成资料，经过简单测算就可以大致预计出网络主播的该场次销售收入与应缴税款的大致数目，也可以通过横向比较，对其他直播行为进行监管。

第三步，结合税务系统可查询获得的真实缴税记录，对比具体纳税主体的应缴税款与实际缴税额度。如果两者之间出现较大的收入差距，比如“薇娅”这样的，便可基本确定存在偷逃税的嫌疑。

第四步，针对有偷逃税情况的“问题主播”开展针对性调查，比如对银行系统间资金额度等财务数据进行审核。如果发现资金情况与纳税比例严重不符，且无合理理由陈述，便可基本确定该人员是存在偷逃税行为的。

第五步，针对上下游供应商的针对性调查。通过大数据平台分析其上游主要供应商的基本情况，分析其进项发票的各类基本要素，包括金额、地域、应税劳务或服务名称以及发生时间等，通过数据关联勾勒出其业务往来关系，去伪存真，还原其整个业务上下游的交易路径和详细内容。

2021 年 4 月 29 日，国家税务总局稽查局提出，要严查“利用‘税收洼地’和关联交易恶意税收筹划以及利用新型经营模式逃避税等涉税违法行为”，而“直播平台”被列为监管关注的重点领域。可见，直播行业将会成为各地税务部门的重点关注领域，沿着前述基本查处路径，各地可能因地而异地制定具体实施手段。

2022 年 3 月 25 日，国家税务总局、国家互联网信息办公室、国家市场监督管理总局联合印发了《关于进一步规范网络直播营利行为促进行业健康发展的意见》（税总所得发〔2022〕25 号）（以下简称《规范网络直播意见》），该文件直接指出了当前网络直播中税务漏洞与症结所在并提出了整改意见，对于网络直播带货行业的税务合规具有重要参考价值。

(2)《规范网络直播意见》对直播行业提出的税收监管要求

根据《网络直播营销管理办法（试行)》的规定，网络直播平台（以下简称平台)、网络直播发布者（以下简称主播)、网络直播服务机构（以下简称服务机构）是税务部门的主要征税对象。

《规范网络直播意见》聚焦直播营利行为，要求网信、税务部门、市场监管部门建立完善部门信息共享机制，共享主播认证登记等直播营利信息，强化数字化监管直播销售数据、打赏数据等涉利数据，密切跟踪数据流向，核查最终纳税数据是否合理。

同时，直播营利背后的平台、服务机构等组织面临更大的挑战，需要加强其在个人所得税纳税征管领域的责任。《规范网络直播意见》不仅对其提出了规范自身查账征收行为的要求，同时，还对其对可能知情的主播或其他直播相关主体的偷逃税行为提出了更高的管理要求，管理不力将通过联合惩戒的方式进行处罚。《规范网络直播意见》对平台及服务机构等提出了信息报送、执法配合、税款扣缴、征收模式规范等诸多方面要求。

A. 信息报送义务

平台负有每半年向所在地主管税务机关报送存在网络直播营利行为的网络主播个人身份、直播账号、网络账号、取酬账户、收入类型及盈利情况等信息的报送义务。

B. 执法配合义务

平台负有在服务协议中明示主播在市场主体登记、税收等方面的权利义务，配合税务部门依法实施监督检查的义务。

C. 税款扣缴义务

平台或服务机构应当明确区分与界定主播各类收入来源与性质，并依法履行个人所得税代扣缴义务。平台或服务机构不得以协议方式免除自身的个税扣缴义务，不得协助主播逃税避税。税务部门将切实规范平台以及第三方企业委托代征、代开发票等行为。

D. 征收模式规范义务

《规范网络直播意见》明确，主播开办的企业和个人工作室，应按照国家有关规定设置账簿，对其原则上采用查账征收方式计征所得税；切实规范网络直播平台和相关第三方企业委托代征、代开发票等税收管理。

（3）《规范网络直播意见》体现的未来税务合规趋势

A. 借助大数据平台，加强对自然人的监管力度

《规范网络直播意见》明确进一步加强税收大数据分析，健全常态化监管机制。依法查处偷逃税等涉税违法犯罪行为。从金税四期及智能税务系统的建设来判断，目前“税务风险围栏”已经建立。

一般而言，明显偏离行业整体数据特征的纳税主体、存在风险特征的企业自然人、行业头部企业、高收入人群均是税务部门大数据监管重点关注的对象，即使相关数据未公示也可以从销售数据大致推导相关的销售额，从而发现违法线索。对于直播行业而言，其销售数据是相对公开透明的，销售主体、关联公司也简单易查，因此税务部门大数据十分容易监测到。

金税系统识别虚开风险特征功能已经落实。金税四期及智能税务系统不局限于金税三期的税务方面，会更进一步地纳入“非税”业务，以实现对业务的更全面的监控。同时，金税四期在参与机构之间建立了高效的信息交流和验证审查通道，使得各部委、央行和各银行等参与机构可使用三大核查功能：企业相关人员手机号码、企业纳税状态、企业登记注册信息核查。相比于之前的税务稽查系统，智慧稽查功能升级，建立了 5 大智能分析系统：虚开增值税发票智能分析系统、骗取出口退税智能分析系统、偷逃税智能分析系统、重点行业涉税违法智能分析系统和主要税种涉税违法智能分析系统。无疑，金税四期时代的到来将使直播行业偷逃税行为更加无处可藏。

B. 强化对中介组织的查处、曝光

《规范网络直播意见》规定，对为网络直播发布者违法违规策划、帮助实施偷逃税行为的中介机构及相关人员依法严肃处理和公开曝光。同时还规定，加强联合奖惩，对存在违法违规营利行为的网络直播发布者，以及存在违法违规行为或者纵容、帮助网络直播发布者开展违法违规营利行为的网络直播平台，依法予以处罚；构成犯罪的，依法追究刑事责任。对违法违规造成恶劣影响的网络直播发布者，由相关部门依法依规纳入严重失信主体名单。

可见，在税务信用围栏之下，对偷逃税务进行策划、协助、帮助等的行为将会受到严厉的法律制裁。对于直播等涉及多方主体的行业，各主体必须树立税务风险意识，以免在巨大的利益洪流中被裹挟最终得不偿失。

（4）直播行业四大主体税务稽查风险

A. 针对主播主体

很多主播自行注册个体工商户、个人独资企业、合伙企业等，以该工作室的名义与平台签署相关协议，构成合作关系，所获收入由主播以该市场主体名义自行申报纳税，申请核定征收，经营所得适用税率5%—35%。但根据《加强文娱领域从业人员税收管理》中规范文娱领域涉税优惠管理的相关要求，各类违规设置或者以变通方式实施的税收优惠将面临稽查。明星艺人、网络主播通过市场主体享受税收优惠情况亦将受到相应的核查。

B. 针对平台宣传推广业务的稽查

主播没有工作室，而以独立身份直播的，若为平台提供宣传推广服务，其与直播平台间是劳务关系而非雇佣关系。但也存在部分主播与平台签署劳动合同，主播领取工资薪金，按照劳务报酬所得计税，平台代扣代缴的情况，此类模式的风险也较为突出，监管部门可以从劳务关系的角度去考虑网红的具体收入情况，然后确定其应缴纳的个人所得税。

C. 针对主播背后经纪公司的稽查

直播行业中，经纪公司有着重要地位。有些平台为了规避风险甚至强制个人（尤其是小主播）在入驻平台时必须选择经纪公司。而经纪公司与主播业务联系紧密，往往掌握着主播签订合同的相关证据，且绝大部分流水通过经纪公司支付给主播。若经纪公司被查，则存在问题的主播难免面临“拔出萝卜带出泥”的连带风险。

D. 针对相关灵活用工平台的稽查

灵活用工被严密监管已成不可逆趋势，不乏有多个大型知名灵活用工平台如北京布角科技有限公司、上海“嘉福”员工福利平台等受到立案稽查。实践中，较多灵活用工平台在发展过程中异化，以“用工”为名，行“用票”之实，涉嫌发票虚开等诸多问题。一旦一家被查，使用其灵活用工平台的各类企业、个人难免面临较大风险。

（5）直播行业税收合规指引

怎样解决历史遗留问题，怎样做好将来的税务合规，怎样对现有业务模式进行优化以达到合规下的节税等，是直播带货行业需要思考、自查并寻求专业人士帮助的问题。

对于直播行业而言，随着“核定征收”模式逐渐淡出公众视野，在面对税收稽查时，若是仍然简单粗暴利用核定、委托代征等政策漏洞进行“税务筹划”，则将会面临更加严峻的问题与挑战。

A. 账簿设置与会计制度、核算方法税务备案

平台、服务机构以及主播开办的企业、个人独资企业、合伙企业等应当依法设置账簿，遵循《企业会计准则》，主播成立的个体工商户应当依据《个体工商户建账管理暂行办法》设置账簿。

纳税人应当按《税收征收管理法》第 20 条第 1 款“从事生产、经营的纳税人的财务、会计制度或者财务、会计处理办法和会计核算软件，应当报送税务机关备案”的规定，向主管税务机关备案。

此次《规范网络直播意见》中关于主播开办的企业和个人工作室原则上采用查账征收方式计征所得税的规定较为模糊，“原则上”该如何理解是关键。如何判定是否需要查账征收，需要从营业额、社会影响度以及人员安排，是否有历史违法行为，包括企业法人、股东以及主要从业人员的信用角度去判断。

后续税务部门会从网络直播者开办的企业和个人工作室、直播平台和相关第三方企业开展重点监管协查。从合规的角度来看，需要企业作为上述主体进行合规自查，明确风险点。

B. 直播营销人员的销售收入确认

直播营销人员根据每月、每年各个网络平台、商家支付的未扣减代扣个税等税费前的坑位费与佣金等劳务服务费确认收入。直播营销人员需自查是否未将全年取得直播带货坑位费、佣金等收入计入综合所得申报个税。

C. 成本费用真实性确认

没有真实货物、服务交易，无论是否符合“货物或服务、资金、发票”三流一致，无论是否存在资金回流，均属于虚开发票，相应成本费用不得在所得税前扣除。

平台、服务机构或是主播开办的企业、个人独资企业、合伙企业、个体工商户等市场主体可以登录电子税务局或到主管税务机关纳税服务大厅查询税种认定与企业所得税征收方式，如果未办理税种与所得税征收方式认定或认定税种有误的，应当及时补正。直播营销人员可以登录所在地省级税务机关网站——自然人

税收管理系统，查询是否办理过注册登记，未办理的及时办理。

D. 引入外部专业机构帮助进行税收筹划

面对政府对海量数据的归集，面对企业内部治理的现状，在合规成本可控的前提下，企业家必须对自己的经营行为有清晰的掌握和了解。在收到税务部门监督提醒时应当格外慎重，这可能面临被稽查部门全面检查的风险，企业应该做好全面专业应对，尤其是对历史成本问题要足够重视，需要及时聘请专业服务队伍，利用大数据合规财税软件进行系统梳理，及时发现潜在问题，做好风险评估与判断工作。

（二）网络经营六大风险点

商品经营者相较于网络带货主播而言，更多的责任在于产品质量安全的保障、标签、外包装合规、提供宣传物料的合规。

1. 风险点一：宣传物料（包装、标签）不规范

产品标签不规范问题可能会构成对消费者知情权的侵犯并涉嫌违反《广告法》关于虚假广告的规定，或者《反不正当竞争法》关于虚假宣传的规定。

在鹿某与付某丽网络购物合同纠纷案［（2019）苏0311民初461号］中，原告通过淘宝网在“羽心sara彩妆店”网店购买了“婚纱红宝石面膜”2份，“韩国婚纱MERBLISS茉贝丽思Dr. E－Plus软膜新品－1000g”一份，“圣诞套盒”一份，原告以之前使用产品过敏、被告没有发货为由联系“羽心sara”网店客服“少泽”要求退款，“少泽”则以产品系定制版的代购、已经打包等为由予以拒绝。被告付某丽通过淘宝网向原告鹿某销售的“婚纱红宝石面膜”“韩国婚纱MERBLISS茉贝丽思Dr. E－Plus软膜”“圣诞套盒”瓶装及其包装上均无中文标签，造成普通消费者无法认清其真实信息，违反了我国关于在境内销售化妆品的通用标签的强制性标准规定，且无证据证明涉案商品系被告从国外免税店代购或是通过海外直邮的方式邮寄到中国的，应认定为禁限售商品。原告鹿某要求被告付亚丽办理退款退货手续，退还所付货款474元并要求3倍赔偿1422元的诉讼请求，具有事实和法律依据，法院予以支持。

判决结果：被告付某丽向原告鹿某返还货款474元、支付3倍赔偿金1422元，合计1896元。

（1）化妆品标签规范

化妆品相关标签规范，涉及国家标准《消费品使用说明　化妆品通用标签》（GB 5296. 3—2008）、《化妆品标签管理办法》等诸多法律法规及其他规范性文件。从事化妆品生产经营企业使用标签应当注意如下内容：

化妆品标签所用的文字除依法注册的商标外，应是规范的汉字。进口化妆品和小包装产品都需要中文标签，并且标签内容与产品注册、备案的内容一致；直接接触内容物需标识中文名称和使用期限；特殊化妆品包装需对外公开；中文标签应当使用规范汉字，使用其他文字或者符号的，应当在产品销售包装可视面使用规范汉字对应解释说明；产品中文名称中的注册商标使用字母、汉语拼音、数字、符号等的，应当在产品销售包装可视面对其含义予以解释说明。

（2）食品、预包装食品标签规范

江市监案字（2020）86 号案中，当事人于 2018 年从快手网络直播平台以 10. 5 元/克的价格购进燕窝一盒共计 50 克，置于店内以 15 元/克的价格对外经营销售。在购进过程中当事人未向商家索要燕窝的进货票据、检验检疫证明及海关报关单等凭证。至执法人员查处时，上述燕窝未销售出去，货值 750 元。

食品、预包装食品等标签合规亦应当予以关注。根据《食品标识管理规定》的规定，本规定所称食品标识是指粘贴、印刷、标记在食品或者其包装上，用以表示食品名称、质量等级、商品量、食用或者使用方法、生产者或者销售者等相关信息的文字、符号、数字、图案以及其他说明的总称。以进口益生菌企业为例，其包装涉及诸多法律法规相关规范，具体概括如下：

其预包装食品、食品添加剂应当有中文标签；依法应当有说明书的，还应当有中文说明书。标签、说明书应当符合《食品安全法》以及我国其他有关法律、行政法规的规定和食品安全国家标准的要求，并载明食品的原产地以及境内代理商的名称、地址、联系方式。预包装食品没有中文标签、中文说明书或者标签、说明书不符合规定的，不得进口。

中文标签应标明食品名称、配料表、净含量/规格、贮存条件、生产日期和保质期、原产国及境内代理商的名称、地址和联系方式等事项，并根据实际情况标注营养标签。

若经营标签、说明书不符合规定的食品，根据《食品安全法》的规定，根据违法程度的不同，生产经营无标签的预包装食品或者标签、说明书不符合规定的食品，将面临5000元以上50,000元以下罚款（货值金额不足10,000元的），或者货值金额5倍以上10倍以下罚款（货值金额10,000元以上的），或者责令停产停业、吊销许可证等处罚。同时，消费者除要求赔偿外，还可以向生产者或者经营者要求支付价款10倍或者损失3倍的赔偿金；赔偿金额不足1000元的，为1000元（瑕疵除外）。

（3）标签包装中常见风险点分析

直接提供给消费者的预包装食品，均需要按照《食品安全国家标准　预包装食品营养标签通则》（GB 28050—2011）规定标示营养标签（豁免标示的食品除外）。

A. “0添加”等宣传需要证据进行证明，否则涉嫌虚假广告

《食品标识监督管理办法（征求意见稿）》（以下简称《食品标识办法》）和《食品安全国家标准　预包装食品标签通则》均禁止食品在包装中使用“0添加”“不添加”等相关表达。尤其是《食品标识办法》第32条规定“食品标识不得标注下列内容：……（五）对于食品中不含有或者未使用的物质，以‘不添加’‘零添加’‘不含有’或类似字样强调不含有或者未使用的；（六）对于未使用转基因食品原料，以‘不含转基因’‘非转基因’或者类似字样介绍食品的……（九）使用‘特供’‘特制’‘特需’‘监制’等词语介绍食品的……”《食品标识办法》仅仅为征求意见稿，但企业应给予关注，并密切注意后续政策。但是无论何种，宣传“0添加”“不添加”“零添加”“不含有”均需要提供证据进行证明，否则涉嫌虚假宣传，很可能被市场监管部门处罚。

B. “0能量”不等于“0卡”，“0脂0糖”宣传亦应当谨慎

根据《食品安全国家标准　预包装食品营养标签通则》（GB 28050—2011），当含量“≤17 KJ/100 g（固体）或100 ml（液体）”时可以宣称“无能量”。详细见表28：

表28　能量和营养成分含量声称的要求和条件

<table>
<tr><th>项目</th><th>含量声称方式</th><th>含量要求</th><th>限制性条件</th></tr>
<tr><td rowspan="2">能量</td><td>无能量</td><td>≤17KJ/100g（固体）或100ml（液体）</td><td rowspan="2">其中脂肪提供的能量≤总能量的50%</td></tr>
<tr><td>低能量</td><td>≤170KJ/100g固体
≤80KJ/100ml液体</td></tr>
</table>

续表

项目	含量声称方式	含量要求	限制性条件
蛋白质	低蛋白质	来自蛋白质的能量≤总能量的5%	总能量指每100g/ml或每份
	蛋白质来源，或含有蛋白质	每100g的含量≥10% NRV 每100ml的含量≥5% NRV或者 每420KJ的含量≥5% NRV	
	高，或富含蛋白质	每100g的含量≥20% NRV 每100ml的含量≥10% NRV或者 每420KJ的含量≥10% NRV	
脂肪	无或不含脂肪	≤0. 5g/100g（固体）或100ml（液体）	
	低脂肪	≤3g/100g固体；≤1. 5g/100ml液体	
	瘦	脂肪含量≤10%	仅指畜肉类和禽肉类
	脱脂	液态奶和酸奶：脂肪含量≤0. 5%； 乳粉：脂肪含量≤1. 5%	仅指乳品类
	无或不含饱和脂肪	≤0. 1g/100g（固体）或100ml（液体）	指饱和脂肪及反式脂肪的总和
	低饱和脂肪	≤1. 5g/100g固体 ≤0. 75g/100ml液体	1. 指饱和脂肪及反式脂肪的总和 2. 其提供的能量占食品总能量的比

但是可以宣传“无能量”不等于可以宣传“0卡”。鉴于1KJ约等于239卡，17KJ约为4063卡。因此企业即使持有零能量的检测报告，在宣传或者投放广告时仍不得宣传0卡。

2. 风险点二：商家质量安全问题

（1）产品质量安全及责任承担

直播在给商家带来较高曝光度的同时，也给商家带来了更多的风险，近期市场监管部门对网络带货直播行业加强监管。上海市市场监督管理局等监管部门组织专门针对于直播带货产品质量监督抽查活动。除了市场监管部门外，诸如消保委等其他组织亦密切关注直播问题。近期浙江消保委对淘宝、拼多多、京东、快手、抖音五个平台“双十一”直播带货进行了消费体察，李佳琦、呗呗兔直播间内发现的商品标签不规范问题亦引起极大关注。

在上海卡内门贸易有限公司销售不合格产品案［沪市监奉处（2021）262020014145 号］中，上海市市场监督管理局于 2020 年 6 月 17 日对当事人的天猫店铺“OSDY 箱包旗舰店”的直播产品进行抽样，抽样产品为上述出品型号为 929 的规格为 20 寸的旅行箱，抽样数量为 2 只，其中检验样品数量为 1 只，备用样品数量为 1 只。当事人以不合格产品冒充合格产品进行销售的行为，违反了《产品质量法》第 39 条关于不得以不合格产品冒充合格产品的规定，构成销售不合格产品的违法事实。

在上海丝绸集团品牌发展有限公司生产不合格产品案［沪市监虹处（2021）092021000062 号］中，当事人生产的上述服装在上海市市场监督管理局组织的直播带货（服装、鞋帽、箱包）产品质量监督抽查中，经国家丝绸及服装产品质量监督检验中心检验并综合判定为不合格（检验报告编号：2020 – SJ072）。当事人的上述行为，违反了《产品质量法》第 32 条“生产者生产产品，不得掺杂、掺假，不得以假充真、以次充好，不得以不合格产品冒充合格产品”的规定。依据《产品质量法》第 50 条：“在产品中掺杂、掺假，以假充真，以次充好，或者以不合格产品冒充合格产品的，责令停止生产、销售，没收违法生产、销售的产品，并处违法生产、销售产品货值金额百分之五十以上三倍以下的罚款；有违法所得的，并处没收违法所得”的规定。

（2）食品质量安全问题

食品质量安全问题尤其是涉及婴幼儿食品质量安全是市场监管部门重点查处的内容。

在沪市监总处（2020）322020000375 号的案件中，当事人为在淘宝直播间销售，特地制作了规格为 45g/个的蛋黄酥。当事人于 2020 年 6 月 4 日将出厂检验合格的 8140 个“原味蛋黄酥”和 8140 个“抹茶蛋黄酥”及出厂检验尚未完成的 8140 个“冰沙蛋黄酥”组合包装成“唐饼家蛋黄酥饼 6 枚礼盒装”产品 4070 盒，并于 2020 年 6 月 4 日通过快递将上述包装完成的“唐饼家蛋黄酥饼 6 枚礼盒装”产品进行了出厂销售。当事人的上述行为属于未按规定实施生产经营过程控制要求的情形。当事人违反了《食品安全法》第126条第1款的规定，属于食品生产企业、餐饮服务提供者未按规定制定、实施生产经营过程控制要求的情形。

随着电商进入生活，较多企业开发了诸如“电商专供”“直播专供”的产品系列，以较低的价格专门用于提供给合作的电商、直播带货进行线上销售，此类产品并不意味着可以不按照相关规定或者不满足生产经营过程控制要求生产。本案中，当事人为了直播刻意定制了规格为45g/个的蛋黄酥，与出厂检验尚未完成的8140个“冰沙蛋黄酥”组合包装并出售因此违规。商家应当注意产品质量合规问题，经销商需要确保自身得到品牌方的授权，确保产品来源正规。生产商应当控制产品质量，避免因为直播销量过多，生产质量的降低。

3. 风险点三：直播合同签订存在风险

商家与主播签订的协议往往由直播资料、直播内容约定；直播费用约定；知识产权；产品质量保证；直播流程及双方权利义务划分；合同解除及违约责任约定几个部分组成。每个部分又细分为不同的点。商家在签订合同时应当注意审核，避免合同相关风险。

（1）直播资料、直播内容的约定

此项合同约定的注意点在于需要明确主播超出商家提供宣传材料外的违规宣传的责任归属。尽量避免合同约定商家提供宣传材料全部责任由商家自行承担。此外，商家应做好自身提供宣传材料的审核，避免常见违法违规用语。

（2）直播费用约定

直播费用通常采用固定坑位费加上销售金额分成的方式。而对于流量偏低、带货能力较弱的主播而言，协议分成往往是纯固定坑位费或纯佣金分成的形式。

对于未完成直播带货预期销售，或者与预期销售额差额巨大的补偿赔偿问题，一般来说商家较难获得赔偿或者补偿，除非事前以合同的方式进行约定具体补偿问题或者主播方存在重大违约情况。

在（2021）粤01民终19281号一案中，商家签署直播带货推广协议支付51.5万元的推广服务费，由明星陈小春等带货直播，3场直播销售额仅为5000元。广州市中院作出二审裁决，判决直播推广协议的传媒公司向原告商家返还41

万余元服务费。

（3）直播流程及双方权利义务划分

此为合同的核心条款，务必谨慎对待。合同应该对直播细节进行具体的约定，明确直播前宣传、主播、直播场次、直播平台、直播方式以及直播时间、直播时长、直播间的布置、宣传物料、核心宣传用语的展示说明等。在可以进行协商的前提下，商家可以与主播方对直播达到的目标或效果，做出约定。

对于主播言语规范，建议在双方权利义务中加以明确。一方面，避免在直播中出现虚假宣传等违法行为，另一方面，需要对主播的言语举止进行规范，避免主播尤其是明星主播涉及政治敏感问题或者其他问题的相关风险。2021 年发生的三只松鼠等事件均反映了政治问题的重要，因此建议商家尽可能在合同中增加政治及道德条款，对可能出现的相应风险予以预防与防范。

（4）合同解除及违约责任约定

合同解除及违约责任条款若恰当约定，可以作为违约或约定无法履行做出相应的约定。同时鉴于近期中宣部印发《关于开展文娱领域综合治理工作的通知》，以及诸多明星艺人被封事件，建议商家对于此类事件提前在合同中予以约定，避免因为明星或者带货主播自身问题对商家经营产生影响。

对于明星主播合同中还可以考虑增加政治条款，避免因为明星主播不当言论或声誉受损影响商家销售的情况或者使得商家被全网抵制情况。

4. 风险点四：商家应注意规避相关代言风险

直播主播以自己名义对商品、服务作推荐很有可能被认定为代言人，因此受到《广告法》等诸多法律法规规定的规制。商家应当明晰代言人使用的相关风险，并提前采取相应预防及应对措施。

（1）代言人的界定——直播带货主播被认定为产品代言人的具体情形分析

《广告法》对于代言人的界定是指广告主以外的，在广告中以自己的名义或者形象对商品、服务作推荐、证明的自然人、法人或者其他组织。

《浙江省工商行政管理局关于广告监管执法有关问题的指导意见（三）》中规定，普通人在广告中显示身份且利用其形象为商品、服务作了推荐、证明的，一般应认定为广告代言人；仅在广告中扮演特定角色，不表达独立推荐证明意图的，一般不认定为是广告代言人。知名人物的形象在广告中出现且能够被消费者识别，一般应认定为广告代言人。

因此，通过标注或者在直播中标识以自己名义对商品或服务进行推荐的主播，一般都会被认定为该商品或服务的代言人。

（2）商家注意合规风险

A. 需在合同中明确要求使用相关商品或服务

《广告法》第 38 条第 1 款规定，广告代言人不得为其未使用过的商品或者未接受过的服务作推荐、证明。

在笑果文化涉嫌制作违法广告案［沪市监奉处（2021）262021000283 号］中李瑞超（艺名李诞，以下简称李诞）因推荐的女性内衣广告中含有“我的职场救生衣，一个让女性轻松躺赢职场的装备@ Ubras 品牌官方，我说没有我带不了的货，你就说信不信吧”被处罚款 20 万元。

一般而言，对于男/女性专属的商品或服务，对于异性的广告代言人，会认定其未使用过该商品或未接受过该服务。即使该代言人提供购买记录、或者亲属的使用证明，均不被认可。因此，对于主播推荐异性专属物品而言，建议商家与主播（尤其是知名主播）在合同中约定，要求其在直播间另行安排人员进行推荐、表述产品内容，同时应当谨慎避免在商品链接中使用“××主播推荐”字样。

B. 将禁止使用广告代言人的产品做直播带货

医疗、药品、医疗器械、保健食品、麻醉药品、精神药品、医疗用毒性药品、放射性药品等特殊药品，药品类易制毒化学品、烟草等不得在直播中做广告。

酒类商家若需要主播进行直播间带货时，需要与主播在合同中约定该主播在直播中不得出现饮酒动作、怂恿饮酒或饮酒有消除紧张和焦虑、增加体力等功效的表述，以避免己方不必要的责任。

在上海海王星辰药房有限公司涉嫌发布违法广告案中［案号：沪监管徐处字（2018）第 042018002365 号］，当事人通过嘉宾和主持人互动的方式，对处方药万艾可的功效、使用办法、有效率等进行宣传，至活动结束时观看直播活动的人数达 155, 234 人，被处罚款 70 万元。根据《广告法》第 15 条第 2 款的规定：前款规定以外的处方药，只能在国务院卫生行政部门和国务院药品监督管理部门共同指定的医学、药学专业刊物上作广告。

商家在确定直播带货商品类型时应当谨慎，明确知悉某些限制广告宣传的产品。对于医疗、药品、医疗器械、保健食品等产品，国家明文规定限制广告宣传的，不允许广告代言人进行推荐、证明的，商家应当避免对这些产品要求主播直播带货。

C. 明星作为主播带货时，避免出现直播间出现10周岁以下知名童星情形

在至初牛奶贸易（上海）有限公司涉嫌利用童星代言发布违法广告案［案号：沪工商检处字（2018）第320201810009号］中，艺人胡可参与当事人举办的品牌网络直播活动，安吉（中文名为沙俊伯，出生于2011年7月16日，至2018年1月，年龄未满10周岁）也随其一起参与了直播活动。安吉系参加过相关综艺节目、春晚等电视节目的具有一定知名度的小明星，当事人使用安吉的形象和姓名的行为，系利用安吉的公众影响力为自己销售的奶粉产品做推荐和证明，符合《广告法》第2条第5款关于广告代言人的规定。当事人在广告中利用不满10周岁的未成年人作为广告代言人，违反了《广告法》第38条第2款“不得利用不满10周岁的未成年人作为广告代言人”的规定，构成利用未满10周岁的未成年人作为广告代言人的违法行为，被罚款10万元。

5. 风险点五：应对市场监管部门监查风险

（1）虚假宣传执法逻辑发生变化、企业自证难度激增

根据2005年版旧《广告法》处罚原则，执法单位必须对违法者的行为进行证明，如果不能证明其违法，那么就不能处罚，但是2018年《广告法》则是彻底推翻此举证原则。根据2018年《广告法》第4条的规定，如果广告主不能就不存在违法行为承担证明责任，那么就要接受高额的行政处罚，而且行政部门无须为了证明违法做更多的执法调查。从目前的行政处罚数据分析来看，这个执法逻辑都是正确的，从司法实践上看，也得到司法部门支持。

商家提供的证据被市场监督管理局认可往往需要满足如下条件：第一，要有明确的出处，证明的出处必须是权威部门的认定结果，这个权威部门并非任何第三方机构都可以，必须具有国家权威属性。第二，数据必须真实。援引的数据符合客观性，不能杜撰。《广告法》第11条第2款规定：“广告使用数据、统计资料、调查结果、文摘、引用语等引证内容的，应当真实、准确，并表明出处。……”引证内容有适用范围和有效期限的，应当明确表示。在实践中具体认定是否属于

“绝对化用语”仍更多取决于市场监管部门。

从商家角度而言，务必提前准备充分相应的证据，如较为权威的第三方公司出具的销量、销售额、市场占有率的数据资料，并在宣传时对主播用词的时间、空间加以限制。

（2）事前合规免罚——替代词 + 证据准备做到合规免责

根据《市场监督管理行政处罚程序暂行规定》（已失效）第 54 条的规定“市场监督管理部门负责人经对案件调查终结报告、审核意见、当事人陈述和申辩意见或者听证报告等进行审查，根据不同情况，分别作出以下决定：……（三）违法事实不能成立的，不得给予行政处罚……”因此，对于商家而言，应当尽量落实产品质量、外包装标签标识、直播带货宣传各个合规要点。建立企业建立自查制度及风险预警、应急预案，落实企业合规。

具体而言，可以从执法逻辑倒推合规路径，根据市场监管合规图谱，对企业销售过程中风险项目做到提前预警预防，合规证据、规章制度、培训记录、紧急处理预案进行留痕。（见表 29）

表 29　市场监管合规汇总

对象	类别	关键词
市场准入	主体登记	公司名称、法定代表人、注册资本、经营范围、经营地址、公司章程
	网络准入	亮照、域名、ICP 许可和备案、支付许可、电子认证、网络安全
	特殊类别	网络出版、视听节目、网络游戏、互联网药品交易、新闻信息、网络文化、远程教育等
	外资限制	经营资格、经营范围、注册资本、股东限制以及相关限制规定
市场经营	公平竞争	假冒伪劣、违法促销、虚假宣传、侵犯商业秘密、有奖销售、诋毁商誉、商业贿赂、反垄断审查、排他竞争等
	直销传销	分销、直销、传销、微信营销界定
	产品质量	名称、产地、厂名、安全标准、认证标志、产品标志、保质期、禁示说明、禁止销售等
	合同及格式条款	格式条款、霸王条款

续表

对象	类别	关键词
	进口（跨境）	关税、备案登记、进出口许可、检验检疫、税收、支付、跨境消费者权益保护、物流等
	商标	商标侵权、傍名牌、禁用商标类别、地理标志、商标异义、著名商标、驰名商标、刑事追责标准等
	广告（含互联网广告）	禁止性条款、限制性条款、引人误解、广告代言人、比较广告、关键词广告、引导广告、电子邮件广告、广告证明责任、重点类别（食品、化妆品、房地产、药品、医疗器械等各类广告）、弹出页面广告、虚假宣传
	价格	价格欺诈、虚假原价、虚假折扣、虚假折扣承诺等
	消费者权益	信息告知、7天内无理由退货、消费者信息保护、欺诈消费者、退一赔三认定、10倍惩罚性赔偿认定、消费争议解决
	网络促销	期限、规则、赠品、刷单、有奖销售、优惠券
	信息公示	法定代表人、股东以及董事等企业信用和个人信用保护
	上市融资	公司治理结构、法定代表人及法人责任、无重大违法合规证明
	行刑对接	商标、不正当竞争、非法经营以及行为剖析和认定、避免刑事追究
	主体规划	关联公司、保护商标、知识产权围栏、信用围栏

以商家直播中的广告宣传核心语为例，需结合历年同行业处罚案例及违禁词汇，建立广告用语风险词库，在提供给主播宣传物料中避免使用上述词汇，对于已经出现的尽可能使用风险较低的替代词汇进行替代。同时商家应加强合规自检，提早发现风险点并做出合理预判，把握销售与合规的平衡带，做到“销售可观，风险可控”。

（3）事中——市场监管部门检查应对

宁鼓市监处字（2021）15026号案中，易购旗舰店积极主张抗辩，市场监管局认为，当事人在易购旗舰店飞鹤臻稚奶粉商品详情页中宣传“DHA、ARA配比及必需氨基酸比例贴合母乳DHA：ARA比例范围0.43~0.6DHA：ARA=0.5；母乳中必需氨基酸比例本产品必需氨基酸比例”有事实依据，且产品不是婴儿配方食品，并不违法。当事人在易购旗舰店飞鹤飞帆奶粉商品详情页中宣传“DHA/ARA + 胆碱促进脑发育和提高记忆能力，为宝宝成长提供更多一层保护；核桃油含有丰富的亚麻酸、亚油酸，助力脑部及视网膜发育；叶黄素构成人眼视网膜黄斑区域的主要色素，呵护宝宝眼睛；核苷酸母乳中的 5 种重要核苷酸，可提高宝宝抵抗力，对维持正常的免疫系统具有重要作用”有事实依据，且核苷酸对更新速度较快的免疫细胞有重要作用，并非增强免疫力功能，故上述宣传并不违法。当事人在易购旗舰店雅培奶粉商品详情页中宣传“母爱活性营养 RRR，有效抵抗 DHA 氧化，让效用更好发挥，DHA 支持宝宝脑部发育；模拟母乳低聚糖 HMO 功能加固自护力，有机益生元，天然乳糖奶源，模拟母乳低聚糖 HMO 功能，帮助肠道中有益菌群的生长，助力肠道微生态”有事实依据，并不违法。

商家在受到市场监管部门检查或者受到职业打假人威胁时，应当积极应对，借助专业力量，积极寻找证据证明自己合规；积极行使听证等权利。若企业确实存在违规的情况，则应当积极寻找从轻减轻处罚事由，诸如主动配合调查、及时消除违法行为、违法期间销售数量少、违法行为持续时间短、广告/宣传受众少、未造成危害后果等。

6. 风险点六：行政复议和行政诉讼的风险点

在行政处罚决定书下达后，商家仍可以采取诸如行政复议、行政诉讼等救济手段。在提起行政复议、行政诉讼时应当重点关注如下几个方面：

第一，行政机关取证是否规范。例如：行政执法机关是否进行买样？取样的地点为仓库还是销售处？亦或者直接从仓库封存相关产品？若买样，买样的件数是否为 2 件？是否做到留存 1 件封存？

以食品行业为例，根据《食品安全抽样检验管理办法》第 14 条和第 17 条第 2 款、第 3 款的规定，抽样人员执行现场抽样任务时不得少于 2 人，并向被抽样食品生产经营者出示抽样检验告知书及有效身份证明文件。由承检机构执行抽样任务的，还应当出示任务委托书。案件稽查、事故调查中的食品安全抽样活动，应当由食品安全行政执法人员进行或者陪同。承担食品安全抽样检验任务的抽样单位和相关人员不得提前通知被抽样食品生产经营者。食品安全监督抽检中的样品分为检验样品和复检备份样品。现场抽样的，抽样人员应当采取有效的防拆封措施，对检验样品和复检备份样品分别封样，并由抽样人员和被抽样食品生产经营者签字或者盖章确认。抽样人员应当保存购物票据，并对抽样场所、贮存环境、样品信息等通过拍照或者录像等方式留存证据。

商家可以行政程序违法提起撤销行政处罚决定，参见仙游县龙华日日昌便利店、仙游县市场监督管理局行政监察（监察）二审行政判决书，“本院认为……本案从被上诉人仙游县市场监管局在法定举证期限内向法院提供的 NO.：20180522《莆田市食品安全抽检监测任务委托书》，认定福建中检华日食品安全监测有限公司受委托进行抽检工作的期限为 2018 年 6 月 4 日至 12 月 15 日，但案涉抽检时间是发生在 2019 年 7 月 10 日，已超出其受委托期限，故福建中检华日食品安全监测有限公司在本案中不具有抽检权限。综上所述，被上诉人对上诉人作出的行政处罚的法律事实依据不足，亦违反法定程序，处罚结果明显不当……一、撤销莆田市涵江区人民法院（2020）闽 0303 行初 47 号《行政判决书》；二、撤销被上诉人仙游县市场监督管理局仙市管处字（2019）390 号《行政处罚决定书》”。

第二，商家应当关注行政机关行政处罚证据提交时间点，是否在听证程序前已经取证结束，亦或者在听证结束后听取当事人方抗辩后继续补充。

（2011）湛行初享第 10 号案中，平顶山市湛河区人民法院行政判决书中明确写到“本院认为……听证结束应当视为行政处罚调查终结，行政机关不能针对通过在听证程序中当事人提出的陈述和申辩意见而发现的证据不充分进行补充调查。行政处罚案件听证制度的立法本意是，在行政机关作出较大的行政处罚决定之前，通过召开听证会的形式，充分听取当事人的陈述和申辩意见，并认真进行复核。对于当事人提出的陈述和申辩意见成立的，行政机关应当予以采纳。如果允许行政机关运用听证程序来发现和完善自己的不足，进而为将要作出的行政处罚决定提供支持，就完全违背了行政处罚案件听证制度的立法本意，也不符合《行政处罚法》的立法目的；行政处罚程序的听证不同于行政许可程序的听证，行政处罚程序的听证是依申请而非依职权，在行政处罚程序中，当事人没有要求举行听证，行政机关不能主动举行听证。这就决定了行政处罚的听证不是调查程序，而是在调查终结后处罚决定作出之前的听取意见程序；本案在听证程序后调取的证据只是进一步证明了当事人的违法行为，并不对案件的事实认定发生本质上的变化因而没有补充调查的必要性。补充调查取得的新证据不能通过再次举行听证会进行举证和质证，从而成为认定事实的依据。综上所述，被告平顶山市工商行政管理局湛河分局在听证结束后，认为证据有瑕疵重新调取材料后又通知原告进行听证的行为没有相应的法律依据，本院不予支持。”

第三，市场监管执法机关是否存在一事二罚的问题。《行政处罚法》第 29 条规定，对当事人的同一个违法行为，不得给予两次以上罚款的行政处罚。同一个违法行为违反多个法律规范应当给予罚款处罚的，按照罚款数额高的规定处罚。依此规定，执法机关应当遵循一事不再罚，应当对于当事人的一个违法行为，不得进行两次以上的罚款，但是可以进行两次以上不同类的行政处罚。

第四，关注行政机关文书制作问题。在案号为（2020）陕 7102 行初 1710 号判决书中，因陕某市某区文物（罚）字〔2017〕第 0301 号行政处罚决定书未具体指出所需改正违法行为，文号存在瑕疵，决定撤销陕某市某区文物（罚）字〔2017〕第 0301 号行政处罚决定书。0301 为日期编号，明显不为统一编号。法院最终判决“撤销某市某区文化体育广播电视局于 2018 年 12 月 23 日作出的陕某市某区文物（罚）字〔2018〕第 1120 号《行政处罚决定书》”。（见表 30）

表 30　违法广告处罚裁量的十大考虑因素

1	宣传/广告受众范围
2	广告/宣传影响力，如企业是否知名、影响是否恶劣
3	广告/宣传持续时间
4	广告/宣传媒介、地域
5	是否有证据支撑，证据证明力如何，证据来源是否权威
6	是否主动配合调查，及时消除违法行为
7	违法期间销售数量多少
8	广告/宣传是否对消费者购买产生了实质性的影响
9	是否处于严打/专项整治期间
10	企业是否曾因为虚假宣传受到过行政处罚后再次涉嫌违法

（三）直播行业规范及代言风险解读

1. 深度解读强监管下的“直播营销”

2020 年 11 月 6 日，市场监管总局发布《关于加强网络直播营销活动监管的指导意见》（以下简称《直播营销指导意见》），明确了对网络直播营销行为的相关监管与规范，网络直播营销违法行为将受到依法查处。

除此之外，新修订并于2020年9月1日起施行的《浙江省广告管理条例》第20条也对直播、短视频等形式推销商品或者服务作出相关规定。由中国商业联合会媒体购物专业委员会牵头起草制定的直播带货行业内首部全国性社团标准《视频直播购物运营和服务基本规范》已发布征求意见稿。该标准对行业术语和定义、“带货”产品的商品质量、直播场景软硬件要求、网络主播的行为规范、MCN机构的服务规范、行业企业的经营管理、内容发布平台合规性、产业孵化器和培训机构的准入条件、行业诚信体系建设、物流外包管理、监管部门的监督管理等都做出规范要求。2020年6月24日，中国广告协会发布《网络直播营销行为规范》，这是国内出台的第一个关于网络直播营销活动的专门规范。

直播涉及选品谈价——平台对接——直播推广——交易下单——商家发货——售后整个链条，且又借助于互联网，因此难以避免受到《电子商务法》《反不正当竞争法》《产品质量法》《食品安全法》《消费者权益保护法》《广告法》《价格法》《互联网文化管理暂行规定》《网络安全法》《全国人民代表大会常务委员会关于维护互联网安全的决定》《互联网信息服务管理办法》等法律法规规制。

本文旨在解读《直播营销指导意见》出台后，对网络直播营销活动产生的相关影响，为直播营销行为提供较为专业的合规策略，便于直播可持续经营。

（1）【直播总体定性/直播与广告行为的法律关系】直播并非单纯的广告行为，直播中不同的法律行为会受到相对应的法律的规制

《直播营销指导意见》并未将直播简单地一概视为单纯的广告行为。从市场监管总局态度来看，总局认可网络直播带货与传统的商业广告有一定区别，但是如何界定“宣传、推广”“构成商业广告”规定较为模糊。

该款中的“宣传、推广”概念应该有所限缩，限于与传统广告形式相类似的情况。

相较于传统商业广告，网络直播有如下特殊之处，第一，播放次数方面，直播相同内容仅仅播放一次，广告具有多次播放的特点。第二，随机性方面，直播具有随机性，直播中涉及的宣传介绍往往是由主播现场进行描述，且夹杂与受众的互动性，虽事先可能有相应稿件与预演，但直播中仍具有脱口即出的特点。第三，广告宣传与交易同步方面，直播的广告色彩十分明显，在对商品进行宣传介绍的同时，下单交易可能同步完成。

不属于“传统广告”的某些直播，也不意味着可以规避相应的责任。除了

《广告法》对虚假广告作出了相关规定外，《反不正当竞争法》也对虚假宣传作出了相关规制，且涵盖了非传统广告之外的部分宣传行为。

（2）【直播的禁止性规定】未经审查不得发布医疗、药品、医疗器械、农药、兽药、保健食品和特殊医学用途配方食品等法律、行政法规规定应当进行发布前审查的广告

《直播营销指导意见》明确规定了“不得通过网络直播发布法律、法规规定禁止在大众传播媒介发布的商业广告”，并规定“未经审查不得发布医疗、药品、医疗器械、农药、兽药、保健食品和特殊医学用途配方食品等法律、行政法规规定应当进行发布前审查的广告”。《直播营销指导意见》同时规定了参与直播平台责任，负有对内容的审核与监管责任。

目前的争议点是：是否未经审查涉及医疗、药品、医疗器械、农药、兽药、保健食品和特殊医学用途配方食品等内容均不允许发布？绝对禁止其直播？何种被认定为广告？其作软文广告是否可行？或互动性咨询是否可行？

一般来说，科普宣传、互动式咨询一般不被认为是广告，互动式咨询往往具有随机性，发布次数往往只有一次，事先送审不具有可能性。科普宣传应注意不具有任何广告色彩，否则即需要进行预先审批。在软文广告认定方面，软性广告（类似软文）类的直播如果能够被认定为广告，则会受到限制。其是否被界定为广告，除了《广告法》规定的“商品经营者或者服务提供者通过一定媒介和形式直接或者间接地介绍自己所推销的商品或者服务的商业广告活动”的判断标准外，主要从露出的频次性、播放是否具有可重复性、商业目的是否明显、是否有链接跳转到官网、活动界面等方面进行判断。此外，还应当注意，即使不需要进行预先审批，互动性咨询对于主播资格往往有一定的要求。

（3）【内容的定性】不同直播类型：科普宣传、广告、互动式咨询、软文广告？【行为的规范】在直播中，如何将不同的行为分离？

直播并非仅仅包含直播带货，还有诸如科普宣传、产品在线测评、互动式咨询、软文广告等诸多形式。直播带货行为也因为行为不同，而受到不同的法律如《电子商务法》《反不正当竞争法》《产品质量法》《食品安全法》《消费者权益保护法》《广告法》《价格法》的规制。

具有多频次的露出特点、商业目的明显的大部分直播往往被认定为属于网络直播营销活动，应当引起足够注意。目前对于涉及科普宣传、产品在线测评、互

动式咨询、软文广告等诸多形式的直播处罚案例较少，但并不意味着此类隐晦的宣传可以存在违规而不受规制。随着针对直播视频监管的深入，这些一次性播出的直播内容都会受到监管，都会被检索和追溯。

（4）【各类主体定性】直播平台、电商平台、MCN 机构（Multi - Channel Network）、主播、店铺经营者主体定义与责任划分

《直播营销指导意见》未使用诸如直播平台、电商平台、MCN 机构、主播等词汇，而是根据提供服务不同划分了不同类型的“网络平台”。

A. 主播宣传及类似行为（网络平台为商品经营者或网络直播者提供有偿导流等服务，宣传推广网络直播营销活动），构成商业广告的，依照《广告法》的规定履行相应的义务。主播在商品或服务的性能、功能、质量、销售状况、用户评价、荣誉等方面的宣传和营销应当真实合法。杜绝虚假交易或虚假评价等不正当竞争行为，如利用直播平台欺骗、误导消费者，销售禁止网络交易的商品或服务，实施虚假或误导性商业宣传，帮助其他经营者进行虚假或有吸引力的误导性商业宣传，假冒伪劣和混淆，商业诽谤和非法有奖销售，侵犯知识产权，发布虚假广告，发布违反社会良好风尚的非法广告和非法广告代言，使用虚假或误导性价格手段引诱消费者。

B. 直播平台及相似平台（网络平台为利用网络直播销售商品或提供服务的经营者提供网络经营场所、交易撮合、信息发布等服务，使双方或多方能够独立开展交易活动，尤其是进行网络直播推广的经营者开放网络平台上的入驻功能，为利用网络直播推销商品或服务的经营者提供直播技术服务）应按照《电子商务法》规定履行电子商务平台经营者的责任和义务。

直播平台不得擅自删除消费者评价，应当审核经营者资质，履行保障消费者合法权益的义务，对侵犯消费者合法权益的平台内经营者，应当采取必要措施。

C. MCN 机构及相似平台（网络平台以其他方式为其用户提供网络直播技术服务，应根据平台是否参与运营、分佣等具体情形）适用《电子商务法》关于电子商务平台经营者的相关责任和义务的规定，或适用法律法规关于网络服务提供者的责任和义务。

若 MCN 机构参与运营、分佣，则亦需要履行消费者权益保护、知识产权保护、网络安全与个人信息保护等方面的义务，承担产品和服务质量责任。

D. 销售方、经销商、店铺（商品经营者通过网络直播销售商品或者服务），

应当在其网店首页显著位置，持续公示营业执照信息、与其经营业务有关的行政许可信息，并向消费者提供经营地址、联系方式、售后服务等信息。按照《电子商务法》《消费者权益保护法》《反不正当竞争法》《产品质量法》《食品安全法》《广告法》《价格法》《商标法》《专利法》等相关法律规定，履行相应的责任和义务。

2. 银保监：追缴明星代言费、广告费——关于广告代言的责任与风险全梳理

2022年6月1日，银保监会召开新闻发布会通报近期监管重点工作。银保监会副主席梁涛表示，对已立案的999家网贷机构，依法协调公安、司法等部门加快审理进度，加快追赃挽损，依法追缴高管奖金和明星代言费、广告费。

根据《广告法》第61条的规定，广告代言人明知或者应知广告虚假仍在广告中对商品、服务作推荐、证明的，由市场监督管理部门没收违法所得，并处违法所得1倍以上2倍以下的罚款。此项或可构成银保监会协调公安、司法等部门加快审理进度，加快追赃挽损，依法追缴高管奖金和明星代言费、广告费的法理依据。

（1）“知名” + “可识别”，广告代言人范围之广——品牌推荐官、网红带货主播均可能被认定为代言人

广告代言人，是指除广告主之外，以自己的名义或者形象，对广告中的商品和服务进行推荐或者证明的自然人、法人或者其他组织。代言人以其自身知名度或商业价值为广告提供实用担保和保证，如果代言的商品或服务出现问题，直接影响到代言人的形象，代言人选择代言广告时应充分考虑法律合规、社会评价等因素。

随着流量时代到来，一个品牌除了代言人之外，还有诸如“品牌体验官”“品质推荐官”“品牌挚友”“品牌大使”“首席体验官”“明星体验官”甚至网红带货主播以自己的名义进行推荐都可能被认定为代言人。

《浙江省工商行政管理局关于广告监管执法有关问题的指导意见》第1条第3项明确规定“（三）普通人在广告中显示身份且利用其形象为商品、服务作了推荐、证明的，一般应认定为广告代言人；仅在广告中扮演特定角色，不表达独立推荐证明意图的，一般不认定为是广告代言人。知名人物的形象在广告中出现

且能够被消费者识别，一般应认定为广告代言人”。因此，“知名”“可识别”往往成为代言人判断的重要依据，而非仅仅是明确出现“代言人”字眼。

（2）非所有人均可成为代言人，非所有广告均可以代言——禁止使用代言人的 10 大类情形

禁止使用代言人的 10 大类情形中，涉及代言人资格问题的主要有：不得利用不满 10 周岁的未成年人作为广告代言人，不得利用在虚假广告中作推荐、证明受到行政处罚未满 3 年的自然人、法人或者其他组织作为广告代言人。

根据《广告法》的规定，不得利用不满 10 周岁的未成年人作为广告代言人，此时需要结合前文“知名”“可识别”的标准进行判断。

此外，禁止使用代言人或禁止推荐、证明的广告总结见表 31：

表 31　广告总结

序号	内容	法条
1	麻醉药品、精神药品、医疗用毒性药品、放射性药品等特殊药品，药品类易制毒化学品，以及成毒治疗的药品、医疗器械和治疗方法	《广告法》第 15 条、《药品、医疗器械、保健食品、特殊医学用途配方食品广告审查管理暂行办法》第 21 条　不得利用代言人作推荐、证明
2	医疗、药品、医疗器械广告	《广告法》第 16 条　不得利用代言人作推荐、证明
3	保健食品广告	《广告法》第 18 条　不得利用科研单位、学术机构、技术机构、行业协会者专业人士、用户的名义或者形象作推荐、证明
4	特殊医学用途配方食品	《药品、医疗器械、保健食品、特殊医学用途配方食品广告审查管理暂行办法》第 11 条
5	农药、兽药、饲料和饲料添加剂广告	《广告法》第 21 条　不得利用科研单位、学术机构、教育机构、行业协会、专业人士、受益者的名义或者形象作推荐、证明
6	教育、培训广告	《广告法》第 24 条　不得利用学术机构、行业协会、专业人士、受益者的名义或者形象作推荐、证明

续表

序号	内容	法条
7	招商等有投资回报预期的商品或者服务广告	《广告法》第 25 条　不得利用科研单位、学术机构、术广机构、行业协会或专业人士、用户的名义或者形象作推荐、证明
8	互联网金融广告	《国家工商总局等十七部门关于印发互联网金融及以投资理财名义从事金融活动风险专项整治工作实施方案》不得利用学术机构、行业协会、专业人士、受益者的名义或者形象作推荐、证明
9	农作物种子、林木种子、草种子、种畜禽、水产苗种和种养殖	《广告法》第 27 条　不得利用代言人作推荐、证明

（3）虚假广告中作推荐、证明，明星、知名艺人乃至网红主播可能面临严重后果

A. 与广告主承担连带责任——理论与司法实践的差距

《广告法》第 56 条第 2 款规定，关系消费者生命健康的商品或者服务的虚假广告，造成消费者损害的，其广告经营者、广告发布者、广告代言人应当与广告主承担连带责任；第 56 条第 3 款规定，对于关系消费者生命健康的商品或者服务以外的虚假广告，广告代言人明知或者应当知道虚假广告仍然代言的应当与广告主承担连带责任。

对于第 56 条第 3 款的规定，相关方需要举证证明代言人明知或应当知道是虚假广告而进行推荐，但是这个证据本身是很难取得的，在以往的司法实践中，很少有明星代言人因该条内容而承担连带赔偿责任。

B. 3 年代言资格的丧失

根据《广告法》第 38 条第 3 款的规定，对在虚假广告中作推荐、证明受到行政处罚未满 3 年的自然人、法人或者其他组织，不得利用其作为广告代言人。

虽然实践中对虚假广告作推荐、证明的代言人处罚数量并不多，但其一旦被处罚，则将面临 3 年代言资格的丧失。

C. 没收违法所得，并处违法所得 1 倍以上 2 倍以下的罚款

2021 年 3 月 31 日上海市市场监督管理局沪市监总处（2021）322021000048

号行政处罚决定书中，艺名为“西西”的佟某某涉嫌违法代言广告，被没收违法所得0.9290万元，罚款9.2900万元。此案例较为新颖，由此可见，市场监管部门已经开始注意并关注明星、网红以及主播的违法代言。

此次银监会对已立案的999家网贷机构，依法追缴高管奖金和明星代言费、广告费亦体现了此种倾向，即对于涉众较广、影响较为恶劣、关系消费者众多的案件，后续可能加强监管，并按照《广告法》第61条进行处罚。

（四）高收入人群税务稽查方向解读

1. 消费与零售行业领域产品代言人流量明星邓伦逃税案解读

2022年3月，上海市税务局第四稽查局经大数据分析，发现知名演员邓伦涉嫌偷逃税款，并依法对其开展相关税务检查。

经查，邓伦在2019—2020年，通过虚构业务转换收入性质进行虚假申报，偷逃个人所得税4765.82万元，其他少缴个人所得税1399.32万元。

在税务检查过程中，邓伦积极配合检查并主动补缴税款4455.03万元，同时主动报告税务机关尚未掌握的涉税违法行为。综合考虑上述情况，上海市税务局第四稽查局依据《个人所得税法》《税收征收管理法》《行政处罚法》等相关法律法规规定，按照《上海市税务行政处罚裁量基准》，对邓伦追缴税款、加收滞纳金并处罚款，共计1.06亿元。其中，对其虚构业务转换收入性质虚假申报偷税但主动自查补缴的4455.03万元，处0.5倍罚款计2227.52万元；对其虚构业务转换收入性质虚假申报偷税但未主动自查补缴的310.79万元，处4倍罚款计1243.16万元。上海市税务局第四稽查局已依法向邓伦送达税务行政处理处罚决定书。

上海市税务局第四稽查局相关负责人表示，税务部门将持续加强对文娱领域从业人员及高收入人群的税收监管，并对协助偷逃税款的相关经纪公司及经纪人、中介机构等进行联动检查，依法从严查处涉税违法行为，不断提高娱乐领域从业人员和企业的纳税合规水平，从而营造合法、公平的税收环境。在2022年3月15日上海市税务局第四稽查局就邓伦偷逃税案件答记者问题上，当局有关负责人表示：2019年至2020年，邓伦虚构业务将个人劳务报酬转换为企业收入进行虚假申报，偷逃税款，同时存在其他少缴税款的行为。当局依据《个人所得税法》《税收征收管理法》等规定，依法认定其偷逃税款4765.82万元，其他少缴税款1399.32万元。

就该案中不同的罚款倍数的确定问题，当局表示，依据《税收征收管理法》第63条第1款关于纳税人偷税要被并处不缴或者少缴的税款50%以上5倍以下的罚款的规定，当局坚持依法依规、过罚相当的原则，充分考虑了违法行为的事实、性质、情节和社会危害程度等因素对邓伦进行处罚。一方面，对其主动纠错的偷逃税等违法行为依法从轻处理。邓伦积极配合检查并主动补缴税款，同时主动报告税务机关尚未掌握的涉税违法行为，具有主动减轻违法行为危害后果等情节。当局依据《税收征收管理法》《行政处罚法》等有关规定，按照《上海市税务行政处罚裁量基准》，对邓伦虚构业务转换收入性质虚假申报偷税但主动自查补缴税款部分处0.5倍罚款。另一方面，对其未能纠错的违法行为依法严肃处理。邓伦虚构业务转换收入性质虚假申报偷税且未主动自查补缴部分，性质恶劣。当局依据《税收征收管理法》《行政处罚法》等有关规定，按照《上海市税务行政处罚裁量基准》，对其予以从重处罚，处4倍罚款。

“不同的罚款倍数充分考虑了不同税收违法行为的性质、情节和社会危害程度。”上海财经大学教授范子英认为，邓伦偷逃税行为的处罚与此前类似案件的处罚保持了一致性，既充分考虑当事人主动减轻违法行为危害后果的情节，又维护了严肃查处偷逃税行为的税法权威。

中南财经政法大学教授庞凤喜表示，从郑爽、朱宸慧、林珊珊、黄薇到平荣、邓伦，在严肃查处的基础上持续开展典型案例曝光已经成为常态。无论什么性质的企业，无论多大影响力的个人，违反税收法律法规就会被查处和曝光。

2022年3月福建省泉州市税务部门依法查处一起虚开增值税专用发票骗取出口退税案，运用税收大数据和异常收汇数据综合分析，联合破获一起虚开增值税专用发票骗取出口退税案，涉及上游开票企业70余家、外贸出口企业22家，抓获犯罪嫌疑人36人。

福建省泉州市税务部门与公安、中国人民银行、外汇管理部门四部门通过部门协作，对全链条信息开展分析研判，实施精准打击。经查，以王某乐等5人为首的犯罪团伙利用实际控制的外贸公司、上游空壳生产企业，虚构出口贸易业务，骗取国家出口退税款，虚开增值税专用发票6800余份，价税合计金额7.24亿元，骗取出口退税8300余万元。近日，案件将移交检察机关审查起诉。

泉州市税务局相关负责人表示，下一步将着力发挥六部门联合打击涉税违法行为工作机制作用，常态高效打击“假企业”“假出口”“假申报”，特别是对团伙化、暴力式虚开发票、骗取退税等严重涉税违法行为坚持严查严办，切实维护良好税收秩序。

专家学者认为，接连曝光的一系列涉税违法案件，彰显了税务部门对各类涉税违法犯罪行为紧盯不放、严厉打击的高压态势和维护国家税法权威的坚定决心。同时表明国家对文娱领域和网络直播行业各类税收违法行为的查处和曝光不是“一阵风”，税收综合治理长效机制正在逐步建立。

“系列典型案件的曝光，释放了严监管的信号，税务部门常态化打假、精准性监管、典型性曝光，加强税收监管和税务稽查的力度只会越来越大，每个纳税人都应自觉依法纳税，承担起相应的社会责任。”西南政法大学经济法学院副教授王婷婷说。

“税务部门的‘五步工作法’将提示提醒、督促整改和约谈警示作为立案稽查的前提，充分体现了税务执法的‘温度’和‘柔性’；对警示后仍拒不配合整改的依法进行立案稽查和公开曝光，又充分体现了严格执法的‘力度’和‘刚性’。”中山大学法学院教授杨小强表示，这真正做到了宽严相济、法理相融。

2. 经纪人被罚3227万元：“网红主播”等高收入人群税务稽查趋势分析

随着近年网络直播兴起，各类法律规范的不断完善，政府部门越来越重视此领域的监管和合规。这也符合经济发展的相关逻辑：当行业兴起时，政府部门鼓励创新，并加以扶持，此时虽在探索监管管理，但较为柔和，更多侧重于鼓励创新、发展经济；当该新兴行业逐步成熟、完善形成较大规模的市场时，政府部门往往将从存量中找增量，更多关注于该行业的合规与监管。

直播带货从新兴到成熟，税务部门一直重视并持续规范网络直播行业的税收秩序。头部主播往往代表着高收入，这与税务局重点关注高收入人群存在契合点。由此可见，税务部门越来越加强对主播尤其是头部主播的关注与监查。

对高收入人群如明星、带货头部主播等监管从严的趋势，从张恒由于阴阳合同等逃避税款被罚即反映出来，后续朱宸慧、林珊珊涉嫌偷逃税款被罚，进一步侧面反映了目前税务监管的重点。

深入研究薇娅（本名黄薇，以下称黄薇）处罚案件，从税务部门发现途径到黄薇违法行为和被处罚以及罚没金额认定，可以为企业税务合规管理提供有效借鉴。

面对强监管下的税务稽查，企业唯有完成“历史成本”的数字化合规体检，“亡羊补牢”才能轻装上阵，迎向更有挑战的未来。

（1）税收大数据分析评估发现机制——大数据下的智能税务系统详细解构

A. “税收大数据分析评估”的核查对象选择

根据《杭州市税务局稽查局有关负责人就黄薇偷逃税案件答记者问》（以下简称《黄薇偷逃税答记者问》）相关内容，“经税收大数据分析评估发现，黄薇存在涉嫌重大偷逃税问题”。“税收大数据分析评估”的核查对象选择，往往体现为三个方面：第一，对存在税务违法的企业倒推核查上下游企业的相关风险，即所谓的“拔出萝卜带出泥”；第二，从“发票商品明细”入手，对诸如“其他人力资源服务”等没有相应实体货物作为支撑的发票类目对应的企业进行核查；第三，结合税务监管重点和社会热点，对重点领域、重点行业、重点对象进行重点关注核查，并提出有针对性的监管措施。

B. 税务稽查处罚全流程分析

根据大数据分析，常规税务稽查往往遵循如下逻辑：

第一，通过大数据检测系统、智能税务系统、金税系统，通过对比同行业、类似企业相关数据，筛选出严重偏离行业平均税负率或者缴纳税款明显偏低的企业或者个人，此类企业或者个人将被初步判定为可能存在一定涉税风险。

第二，税务内部工作人员及时开展风险核查，初步确认风险。

第三，税务部门将采取约谈、提示等方式对上述企业人员进行辅导，督促其依法纳税。

第四，对于经税务机关多次提醒督促仍整改不彻底的相关单位或者人员，依法依规对其进行立案并开展全面深入的税务检查。

C. 从深圳市税务增值税发票风险防控预警系统中标公告看大数据稽查手段

2021 年 10 月 9 日，国家税务总局深圳市税务局发布增值税发票风险防控预警系统改造升级项目（以下简称预警项目）中标公告，反映出深圳市税务总局将加强对增值税发票的风险防控，同时稽查手段将会随着系统的升级更加多样化。（后续会撰写《系统解读深圳市税务增值税发票风险防控预警系统》一文）

该预警项目涉及五大预警模块（专用发票发放预警处理模块、专用发票取得预警处理模块、申报数据异常预警处理模块、特征信息比对预警处理模块、专用发票开具预警处理模块）、可综合查询企业登记信息、人员信息、发票信息等企业相关信息以及企业的异常状况，风险发票的领用、风险企业的迁移，是否存在开票但未申报的情况。

详细而言，该预警项目可以实现企业特征库比对预警、人员特征库比对预警、品名特征库比对预警、特殊时间发票预警，并会结合企业的信息、员工的信息、纳税申报的税目以及申报的时间进行审查。企业开具发票的情况，取得发票的情况，开具如高档手表、珠宝、金银首饰、二手车等的企业数据均可被查询。

系统还可实现按照政策的变化定制需求，对企业实时核查，及时更新政策。通过对人的核查，包括涉案人员的过往记录，是否有虚开经历，是否曾经拖欠缴纳税款以及在年龄上的异常情况，确定存在较高风险的人群，进而通过人员的确定，定位企业在税务筹划以及纳税申报过程中是否存在违规行为。

对于通过智能税务系统进行税务稽查过程中存在的风险点，系统会通过将上述的信息进行推送，经由大数据的综合分析，得到企业的具体税务问题；同时通过实时数据的推送，税务稽查部门会及时掌握企业的违法经营信息。税务部门的“以数治税”将会给企业带来更大的挑战，企业需要做好十足的准备，迎接“以数治税”的时代。

（2）不同事后处置下不同结果——事后救济对于处罚影响分析

据《杭州市税务局稽查局有关负责人就黄薇偷逃税案件答记者问》，一方面，当局对黄薇主动纠错的偷逃税等违法行为依法从轻处理，黄薇对其隐匿个人收入偷税行为进行自查并到税务机关提交补税申请，能够配合调查主动补缴税款 5 亿元，占查实偷逃税款的 78%，并主动报告税务机关尚未掌握的涉税违法行为，具有主动减轻违法行为危害后果等情节。因此依据《行政处罚法》第32条规定，按照《浙江省税务行政处罚裁量基准》（以下简称《税务处罚基准》），给予从轻处罚，对黄薇隐匿收入偷税但主动补缴和报告的少缴税款处0.6倍罚款。另一方面，当局对黄薇未能纠错的违法行为视危害程度依法严肃处理。根据《税收征收管理法》的规定，按照《税务处罚基准》，黄薇隐匿收入偷税且未主动补缴部分，性质恶劣，严重危害国家税收安全，扰乱税收征管秩序，对其予以从重处罚，处4倍罚款；黄薇虚构业务转换收入性质虚假申报偷税部分，较隐匿收入不申报行为，违法情节和危害程度相对较轻，处1倍罚款。

由此可见，对于进行自查、到税务机关提交补税申请、主动补缴税款等通过主动自查纠错的行为，税务部门往往给予从轻处罚，但是对于隐匿收入偷税且未主动补缴部分，给予从重处罚，虚构业务转换收入性质虚假申报偷税部分（黄薇案中主要是成立合伙企业虚构业务，通过设立上海蔚贺企业管理咨询中心、上海独苏企业管理咨询合伙企业等多家个人独资企业、合伙企业虚构业务，将其个人从事直播带货取得的佣金、坑位费等劳务报酬所得转换为企业经营所得进行虚假申报偷逃税款）因为较隐匿收入不申报行为，违法情节和危害程度相对较轻，处1倍罚款。

（3）企业落实“历史成本”数字化合规体检可行路径

A. 面对税局大数据强监管，企业更加需要外部专业服务

黄薇丈夫董海峰在致歉信中表示“我深知我们在税务上并不专业，因此聘用所谓的专业机构帮我们进行税务统筹合规，但后续发现这些所谓的合法合规的税务统筹均存在问题。在更为专业的财务团队到岗后，发现税务统筹有极大风险”。面对政府对海量数据的归集，面对企业内部治理的现状，在合规成本可控的前提下，企业家必须摆脱“侥幸心理”，对自己的经营行为要有清晰的掌握和了解，在大数据下，任何以前的经验以及遮掩都无法逃脱大数据的“鹰眼”，唯有“亡羊补牢”，才能将损失降低到最小。

税务大数据监管的核心逻辑就是对企业存在的高频税务、市场监管违法行为、企业内部违规行为进行画像建模，最终落实成为各项风控指标。从企业的角度，必须依靠第三方专业机构通过专业服务以及大数据风控产品，尽可能地实现企业与政府间信息的相对对称、只有立足政府公示的监管提示，结合海量大数据

执法案例，从执法逻辑倒推合规路径，才能避免后续的合规风险。

B. 面对税局大数据强监管，企业必须降低企业收票风险

发票是企业经营的“红细胞”，维系着企业整体生命周期。进项发票的合规管理，是当前企业财税管理的核心环节。企业在日常经营过程中需要经手很多发票，财务人员需要对此进行系统整理。在报销的环节，很多企业仍然采用原始的操作模式，效率低、时间长。而随着发票监管力度的不断加大，发票合规问题也成为企业面临的一大税务风险。面对可能存在的虚开虚受的发票风险，通过简单的验证无法快速准确辨别这类合规风险，而且发票风险是动态的，存在发票收录时正常，一段时间后因为各种原因变为异常，导致无法成为合法成本。这类问题屡见不鲜，因此需要强化对单一发票的合规预警和管理。（见图 15）

图 15　基于单一发票的风险预警维度

尤其是基于发票的销方即供应商的管理更是面临事中管控失灵的风险。通过发票维度强化供应商管理不失为一个有效手段。（见图 16）

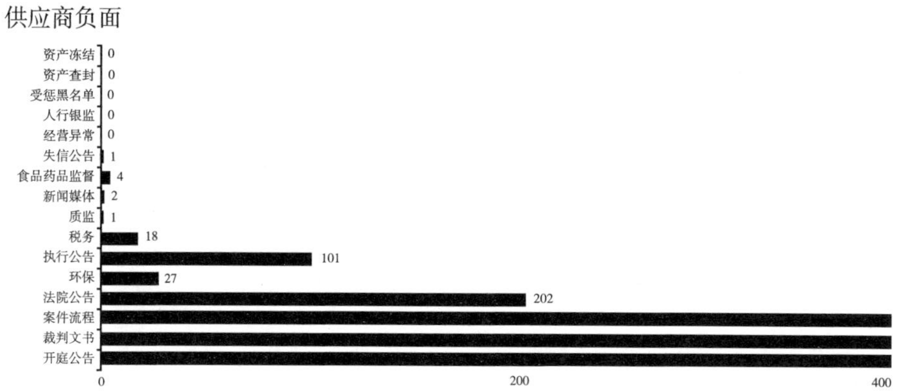

图 16　基于发票中的供应商合规维度统计分析

C. 面对税局大数据强监管，企业要实现成本的精细化管理

在查账征收的背景下，企业的财务管理仍然存在较多问题，对企业各类成本、费用的合规性没有做到全面把控导致企业无所适从。而财务数据精细化的基础首先是进项发票管理的精细化、大数据化，只有这样才能为财务人员解决上述困难奠定基础，才能 360° 全景了解企业内部财税动态，实现动态控制业务成本。（见图 17、图 18、图 19）

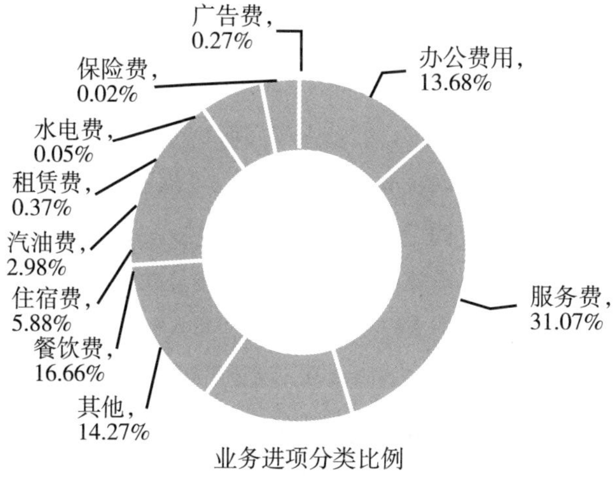

图 17　基于发票商品明细的统计分析

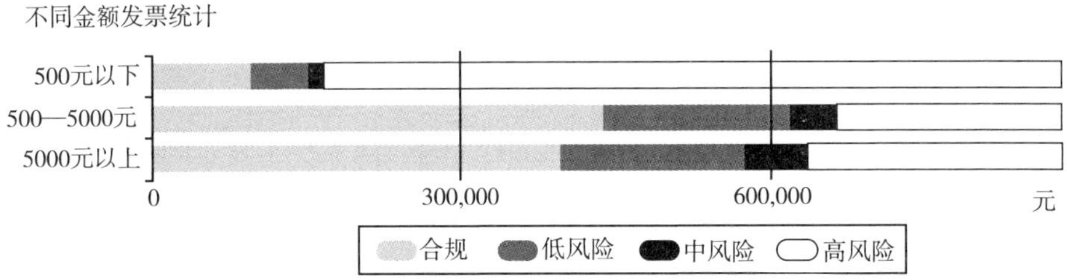

图 18　基于不同发票金额的分类分析

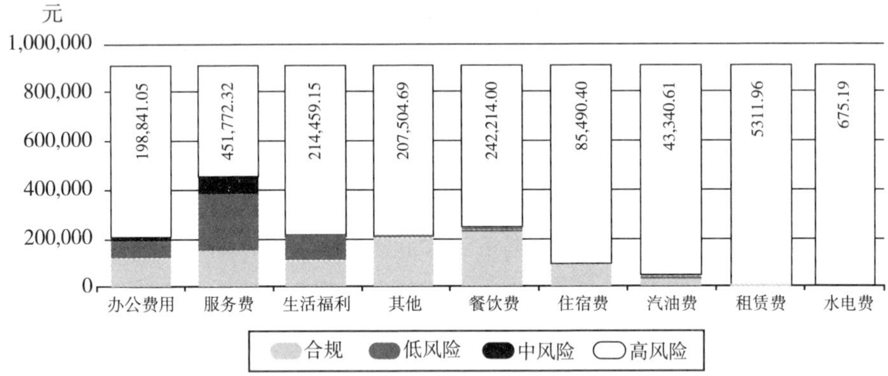

图 19　基于常规类目发票的风险统计及预警

D. 面对税局大数据强监管，企业必须摆脱“侥幸心理”

此次黄薇被查处主要是因为 2019 年、2020 年产生的税务问题，尽管后续黄薇等采取了注销合伙企业等方式，仍无法避免被处罚。该事件的核心问题就是纳税人对历史成本的合规问题没有清醒认识，存在“侥幸心理”，唯有与“历史财税”问题进行有效切割，才能“轻装上阵”。

企业做好对历史发票的系统巡查尤为重要，务必要做到对历史发票中各类成本发票进行分析，避免不合理支出发生，尤其是对大额历史发票进行巡查。在上下游企业因为经营状态变化（如走逃失联、经营异常、吊销营业执照、涉嫌税务违法虚开发票等）而使其开具的发票被认定为风险发票时，及时采取财务进项转出等措施避免企业风险。（见表 32）

表 32 基于不同面额发票的巡查方案

票面金额	巡查频率	巡查范围	巡查内容
不含税金额在5000元以上的发票	每月/每季度	巡查三年	发票查重，避免重复报销、重点类目控制、企业状态是否经营异常吊销注销情况查询
			成本核算提供支撑
			避免税务罚款、提前作出预警，将风险票提前排除；避免虚开，减少单位犯罪的可能
			企业状态、企业负面风险、监管重点风险、税务负面风险、股东状态变化核查
不含税金额在500—5000元的发票	每季度/每半年	巡查两年	发票查重，避免重复报销、重点类目控制、企业状态是否经营异常吊销注销情况查询
			成本核算提供支撑
			企业状态、企业负面风险、监管重点风险核查
不含税金额在500元以下的发票	每年	巡查一次	发票查重，避免重复报销、重点类目控制、企业状态是否经营异常吊销注销情况查询

对于巡查中发现的明确存在问题的发票，企业应当及时做出进项转出，对于基于真实交易，但是因为上游供应商经营状态发生变化而可能被认定为风险发票的，企业需要及时关注并做好预警方案。通过对企业所有发票进行精细化管理，引入预决算分析管理机制，使企业成本发票不因为严重偏离行业平均水平而被稽查。

E. 面对税局大数据强监管，企业需要实现经营利润与合规成本的动态平衡

黄薇因为存在涉嫌重大偷逃税问题，且经税务机关多次提醒督促仍整改不彻底，遂税务部门对其进行立案并开展了全面深入的税务检查。在收到税务部门监督提醒时企业应当格外慎重，因为可能意味着其会面临全面检查的风险，企业做好全面专业应对的准备，尤其是对历史成本问题要足够重视，有必要时及时聘请专业服务队伍，利用大数据合规财税软件进行系统梳理、及时发现潜在问题，做好风险评估与判断工作。企业应该主动对逃税避税进行纠错，对其隐匿个人收入偷税行为进行自查并及时到税务机关提交补税申请，配合调查主动补缴税款，主

动报告税务机关尚未掌握的涉税违法行为，以减轻违法行为危害后果，进而争取得到税务部门的从轻处罚。[①]

（五）企业数字化财税合规策略

1. 数字化监管时代下的企业“业财税”合规策略——兼评《关于推动平台经济规范健康持续发展的若干意见》

2022年1月19日，国家发展改革委等9个部门发布《关于推动平台经济规范健康持续发展的若干意见》（以下简称《平台经济发展意见》），《平台经济发展意见》第7条第7项明确提出“强化数字化监管支撑，建立违法线索线上发现、流转、调查处理等非接触式监管机制，提升监测预警、线上执法、信息公示等监管能力，加强和改进信用监管，强化平台经济领域严重违法失信名单管理”。发文机构涉及国家发展改革委、市场监管总局、中央网信办、工业和信息化部、人力资源社会保障部、农业农村部、商务部、中国人民银行、国家税务总局9部门，《平台经济发展意见》涉及企业经营的诸多方面，企业尤其需要密切关注监管动态。

本次《平台经济发展意见》的发布基于多地多部门数字化监管的实践，囊括了平台经济数字化监管系统、智慧税务稽查系统、全国互联网广告监测系统等诸多已经较为成熟、验证可行的数字化监管案例。

本文将从市场监管、税务监管等角度详细解析《平台经济发展意见》对于后续市场监管、税务监管的影响和趋势，为企业后续做好“业财税”合规经营和风险预警提供有价值的参考意见。

（1）市场监管、税务等多领域数字化监管系统及介绍

A. 市场监管领域——全国网络交易监测平台基础上的平台经济数字化监管系统剖析

2017年，原国家工商总局与浙江省政府正式签署《共同推进浙江网络经济健康发展战略合作协议》，在浙江建设全国电子商务监测中心。

市场监管总局委托浙江省市场监管局开发建设全国网络交易监测平台。平台

---

① 参见《杭州市税务局稽查局有关负责人就黄薇偷逃税案件答记者问》，国家税务总局浙江税务局网，载 http://zhejiang.chinatax.gov.cn/art/2021/12/20/art_17746_529545.html。

目标是在监管实践及执法实际中获得的各类数据及成功经验的基础上，采用建模并不断修正迭代开发的模式，在上线过程中结合实际执法情况不断完善应用，进而做到“边实践总结，边优化完善”。2019 年 11 月 5 日，全国网络交易监测平台启动上线。以大数据为驱动，利用分布式采集和爬虫技术，多方向采集海量信息数据，将大数据、人工智能、云计算、区块链等最新技术深入应用到市场监管前沿领域。该平台的正式上线，使市场监管部门在发现违法线索、查处违法行为、维护网络市场秩序、提高市场监管能力和风险预控能力等方面取得了长足的进步。

2021 年 2 月 26 日，立足于全国网络交易监测平台基础上，浙江省市场监管局正式上线了平台经济数字化监管系统。

a. 平台功能——六大类监测重点 + 五类行为监测

此系统在现有成熟的“网络禁限售”、“虚假宣传”、“价格违法”、“网络传销”、“知识产权侵权”和“主体违规”六大类监测重点基础上，聚焦平台经济领域垄断及不正当行为，着重对“二选一”“大数据杀熟”“低于成本价销售”“纵向垄断协议”“违法实施经营者集中”五类行为实施监测。首期监测范围覆盖重点平台 20 余家，平台内经营者 1 万余家，重点品牌 500 余个，商品 10 万余个。

b. 数据比对模型研究以确定风险，区块链技术保障无法篡改

在底层逻辑上，大数据风险监控能力源于在预测业务场景和深入分析各类网络违规表现的基础上开发形成的数字化智能识别模型。通过与建立的数据比较模型进行校对，可以判断风险。

该系统引入区块链技术，对执法过程中监测采集的风险数据等进行实时在线保存，保障相关线索、证据等无法被篡改，进而做到可追溯、可证明。

c. 页面可视化展示——线索交办数、企业整改数、消费示警数

平台经济数字化监管系统可以实时反映线索交办数、企业整改数、消费示警数等内容。“系统的目标不仅是优化平台经济监管执法的流程，还要聚焦服务企业和消费者，全方位推动平台经济良性发展。”

B. 税务领域——金税四期及智能税务系统

a. 税收大数据和风险管理局风险特征库建模、验证及推广

2019 年 12 月税收大数据和风险管理局成立，内设自然人电子税务局管理处、

云平台管理处、大数据管理一处、大数据管理二处和风险管理处。国家税务总局主管组织指导全国税收大数据和风险管理相关工作的机构。该机构主要职责是：负责云平台建设、相关业务需求和运行管理、相关系统应用和业务层面运维工作；组织实施税收大数据和风险管理战略规划；管理税收数据，负责税收数据交换和共享；统筹开展全国性、综合性风险管理特征库和分析模型建设、验证和推广。

b. 自然人电子税务局大数据稽查发现相关线索

某知名带货主播逃税案件即通过自然人电子税务局大数据稽查发现的。税政二股工作人员通过在系统内查询发现大额欠税疑团，随后通过多方监控其收入来源，确定主播个人所得税扣缴基数，并在第一时间与税务分局进行沟通，最终锁定。(具体参见往期文章：《经纪人被罚 3227 万元“网红主播”等高收入人群税务稽查趋势分析》)

自然人电子税务局通过对行业平均营收纳税情况进行大数据分析，已经实现对个税缴纳异常的分析预警。一般而言，明显偏离行业整体数据特征的纳税主体、存在风险特征的企业自然人、行业头部企业、高收入人群均是税务部门大数据监管重点关注的对象，即使相关数据未公示也可以从销售数据大致推导相关的销售额。

c. 金税系统识别虚开风险特征功能已经落实

2020 年 11 月 13 日，国家税务总局发布 2020 年 12 月政府采购项目，名称为“金税四期决策智慧端之指挥台及配套功能建设项目”。金税四期及智能税务系统不局限于金税三期的税务方面，会更进一步地纳入“非税”业务，实现对业务的更全面的监控。与此同时，金税四期搭建了参与机构之间的高效信息互通和核对审查通道，使各部委、央行和各银行等参与机构可使用企业相关人员手机号码、企业纳税状态、企业登记注册信息核查三大功能。

相比于之前的税务稽查系统，智慧稽查功能升级，从违法企业发现、疑点线索分析、手法感知预警、业务数据互动、违法态势研判这 5 个方面进行项目建设，并且将建立 5 大智能分析系统：虚开增值税发票智能分析系统、骗取出口退税智能分析系统、偷逃税智能分析系统、重点行业涉税违法智能分析系统和主要税种涉税违法智能分析系统。

金税四期的推进将会更进一步的推进现代化税收征管系统的完善，使“税费”业务在数据、业务和流程等方面全面数字化，为智能办税、智慧数字化监管构造良好基础。伴随金税四期的推进，虚开发票、买卖发票等一系列违法违规行为将进一步受到监管和打击，也意味着“合规”的重要性进一步加强。

在大数据分析监测和多部门涉税信息共享的情形下，税务机关不仅可以通过税务方面掌握信息，还可以通过其他部门掌握纳税人大量的经济数据信息，彻底打破了信息壁垒，稽查范围更广。税务机关可以多维度地分析比对，并且通过多部门联合惩戒，对企业进行警戒教育。

C. 广告领域——全国互联网广告监测中心

a. 云技术加持为各级监管部门推送违法广告线索材料

2012 年年底，浙江省政府与原国家工商总局签订协议，将“全国互联网广告监测中心”交由浙江省广告监测中心负责，并于 2017 年 9 月 1 日中心正式建成启用。

全国互联网广告监测中心的设立目标是依托“互联网”和“广告智慧监管”的理念，利用信息化、数字化技术，打造一个多功能的现代化数字监测平台系统，实现对互联网广告的精准监测和智能分析，强化网络广告的数字化监管能力。

平台监测系统采用阿里云成熟技术，利用云计算技术实现计算资源（包括网络、服务器矩阵、存储、应用软件和服务等）的快速部署和灵活组合，开展重点门户网站、电商平台、搜索引擎、广告联盟、移动端 APP 和自媒体号广告的监测检查，从而为全国各级市场监管部门提供互联网涉嫌违法广告线索及相关证据。

b. 广告监测中心发展动态及后续优化方向

2021 年传统媒体广告监测系统 3.0 版平台试运行，该平台的建设与应用完善，能够实现不同媒介广告监测的数据融通，“边建边用，边用边完善”的理念意味着该平台仍将不断更新迭代。该平台以监测为手段，为省、市、县三级市场监管部门及媒介单位提供日常监测服务，及时发现虚假违法广告并进行证据固定，并且根据监测结果对媒介单位进行信用评价排名。监测中心通过该平台积极探索“融媒一体”新型监测理念和技术手段，在数据标准上将传统媒体广告监测与互联网媒体广告监测相统一，有效打通以往广告监测的“数据孤岛”。

“三比一讲”广告线索交办系统已经于2021年投入使用，该系统的功能包括案件线索录入、线索审核、线索交办、线索接收等，并且已经完善案件交办统计查询功能、线索退回功能、市级向下交办功能等智能模块，通过数字化手段实现广告线索的自动派发。

2021年12月，全国互联网广告监测平台（四期）项目概要设计方案现场评审通过。四期项目建设重点为互联网新业态（直播带货）监测、互联网涉嫌违法广告电子认证、融媒体广告智慧监测，建成后将进一步拓宽监测覆盖面、提升监测效能，为各级市场监管部门提供更为完善和先进的技术支撑。监测中心副主任徐峰称，鉴于监测对象变化比较频繁，如何优化、集中捕捉、重点梳理等是今后需优化的方面。依托于信息化、数字化技术，打造包含监测、预警、研判、调度等多功能的全国互联网广告监测平台，能够为市场监管部门针对违法广告实现精准掌握、快速打击提供强力保障和支持，同时利用数字化监管更好地保障市场秩序。

（2）数字化监管趋势及对企业后续经营影响

国家越来越重视数字化监管，随着政府部门联动监管进一步推进，发票电子化、数字货币等各类电子化进程不断深入，在云计算、大数据、人工智能、机器学习、分布式处理等先进技术的支持下，未来数字化监管将是必然的趋势。技术的进步让互联网监测模式不断创新，以重点平台日常监测为中心形成有效的监测辐射，拓展监测边界；以双随机监测模式，随机定位和派发，维护监测公正；以区块链等方式做到执法证据实时固定；以实务执法经验不断完善算法模型。

A. 监管部门数字化监管的三大方向

a. 爬虫技术——完成内容搜集

目前，监管部门相关监测系统使用高效的分布式爬虫技术，使开展全国范围的互联网内容搜集已经成为可能。目前，爬虫技术的不断发展完善，使得监管部门可以及时搜集获知互联网所更新的各类内容。在信息时代，企业必然会留痕，各类相关信息包括经营信息、交易记录，都可被市场监管部门获悉。

b. 算法逻辑——助力数据分析

互联网平台中非结构化数据给监测技术提出较高要求。尽管目前效果受到诸多因素的限制以至于企业可能无法感知，但未来一定会实现数字化监管。大数据平台采用了世界领先的大数据技术等技术，采用智能语义分析系统，通过对互联网内容进行自动化分析，极大地节省人力，提高监管效率。同时随着人工智能的不断发展，构筑系统自动学习迭代能力成为可能。政府部门可以通过边实践边改进的方式，不断的数据积累，使得产品不断迭代。

c. 企业合作——监管部门探索

通过中国政府采购网，可以发现诸多诸如“大数据平台（个税智能服务子系统）采购项目公开招标公告”等各类公开招标公告。政府部门面向社会进行招标，也意味着若能够了解监管部门底层监管算法逻辑，通过技术模拟甚至复刻监管部门监测平台系统存在实现的可能。如果企业能够通过类似监控平台的系统进行自查自纠，进行合规风险管控，可以在一定程度上解决政企信息不对称问题，企业相关风险也将得到化解。

B. 数字化监管对企业的深刻影响

未来数字化监管必然将覆盖企业经营的方方面面。伴随技术进步，监管也在与时俱进，这给企业合规带来了更高的要求。

a. 信息不对称加剧，企业合规成本进一步提高

对监管部门的各项监管政策予以梳理并实时进行更新、跟进，实时了解政府部门监管动态、严打行为，并按照政府监管调整企业经营策略，对任何存在涉嫌违法可能的事项均予以评估、做出风险预案、解决方式，对此，资金雄厚的企业做到尚且存在困难，而受到疫情影响，较多中小企业生存甚至存在问题，无暇顾及合规亦是诸多中小企业的现状。一方面是政府监管部门通过各类数据化软件系统更加清晰掌握企业画像；另一方面，企业对政府监管逻辑了解甚少，由此更加加剧了企业与政府之间信息不对称。

b. 疫情过后，国家监管整体趋严

在疫情期间，较多政府部门采取包容审慎型监管，较多地区市场监管部门发布轻微违法免罚清单，使企业轻微违法免于行政处罚。但是随着疫情的缓和，预计疫情过后，较多疫情期间为了扶持企业生存而采取的监管放宽措施将适当收紧。监管部门数字化监管系统亦在更新迭代中，随着海量数据的汇集，企业在经营中的不合规行为都将无法逃脱数字化的监管。监管部门现在不对企业进行检查与处罚并不意味着其不知悉，而是在进行有安排地部署，但是对企业而言，这种状态是极其被动的，为后续长期稳定经营埋下了大“定时炸弹”。

c. 信用围栏收紧，企业“一处违法、处处受限”

与平台监管相伴而来的是政府各个监管部门的信息互通。国家进一步推进覆盖全社会的信用体系不断完善，包括完善信用法律法规和标准体系，形成覆盖全社会的征信体系，推进政务诚信、商业诚信、社会诚信和司法诚信建设，推进诚信文化建设，健全守信激励和失信惩戒机制。失信联合惩戒是信用监管机制的重要组成部分，是事后监管环节的核心手段，是构成全生命周期信用监管闭环的关键一环。近些年“宽进严管”“联合惩戒”被反复提及，政府数字化监管必然使得信用围栏进一步收紧成为趋势。

（3）以执法逻辑倒推合规路径——企业一体化合规策略

“宽进严管”是一项重要的监管措施，“宽进”是指改革市场主体准入条件、登记服务方式和行政审批制度，减少市场主体受到的体制与机制的障碍，增加创业的动力与活力。“严管”是指加强对市场的监管，在部门间实现信息共享，强化对企业的信用监管。但是，目前企业服务端的数字化能力尚有不足，在很多情况下企业对合规并不了解，面对政府与企业的信息不对称，企业无所适从，所以企业亟待在这方面加强自身完善，提升数字化合规水平。

A. 对外——知悉与有效应对数字化监管，减少信息不对称

企业并非孤岛，企业经营亦受到各类监管。企业应当做到掌握监管动态，结合自身经营情况对可能涉嫌违法点做出预判。鉴于市场监管部门对于企业常见频发违法点及高频违法行为已经建模，数字化监测系统具备迭代功能，对于市场监管常见违法情形以及对应行为特征表现，企业应当知悉。与此同时，企业应利用智能合规引擎，对行为进行校对，判断可能存在的风险。（见表33）

表33　对相关行为进行判断

<table>
<tr><td rowspan="5">市场准入</td><td rowspan="2">公司登记事项</td><td>★擅自变更登记事项</td><td>冒用公司名义</td><td>★超越公司经营范围</td></tr>
<tr><td>分公司未经登记</td><td>★虚假材料登记</td><td>虚假出资（认缴、实缴）</td></tr>
<tr><td rowspan="2">非公司登记事项</td><td>年度报告书</td><td>★网上亮照</td><td rowspan="2">★营业执照置醒目位置</td></tr>
<tr><td>超过6个月未经营</td><td>涂改、伪造、出借、转让营业执照</td></tr>
<tr><td>无照经营</td><td>★无证无照（需许可）</td><td>★无证无照（无须许可）</td><td>★为无照经营提供便利</td></tr>
</table>

续表

市场经营	公平竞争	★虚假宣传	★商业贿赂	混淆行为
		有奖销售	★侵犯商业秘密	排他限制竞争
		诋毁商誉	串通招投标	
	反垄断	达成垄断协议	★滥用市场支配地位	经营者集中
		反垄断调查		
	产品质量	★不符标准	★以不合格产品冒充合格产品	伪造冒用
		失效变质	★产品标识不符规定	★生产许可证
	格式合同	★排除消费者权利	合同欺诈	★免除自己责任
		★加重消费者责任		
	商标	★侵犯注册商标专用权	未注册商标冒充注册商标使用	★驰名商标不得宣传
	直销传销	直销	传销	
	广告	★虚假广告	★使用限制级词汇	广告内容不清楚不明白
		★数据引证等标明出处	专利产品标明专利号和专利种类	贬低其他经营者
		★广告应当有广告标记	医药类广告	★食品及保健食品广告
		烟酒类广告	★房地产类广告	教育培训类广告
		投资类广告	未成年人广告保护	广告发布及互联网广告
	消费者权益保护	消费者人身保障	★欺诈消费者/退一赔三	★七天无理由退货
		消费者信息保护		
	价格	★政府指导定价	★明码标价	价格欺诈
		价格垄断		

企业应该更加熟悉和主动运用应对行政处罚、行政复议、行政诉讼以及行政救济的各种方式和手段，通过剖析行政处罚大数据、裁判文书以及各类公开行政类材料实现自我风险梳理和评估，对企业诸多高频的行政争议博弈点进行关注和预警，能够在与各级部门的行政博弈中做到“心中有底”，直面各类具体行政行

为时做到“心里不慌”。（见表 34）

表 34 相关行政行为

行政处罚	行政处罚原则	从轻减轻处罚	管辖
	立案	调查取证	行政处罚简易程序
	行政处罚一般程序	行政处罚决定	行政处罚送达
	行政处罚执行		
行政复议	行政复议原则	受理条件	规定一并审查
	诉讼复议不兼得	行政复议时限	复议不停止执行
	申请人、第三人查阅权	不得自行收集证据	
行政诉讼	行政诉讼案由	受案范围	提起诉讼条件
	行政诉讼期限	起诉权利保障	行政诉讼管辖
	行政诉讼被告	复议诉讼衔接	申请执行
	举证责任	诉讼时效	有权参与诉讼主体
	停止执行例外	撤销或部分撤销	判决违法但不撤销
	驳回原告诉讼请求	判决确认无效（重大且明显违法）	二审判决
	申请再审	撤销准许权	检察院法律监督
	证据收集规则		
行政信息公开	政府信息定义	信息公开具体职责	信息公开原则
	不公开情形	主动公开	申请信息公开答复（答复期限）
	依申请公开：自身生产、生活、科研等特殊需要公开	信息公开答复形式	应当受理
	被告（行政机关）举证责任	不予受理	适格被告
	判决确认违法	判决撤销	判决限期答复

B. 对内——从“业财税”立体角度评估企业“四大”领域数字化合规建设

a. 企业业务数字化合规管理

数字化监管下，监管部门对企业的各类数据可做到精确了解，尤其是符合大数据风险模型的企业更是监管的重点对象。上述背景下企业应当对自身经营各项数据指标做到更加细致的了解，清楚企业存在的风险，构筑企业自身经营数字化模型，顺应市场监管部门监管趋势，对企业自身进行画像与风险预判。

所谓“业财税一体化”是指业务、财务、税务一体化智能管理，将业务合规、税务合规、财务合规融入纳入企业经营的各个流程，实现企业的业务管理、税务管理、资金管理、财务管理全面贯通，实现企业基于价值链的内外部信息互联，提高效率，降低风险。

企业业务经营涉及市场准入、市场经营等诸多方面，涉及违法点众多，诸如虚假宣传、商业贿赂、混淆行为、有奖销售、侵犯商业秘密、排他限制竞争、诋毁商誉、串通招投标、产品质量不符标准、以不合格产品冒充合格产品、产品标识不符规定、采用格式条款排除消费者权利、免除自己责任、加重消费者责任、进行合同欺诈、发布虚假广告、欺诈消费者等。

在互联网时代，企业经营数据、对外宣传、供应商业务往来、与经销商合作、对消费者权益维护等诸多方面已经暴露在监管之下。监管部门的数字化监管，往往能够自动筛选出企业经营异常数据指标。比如，在企业宣传方面，国家逐步建立了全国违法广告监测中心，对企业各类宣传行为进行监控并取证，对企业而言，宣传中各类材料包括外包装、标签、传统广告、互联网广告（含电商店铺详情页、官网、官微、官博、软文广告等）都要做好数字化保存，需要进行自我合规预警，否则更加容易遭受行政处罚。企业应该对销售人员进行培训，同时制定日常行为规范，并保存相应记录等方式表明企业本身不存在主观恶意。企业能够对可能涉及的商业贿赂行为进行提示说明，才能减少或避免因商业贿赂被处罚的相关风险。

在应对监管部门执法检查问题上，企业应准备应急预案，一旦企业因可能存在的合规问题被行政执法机关约谈，务必予以快速反应，给出应对措施，并出具针对性的抗辩意见，以减少甚至免于行政处罚。

面对上述内容繁多、体系庞大的经营合规各领域，必须借助数字化的力量，通过业务经营全流程数字化合规管理，才能在提高效率的同时，实现有效风险防控。

b. 企业税务数字化合规预警

销售、财务、法务、管理层四者之间存在天然的隔阂。缺乏数字化管控的企业甚至远远不如政府部门了解企业自身状况。对于企业而言，发票贯穿于企业全部生命周期，既是企业加强日常费用审计的实质性要素，也是完善企业内部控制制度的重要组成部分。信息技术的发展为建立全国统一的电子发票服务平台提供了条件，这更有利于税务信息的整合和拓展，实现“以数治税”的分类、精准监管。

对可能存在的诸如虚开发票、虚售发票、成本转移、管理类发票等不当税务筹划应及时关注、预警，并对风险进行分析评估，出具风险评估意见并制定合规方案。税务合规监管有收紧趋势，且随着金税四期、智能税务管理系统等数字化监管系统的推出，企业提前进行税务管理，对潜在的税务风险进行发现、预警，并给出解决方案尤为关键。除此以外，企业仍需采用定期沟通并对敏感事件予以预警的方式，进行企业内部经营税务合规动态跟踪监控。

建立数字化的发票管理合规体系对企业而言显得非常重要。通过海量、高频、复杂的发票数字化管理，实现最小颗粒度的管控，能有效贯穿“业财税”三个领域，弥合三者之间缝隙。目前“锦信一票通”在上述领域做了有效探索，并有了一些成功经验，值得关注。

c. 企业财务数据化转型管理

财务数字化、标准化将是企业发展的趋势。2020 年 3 月 23 日，财政部和国家档案局共同制定发布了《关于规范电子会计凭证报销入账归档的通知》，其中要求企业使用会计系统能够准确、完整、有效地接收和读取电子会计凭证及其元数据，能够按照国家统一的会计制度完成会计业务，能够按照国家档案行政管理部门规定的格式导出电子会计凭证及其元数据，并办理、审批等必要的手续。任何单位和个人在电子会计凭证报销、录入备案中违反本通知规定的，由县级以上人民政府财政部门和档案管理部门依照《会计法》《档案法》等有关法律、行政法规的规定进行处罚。

在推进数字化合规方案实施过程中，数字化合规方案正在潜移默化地纠正中国企业合规观念的偏差，重塑企业合规管理理念。企业通过拥有内部统一信息化管理系统，监控企业运营管理的全流程，通过自动化电子流程及时保留相关的电子证据，并存储在统一数字化平台中，供相关部门在合规诉讼需要时随时查询提取。随着数字化水平的加强，企业也将采用更加先进的 AI 算法，在做好实时监控和事后分析的同时，可以进一步做到对合规风险和义务的事前预测，进一步提升企业合规管理水平。

d. 企业政策更新梳理数字化

企业管理涉及的领域和环节很多，相关的法规和标准比较复杂。为保证企业管理众多领域和环节的合法合规，企业应有专门人员及时梳理、跟进、报送涉及本行业尤其是营销领域的政策梳理、法律法规更新、行业动态、处罚案例更新等情况，并结合销售地区进行分类梳理，避免员工因为不了解相关政策变动而做出违反法律法规规章的行为。

在政策更新数字化上，需要借助各类法律数据信息化数字化的平台，通过推送、定制以及专项研究等方式及时更新政策储备，实现法律、法规、各类政策、监管重热点和典型案例等信息准确、及时和有效传送。

总之，政府数字化监管倒逼企业必须进行内控流程合规管理体系搭建，企业应当探索尽量以较少成本构筑企业数字化自查自控模型，探索高效率工具使用，基于风险评估制定各种方案，开展持续的合规监控，从而实现“轻装上阵”，在“守住底线”的前提下去迎接新经济环境下的各类挑战。

2. 税务稽查内在逻辑深入解析——从执法逻辑出发构建易受稽查的企业画像

（1）深圳税务局智能稽查系统上线，智慧稽查时代来临

2020 年 11 月，国家税务总局深圳税务局稽查局公布了情报分析管理系统开发与集成项目的中标结果，计划建设智慧稽查项目统一门户，并计划在 2021 年 12 月底前上线智慧稽查 4.0。

智慧稽查系统通过建设互联网数据采集和查管互动模块，接入融合税务内部、外部和第三方数据资源，实现多方数据的联动。同时综合利用“AI + 大数据”等前沿技术，实现税务稽查专家经验的流程化、计算化，建设智能研判、情报探查、智能查询等模块，为税务稽查办案各环节提供情报支撑。

在智慧稽查的大趋势之下，纳税人的经营数据和交易信息都会“浮出水面”，智慧稽查可以实现对违法企业的全方面监控、对违法线索的智能分析，并总结规律形成对潜在风险的预警。基于此，纳税人不合规的成本会大大提升，也对纳税人的管理能力提出了更高的要求。

（2）发票管理不规范、财务指标异常、代扣代缴不规范——企业存在的税务合规之痛

A. “以票控税”税务管理模式下，发票的合规成为税务稽查重点

在“以票控税”的税收管理模式下，发票的合规问题是税务稽查的重点，企业要重视发票流、业务流、现金流的一致性。在开具发票方面，企业要按照真实发生的业务开具对应的发票；在取得发票方面，企业要建立健全的报销机制，同时加强对上游供应商的管理，以免在不知情的情况下取得不合规的发票。

B. 纵向横向平均值偏离较大，企业财务异常指标画像

当企业的相关财务指标与同行业平均值偏离较大（横向分析），或在各纳税年度间变化率较大（纵向分析），或与关联性的财务指标变化相背离时（配比分析），就可能存在相应的财税风险。企业要对财务指标异常变动背后的原因开展自查，对于由于企业合理范围内的相关经营活动或业务模式变化导致的指标异常，要主动留存相应资料。

常见的财务指标有：主营业务收入变动率、成本费用变动率、预收账款变动率、税负率、存货周转情况与销售收入的配比、财务费用与借款情况的配比等。

C. 员工零申报、相关应税补贴或奖金不纳入个税申报、代发工资将面临较大税务风险

根据《税收征收管理法》第4条和第25条的规定，纳税人、扣缴义务人必须依照法律、行政法规的规定缴纳税款，代扣代缴、代收代缴税款，同时依法如实报送代扣代缴、代收代缴税款报告表以及税务机关根据实际需要要求扣缴义务人报送的其他有关资料。因此，大量员工零申报、相关应税补贴或奖金不纳入个税申报、代发工资等问题，都会面临相应税务风险。

（3）执法视角切入，条分缕析税务稽查

税务稽查区别于一般的税务检查，是由税务局稽查局依法实施的查处税收违法案件的行为。税务稽查实行选案、检查、审理、执行分工制约原则，四个流程分别由不同的部门负责实施。

A. 九种选案方式，“双随机”，每个纳税人都存在成为稽查对象的可能性

根据《税务稽查案源管理办法（试行）》第15条的规定，税务稽查的案源信息有推送案源、督办案源、交办案源、安排案源、自选案源、检举案源、协查案源、转办案源及其他案源九种。其中，推送案源是指风险管理部门根据风险管

理工作流程推送的高风险纳税人风险信息选择的案例源。虽然重点行业和高风险纳税人在税务稽查中会有更多的可能性，但在“双随机”模式下，对执法对象进行随机抽查，并随机派出稽查人员的抽查机制使得每一个纳税人都存在成为稽查对象的可能性。这就要求纳税人在合规过程中做好日常管理工作，不要跳出法律框架。

同时，纳税人也不可忽视检举案源。在商业活动中，竞争对手、内部员工等都有可能基于各种考量采取举报行为，而根据《税收违法行为检举管理办法》第 20 条第 2 款的规定，检举内容与线索较明确但缺少必要证明资料，有可能存在税收违法行为的，由稽查局调查核实。由此可以看出，即使检举内容只是存在违法可能性，纳税人也会被稽查局进行相关调查，那么即使该项检举不属实，企业其他的一些合规问题也会有暴露的风险。

B. 多种方法调查取证，多部门涉税信息共享

根据多个来源确定检查对象后，进入税务检查流程。检察机关可以按照法定权限和程序，采取现场检查、查阅账簿资料、查询查询存款账户或者储蓄存款、异地联合调查等多种方式调查取证。此外，企业信息网络验证系统正式投入使用，支持企业税务登记状态信息的验证功能。

C. 审核并根据不同的情形拟制税务文书

审理人员依法对检查部门移交的税务稽查报告及相关材料进行审核，并根据不同的情形拟制税务处理决定书、税务行政处罚决定书、不予税务行政处罚决定书、税务稽查结论等税务文书。

D. 税收征管信息系统将税收违法案件查处情况通报税源管理部门

进入第四阶段，执行部门要及时将税务文书送达被执行人，并通过税收征管信息系统向税源管理部门通报税务违法案件的查处情况。

（4）税务稽查实例——从长丰地税稽查局职权诉讼案看税务稽查的范围

稽查局的职权范围一直备受争议，根据《税收征收管理法实施细则》第 9 条的规定，稽查局专司偷税、逃避追缴欠税、骗税、抗税案件的查处，同时又将税务局与稽查局职责划分的权力交由国家税务总局。

2015 年的长丰地税稽查局职权诉讼案中，税务机关从胜诉到败诉再到胜诉的反转，也具体展现了这一争议点：

2011 年长丰地税稽查局向晨阳公司送达了税务检查通知书及税务阳光稽查

告知书，对晨阳公司2008年至2010年的税务进行检查。通过检查发现晨阳公司存在少缴土地增值税、未代扣代缴个人所得税、未申报缴纳已扣的个人所得税等问题。2013年长丰地税稽查局向晨阳公司先后送达税务处理决定书、税务行政处罚决定书，晨阳公司对其中的处罚决定不服，遂提起行政诉讼。

针对长丰地税稽查局在本案中的职权问题，一审认为该项检查工作是其法定职责。二审认为，处罚内容不属于税务稽查局的法定职责，长丰地税局越权。法院认为，根据《国家税务总局关于稽查局职责问题的通知》（国税函〔2003〕140号），稽查局可以查处各类税务违法案件。随后，《税务稽查工作规程》（国税发〔2009〕157号）再次明确了稽查局的职责范围。因此，根据上述规定，长丰地税稽查局具有依法对本案中晨阳公司的税收违法行为进行查处的权力。

（5）“三假”等涉税违法行为成为2021年税务稽查重点

2021年1月13日，国家税务总局稽查局局长郭晓林在介绍全国“三假”案件查处情况时提到，今年全国税务机关将继续严厉打击“三假”等涉税违法行为。

“三假”指的是没有实际经营业务只为虚开发票的“假企业”、没有实际出口只为骗取退税的“假出口”以及不具备条件只为骗取疫情防控税收优惠政策的“假申报”。作为税务稽查的重点对象，诸如“空壳企业”“粗暴虚开”“走逃失联”“买单配票”“虚假申报”等行为的违法成本大大提高。企业要重视自己的财税合规，否则有极大风险会承担相应的行政、刑事责任。在支付罚款、滞纳金之外，企业信用等级的降低也会影响企业正常的生产运营销售活动。

（6）事前事中事后，全方位构建税务稽查的应对体系

A. 事前：加强纳税人自查

在日常经营过程中，纳税人应当重视财税合规，在合法的框架内进行相应的筹划，定期自查企业的财税情况，包括企业经营销售情况的真实性、税收优惠的适用性、税前扣除的合理性、票据管理的规范性等，同时加强对财税人员的专业培训、加强对企业员工的普法教育。

B. 事中：积极配合纳税税务检查

纳税人要积极履行相关义务，配合检察人员提供相关信息，切不可隐匿、销毁相关材料。同时，纳税人也要重视自身权利的保护，对于稽查人员存在的程序不合法性等问题，纳税人有权拒绝检查。

C. 事后：注重企业财税合规

在税务稽查之后，纳税人应当重视企业管理中存在的问题，并及时修正，建立内部自下而上完善的监管、反馈、沟通机制，加强票据监管和供应链上下游的管理。

（六）企业公益捐赠合规要点关注

1. 鸿星尔克企业公益捐赠的税务合规筹划

鸿星尔克因宣称捐赠5000万元给河南一度登上热搜，且出现直播间被挤爆现象，2021年7月23日其销售额同比暴增52倍。鸿星尔克上热搜的同时，也遭遇了一部分网民的质疑，质疑其存在诈捐、消灭库存的问题。本文通过税务合规专业的角度，通过还原事实的过程，暴露公益捐赠中存在的问题，为企业合法合规进行公益捐赠提供可行性方案，让更多的企业加入到公益捐赠中，为社会增加正能量。

2021年7月21日，鸿星尔克公司［签约主体：鸿荣（漳州）信息技术有限公司］与深圳壹基金公益基金会（以下简称壹基金）签订捐赠框架协议，约定：拟于2021年7月20日起向壹基金捐赠现金和物资，其总价值不超过人民币2000万元整，包括人民币200万元现金捐赠和1800万元物资捐赠。上述200万元应急款项鸿星尔克公司已拨付，其他相关物资将由壹基金根据物资到达情况和灾区需求分批次接收和发放。

价值1800万元的物资主要是衣服，但衣服本身也是灾区第一线急需的。关于这些衣服是否为红星尔克公司的商品库存，价值是否为1800万元。李弘说：“壹基金会按照民政部要求的会计制度确定其公允价值，还会向捐赠企业开出捐赠票据。”

2021年7月21日，鸿星尔克公司（签约主体：厦门展乐电子商务有限公司）与郑州慈善总会初步签订捐赠框架协议，约定：签订协议后5日内，向郑州慈善总会指定账户捐款100万元；物资2900万元。100万元捐款已到账，鸿星尔克将分批捐赠上述相关物资。

（1）从鸿星尔克捐赠剖析公益捐赠潜在风险点

2021年7月21日，鸿星尔克与壹基金[①]签订捐赠框架协议，于2021年7月

---

① 签约主体为鸿荣（漳州）信息技术有限公司与深圳壹基金公益基金会。鸿荣（漳州）信息技术有限公司与福建鸿星尔克体育用品有限公司为关联公司。

20 日起向壹基金捐赠现金和物资，包括人民币 200 万元现金捐赠和 1800 万元物资捐赠。同日，鸿星尔克与郑州慈善总会①签订捐赠框架协议，捐赠 100 万元现金 2900 万元物资。100 万元善款已经到账，上述其他相关物资鸿星尔克将分批次捐赠。

A. 风险点 1：诺而不捐违约法律风险——以关联方名义捐出是否可以进行宣传？

无论鸿荣（漳州）信息技术有限公司与深圳壹基金公益基金会亦或者厦门展乐电子商务有限公司与郑州慈善总会签署的均为框架性协议。框架协议或框架合同是源于德国法的概念，指为双方签订的同一类型合同（个别合同）提供基本框架（结构）和基本条件的合同。对于框架协议的性质和效力，司法实践中存在较大争议，理论界也有不同的看法，但并不会对鸿星尔克需要履行的义务产生必然影响。

《慈善法》第 41 条规定了“捐赠人应当按照捐赠协议履行捐赠义务。捐赠人违反捐赠协议逾期未交付捐赠财产，有下列情形之一的，慈善组织或者其他接受捐赠的人可以要求交付；捐赠人拒不交付的，慈善组织和其他接受捐赠的人可以依法向人民法院申请支付令或者提起诉讼：（一）捐赠人通过广播、电视、报刊、互联网等媒体公开承诺捐赠的……”鸿星尔克官方微博于 2021 年 7 月 21 日发文，“鸿星尔克通过郑州慈善总会、壹基金捐赠 5000 万元物资”。因此，鉴于鸿星尔克已经在互联网上发声明承诺捐赠，因此，无论框架协议效力如何鸿星尔克均需要履行捐赠义务。

鸿星尔克捐赠的签约主体为鸿荣（漳州）信息技术有限公司与厦门展乐电子商务有限公司并非福建鸿星尔克体育用品有限公司。因为“鸿星尔克官方微博”发文内容仅仅为“鸿星尔克”，并未明确为福建鸿星尔克体育用品有限公司，因此，福建鸿星尔克体育用品有限公司的关联公司的捐赠亦可视为“鸿星尔克”相关捐赠。

B. 风险点 2：捐赠物品价值确定及认定风险——消灭库存？亦或诚意慈善？

鸿星尔克本次捐赠的价值 1800 万元的物资以衣物为主，此次捐赠衣物是否

① 签约主体为厦门展乐电子商务有限公司，鸿星尔克（厦门）实业有限公司持有其 90% 股份。

为鸿星尔克公司的商品库存，是否鸿星尔克公司捐赠仅仅为清理库存产品？此次捐赠衣物是否公允价值确实达到1800万元？

在公益捐赠的价值认定方面，根据财政部、国家税务总局发布的《关于通过公益性群众团体的公益性捐赠税前扣除有关事项的公告》，接受的非货币性资产捐赠，以其公允价值确认捐赠额。公允价值是根据公平与自愿的原则所确定的价格，在不同的行业，公允价值的确定方法是不同的。就本次鸿星尔克捐赠而言，捐赠物资以衣物为主，因此，公允价值的确定主要是估计销售价格减去实现成本和合理利润的余额，或者估计产品完工后销售价格减去成本、实现成本和待确定的合理利润的余额。

C. 风险点3：捐赠流程缺乏管控的风险——侵犯股东、债权人利益风险

2021年以来，鸿星尔克因为经营不善，净利润一直为负。鸿星尔克截至2021年7月，已经股权质押4次。（见表35）

表35 鸿星尔克历年股权质押信息汇总

公告时间	登记编号	出质人	质权人	状态
2020年9月2日	62000000000172755	鸿星尔克（厦门）投资管理有限公司	厦门银行股份有限公司	有效
2018年12月19日	62000000000172740	鸿星尔克（厦门）投资管理有限公司	厦门银行股份有限公司	无效
2018年12月19日	62000000000172741	鸿星尔克（厦门）投资管理有限公司	中国光大银行股份有限公司厦门分行	无效
2015年9月16日	62000000000172722	鸿星尔克（厦门）投资管理有限公司	中航信托股份有限公司	无效

我国《公司法》第22条第1款和第2款规定："公司股东会或者股东大会、董事会的决议内容违反法律、行政法规的无效。股东会或者股东大会、董事会的会议召集程序、表决方式违反法律、行政法规或者公司章程，或者决议内容违反公司章程的，股东可以自决议作出之日起六十日内，请求人民法院撤销。"公司捐赠行为无论授权于董事会，抑或股东会或股东大会，均以决议的形式作出的。

因此，对于股东认为违反法律和公司章程的公司捐赠的决议，股东可以依照法律规定的程序起诉请求法院确认该决议无效或者撤销该决议。在法院做出决议无效或撤销的判决是否具有溯及力问题上即是否直接影响已做出的公司捐赠行为的效力，《公司法》对此问题并未加以规定，司法部门也未出台司法解释对此加以解释。国外的立法例和学界一般倾向于具有溯及力，在这种情况下，公司的捐赠行为自始无效。但是，为了保护受赠人作为善意第三人的利益，可以适用表见代理的规定。

D. 风险点 4：公益性定向捐赠对象选择风险——捐赠人的利害关系人不予认可的风险

根据《慈善法》第 40 条第 1 款的规定，捐赠人与慈善组织约定捐赠财产的用途和受益人时，不得指定捐赠人的利害关系人作为受益人。此外，2020 年 2 月 14 日，民政部社会组织管理局、慈善事业促进和社会工作司发布了《慈善组织、红十字会依法规范开展疫情防控慈善募捐等活动指引》第 9 条规定“慈善组织、红十字会要采取审核捐赠协议、查验相关证明等方式，对受赠的药品、医疗器械等物资严格把关，确保来源合法、符合标准、安全有效、精准发放。不允许捐赠人以定向捐赠的名义指定其利害关系人作为受益人”。

E. 风险点 5：借公益捐赠偷税、漏税风险

税收筹划和逃税的边界较为模糊，存在捐赠人利用虚假慈善达到逃税的目的。实操中，公司通过公益组织给利害关系人进行“定向捐赠”，进而通过“定向捐赠”达到少缴税的目的，同时获得良好的社会声誉。但是该行为一旦被查出，企业面临的除了行政处罚外，还可能进入税务黑名单及受到失信违法联合惩戒。

（2）慎重对待公益捐赠的各大风险

A. 慎重在网络发声，公益捐赠承诺强制履行

公益捐赠因为其公益与涉众的属性，并非等同于“赠与”。“赠与”系实践行为，可随时进行撤销，但是公益性捐赠中，捐赠人通过广播、电视、报纸、网络等媒体公开承诺捐赠而拒绝支付的，慈善组织和其他接受捐赠的人可以依法向人民法院申请支付令或起诉。

B. 捐赠对象的审查与利害关系的避免

《慈善法》对“利害关系人”无明确定义。但在《税收征收管理法实施细

则》第 51 条[①]、《企业所得税法实施条例》第 109 条[②]以及《国家税务总局关于完善关联申报和同期资料管理有关事项的公告》[③] 对关联方（关联关系）明确予以定义。

实践中《税收征收管理法实施细则》第 51 条和《企业所得税法实施条例》第 109 条规定了如何判定关联关系，《国家税务总局关于完善关联申报和同期资料管理有关事项的公告》（国家税务总局公告 2016 年第 42 号）第 2 条判定标准存在争议。企业应当谨慎，避免向存在利害关系方进行捐赠，否则轻则会被认定为非公益性捐赠，无法进行税前扣除，重则涉刑构成犯罪。

（3）充分利用公益性捐赠税收优惠政策实现税务合规筹划

根据《关于公益性捐赠税前扣除有关事项的公告》（财政部、税务总局、民政部公告 2020 年第 27 号）的规定，不具有公开募捐资格的社会组织，前两年每年支出的管理费用占当年总支出的比例均不得高于 12%。但是企业若顺利税前扣除，在捐赠范围、捐赠途径、法定票据取得方面仍需要满足一定的条件。

A. 捐赠范围必须符合用于法定的慈善活动与公益事业

根据《公益事业捐赠法》第 3 条的规定，本法所称公益事业是指非营利的下列事项：a. 救助灾害、救济贫困、扶助残疾人等困难的社会群体和个人的活动；b. 教育、科学、文化、卫生、体育事业；c. 环境保护、社会公共设施建设；d. 促进社会发展和进步的其他社会公共和福利事业。

B. 捐赠渠道需要通过取得公益捐赠税前扣除资格的公益性社会组织建立并登记

《关于公益性捐赠税前扣除资格确认有关衔接事项的公告》（财政部、税务

---

① 《税收征收管理法实施细则》（2016 年修订）第 51 条：《税收征收管理法》第 36 条所称关联企业，是指有下列关系之一的公司、企业和其他经济组织：（1）在资金、经营、购销等方面，存在直接或者间接的拥有或者控制关系；（2）直接或者间接地同为第三者所拥有或者控制；（3）在利益上具有相关联的其他关系。纳税人有义务就其与关联企业之间的业务往来，向当地税务机关提供有关的价格、费用标准等资料。具体办法由国家税务总局制定。

② 《企业所得税法实施条例》（2019 年修订）第 109 条：《企业所得税法》第 41 条所称关联方，是指与企业有下列关联关系之一的企业、其他组织或者个人：

（1）在资金、经营、购销等方面存在直接或者间接的控制关系；

（2）直接或者间接地同为第三者控制；

（3）在利益上具有相关联的其他关系。

③ 参见《国家税务总局关于完善关联申报和同期资料管理有关事项的公告》（国家税务总局公告 2016 年第 42 号）第 2 条。

总局、民政部公告2021年第3号)[①] 以及《关于公益性捐赠税前扣除有关问题的通知》[②] 明确规定，企业必须通过依法设立并登记取得公益性捐赠税前扣除资格的公益性社会组织［该公益性组织需要满足在资格有效期内，应取得3A以上（含3A）评估等级］，且取得非营利组织免税资格等才能享受相应的税收抵扣政策。目前暂不考虑社会组织的非营利组织免税资格，具体资格问题可以向财政、税务、民政等部门以公告形式发布名单的方式进行确认。县级以上人民政府及其组成部门和直属机构依法具有公益性捐赠税前扣除资格，不需要进行专门认定。

C. 法定票据取得——企业支出的公益性捐赠需要取得相应票据方可按照规定进行税前扣除

根据《关于公益性捐赠税前扣除有关事项的公告》的规定，“十一、公益性社会组织、县级以上人民政府及其部门等国家机关在接受捐赠时，应当按照行政管理级次分别使用由财政部或省、自治区、直辖市财政部门监（印）制的公益事业捐赠票据，并加盖本单位的印章。企业或个人将符合条件的公益性捐赠支出进行税前扣除，应当留存相关票据备查”。虽然《关于公益性捐赠税前扣除相关问题的补充通知》也有相关规定，如通过公益性社会组织进行公益性捐赠支出，企业或个人应提供由省级以上（含省级）财政部门印制并加盖受赠单位印章的公益性捐赠票据，或者收到加盖收款人公章的非税收入一般缴款书，可按规定税前扣除，但该通知已经失效。

D. 捐赠物品价值确定——以公允价值为准

在公益捐赠的价值认定方面，根据财政部、国家税务总局发布的《关于通过公益性群众团体的公益性捐赠税前扣除有关事项的公告》，“十三、除另有规定外，公益性群众团体在接受企业或个人捐赠时，按以下原则确认捐赠额：（一）接受的货币性资产捐赠，以实际收到的金额确认捐赠额；（二）接受的非货币性资产捐赠，以其公允价值确认捐赠额。捐赠方在向公益性群众团体捐赠时，应当提供注明捐赠非货币性资产公允价值的证明；不能提供证明的，接受捐赠方不得向其开具捐赠票据”。公允价值是根据公平与自愿的原则所确定的价格。

① 参见《关于公益性捐赠税前扣除资格确认有关衔接事项的公告》第1条、第2条。

② 参见《关于公益性捐赠税前扣除有关问题的通知》第1条。

总体而言，企业公益捐赠并非简单的一次性行为，涉及诸多风险点，应当依据《反不正当竞争法》、《慈善法》、《公益事业捐赠法》、《捐赠药品进口管理规定》和《卫生计生单位接受公益事业捐赠管理办法（试行）》等法律规范进行，还应当积极落实内控措施，从捐赠预算管理、捐赠决策管理、捐赠审批管理、捐赠采购管理、捐赠协议管理、捐赠执行管理、捐赠交接管理、捐赠监督管理八大维度避免公益捐赠相关风险，同时充分利用公益性捐赠税收优惠政策实现税务合规筹划。

2. 再论鸿星尔克公众企业非现金公益捐赠的公允价值的认定及合规策略

公益捐赠不仅仅是捐赠，对于企业，尤其是知名企业，兼具社会效益与经济效益。从社会效益上看，有助于其提高企业形象、提高品牌认可度、获得社会正向舆论评价，因此国外诸多企业往往将慈善费用视作营销宣传费用的开支。从经济效益上看，第一，若企业符合条件可获得税收优惠，诸如对税前扣除超过年度利润总额 12% 的公益捐赠支出，准予结转后 3 年内在计算应纳税所得额时扣除；第二，企业形象的提升引起的消费者消费热情增加，将带来更多难以估量的经济效益。

此次鸿星尔克宣称捐赠 5000 万元获得了巨大的关注，引发了爱国、捐赠、团结的热潮，但仍遭到诸多质疑如“比酷传播系鸿星尔克社交传播幕后推手”“5000 万元物资换算价值最多 1000 万元”“捐款物资未到位提前宣传”“23 日郑州慈善总会公布的‘防汛救灾’捐款明细鸿星尔克不在其中”“鸿星尔克系事后补签合同”等。

企业公益捐赠中关于非现金的物资的价值如何认定？鸿星尔克捐赠 5000 万元（含 4700 万元物资）是否确实物有所值？灾情结束，捐赠物资尚未到位如何处置？对于企业公开承诺捐赠及慈善基金会是否捐助到位社会公众如何监督？

对于公众企业而言，无论是否获得社会高度曝光、宣传红利以及由此转化而来的经济利益，都应做到捐赠合规，确保公益捐赠物资价值不被高估。当企业捐赠成为社会热点话题，获得高度曝光与宣传效益，此时更加应该注重合法合规，否则极其容易成为竞争对手、流量媒体攻击的对象。

(1) 鸿星尔克非现金公益捐赠的历史及现状

A. 鸿星尔克非现金公益捐赠的历史记载

根据福建省残疾人福利基金会官网公布的相关信息，2018 年鸿星尔克捐赠运动服装 65,044 件，总价值 1834.59 万元，约合人民币 282 元/件。2017 年鸿星尔克捐赠运动服装 75,543 件，总价值 2137.1157 万元，约合人民币 282 元/件。售卖价格并非出厂价亦非成本价，因此捐赠票据金额与实际成本之间可能存在较大的差额。

B. 鸿星尔克非现金公益捐赠的当前进度

2021 年 7 月 21 日，鸿星尔克与壹基金①签订捐赠框架协议，于 2021 年 7 月 20 日起向壹基金捐赠现金和物资，包括人民币 200 万元现金捐赠和 1800 万元物资捐赠。同日，鸿星尔克与郑州慈善总会②签订捐赠框架协议，捐赠 100 万元现金和 2900 万元物资。100 万元善款已经到账，上述其他相关物资鸿星尔克将分批次捐赠。

从上述公益捐赠的记载来看，目前鸿星尔克的公益捐赠主要为物资即非现金捐赠，因此有必要对非现金捐赠进行系统性分析。

(2) 确定非现金捐赠公允价值的方式方法——一原则，一例外，一特殊

A. 原则：相关凭证优先，无凭证以公允价值

a. 凭证优先原则的基本法律逻辑

《关于规范基金会行为的若干规定（试行）》（以下简称《规范行为规定》）规定，“（三）基金会接受非现金捐赠，应当按照以下方法确定入账价值：1. 捐赠人提供了发票、报关单等凭据的，应当以相关凭据作为确认入账价值的依据；捐赠方不能提供凭据的，应当以其他确认捐赠财产的证明，作为确认入账价值的依据……”

《规范行为规定》对“公允价值”如何计算并未作出详细规定，但是部分省市地区出台了相应的法规规章对此进行了细化。如《吉林省公益性捐赠税前扣除资格认定工作实施办法》（吉财税〔2009〕98 号）第 1 款第 2 项及第 2 款明确规

① 签约主体为鸿荣（漳州）信息技术有限公司与深圳壹基金公益基金会。鸿荣（漳州）信息技术有限公司与福建鸿星尔克体育用品有限公司为关联公司。

② 签约主体为厦门展乐电子商务有限公司，鸿星尔克（厦门）实业有限公司持有其 90% 股份。

定，“（二）接受捐赠的非货币性资产，应当以其公允价值（公允的市场价格）计算。捐赠方在向公益性社会团体、基金会和县级以上人民政府及其组成部门和直属机构捐赠时，应当提供注明捐赠非货币性资产公允价值的证明（捐赠方对此证明的合理性负责，如事后查明该证明所称的价值超过该资产的公允价值，捐赠方将不能够享受所得税扣除），如果不能提供上述证明，公益性社会团体、基金会和县级以上人民政府及其组成部门和直属机构不得向其开具公益性捐赠票据。前款所称的公允价值按以下原则确认：有价证券按当时的可变现净值确定；完工产品和商品存货按估计售价减去变现费用和合理利润后的余额确定；在加工产品存货按估计的完工后产品售价减去至完工时尚需发生的成本、变现费用以及合理的利润后的余额确定；原材料按现行重置成本确定；其他非货币性资产，按评估价值确定”。

鸿星尔克并非以“福建鸿星尔克体育用品有限公司”名义进行捐赠，而是以鸿荣（漳州）信息技术有限公司、厦门展乐电子商务有限公司两家关联公司的名义进行捐赠，同时深圳壹基金公益基金会、郑州慈善总会并未披露详细的捐赠物资明细。在这种情况下，不排除存在福建鸿星尔克体育用品有限公司与鸿荣（漳州）信息技术有限公司、厦门展乐电子商务有限公司通过关联交易取得相关票据的可能性。

b. 公允价值来源的差异对公允价值确定的影响

在公允价值确定方面，可以从物资的来源进行分类，即企业自产物品，经销商/零售商将其批发或零售的物资用于捐赠，企业自行购买物品。如鸿星尔克捐赠的冰露属于自行购买物品，若捐赠的物资如运动服饰等系其生产的则属于将自产物资用于捐赠。若存在关联交易或者关联公司属于经销商，则属于经销商将其批发或零售的物资用于捐赠。

首先，若捐赠自产物资时，即捐赠人是生产商，首先以其生产的同类商品出厂价凭据作为公允价值。出厂价指产品转变为商品后的第一次价格，即按估计售价减去变现费用和合理利润后的余额确定，非零售价、吊牌价或者批发价。

其次，当捐赠批发或零售的物资时，以同类产品批发价或零售价作为参考确认其公允价值。鉴于日常零售价可能存在发生波动的情况，捐赠方可以通过与基金会协商的方式，在合理范围内确认公允价值。

最后，若捐赠自行采购的物资，通常以发票等凭证为准确认其公允价值，但在自行采购时没有采购发票的情况下，如果是市场常见的商品，可参考市场价。通常做法为在较有公信力的电商网购平台寻找多家（通常为三家或以上）不同经销商售卖的同类产品进行比价，从而进行公允价值确定，以此确认入账价值。

B. 例外：标明的金额与受赠资产公允价值相差较大

《规范行为规定》规定，“捐赠人提供的凭据或其他能够确认受赠资产价值的证明上标明的金额与受赠资产公允价值相差较大的，应当以其公允价值作为入账价值”。此条以标明的金额作为认定受赠资产价值的例外。

考虑到诸如救灾等公益捐赠，其对捐赠的物品认可的基本原则，是需要符合救灾的基本属性，如果公益捐赠的物资用途超出上述范围，亦存在不被认定的可能性。

C. 特殊：固定资产、股权、无形资产、文物文化资产以具有合法资质的第三方机构的评估为准

《规范行为规定》规定，“捐赠人捐赠固定资产、股权、无形资产、文物文化资产，应当以具有合法资质的第三方机构的评估作为确认入账价值的依据。无法评估或经评估无法确认价格的，基金会不得计入捐赠收入，不得开具捐赠票据，应当另外造册登记”。这往往是因为在市场上很难找到类似的商品，所以需要专业机构进行评估，并以具有法律资格的第三方机构的评估作为确认入账价值的依据。如二手的固定资产、书画、古玩和雕塑艺术品。

（3）从非现金公益捐赠中看鸿星尔克的合规风险点

A. 282 元/件衣服符合公允价值存疑

据前文表述，鸿星尔克捐赠运动服装平均单价约合人民币 282 元/件。但是结合鸿星尔克市场销售价格以及各类价格指数，实际市场销售价格甚至出现吊牌价格 3 折甚至更低的折扣，因此，上述认定的平均价格是否合理值得商榷。考虑到公众企业公益捐赠信息需要公开并被社会公众所知悉，上述 282 元/件的平均价格遭到社会的质疑在所难免。

B. 慎重对待可能出现的利用关联交易避税的风险

根据《税收征收管理法实施细则》第 51 条：“税收征管法第三十六条所称关联企业，是指有下列关系之一的公司、企业和其他经济组织：（一）在资金、经营、购销等方面，存在直接或者间接的拥有或者控制关系；（二）直接或者间接

地同为第三者所拥有或者控制；（三）在利益上具有相关联的其他关系。”即使不存在持股关系的情况，亦可能构成关联关系。因此，即使福建鸿星尔克体育用品有限公司未与鸿荣（漳州）信息技术有限公司、厦门展乐电子商务有限公司构成持股关系，依然属于关联公司。

中共中央办公厅、国务院办公厅《关于进一步深化税收征管改革的意见》明确提出，“（十九）加强重点领域风险防控和监管。对逃避税问题多发的行业、地区和人群，根据税收风险适当提高‘双随机、一公开’抽查比例。对隐瞒收入、虚列成本、转移利润以及利用‘税收洼地’、‘阴阳合同’和关联交易等逃避税行为，加强预防性制度建设，加大依法防控和监督检查力度”。根据《企业所得税法》第 44 条，“企业不提供与其关联方之间业务往来资料，或者提供虚假、不完整资料，未能真实反映其关联业务往来情况的，税务机关有权依法核定其应纳税所得额”。

此次捐赠的 5000 万元并非以“福建鸿星尔克体育用品有限公司”名义进行，而是以鸿荣（漳州）信息技术有限公司、厦门展乐电子商务有限公司两家关联公司的名义进行，即很可能并非以生产商的身份进行捐赠（以出厂价计算公允价值）而是以通过关联关系开具的票据计算价值。在这种情况下，无法排除其通过关联交易避税的可能。

此外，在税前扣除方面，若福建鸿星尔克体育用品有限公司未盈利或者盈利较少，通过捐赠将 5000 万元分散至关联公司，可以使得利润较高的关联公司获得较多的税前扣除额度，这也是值得企业注意的被监管部门重点关注的合规点。

C. 在非现金公益捐赠信息持续公开的背景下，鸿星尔克是否能够经受住进一步考验

《慈善组织信息公开办法》第 3 条规定，“慈善组织应当依照有关法律法规和本办法规定，在民政部门提供的统一的信息平台（以下简称统一信息平台），向社会公开下列信息：（一）本办法规定的基本信息；（二）年度工作报告和财务会计报告；（三）公开募捐情况；（四）慈善项目有关情况；（五）慈善信托有关情况；（六）重大资产变动及投资、重大交换交易及资金往来、关联交易行为等情况；（七）法律法规要求公开的其他信息”。第 8 条规定，“具有公开募捐资格的慈善组织开展公开募捐活动，应当在公开募捐活动结束后三个月内在统一信

息平台公开下列信息：（一）募得款物情况；（二）已经使用的募得款物的用途，包括用于慈善项目和其他用途的支出情况；（三）尚未使用的募得款物的使用计划。公开募捐周期超过六个月的，至少每三个月公开一次前款第（一）、第（二）项所规定的信息”。

如果慈善组织未公开明细，根据《慈善组织信息公开办法》第20条，“慈善组织不及时公开应当公开的事项或者公开的事项不真实的，任何单位或者个人可以向民政部门投诉、举报”。鸿星尔克捐赠已经不仅仅涉及公众企业的捐赠，较高的热度及曝光量已经将此次捐赠上升为热点事件，未来势必会引发公众对此批物资公开的监督与质疑。鸿星尔克此时的合规尤为重要，否则将对未来企业发展埋下重大合规隐患。

因此，在2021年7月后的三个月内，鸿星尔克需要做好充分的公益捐赠后续落地工作，使其捐赠行为经得起社会公众的监督，支撑起作为公众企业的良好社会形象。

（4）关联交易下更应合理确定非现金捐赠的公允价值——面对质疑鸿星尔克的合规可行路径

因为本次捐赠签约主体的两家公司均属于鸿星尔克的关联公司，因此，合理确定物品的公允价值，落实公益捐赠合规、税务合规尤为重要。企业公益捐赠并非一次性行为，相反，涉及捐赠预算管理、捐赠决策管理、捐赠审批管理、捐赠采购管理、捐赠协议管理、捐赠执行管理、捐赠交接管理及捐赠监督管理的整个流程。

上述八个维度均需留痕并加以落实，以避免公益捐赠的合规风险。具体而言，企业应谨慎核查是否出现如下风险：协议内容风险（例如，捐赠协议回避捐赠目的，时间不具体或附有条件）；违背捐赠公益性质、虚假套捐风险；捐赠事项未发生、套取企业资产、诺而不捐违约法律风险；指定捐赠人的利害关系人作为受益人；有损害股东、债权人利益风险；将企业资产以个人名义对外捐赠；捐赠财产不适格；将生产经营需用的主要固定资产、国家财政拨款、权属关系不明资产、过期报废物资等用于对外捐款；借公益捐赠偷税、漏税风险；捐赠交接未开具接受捐赠的财产清单、捐赠证书等有效凭证；缺乏后期监督，捐赠财产用途改变；对外捐赠支出，未规范账务，未将有关支出情况向社会公开，未组织进行检查或审计等。与此同时，对关联交易需要加之必要的规范，避免捐赠物资票据金额与公允价值相差过大的情况出现。

鸿星尔克多次频繁登上热搜已获得较多的社会曝光度，且获得了宣传曝光效益带来的经济效益，若因其在公益捐赠后续操作过程中存在不专业、不合规的操作导致一系列的负面影响，不仅会对企业有致命的负面打击，也会有愧于社会大众对“野性消费”支持，更不利于形成良好的社会风尚。

九、结 语

受疫情的影响，消费与零售行业已经发生巨大的变化，消费市场活力逐渐恢复，开始发挥主导引擎作用；消费者偏好呈现多元化趋势，创新拉动消费现象亦明显；高品质国货显著崛起，消费需求不断升级；消费环境持续改善，商业生态体系改革完善。

与此同时，我国经济形势仍然复杂严峻，但是总体上，我国消费依然保持着稳中向好的基本面，也依然保持着充足的市场韧性，即消费规模大，结构升级快。数字化技术的深度应用成为企业发展的强力助推器。同时，中国的市场环境本身具有人口变化频繁、技术迭代更新、消费行为迥异的特点。消费者和销售企业将共同推动消费市场升级提质。

从行业的角度来看，通过对数字化技术的应用，企业线上线下融合持续推进，出现了新业态、新物种。传统零售企业也在尝试转型升级，在新的消费与零售生态下，这些结合了多渠道、多服务，以需求和体验为中心，技术为驱动的新型业态将会持续对零售行业产生影响，并有望成为引领零售行业转型的重要尝试。

而随着数字化与监管、司法的结合，税务、市场监管等部门都加大了对企业的关注，企业经营的法律风险也不断增加，如何跟随时代的脚步做好合规建设，避免产生巨大损失，也是企业当今重要挑战之一。

“为众人抱薪者，不可使其冻毙于风雪。为自由开道者，不可令其困厄于荆棘”。作为法律专业人士，希望通过法律专业解读，为消费与零售等企业提供专业的合规指导，为企业赋能，让企业能够以全新的姿态迎接数字化时代。

后　记

为保护消费者合法权益，新技术、新产业、新业态的涌现推动执法机构创新现代化市场监管机制，加快智慧监管一体化平台建设。面对宽进严管的市场监管态势，企业容易陷入税控困境、法罚困境和信用围栏，亟待构筑全方位合规体系。消费与零售行业企业在市场监管、税务、刑事、行政司法领域面临怎样的风险？如何构建相应的合规体系？本书通过画像描摹，并评析各类知名品牌的监管案例，为消费与零售行业企业建立合规战略与应对热点问题提供诚恳、细致和可操作的指引。

合规管理被认为是与业务管理、财务管理并驾齐驱的企业管理三大支柱之一。目前的企业合规指引普遍缺乏对各行业总体要求的把握，在信息不对称下，尤其难以准确了解和把握执法司法动向，无法有效防控合规风险。这也是我们未来努力和研究的方向。我们将以重热点行业为着眼点，持续、深入地研究分析行业内监管动向和合规管理办法，为企业健康发展保驾护航。

勾勒出消费与零售企业的合规全景，让消费与零售企业尽快、更好及低成本建立自身的合规认知和合规能力，是本书的宗旨和目的。笔者的第二本书也在筹备之中，将聚焦热点税务问题。中央提出，要完善分配制度，坚持按劳分配为主体、多种分配方式并存，坚持多劳多得，鼓励勤劳致富，促进机会公平，增加低收入者收入，扩大中等收入群体，规范收入分配秩序，规范财富积累机制。其中“规范财富积累机制”是在二十大报告中首次提出。自 2020 年国家税务总局启动金税四期建设以来，税务稽查从“以票管税”向“以数治税”转变。在近年来国家加强税收监管的趋势下，税务部门依托愈发完善的智慧税务体系，频频曝光涉税案件。从制度建立到数据监管，剑锋所指就是各类涉税问题，核心指向“规范收入分配秩序”，今后，各类企业和高净值高收入人群的涉税问题将是痛点和难点，值得关注。

笔者将结合多年的执法和法律服务工作经验，筹备撰写《热点税务问题研究》，提炼涉税案件中的热点问题，按地区篇、行业篇、组织篇、监管篇和案例篇进行分类探讨，上述体例具有独创性，一切以实用和有用为出发点。其中，地区篇涉及多地区税务优惠政策；行业篇涉及消费与零售行业、医药行业、直播行业、医美行业、数字藏品行业和律所等行业税务合规；组织篇涉及个人独资企业、合伙企业、合作社、集团公司等主体税务合规及优惠政策；监管篇涉及金税四期、全电发票和数据稽查等税务监管实践及趋势；案例篇涉及税务行政处罚（虚开发票等）、刑事案件、涉税行刑对接以及税务争议救济等税务案例。《热点税务问题研究》的撰写过程将是一段需要深耕而富有魅力的写作旅程。落笔不足之处，望各位专家、同仁以及读者予以批评指正。

全开明　于上海

2023 年 1 月 18 日